說文解字

【漢】許慎撰
【宋】徐鉉等校

上海古籍出版社

國學典藏

圖書在版編目（CIP）數據

說文解字 /（漢）許慎撰；（宋）徐鉉等校 .— 上海：上海古籍出版社，2021. 5（2024.1 重印）
（國學典藏）
ISBN 978－7－5325－8604－2

Ⅰ . ①說… Ⅱ . ①許… ②徐… Ⅲ . ①《說文》
Ⅳ . ① H161

中國版本圖書館 CIP 數據核字（2017）第 229375 號

國學典藏
說文解字
［漢］許慎 撰
［宋］徐鉉 等校
上海古籍出版社出版發行
（上海市閔行區號景路159弄1–5號A座5F 郵政編碼 201101）
（1）網址：www.guji.com.cn
（2）E-mail：guji1@guji.com.cn
（3）易文網網址：www.ewen.co
江陰市機關印刷服務有限公司印刷
開本 890×1240 1/32 印張 23.5 插頁 5 字數 610,000
2021 年 5 月第 1 版 2024 年 1 月第 4 次印刷
印數：5 ,301–7 ,400
ISBN 978－7－5325－8604－2
H・180 定價：98.00 元
如有質量問題，請與承印公司聯繫

出版説明

《説文解字》，簡稱《説文》，東漢許慎（約58—約147）撰。原正文十四篇，末叙目一篇，共十五篇。其子許沖以一篇爲一卷，上書表曰“凡十五卷”，後代遂沿稱十五卷。慎字叔重，汝南召陵（今河南郾城）人，古文經學家、文字學家。師事賈逵，攻古文經學。“少博學經籍，馬融常推敬之，時人爲之語曰：‘五經無雙許叔重。’”（《後漢書·儒林傳下》）曾爲郡功曹，舉孝廉，任太尉南閣祭酒（清段玉裁云，“閣”當作“閤”。“閤爲閨閤小門”，“太尉南閤祭酒，謂太尉府掾曹出入南閤者之首領也”）及洨長等職。著有《五經異義》十卷，已佚。他編寫《説文解字》，始於漢和帝永元十二年（100），迄至漢安帝建光元年（121），傾耗心血達二十餘年，方告完成。

《説文解字》是我國第一部分析字形、説解字義、辨識聲讀的字典，是研究漢民族語言文字系統的專著。作者稱單體字爲文，合體字爲字，前者指象形字、指事字，後者指會意字、形聲字。“説文”重點在字形分析，“解字”重點在字義解釋。全書收字9353個，重文（指古文、籀文等）1163個，説解字數133441個（清段玉裁《説文解字注》依宋徐鉉校本統計，則收字9431個，增78字；重文1279個，增116字；説解字數122699個，少10742字）。

許氏首創部首編排法，將書中所收字分540部，每部第一字稱部首。關於部次，據漢陰陽五行家“萬物生於一，畢終於亥”説，以“一”部開始，以“亥”部終結。部首排列“據形系聯”，大抵將形體相近的部首排在一起。部内字“以類相從”，一般將字義相近或事物相類的字聚集一處。每字解釋，基本先釋義，次説形，再標音，最後常援引典籍或通人説等以證字義、字形、字音。釋義係解釋本義；説形是依“六書”原理分析字形；標音有兩種方法，一是採取形聲系統説明字的音讀，二是用“讀若”構擬漢人讀音。又按漢字造字方法“六書”，把字分爲象形、指事、會意、形聲、轉注、假借六種類型(轉注、假借實是使用方法）。據清王筠統計，象形字264個，指事字129個，會意字1260個，形聲字7700個。又據清朱駿聲《説文通訓定聲·説文六書爻列》統計，形聲字共7697個。

《説文解字》通過對小篆形體的分析，説明造字的本義，從而可以明白漢字引申義、假借義的由來；同時匯集十分豐富的古漢語語言及詞彙資料，因此它是研讀古代語言文字、整理古代文化遺産必備的基礎書，是探研古文字學不可或缺的階梯。又因其内容還蘊藏着有關古代社會生産、社會制度、科學、醫療等方面衆多的珍貴資料，也成爲後世研討中國古代歷史的重要參考書籍。

毋庸諱言，《説文解字》是有缺陷的。東漢時期，鐘彝銘識罕見，甲骨文遠未出土，作者無緣目睹某些字的原始字形，解釋本義不免産生錯誤。此外，許氏將儒家、道家以及陰陽五行、讖緯諸説運用到《説文解字》中，乃受時代局限所致。

《説文》歷經數百年輾轉傳寫，有失原貌。唐代宗時，李陽冰善篆書，好以私意説文字，不守許叔重之説，對該書擅予改竄，謬誤百出，南唐徐鍇曾痛加駁斥。今李本已不傳。宋太宗雍熙年間詔徐鉉、句中正等校定《説文解字》，雍熙三年（986）十一月竣事，交付國子監雕板刊行，世稱大徐本，流傳至今。

徐鉉（916—991），字鼎臣，揚州廣陵（今江蘇揚州）人。五代宋初文字學家。初仕南唐，入宋後，官至散騎常侍。其弟鍇與之齊名，亦通文字學，著有《説文解字繫傳》四十卷。人稱大徐、小徐，是中國文字學史上代表人物。

徐鉉的校訂，除校正訛誤外，還做了以下工作。一、新補19字於正文中（如詔、志、件諸字），此是《説文》缺載，注文及序例、偏旁有者。二、每部正文後增加新附字，係經典相承及時俗要用之字，共402字。三、以時俗訛謬不合六書之體28字及篆文筆迹相承小異者附於全書之末。四、略加注釋，題“臣徐鉉等曰”以示區别，並引李陽冰、徐鍇説。五、許慎時代無反切，據唐孫愐《唐韻》增反切於每字下。六、增標目於卷首。七、鑒於卷帙繁多，遂將每卷分上、下，原十五卷分成三十卷。或謂第十五卷下篇首句“此十四篇”上“敘曰”二字爲徐鉉誤增，經段玉裁考證，兩字當移至第十五卷上篇許氏敘文首句“古者庖犧氏之王天下也”之前，段注本已移置。

徐鉉有校訂之功，但前人指出仍有疏失，於形聲之例不能悉通，往往除去聲字而爲會意之訓。又徐鉉校訂僅加簡單校語和案語，對讀者理解原著裨益不大。清代學者研究《説文》卓有成就，其中以段玉裁、桂馥、王筠、朱駿聲四大家堪稱巨擘，其著述對許書均有發揮和補充，對讀通《説文》有較大啓發和指導作用。而當代《甲骨文字典》、《金文大字典》等書，則可彌補許氏錯解字形、誤釋字義之不足。.

《説文》版本，清代通行本如次：孫星衍仿宋小字本、額勒布藤花榭本、丁艮善影宋監本，皆出自宋槧，其中以嘉慶時孫星衍重刊宋本最善，惜正文連貫而下，眉目不清。同治十二年（1873）番禺陳昌治據孫本翻刻，每一篆文字頭改爲另行起，清晰便讀，現用作底本。

此次整理本書，作了如下工作。首先爲了便於閲讀，加新式標點。

其次，對正文中明顯的錯誤，用小括號括注底本誤字，後用中括號括注正字。對正文中一些疑誤，加“今按”校語以説明或指正。兩處重文誤作另一字頭另起一行，予以連排糾正。至於每部末“文”若干、“重”若干統計數字，偶有與部内字頭、重文不太吻合，考慮到歷代版本嬗變諸多因素，不予核校。篆文字頭則加以楷化，以便閲識。又原書部與部之間僅憑部末文若干字樣來區分，現於每部前加標某部，醒目易别。

再次，編製三種索引附於書末，分别爲部首、筆畫、音序檢字表，供檢索之用。

印刷字體（即“宋體”）的字形，自1964年12月中國文字改革委員會頒布《印刷通用漢字字形表》後，遂有新舊字形之分。此後印刷廠都通用新字形，如“花”，艸頭不再印成舊字形“艹”加以分開，而是連筆作“艹”。本書字頭楷化多用印刷通用的新字形。

上海古籍出版社

2021年3月

目　録

附録

説文解字弟一上

漢太尉祭酒　許慎 記
宋右散騎常侍　徐鉉等 校定

十四部　六百七十二文　重八十一　凡萬六百三十九字
文三十一新附

一　部

一 一 惟初太始，道立於一，造分天地，化成萬物。凡一之屬皆从一。於悉切。弌，古文一。

元 元 始也。从一，从兀。徐鍇曰："元者，善之長也，故从一。"愚袁切。

天 天 顚也，至高無上。从一、大。他前切。

丕 丕 大也。从一，不聲。敷悲切。

吏 吏 治人者也。从一，从史，史亦聲。徐鍇曰："吏之治人，心主於一，故从一。"力置切。

文五　重一

丄　部

丄 丄 高也。此古文上。指事也。凡丄之屬皆从丄。時掌切。上，篆文丄。

帝 帝 諦也。王天下之號也。从丄，朿聲。都計切。，古文帝。古文諸丄字皆从一，篆文皆从二。二，古文上字，辛、示、辰、龍、童、音、章皆从古文丄。

旁 旁 溥也。从二，闕，方聲。步光切。，古文旁。，亦古文旁。，籀文。

丅 丅 底也。指事。胡雅切。下，篆文丅。

文四　重七

示　部

示　天垂象，見吉凶，所以示人也。从二；二，古文上字。三垂，日月星也。觀乎天文，以察時變。示，神事也。凡示之屬皆从示。神至切。□，古文示。

祜　上諱。臣鉉等曰："此漢安帝名也。福也。當从示，古聲。"侯（今按：《廣韻》作"侯"）古切。

禮　履也，所以事神致福也。从示，从豊，豊亦聲。靈啓切。□，古文禮。

禧　禮吉也。从示，喜聲。許其切。

禛　以真受福也。从示，真聲。側鄰切。

禄　福也。从示，录聲。盧谷切。

褫　福也。从示，虒聲。息移切。

禎　祥也。从示，貞聲。陟盈切。

祥　福也。从示，羊聲。一云善。似羊切。

祉　福也。从示，止聲。敕里切。

福　祐也。从示，畐聲。方六切。

祐　助也。从示，右聲。于救切。

祺　吉也。从示，其聲。渠之切。□，籀文，从基。

祗　敬也。从示，氐聲。旨移切。

禔　安福也。从示，是聲。《易》曰："禔既平。"市支切。

神　天神，引出萬物者也。从示、申。食鄰切。

祇　地祇，提出萬物者也。从示，氏聲。巨支切。

祕　神也。从示，必聲。兵媚切。

齋　戒，潔也。从示，齊省聲。側皆切。□，籀文齋，从䰐省。䰐，音禱。

禋　潔祀也。一曰：精意以享爲禋。从示，垔聲。於真切。□，籀文，从宀。

祭 祭祀也。从示，以手持肉。子例切。

祀 祭無已也。从示，巳聲。詳里切。禩，祀或从異。

祡 燒祡樊燎以祭天神。从示，此聲。《虞書》曰：“至于岱宗，祡。”仕皆切。𥙈，古文祡，从隋省。

禷 以事類祭天神。从示，類聲。力遂切。

祪 祔、祪，祖也。从示，危聲。過委切。

祔 後死者合食於先祖。从示，付聲。符遇切。

祖 始廟也。从示，且聲。則古切。

𥛱 門内祭，先祖所以彷徨。从示，彭聲。《詩》曰：“祝祭于𥛱。”補盲切。祊，𥛱或从方。

祰 告祭也。从示，从告聲。苦浩切。

祏 宗廟主也。周禮有郊宗石室。一曰：大夫以石爲主。从示，从石，石亦聲。常隻切。

𥘏 以豚祠司命。从示，比聲。漢律曰：“祠𥘏司命。”卑履切。

祠 春祭曰祠。品物少，多文詞也。从示，司聲。仲春之月，祠不用犧牲，用圭璧及皮幣。似兹切。

礿 夏祭也。从示，勺聲。以灼切。

禘 諦祭也。从示，帝聲。周禮曰：“五歲一禘。”特計切。

祫 大合祭先祖親疏遠近也。从示、合。周禮曰：“三歲一祫。”侯夾切。

祼 灌祭也。从示，果聲。古玩切。

𥛵 數祭也。从示，毳聲。讀若春麥爲𥛵之𥛵。臣鉉等曰：“春麥爲𥛵。今無此語。且非異文，所未詳也。”此芮切。

祝 祭主贊詞者。从示，从人、口。一曰：从兑省。《易》曰：“兑爲口爲巫。”之六切。

䄏 祝䄏也。从示，留聲。力救切。

祓 除惡祭也。从示，犮聲。敷勿切。

祈 求福也。从示，斤聲。渠稀切。

禱 告事求福也。从示，壽聲。都浩切。〓，禱或省。〓，籀文禱。

禜 設緜蕝爲營，以禳風雨、雪霜、水旱、癘疫於日月星辰山川也。从示，榮省聲。一曰：禜，衛，使灾不生。《禮記》曰："雩，禜。祭水旱。"爲命切。

禳 磔禳祀，除癘殃也。古者燧人禜子所造。从示，襄聲。汝羊切。

禬 會福祭也。从示，从會，會亦聲。《周禮》曰："禬之祝號。"古外切。

禪 祭天也。从示，單聲。時戰切。

禦 祀也。从示，御聲。魚舉切。

祔 祀也。从示，昏聲。古末切。

禖 祭也。从示，某聲。莫桮切。

禑 祭具也。从示，胥聲。私吕切。

祳 社肉，盛以蜃，故謂之祳。天子所以親遺同姓。从示，辰聲。《春秋傳》曰："石尚來歸祳。"時忍切。

祴 宗廟奏祴樂。从示，戒聲。古哀切。

禡 師行所止，恐有慢其神，下而祀之曰禡。从示，馬聲。《周禮》曰："禡於所征之地。"莫駕切。

禂 禱牲馬祭也。从示，周聲。《詩》曰："既禡既禂。"都皓切。〓，或从馬，壽省聲。

社 地主也。从示、土。《春秋傳》曰："共工之子句龍爲社神。"周禮：二十五家爲社，各樹其土所宜之木。常者切。〓，古文社。

禓 道上祭。从示，昜聲。與章切。

祲 精氣感祥。从示，侵省聲。《春秋傳》曰："見赤黑之祲。"子林切。

禍 害也，神不福也。从示，咼聲。胡果切。

祟 神禍也。从示，从出。雖遂切。〓，籀文祟，从𩆜省。

祆 地反物爲祆也。从示，芺聲。於喬切。

祘 明視以筭之。从二示。《逸周書》曰：“士分民之祘，均分以祘之也。”讀若筭。蘇貫切。

禁 吉凶之忌也。从示，林聲。居蔭切。

禫 除服祭也。从示，覃聲。徒感切。

文六十　重十三

禰 親廟也。从示，爾聲。一本云：古文䙼也。泥米切。

祧 遷廟也。从示，兆聲。他彫切。

祆 胡神也。从示，天聲。火千切。

祚 福也。从示，乍聲。臣鉉等曰：“凡祭必受胙。胙即福也。此字後人所加。”徂故切。

文四新附

三　部

三 天地人之道也。从三數。凡三之屬皆从三。穌甘切。弎，古文三，从弋。

文一　重一

王　部

王 天下所歸往也。董仲舒曰：“古之造文者，三畫而連其中謂之王。三者，天、地、人也。而参通之者，王也。”孔子曰：“一貫三爲王。”凡王之屬皆从王。李陽冰曰：“中畫近上，王者則天之義。”雨方切。𠙺，古文王。

閏 餘分之月，五歲再閏。告朔之禮，天子居宗廟，閏月居門中。从王在門中。《周禮》曰：“閏月‘王居門中’終月也。”如順切。

皇 大也。从自。自，始也。始皇者，三皇，大君也。自，讀若鼻。今俗以始生子爲鼻子。胡光切。

文三　重一

玉　部

玉　石之美。有五德：潤澤以温，仁之方也；䚡理自外，可以知中，義之方也；其聲舒揚，尃以遠聞，智之方也；不橈而折，勇之方也；鋭廉而不技，絜之方也。象三玉之連，丨，其貫也。凡玉之屬皆从玉。陽冰曰："三畫正均，如貫玉也。"魚欲切。[illegible]，古文玉。

璙　玉也。从玉，尞聲。洛簫切。

瓘　玉也。从玉，雚聲。《春秋傳》曰："瓘斝。"工玩切。

璥　玉也。从玉，敬聲。居領切。

琠　玉也。从玉，典聲。多殄切。

瓔(瓇)　玉也。从玉，夒聲。讀若柔。耳由切。

瓅　玉也。从玉，毄聲。讀若鬲。郎擊切。

璠　璵璠，魯之寶玉。从玉，番聲。孔子曰："美哉，璵璠。遠而望之，奐若也；近而視之，瑟若也。一則理勝，二則孚勝。"附袁切。

璵　璵璠也。从玉，與聲。以諸切。

瑾　瑾瑜，美玉也。从玉，堇聲。居隱切。

瑜　瑾瑜，美玉也。从玉，俞聲。羊朱切。

玒　玉也。从玉，工聲。户工切。

珕　琜瓄，玉也。从玉，來聲。落哀切。

瓊　赤玉也。从玉，敻聲。渠營切。璚，瓊或从矞。瓗，瓊或从巂。琁，瓊或从旋省。臣鉉等曰："今與璿同。"

珦　玉也。从玉，向聲。許亮切。

瑓　玉也。从玉，剌聲。盧達切。

珣　醫無閭珣玗琪。《周書》所謂夷玉也。从玉，旬聲。一曰：器。讀若宣。相倫切。

璐 玉也。从玉，路聲。洛故切。

瓚 三玉二石也。从玉，贊聲。《禮》：天子用全，純玉也；上公用駹，四玉一石；侯用瓚；伯用埒，玉石半相埒也。徂贊切。

瑛 玉光也。从玉，英聲。於京切。

璑 三采玉也。从玉，無聲。武扶切。

珛 朽玉也。从玉，有聲。讀若畜牧之畜。許救切。

璿 美玉也。从玉，睿聲。《春秋傳》曰：“璿弁玉纓。”似沿切。琁，古文璿。壡，籀文璿。

球 玉聲也。从玉，求聲。巨鳩切。璆，球或从翏。

琳 美玉也。从玉，林聲。力尋切。

璧 瑞玉圜也。从玉，辟聲。比激切。

瑗 大孔璧。人君上除陛以相引。从玉，爰聲。《爾雅》曰：“好倍肉謂之瑗，肉倍好謂之璧。”王眷切。

環 璧也。肉好若一謂之環。从玉，睘聲。户關切。

璜 半璧也。从玉，黄聲。户光切。

琮 瑞玉。大八寸，似車釭。从玉，宗聲。藏宗切。

琥 發兵瑞玉，爲虎文。从玉，从虎，虎亦聲。《春秋傳》曰：“賜子家雙琥。”呼古切。

瓏 禱旱玉，龍文。从玉，从龍，龍亦聲。力鍾切。

琬 圭有琬者。从玉，宛聲。於阮切。

璋 剡上爲圭，半圭爲璋。从玉，章聲。《禮》：“六幣：圭以馬，璋以皮，璧以帛，琮以錦，琥以繡，璜以黼。”諸良切。

琰 璧上起美色也。从玉，炎聲。以冉切。

玠 大圭也。从玉，介聲。《周書》曰：“稱奉介圭。”古拜切。

瑒 圭。尺二寸，有瓚，以祠宗廟者也。从玉，昜聲。丑亮切。

瓛 桓圭。公所執。从玉，獻聲。胡官切。

珽 大圭。長三尺，抒上，終葵首。从玉，廷聲。他鼎切。

瑁 諸侯執圭朝天子，天子執玉以冒之，似犁冠。《周禮》曰：

"天子執瑁四寸。"从玉、冒，冒亦聲。莫報切。玥，古文省。

璬 玉佩。从玉，敫聲。古了切。

珩 佩上玉也。所以節行止也。从玉，行聲。户庚切。

玦 玉佩也。从玉，夬聲。故穴切。

瑞 以玉爲信也。从玉、耑。徐鍇曰："耑，諦也。會意。"是僞切。

珥 瑱也。从玉、耳，耳亦聲。仍吏切。

瑱 以玉充耳也。从玉，真聲。《詩》曰："玉之瑱兮。"臣鉉等曰："今充耳字更从玉旁充，非是。"他甸切。𦖋，瑱或从耳。

琫 佩刀上飾。天子以玉，諸侯以金。从玉，奉聲。邊孔切。

珌 佩刀下飾，天子以玉。从玉，必聲。卑吉切。

璏 劍鼻玉也。从玉，彘聲。直例切。

瑵（璱） 車蓋玉瑵。从玉，蚤聲。側絞切。

瑑 圭璧上起兆瑑也。从玉，篆省聲。《周禮》曰："瑑圭璧"。直戀切。

珇 琮玉之瑑。从玉，且聲。則古切。

瑧 弁飾，往往冒玉也。从玉，綦聲。渠之切。璂，瑧或从基。

璪 玉飾。如水藻之文。从玉，喿聲。《虞書》曰："璪火黺米。"子皓切。

瑬 垂玉也。冕飾。从玉，流聲。力求切。

璹 玉器也。从玉，𠷎聲。讀若淑。殊六切。

瓃 玉器也。从玉，畾聲。臣鉉等案："靁字注，象回轉之形，畾不成字，凡从畾者，並當从靁省。"魯回切。

瑳 玉色鮮白。从玉，差聲。七何切。

玼 玉色鮮也。从玉，此聲。《詩》曰："新臺有玼。"千禮切。

璱 玉英華相帶如瑟弦。从玉，瑟聲。《詩》曰："瑟彼玉瓚。"所櫛切。

瑮（瑮） 玉英華羅列秩秩。从玉，栗聲。《逸論語》曰："玉粲之璱兮，其瑮猛也。"力質切。

瑩 玉色。从玉，熒省聲。一曰：石之次玉者。《逸論語》曰："如玉之瑩。"烏定切。

璊 玉䞓色也。从玉，㒼聲。禾之赤苗謂之虋，言璊玉色如之。莫奔切。玧，璊或从允。

瑕 玉小赤也。从玉，叚聲。乎加切。

琢 治玉也。从玉，豖聲。竹角切。

琱 治玉也。一曰：石似玉。从玉，周聲。都寮切。

理 治玉也。从玉，里聲。良止切。

珍 寶也。从玉，㐱聲。陟鄰切。

玩 弄也。从玉，元聲。五換切。貦，玩或从貝。

玲 玉聲。从玉，令聲。郎丁切。

瑲 玉聲也。从玉，倉聲。《詩》曰："鞗革有瑲。"七羊切。

玎 玉聲也。从玉，丁聲。齊太公子伋謚曰玎公。當經切。

琤 玉聲也。从玉，爭聲。楚耕切。

瑣 玉聲也。从玉，𧴪聲。蘇果切。

瑝 玉聲也。从玉，皇聲。乎光切。

瑀 石之似玉者。从玉，禹聲。王矩切。

玤 石之次玉者，以爲系璧。从玉，丰聲。讀若《詩》曰："瓜瓞菶菶。"一曰：若盒蚌。補蠓切。

玪 玪𤪌，石之次玉者。从玉，今聲。古函切。

𤪌 玪𤪌也。从玉，勒聲。盧則切。

琚 瓊琚。从玉，居聲。《詩》曰："報之以瓊琚。"九魚切。

琇 石之次玉者。从玉，莠聲。《詩》曰："充耳琇瑩。"息救切。

玖 石之次玉黑色者。从玉，久聲。《詩》曰："貽我佩玖。"讀若芑。或曰：若人句脊之句。舉友切。

𤦂 石之似玉者。从玉，𦣞聲。讀若貽。與之切。

珢 石之似玉者。从玉，艮聲。語巾切。

玴 石之似玉者。从玉，曳聲。余制切。

璅 石之似玉者。从玉，巢聲。子浩切。
璡 石之似玉者。从玉，進聲。讀若津。將鄰切。
𤩽 石之似玉者。从玉，朁聲。側岑切。
璁 石之似玉者。从玉，悤聲。讀若蔥。倉紅切。
璩 石之似玉者。从玉，號聲。讀若鎬。乎到切。
璾 石之似玉者。从玉，㬥聲。讀若曷。胡捌切。
𤥚 石之似玉者。从玉，取聲。烏貫切。
瓕 石之次玉者。从玉，燮聲。蘇叶切。
玽 石之次玉者。从玉，句聲。讀若苟。古厚切。
琂 石之似玉者。从玉，言聲。語軒切。
璶 石之似玉者。从玉，盡聲。徐刃切。
琟 石之似玉者。从玉，隹聲。讀若維。以追切。
瑦 石之似玉者。从玉，烏聲。安古切。
瑂 石之似玉者。从玉，眉聲。讀若眉。武悲切。
璒 石之似玉者。从玉，登聲。都騰切。
𤣪 石之似玉者。从玉，厶聲。讀與私同。息夷切。
玗 石之似玉者。从玉，于聲。羽俱切。
𤤊 玉屬。从玉，𠬛聲。讀若没。莫悖切。
瑎 黑石，似玉者。从玉，皆聲。讀若諧。户皆切。
碧 石之青美者。从玉、石，白聲。兵尺切。
琨 石之美者。从玉，昆聲。《虞書》曰：“楊州貢瑤琨。”古渾切。
瑻，琨或从貫。
珉 石之美者。从玉，民聲。武巾切。
瑤 玉之美者。从玉，䍃聲。《詩》曰：“報之以瓊瑤。”余招切。
珠 蚌之陰精。从玉，朱聲。《春秋國語》曰“珠以禦火灾”，是也。章俱切。
玓 玓瓅，明珠色。从玉，勺聲。都歷切。
瓅 玓瓅。从玉，樂聲。郎擊切。

玭 珠也。从玉，比聲。宋弘云：淮水中出玭珠。玭，珠之有聲。步因切。蠙，《夏書》玭从虫、賓。”

珕 蜃屬。从玉，劦聲。禮：佩刀，士珕琫而珧珌。臣鉉等曰：“劦亦音麗，故以爲聲。”郎計切。

珧 蜃甲也。所以飾物也。从玉，兆聲。禮云：佩刀，天子玉琫而珧珌。余昭切。

玫 火齊，玫瑰也。一曰：石之美者。从玉，文聲。莫桮切。

瑰 玫瑰。从玉，鬼聲。一曰：圜好。公回切。

璣 珠不圜也。从玉，幾聲。居衣切。

琅 琅玕，似珠者。从玉，良聲。魯當切。

玕 琅玕也。从玉，干聲。《禹貢》：“雝州球、琳、琅玕。”古寒切。𤤽，古文玕。

珊 珊瑚，色赤，生於海，或生於山。从玉，删省聲。穌干切。

瑚 珊瑚也。从玉，胡聲。户吴切。

珋 石之有光，壁珋也，出西胡中。从玉，丣聲。力求切。

琀 送死口中玉也。从玉，从含，含亦聲。胡紺切。

璗 遺玉也。从玉，歞聲。以周切。

璗 金之美者，與玉同色。从玉，湯聲。禮：佩刀，諸侯璗琫而璆珌。徒朗切。

靈（霛） 靈巫。以玉事神。从玉，霝聲。郎丁切。靈，靈或从巫。

文一百二十六　重十七

珈 婦人首飾。从玉，加聲。《詩》曰：“副笄六珈。”古牙切。

璩 環屬。从玉，豦聲。見《山海經》。彊魚切。

琖 玉爵也。夏曰琖，殷曰斝，周曰爵。从玉，戔聲。或从皿。阻限切。

琛 寶也。从玉，深省聲。丑林切。

璫 華飾也。从玉，當聲。都郎切。

琲 珠五百枚也。从玉，非聲。普乃切。

珂 玉也。从玉，可聲。苦何切。

玘 玉也。从玉，己聲。去里切。

珝 玉也。从玉，羽聲。况主切。

璀 璀璨，玉光也。从玉，崔聲。七罪切。

璨 玉光也。从玉，粲聲。倉案切。

琡 玉也。从玉，叔聲。昌六切。

瑄 璧六寸也。从玉，宣聲。須緣切。

珙 玉也。从玉，共聲。拘竦切。

文十四新附

珏　部

珏 二玉相合爲一珏。凡珏之屬皆从珏。古岳切。瑴，珏或从㱿。

班 分瑞玉。从珏，从刀。布還切。

琎 車笭閒皮篋。古者使奉玉以藏之。从車、珏。讀與服同。房六切。

文三　重一

气　部

气 雲气也。象形。凡气之屬皆从气。去既切。

氛 祥气也。从气，分聲。符分切。雰，氛或从雨。

文二　重一

士　部

士 事也。數始於一，終於十。从一，从十。孔子曰："推十合一爲士。"凡士之屬皆从士。鉏里切。

壻 夫也。从士，胥聲。《詩》曰："女也不爽，士貳其行。"士者，夫也。讀與細同。穌計切。婿，壻或从女。

壯 大也。从士，爿聲。側亮切。

壿 舞也。从士，尊聲。《詩》曰："壿壿舞我。"慈損切。

文四　重一

丨　部

丨 丨 上下通也。引而上行，讀若囟；引而下行，讀若逻。凡丨之屬皆从丨。古本切。

中 中 内也。从口、丨，上下通。陟弓切。𠁩，古文中。𠁧，籀文中。

𣃘 𣃘 旌旗杠皃。从丨，从㫃，㫃亦聲。丑善切。

文三　重二

説文解字第一　上

說文解字弟一_下

漢太尉祭酒　許愼 記
宋右散騎常侍　徐鉉等 校定

屮　部

屮　艸木初生也。象丨出形，有枝莖也。古文或以爲艸字。讀若徹。凡屮之屬皆从屮。尹彤說。臣鉉等曰："丨，上下通也，象艸木萌芽通徹地上也。"丑列切。

屯　難也。象艸木之初生，屯然而難。从屮貫一。一，地也；尾曲。《易》曰："屯，剛柔始交而難生。"陟倫切。

每　艸盛上出也。从屮，母聲。臣鉉等案："《左傳》'原田每每'，今别作莓，非是。"武罪切。

毒　厚也。害人之艸，往往而生。从屮，从（毒）［毐］。徒沃切。，古文毒，从刀、葍。

芬　艸初生，其香分布。从屮，从分，分亦聲。撫文切。，芬或从艸。

𡵂　菌𡵂，地蕈，叢生田中。从屮，六聲。力竹切。，籒文𡵂，从三𡵂。

熏　火煙上出也。从屮，从黑。屮黑，熏黑也。許云切。

文七　重三

艸　部

艸　百芔也。从二屮。凡艸之屬皆从艸。倉老切。

莊　上諱。臣鉉等曰："此漢明帝名也。从艸，从壯，未詳。"側羊切。，古文莊。

蓏　在木曰果，在地曰蓏。从艸、从㼌。郎果切。

芝　神艸也。从艸，从之。止而切。

萐　萐莆，瑞艸也。堯時生於庖廚，扇暑而涼。从艸，疌聲。士洽切。

莆　萐莆也。从艸，甫聲。方矩切。

虋　赤苗嘉穀也。从艸，釁聲。莫奔切。

荅　小尗也。从艸，合聲。都合切。

萁　豆莖也。从艸，其聲。渠之切。

藿　尗之少也。从艸，靃聲。虛郭切。

莥　鹿藿之實名也。从艸，狃聲。敕久切。

蓈　禾粟之采，生而不成者，謂之蕫蓈。从艸，郎聲。魯當切。稂，蓈或从禾。

莠　禾粟下生莠。从艸，秀聲。讀若酉。与久切。

萉　枲實也。从艸，肥聲。房未切。黂，萉或从麻、賁。

芓　麻母也。从艸，子聲。一曰：芓即枲也。疾吏切。

䕭　芓也。从艸，異聲。羊吏切。

蘇　桂荏也。从艸，穌聲。素孤切。

荏　桂荏，蘇。从艸，任聲。如甚切。

苵　菜也。从艸，矢聲。失匕切。

⿱艹豈　菜之美者。雲夢之⿱艹豈。从艸，豈聲。驅喜切。

葵　菜也。从艸，癸聲。彊惟切。

⿱艹彊　禦溼之菜也。从艸，彊聲。居良切。

蓼　辛菜，薔虞也。从艸，翏聲。盧鳥切。

蒩　菜也。从艸，祖聲。則古切。

⿱艹豦　菜也，似蘇者。从艸，豦聲。彊魚切。

薇　菜也，似藿。从艸，微聲。無非切。，籀文薇省。

蓶　菜也。从艸，唯聲。以水切。

菦　菜，類蒿。从艸，近聲。《周禮》有"菦菹"。巨巾切。

⿱艹釀　菜也。从艸，釀聲。女亮切。

莧 莧菜也。从艸，見聲。侯澗切。

芋 大葉實根，駭人，故謂之芋也。从艸，于聲。徐鍇曰：芋，猶言吁。吁，驚辭。故曰駭人。王遇切。

莒 齊謂芋爲莒。从艸，吕聲。居許切。

蘧 蘧麥也。从艸，遽聲。彊魚切。

菊 大菊，蘧麥。从艸，匊聲。居六切。

葷 臭菜也。从艸，軍聲。許云切。

蘘 蘘荷也。一名蒚葙。从艸，襄聲。汝羊切。

菁 韭華也。从艸，青聲。子盈切。

蘆 蘆菔也。一曰薺根。从艸，盧聲。落乎切。

菔 蘆菔，似蕪菁，實如小尗者。从艸，服聲。蒲北切。

苹 蓱也，無根，浮水而生者。从艸，平聲。符兵切。

茞 艸也。从艸，臣聲。稹鄰切。

蘋 大蓱也。从艸，賓聲。符真切。

藍 染青艸也。从艸，監聲。魯甘切。

藼 令人忘憂艸也。从艸，憲聲。《詩》曰："安得藼艸？"況袁切。，或从煖。，或从宣。

营 营藭，香艸也。从艸，宫聲。去弓切。，司馬相如説：营或从弓。

藭 营藭也。从艸，窮聲。渠弓切。

蘭 香艸也。从艸，闌聲。落干切。

葌 艸，出吴林山。从艸，姦聲。古顔切。

葰 薑屬，可以香口。从艸，俊聲。息遺切。

芄 芄蘭，莞也。从艸，丸聲。《詩》曰："芄蘭之枝。"胡官切。

繭 楚謂之蘺，晉謂之繭，齊謂之茝。从艸，䦧聲。許嬌切。

蘺 江蘺，蘼蕪。从艸，離聲。吕之切。

茝 繭也。从艸，臣聲。昌改切。

蘪 蘪蕪也。从艸，麋聲。靡爲切。

薰 香艸也。从艸，熏聲。許云切。

薄 水萹茿。从艸，从水，毒聲。讀若督。徒沃切。

萹 萹茿也。从艸，扁聲。方沔切。

茿 萹茿也。从艸，筑省聲。陟玉切。

藒 芞輿也。从艸，楬聲。去謁切。

芞 芞輿也。从艸，气聲。去訖切。

苺 馬苺也。从艸，母聲。武皋切。

茖 艸也。从艸，各聲。古額切。

苷 甘艸也。从艸，从甘。古三切。

芧 艸也。从艸，予聲。可以爲繩。直吕切。

藎 艸也。从艸，盡聲。徐刃切。

蒁 艸也。从艸，述聲。食聿切。

荵 荵冬艸。从艸，忍聲。而軫切。

萇 萇楚，跳弋。一名羊桃。从艸，長聲。直良切。

薊 芺也。从艸，魝聲。古詣切。

荲 艸也。从艸，里聲。讀若釐。里之切。

藋 釐艸也。一曰拜商藋。从艸，翟聲。徒弔切。

芨 堇艸也。从艸，及聲。讀若急。居立切。

葥 山苺也。从艸，歬聲。子賤切。

蓩 毒艸也。从艸，務聲。莫候切。

䓮 卷耳也。从艸，務聲。亡考切。

蓡 人蓡，藥艸，出上黨。从艸，浸聲。山林切。

虊 鳧葵也。从艸，攣聲。洛官切。

莀 艸也，可以染留黄。从艸，戾聲。郎計切。

荍 蚍虾也。从艸，收聲。渠遙切。

蚍 蒿也。从艸，毗聲。房脂切。

萬 艸也。从艸，禹聲。王矩切。

荑 艸也。从艸，夷聲。杜兮切。

薛 艸也。从艸，辥聲。私列切。

苦 大苦，苓也。从艸，古聲。康杜切。

菩 艸也。从艸，音聲。步乃切。

蓄 蓄苢，从艸，啻聲。一曰：蓄英。於力切。

茅 菅也。从艸，矛聲。莫交切。

菅 茅也。从艸，官聲。古顔切。

蘄 艸也。从艸，蘄聲。江夏有蘄春亭。臣鉉等案：“《説文》無蘄字，他字書亦無。此篇下有菥字，注云江夏平春亭名，疑相承誤，重出一字。”渠支切。

莞 艸也。可以作席。从艸，完聲。胡官切。

藺 莞屬。从艸，閵聲。良刃切。

蒢 黄蒢，職也。从艸，除聲。直魚切。

蒲 水艸也。可以作席。从艸，浦聲。薄胡切。

蒻 蒲子。可以爲平席。从艸，弱聲。而灼切。

蒤 蒲，蒻之類也。从艸，深聲。式箴切。

蓷 萑也。从艸，推聲。《詩》曰：“中谷有蓷。”他回切。

萑 艸多皃。从艸，隹聲。職追切。

茥 缺盆也。从艸，圭聲。苦圭切。

莙 井藻也。从艸，君聲。讀若威。渠殞切。

䓴 夫蘺也。从艸，皖聲。胡官切。

蒚 夫蘺上也。从艸，鬲聲。力的切。

苢 芣苢，一名馬舄。其實如李，令人宜子。从艸，目聲。《周書》所説。羊止切。

蕁 芜藩也。从艸，尋聲。徒含切。，蕁或从爻。

蔱 艸也。从艸，殻聲。古歷切。

蓲 艸也。从艸，區聲。去鳩切。

菌 艸也。从艸，固聲。古慕切。

蘇 艸也。从艸，榦聲。古案切。

藷 藷蔗也。从艸，諸聲。章魚切。

蔗 藷蔗也。从艸，庶聲。之夜切。

⿱艹毄 牂⿱艹毄，可以作縻綆。从艸，毄聲。女庚切。

⿱艹賜 艸也。从艸，賜聲。斯義切。

茽 艸也。从艸，中聲。陟宫切。

萯 王萯也。从艸，負聲。房九切。

芺 艸也。味苦，江南食以下气。从艸，夭聲。烏皓切。

⿱艹弦 艸也。从艸，弦聲。胡田切。

⿱艹⿴囗𣡽 艸也。从艸，⿴囗𣡽聲。⿴囗𣡽，籀文囿。于救切。

莩 艸也。从艸，孚聲。芳無切。

⿱艹寅 兔苽也。从艸，寅聲。翼真切。

荓 馬帚也。从艸，并聲。薄經切。

蕕 水邊艸也。从艸，猶聲。以周切。

荌 艸也。从艸，安聲。烏旰切。

藄 綦，月爾也。从艸，綦聲。渠之切。

莃 兔葵也。从艸，稀省聲。香衣切。

䔬 灌渝。从艸，夢聲。讀若萌。莫中切。

蕧 盜庚也。从艸，復聲。房六切。

苓 卷耳也。从艸，令聲。郎丁切。

⿱艹贛 艸也。从艸，贛聲。一曰：薏苢。古送切，又古禫切。

藑 茅，葍也。一名蕣。从艸，夐聲。渠營切。

⿱艹富 葍也。从艸，富聲。方布切。

葍 ⿱艹富也。从艸，畐聲。方六切。

蓨 苗也。从艸，脩聲。徒聊切，又湯彫切。

苖 蓨也。从艸，由聲。徒歷切，又他六切。

⿱艹易 艸。枝枝相值，葉葉相當。从艸，昜聲。楮羊切。

薁 嬰薁也。从艸，奥聲。於六切。

葴 馬藍也。从艸，咸聲。職深切。

蓾 艸也。可以束。从艸，魯聲。郎古切。⿱艹鹵，蓾或从鹵。

蔽 艸也。从艸，㪅聲。臣鉉等案：“《説文》無㪅字，當是竅字之省，而聲不相近。未詳。”苦怪切。

蔞 艸也。可以亨魚。从艸，婁聲。力朱切。

藟 艸也。从艸，畾聲。《詩》曰：“莫莫葛藟。”一曰：秬鬯也。力軌切。

蒬 棘蒬也。从艸，冤聲。於元切。

茈 茈艸也。从艸，此聲。將此切。

藐 茈艸也。从艸，須聲。莫覺切。

萴 烏喙也。从艸，則聲。阻力切。

蒐 茅蒐，茹藘。人血所生，可以染絳。从艸，从鬼。所鳩切。

茜 茅蒐也。从艸，西聲。倉見切。

蕼 赤蕼也。从艸，肆[聲]。息利切。

薜 牡贊也。从艸，辟聲。蒲計切。

莣 杜榮也。从艸，忘聲。武方切。

苞 艸也。南陽以爲麤履。从艸，包聲。布交切。

艾 冰臺也。从艸，乂聲。五蓋切。

章 艸也。从艸，章聲。諸良切。

芹 楚葵也。从艸，斤聲。巨巾切。

薽 豕首也。从艸，甄聲。側鄰切。

蔦 寄生也。从艸，鳥聲。《詩》曰：“蔦與女蘿。”都了切。樢，蔦或从木。

芸 艸也，似目宿。从艸，云聲。《淮南子》説：芸艸可以死復生。王分切。

薂 艸也。从艸，㲋聲。麤最切。

葎 艸也。从艸，律聲。吕戌切。

茦 莿也。从艸，朿聲。楚革切。

苦 苦婁，果蓏也。从艸，昏聲。古活切。

葑 須從也。从艸，封聲。府容切。

薺　蒺棃也。从艸，齊聲。《詩》曰：“牆有薺。”疾咨切，又徂礼切。

莿　茦也。从艸，刺聲。七賜切。

蘳　鼎蘳也。从艸，童聲。杜林曰：藕根。多動切。

蘻　狗毒也。从艸，繫聲。古詣切。

蔞　艸也。从艸，嫂聲。蘇老切。

苄　地黄也。从艸，下聲。《禮記》：“鈃毛：牛、藿；羊、苄；豕、薇。”是。侯古切。

蘞　白蘞也。从艸，僉聲。良冉切。，蘞或从斂。

芩　黄芩也。从艸，金聲。具今切。

芩　艸也。从艸，今聲。《詩》曰：“食野之芩。”巨今切。

藨　鹿藿也。从艸，麃聲。讀若剽。一曰：蔽屬。平表切。

虉　綬也。从艸，鷊聲。《詩》曰：“卭有旨虉。”是。五狄切。

蔆　芰也。从艸，淩聲。楚謂之芰，秦謂之薢茩。力膺切。，司馬相如說：蔆从遴。

芰　蔆也。从艸，支聲。奇記切。，杜林說：芰从多。

薢　薢茩也。从艸，解聲。胡買切。

茩　薢茩也。从艸，后聲。胡口切。

芡　雞頭也。从艸，欠聲。巨險切。

蘜　日精也。以秋華。从艸，𥶄省聲。居六切。，蘜或省。

蘥　爵麥也。从艸，龠聲。以勺切。

藗　牡茅也。从艸，遬聲。遬，籀文速。桑谷切。

菘　茅秀也。从艸，私聲。息夷切。

蒹　雚之未秀者。从艸，兼聲。古恬切。

薍　菼也。从艸，亂聲。八月薍爲葦也。五患切。

菼　雚之初生，一曰薍，一曰鵻。从艸，剡聲。土敢切。，菼或从炎。

薕　蒹也。从艸，廉聲。力鹽切。

薠　青薠，似莎者。从艸，煩聲。附袁切。

茚　昌蒲也。从艸，卬聲。益州云。五剛切。

茒 茒也。从艸，邪聲。以遮切。

芀 葦華也。从艸，刀聲。徒聊切。

茢 芀也。从艸，列聲。郎辪切。

菡 菡蔄也。从艸，函聲。胡感切。

蔄 菡蔄，芙蓉華，未發爲菡蔄，已發爲芙蓉。从艸，閻聲。徒感切。

蓮 芙蕖之實也。从艸，連聲。洛賢切。

茄 芙蕖莖。从艸，加聲。古牙切。

荷 芙蕖葉。从艸，何聲。胡哥切。

蔤 芙蕖本。从艸，密聲。美必切。

藕 芙蕖根。从艸、水，禺聲。五厚切。

蘢 天蘥也。从艸，龍聲。盧紅切。

蓍 蒿屬。生十歲，百莖。《易》以爲數。天子蓍九尺，諸侯七尺，大夫五尺，士三尺。从艸，耆聲。式脂切。

蒚 香蒿也。从艸，臤聲。去刃切。[illegible]，蒚或从堅。

莪 蘿莪，蒿屬。从艸，我聲。五何切。

蘿 莪也。从艸，羅聲。魯何切。

菻 蒿屬。从艸，林聲。力稔切。

蔚 牡蒿也。从艸，尉聲。於胃切。

蕭 艾蒿也。从艸，肅聲。蘇彫切。

萩 蕭也。从艸，秋聲。七由切。

芍 鳧茈也。从艸，勺聲。胡了切。

藡 王彗也。从艸，湔聲。昨先切。

蔿 艸也。从艸，爲聲。于鬼切。

芜 艸也。从艸，冘聲。直深切。

蘜 治牆也。从艸，鞠聲。居六切。

蘠 蘠靡，虋冬也。从艸，牆聲。賤羊切。

芪 芪母也。从艸，氏聲。常之切。

菀 茈菀，出漢中房陵。从艸，宛聲。於阮切。

蕄 貝母也。从艸，明省聲。武庚切。

苿 山薊也。从艸，术聲。直律切。

蓂 析蓂，大薺也。从艸，冥聲。莫歷切。

菋 荎藸也。从艸，味聲。无沸切。

荎 荎藸，艸也。从艸，至聲。直尼切。

藸 荎藸也。从艸，豬聲。直魚切。

葛 絺綌艸也。从艸，曷聲。古達切。

蔓 葛屬。从艸，曼聲。無販切。

䓘 葛屬，白華。从艸，皋聲。古勞切。

莕 菨餘也。从艸，杏聲。何梗切。荇，莕或从行，同。

菨 菨餘也。从艸，妾聲。子葉切。

蔉 艸也。从艸，罤聲。古渾切。

芫 魚毒也。从艸，元聲。愚袁切。

蘦 大苦也。从艸，霝聲。郎丁切。

蕛 蕛苵也。从艸，稊聲。大兮切。

苵 蕛苵也。从艸，失聲。徒結切。

艼 艼熒，朐也。从艸，丁聲。天經切。

蔣 苽蔣也。从艸，將聲。子良切，又即兩切。

苽 雕苽。一名蔣。从艸，瓜聲。古胡切。

䔡 艸也。从艸，育聲。余六切。

䕷 艸也。从艸，罷聲。符羈切。

䕼 艸也。从艸，難聲。如延切。

莨 艸也。从艸，良聲。魯當切。

葽 艸也。从艸，要聲。《詩》曰：“四月秀葽。”劉向說：“此味苦，苦葽也。”於消切。

薖 艸也。从艸，過聲。苦禾切。

菌 地蕈也。从艸，囷聲。渠殞切。

蕈 桑萸。从艸，覃聲。慈衽切。

萮 木耳也。从艸，耎聲。一曰萮茈。而兖切。

葚 桑實也。从艸，甚聲。常衽切。

蒟 果也。从艸，竘聲。俱羽切。

芘 艸也，一曰芘茮木。从艸，比聲。房脂切。

蕣 木堇。朝華暮落者。从艸，舜聲。《詩》曰：“顔如蕣華。”舒閏切。

萸 茱萸也。从艸，臾聲。羊朱切。

茱 茱萸，茮屬。从艸，朱聲。市朱切。

茮 茮菉。从艸，尗聲。子寮切。

菉 茮、樧實，裹如表者。从艸，求聲。巨鳩切。

荊 楚。木也。从艸，刑聲。舉卿切。，古文荊。

菭 水衣。从艸，治聲。徒哀切。

芽 萌芽也。从艸，牙聲。五加切。

萌 艸芽也。从艸，明聲。武庚切。

茁 艸初生出地皃。从艸，出聲。《詩》曰：“彼茁者葭。”鄒滑切。

莖 枝柱也。从艸，巠聲。户耕切。

莛 莖也。从艸，廷聲。特丁切。

葉 艸木之葉也。从艸，枼聲。与涉切。

蘮 艸之小者。从艸，劂聲。劂，古文鋭字。讀若芮。居例切。

芣 華盛。从艸，不聲。一曰芣苢。縛牟切。

葩 華也。从艸，皅聲。普巴切。

苪 艸之葟榮也。从艸，尹聲。羊捶切。

蘳 黄華。从艸，黊聲。讀若壞。乎瓦切。

蔈 苕之黄華也。从艸，票聲。一曰末也。方小切。

英 艸榮而不實者。一曰黄英。从艸，央聲。於京切。

薾 華盛。从艸，爾聲。《詩》曰：“彼薾惟何。”兒氏切。

萋 艸盛。从艸，妻聲。《詩》曰：“菶菶萋萋。”七稽切。

菶 艸盛。从艸，奉聲。補蠓切。

薿 茂也。从艸，疑聲。《詩》曰："黍稷薿薿。"魚己切。

蕤 艸木華垂皃。从艸，甤聲。儒隹切。

葼 青齊沇冀謂木細枝曰葼。从艸，嵏聲。子紅切。

䔟 艸萎䔟。从艸，移聲。弋支切。

蒝 艸木形。从艸，原聲。愚袁切。

莢 艸實。从艸，夾聲。古叶切。

芒 艸耑。从艸，亡聲。武方切。

䔺 藍蓼秀。从艸，隨省聲。羊捶切。

蔕 瓜當也。从艸，帶聲。都計切。

荄 艸根也。从艸，亥聲。古哀切，又古諧切。

䓘 茇也。茅根也。从艸，均聲。于敏切。

茇 艸根也。从艸，犮聲。春艸根枯，引之而發土爲撥，故謂之茇。一曰：艸之白華爲茇。北末切。

芃 艸盛也。从艸，凡聲。《詩》曰："芃芃黍苗。"房戎切。

䔰 華葉布。从艸，傅聲。讀若傅。方遇切。

蓻 艸木不生也。一曰：茅芽。从艸，執聲。姊入切。

䓆 艸多皃。从艸，狾聲。江夏平春有䓆亭。語斤切。

茂 艸豐盛。从艸，戊聲。莫候切。

𦽟 艸茂也。从艸，暘聲。丑亮切。

蔭 艸陰地。从艸，陰聲。於禁切。

䔏 艸皃。从艸，造聲。初救切。

茲 艸木多益。从艸，兹省聲。子之切。

䓳 艸旱盡也。从艸，俶聲。《詩》曰："䓳䓳山川。"徒歷切。

藃 艸皃。从艸，歊聲。《周禮》曰："轂獘不藃。"許嬌切。

蔇 艸多皃。从艸，既聲。居味切。

薋 艸多皃。从艸，資聲。疾茲切。

蓁 艸盛皃。从艸，秦聲。側詵切。

莦 惡艸皃。从艸，肖聲。所交切。

芮　芮芮，艸生皃。从艸，内聲。讀若汭。而銳切。
茬　艸皃。从艸，在聲。濟北有茬平縣。仕甾切。
薈　艸多皃。从艸，會聲。《詩》曰：“薈兮蔚兮。”烏外切。
䔩　細艸叢生也。从艸，敄聲。莫候切。
芼　艸覆蔓。从艸，毛聲。《詩》曰：“左右芼之。”莫抱切。
蒼　艸色也。从艸，倉聲。七岡切。
䖂　艸得風皃。从艸，風。讀若婪。盧含切。
萃　艸皃。从艸，卒聲。讀若瘁。秦醉切。
蒔　更別穜。从艸，時聲。時吏切。
苗　艸生於田者。从艸，从田。武鑣切。
苛　小艸也。从艸，可聲。乎哥切。
蕪　薉也。从艸，無聲。武扶切。
薉　蕪也。从艸，歲聲。於廢切。
荒　蕪也。从艸，巟聲。一曰：艸淹地也。呼光切。
䔰　艸亂也。从艸，寍聲。杜林說：艸䒴䔰皃。女庚切。
䒴　䒴䔰皃。从艸，爭聲。側莖切。
落　凡艸曰零，木曰落。从艸，洛聲。盧各切。
蔽　蔽蔽，小艸也。从艸，敝聲。必袂切。
蘀　艸木凡皮葉落，陊地爲蘀。从艸，擇聲。《詩》曰：“十月隕蘀。”它各切。
薀　積也。从艸，温聲。《春秋傳》曰：“薀利生孽。”於粉切。
蔫　菸也。从艸，焉聲。於乾切。
菸　鬱也。从艸，於聲。一曰：殘也。央居切。
藀　艸旋皃也。从艸，榮聲。《詩》曰：“葛藟藀之。”於營切。
蔡　艸也。从艸，祭聲。蒼大切。
茷　艸葉多。从艸，伐聲。《春秋傳》曰：“晉糴茷。”符發切。
菜　艸之可食者。从艸，采聲。蒼代切。
䓯　艸多葉皃。从艸，而聲。沛城父有楊䓯亭。如之切。

⿱艹乏 艸浮水中皃。从艸，乏聲。匹凡切。

薄 林薄也。一曰蠶薄。从艸，溥聲。旁各切。

苑 所以養禽獸也。从艸，夗聲。於阮切。

藪 大澤也。从艸，數聲。九州之藪，楊州具區，荆州雲夢，豫州甫田，青州孟諸，沇州大野，雝州弦圃，幽州奚養，冀州楊紆，并州昭餘祁是也。蘇后切。

菑 不耕田也。从艸、甾。《易》曰："不菑畬。"徐鍇曰："當言从艸，从巛，从田。田不耕，則艸塞之，故从巛。巛音災。若从甾，則下有甾缶字相亂。側詞切。，菑或省艸。

蘨 艸盛皃。从艸，(䌛)[繇]聲。《夏書》曰："厥艸惟蘨。"余招切。

薙 除艸也。《明堂月令》曰："季夏燒薙。"从艸，雉聲。他計切。

⿱艹耒 耕多艸。从艸、耒，耒亦聲。盧對切。

⿱艹致 艸大也。从艸，致聲。陟利切。

蔪 艸相蔪苞也。从艸，斬聲。《書》曰："艸木蔪苞。"慈冉切。，蔪或从槧。

茀 道多艸，不可行。从艸，弗聲。分勿切。

苾 馨香也。从艸，必聲。毗必切。

蔎 香艸也。从艸，設聲。識列切。

芳 香艸也。从艸，方聲。敷方切。

蕡 雜香艸。从艸，賁聲。浮分切。

藥 治病艸。从艸，樂聲。以勺切。

䕻 艸木相附䕻土而生。从艸，麗聲。《易》曰："百穀艸木䕻於地。"吕支切。

蓆 廣多也。从艸，席聲。祥易切。

芟 刈艸也。从艸，从殳。所銜切。

荐 薦席也。从艸，存聲。在甸切。

藉 祭藉也。一曰：艸不編，狼藉。从艸，耤聲。慈夜切，又秦昔切。

蒩 茅藉也。从艸，租聲。禮曰：封諸侯以土，蒩以白茅。子余切。

蕝 朝會束茅表位曰蕝。从艸，絶聲。《春秋國語》曰："致茅蕝，表坐。"子説切。

茨 以茅葦蓋屋。从艸，次聲。疾兹切。

葺 茨也。从艸，咠聲。七入切。

蓋 苫也。从艸，盇聲。古太切。

苫 蓋也。从艸，占聲。失廉切。

藹 蓋也。从艸，渴聲。於蓋切。

蓾 刷也。从艸，屈聲。區勿切。

藩 屏也。从艸，潘聲。甫煩切。

菹 酢菜也。从艸，沮聲。側魚切。[illegible]，或从皿。[illegible]，或从缶。

荃 芥脃也。从艸，全聲。此緣切。

蕵 韭鬱也。从艸，酤聲。苦步切。

藍 瓜菹也。从艸，(監)［濫］聲。魯甘切。

菭 菹也。从艸，泜聲。直宜切。[illegible]，菭或从皿。皿，器也。

蒜 乾梅之屬。从艸，橑聲。《周禮》曰："饋食之籩，其實乾蒜。"後漢長沙王始煮艸爲蒜。盧皓切。[illegible]，蒜或从潦。

蘈 煎茱萸。从艸，顡聲。漢律：會稽獻蘈一斗。魚既切。

莘 羹菜也。从艸，宰聲。阻史切。

若 擇菜也。从艸、右。右，手也。一曰：杜若，香艸。而灼切。

蓴 蒲叢也。从艸，專聲。常倫切。

茜 以艸補缺。从艸，㢴聲。讀若陸。或以爲綴。一曰：約空也。直例切。

蕁 叢艸也。从艸，尊聲。慈損切。

莜 艸田器。从艸，條省聲。《論語》曰："以杖荷莜。"今作蓧。徒弔切。

萆 雨衣。一曰：衰衣。从艸，卑聲。一曰：萆藨，似烏韭。扶歷切。

萛 艸也。从艸，是聲。是支切。

苴 履中艸。从艸，且聲。子余切。

䕪 艸履也。从艸，麤聲。倉胡切。

蕢 艸器也。从艸，貴聲。求位切。，古文蕢，象形。《論語》曰："有荷臾而過孔氏之門。"

蔓 覆也。从艸，侵省聲。七朕切。

茵 車重席。从艸，因聲。於真切。，司馬相如說：茵从革。

芻 刈艸也。象包束艸之形。叉愚切。

茭 乾芻。从艸，交聲。一曰：牛蘄艸。古肴切。

荹 亂艸。从艸，步聲。薄故切。

茹 飤馬也。从艸，如聲。人庶切。

莝 斬芻。从艸，坐聲。麤臥切。

萎 食牛也。从艸，委聲。於僞切。

蓛 以穀萎馬，置莝中。从艸，敕聲。楚革切。

䒼 蠶薄也。从艸，曲聲。丘玉切。

蔟 行蠶蓐。从艸，族聲。千木切。

苣 束葦燒。从艸，巨聲。臣鉉等曰："今俗别作炬，非是。"其吕切。

蕘 薪也。从艸，堯聲。如昭切。

薪 蕘也。从艸，新聲。息鄰切。

蒸 折麻中榦也。从艸，烝聲。煑仍切。，蒸或省火。

蕉 生枲也。从艸，焦聲。即消切。

𦳊 糞也。从艸，胃省。式視切。

薶 瘞也。从艸，貍聲。莫皆切。

葠 喪藉也。从艸，侵聲。失廉切。

𣂚 斷也。从斤斷艸。譚長說。食列切。，籒文折，从艸在仌中，仌寒，故折。，篆文折，从手。

卉 艸之總名也。从艸、屮。許偉切。

艽 遠荒也。从艸，九聲。《詩》曰："至于艽野。"巨鳩切。

蒜 葷菜。从艸，祘聲。蘇貫切。

左文五十三　重二　大篆从茻

芥 菜也。从艸，介聲。古拜切。

蔥 菜也。从艸，悤聲。倉紅切。

萑 艸也。从艸，隹聲。《詩》曰："食鬱及萑。"余六切。

蕇 亭歷也。从艸，單聲。多殄切。

苟 艸也。从艸，句聲。古厚切。

蕨 鼈也。从艸，厥聲。居月切。

莎 鎬侯也。从艸，沙聲。蘇禾切。

蓱 苹也。从艸，洴聲。薄經切。

堇 艸也。根如薺，葉如細柳，蒸食之，甘。从艸，堇聲。居隱切。

菲 芴也。从艸，非聲。芳尾切。

芴 菲也。从艸，勿聲。文弗切。

𧅫 艸也。从艸，鶾聲。呼旰切。

萑 蓷也。从艸，雈聲。胡官切。

葦 大葭也。从艸，韋聲。于鬼切。

葭 葦之未秀者。从艸，叚聲。古牙切。

萊 蔓華也。从艸，來聲。洛哀切。

荔 艸也。似蒲而小，根可作㕞。从艸，劦聲。郎計切。

蒙 王女也。从艸，冡聲。莫紅切。

藻（藻） 水艸也。从艸，从水、巢聲。《詩》曰："于以采藻。"子皓切。，藻或从澡。

菉 王芻也。从艸，录聲。《詩》曰："菉竹猗猗。"力玉切。

蓸 艸也。从艸，曹聲。昨牢切。

蓾 艸也。从艸，鹵聲。以周切。

菬 艸也。从艸，沼聲。昨焦切。

菩 艸也。从艸，吾聲。《楚詞》有菩蕭艸。吾乎切。

范 艸也。从艸，氾聲。房妥切。

艿 艸也。从艸，乃聲。如乘切。

茻 屮也。从艸，血聲。呼決切。

萄 艸也。从艸，匋聲。徒刀切。

芑 白苗嘉穀。从艸，己聲。驅里切。

藚 水舄也。从艸，賣聲。《詩》曰：“言采其藚。”似足切。

苳 艸也。从艸，冬聲。都宗切。

蘠 蘠虞，蓼。从艸，嗇聲。所力切。

苕 艸也。从艸，召聲。徒聊切。

蔴 艸也。从艸，楙聲。莫厚切。

萺 艸也。从艸，冒聲。莫報切。

茆 鳧葵也。从艸，丣聲。《詩》曰：“言采其茆。”力久切。

荼 苦荼也。从艸，余聲。同都切。 臣鉉等曰：“此即今之茶字。”

蘩 白蒿也。从艸，（繁）[緐]聲。附袁切。

蒿 菣也。从艸，高聲。呼毛切。

蓬 蒿也。从艸，逢聲。薄紅切。，籒文蓬省。

蔾 艸也。从艸，黎聲。郎奚切。

蘬 薺實也。从艸，歸聲。驅歸切。

葆 艸盛皃。从艸，保聲。博褒切。

蕃 艸茂也。从艸，番聲。甫煩切。

茸 艸茸茸皃。从艸，聰省聲。而容切。

葎 艸皃。从艸，津聲。子僊切。

叢 艸叢生皃。从艸，叢聲。徂紅切。

草 草斗，櫟實也。一曰：象斗子。从艸，早聲。自保切。 臣鉉等曰：“今俗以此爲艸木之艸，别作皁字爲黑色之皁。案，櫟實可以染帛爲黑色，故曰草。通用爲草棧字。今俗書皁，或从白、从十，或从白、从七，皆無意義，無以下筆。”

菆 麻蒸也。从艸，取聲。一曰：蓐也。側鳩切。

蓄 積也。从艸，畜聲。丑六切。

萅 推也。从艸，从日，艸春時生也；屯聲。昌純切。

菰 艸多皃。从艸，狐聲。江夏平春有菰亭。古狐切。

菿 艸木倒。从艸，到聲。都盜切。

文四百四十五　重三十一

芙 芙蓉也。从艸，夫聲。方無切。

蓉 芙蓉也。从艸，容聲。余封切。

薳 艸也。《左氏傳》楚大夫薳子馮。从艸，遠聲。韋委切。

荀 艸也。从艸，旬聲。臣鉉等案："今人姓，荀氏，本郇侯之後，宜用郇字。"相倫切。

莋 越嶲縣名，見《史記》。从艸，作聲。在各切。

蓀 香艸也。从艸，孫聲。思渾切。

蔬 菜也。从艸，疏聲。所菹切。

芊 艸盛也。从艸，千聲。倉先切。

茗 荼芽也。从艸，名聲。莫迥切。

薌 穀气也。从艸，鄉聲。許良切。

藏 匿也。臣鉉等案："《漢書》通用臧字。从艸，後人所加。"昨郎切。

蕆 《左氏傳》："以蕆陳事。"杜預注云："蕆，敕也。"从艸，未詳。丑善切。

蘸 以物没水也。此蓋俗語，从艸，未詳。斬陷切。

文十三新附

蓐　部

蓐 陳艸復生也。从艸，辱聲。一曰：蔟也。凡蓐之屬皆从蓐。而蜀切。，籀文蓐，从茻。

薅 拔去田艸也。从蓐，好省聲。呼毛切。，籀文薅省。，薅或从休。《詩》曰："既茠荼蓼。"

文二　重三

茻　部

茻 衆艸也。从四屮。凡茻之屬皆从茻。讀與冈同。模朗切。

 莫 日且冥也。从日在茻中。莫故切，又慕各切。

 莽 南昌謂犬善逐菟艸中爲莽。从犬、从茻，茻亦聲。謀朗切。

 葬 藏也。从死在茻中。一其中，所以薦之。《易》曰："古之葬者，厚衣之以薪。"則浪切。

文四

説文解字弟一　下

説文解字弟二上

漢太尉祭酒　許慎 記
宋右散騎常侍　徐鉉等 校定

三十部　六百九十三文　重八十八　凡八千四百九十八字
文三十四新附

小　部

小 物之微也。从八，丨見而分之。凡小之屬皆从小。私兆切。

少 不多也。从小，丿聲。書沼切。

尐 少也。从小，乀聲。讀若輟。子結切。

文三

八　部

八 别也。象分别相背之形。凡八之屬皆从八。博拔切。

分 别也。从八，从刀。刀以分别物也。甫文切。

尒 詞之必然也。从入、丨、八，八象气之分散。兒氏切。

曾 詞之舒也。从八，从曰，囪聲。昨稜切。

尚 曾也。庶幾也。从八，向聲。時亮切。

㒸 从意也。从八，豕聲。徐醉切。

詹 多言也。从言，从八，从产。臣鉉等曰："产，高也；八，分也；多故可分也。"職廉切。

介 畫也。从八，从人。人各有介。古拜切。

兆 分也。从重八。八，别也，亦聲。《孝經説》曰："故上下有别。"兵列切。

公 平分也。从八，从厶。音司。八猶背也。《韓非》曰："背厶爲公。”古紅切。

必 分極也。从八、弋，弋亦聲。卑吉切。

余 語之舒也。从八，舍省聲。以諸切。，二余也。讀與余同。

文十二　重一

釆　　部

釆 辨别也。象獸指爪分别也。凡釆之屬皆从釆。讀若辨。蒲莧切。，古文釆。

番 獸足謂之番。从釆；田，象其掌。附袁切。，番或从足、从煩。，古文番。

宷 悉也，知宷諦也。从宀，从釆。徐鍇曰：“宀，覆也。釆，别也。包覆而深别之，宷，悉也。”式荏切。，篆文宷，从番。

悉 詳盡也。从心，从釆。息七切。，古文悉。

釋 解也。从釆，釆，取其分别物也；从睪聲。賞職切。

文五　重五

半　　部

半 物中分也。从八，从牛。牛爲物大，可以分也。凡半之屬皆从半。博幔切。

胖 半體肉也。一曰：廣肉。从半，从肉，半亦聲。普半切。

叛 半也。从半，反聲。薄半切。

文三

牛　　部

牛 大牲也。牛，件也；件，事理也。象角頭三、封、尾之形。凡牛之屬皆从牛。徐鍇曰：“件，若言物一件二件也。封，高起也。”語求切。

牡 畜父也。从牛，土聲。莫厚切。

㹀 特牛也。从牛，岡聲。古郎切。

特 朴特，牛父也。从牛，寺聲。徒得切。

牝 畜母也。从牛，匕聲。《易》曰："畜牝牛，吉。"毗忍切。

犢 牛子也。从牛，瀆省聲。徒谷切。

𤘴 二歲牛。从牛，朩聲。博蓋切。

犙 三歲牛。从牛，參聲。穌含切。

牭 四歲牛。从牛，从四，四亦聲。息利切。，籀文牭，从貳。

犗 騬牛也。从牛，害聲。古拜切。

牻 白黑雜毛牛。从牛，尨聲。莫江切。

犅 牻牛也。从牛，京聲。《春秋傳》曰："牻犅。"吕張切。

犡 牛白脊也。从牛，厲聲。洛帶切。

𤙡 黄牛虎文。从牛，余聲。讀若塗。同都切。

犖 駁牛也。从牛，勞省聲。吕角切。

㸿 牛白脊也。从牛，寽聲。力輟切。

抨 牛駁如星。从牛，平聲。普耕切。

犥 牛黄白色。从牛，麃聲。補嬌切。

犉（犉） 黄牛黑脣也。从牛，𦎫聲。《詩》曰："九十其犉。"如均切。

㹇 白牛也。从牛，隺聲。五角切。

㹔 牛長脊也。从牛，畺聲。居良切。

牰 牛徐行也。从牛，𠬪聲。讀若滔。土刀切。

犨 牛息聲。从牛，雔聲。一曰：牛名。赤周切。

牟 牛鳴也。从牛，象其聲气从口出。莫浮切。

㹌 畜牷也。从牛，產聲。所簡切。

牲 牛完全。从牛，生聲。所庚切。

牷 牛純色。从牛，全聲。疾緣切。

牽 引前也。从牛，象引牛之縻也；玄聲。苦堅切。

牿 牛馬牢也。从牛，告聲。《周書》曰："今惟牿牛馬。"古屋切。

牢 閑，養牛馬圈也。从牛，冬省，取其四周帀也。魯刀切。

犓 以芻莖養牛也。从牛，芻，芻亦聲。《春秋國語》曰："犓豢幾何。”測愚切。

犪 牛柔謹也。从牛，憂聲。而沼切。

犕 《易》曰：犕牛乘馬。从牛，葡聲。平祕切。

犂 耕也。从牛，黎聲。郎奚切。

辈 兩壁耕也。从牛，非聲。一曰：覆耕穜也。讀若匪。非尾切。

犗 牛羊無子也。从牛，𠷎聲。讀若糗糧之糗。徒刀切。

牴 觸也。从牛，氐聲。都禮切。

䡾 牛踶䡾也。从牛，衛聲。于歲切。

堅 牛很，不從引也。从牛，从臤，臤亦聲。一曰：大皃。讀若賢。喫善切。

牼 牛厀下骨也。从牛，巠聲。《春秋傳》曰：宋司馬牼字牛。口莖切。

㸒 牛舌病也。从牛，今聲。巨禁切。

犀 南徼外牛。一角在鼻，一角在頂，似豕。从牛，尾聲。先稽切。

牣 牣滿也。从牛，刃聲。《詩》曰：“於牣魚躍。”而震切。

物 萬物也。牛爲大物；天地之數，起於牽牛；故从牛。勿聲。文弗切。

犧 宗廟之牲也。从牛，羲聲。賈侍中説：此非古字。許羈切。

文四十五　重一

犍 犗牛也。从牛，建聲。亦郡名。居言切。

犝 無角牛也。从牛，童聲。古通用僮。徒紅切。

文二新附

犛　部

犛 西南夷長髦牛也。从牛，𠩺聲。凡犛之屬皆从犛。莫交切。

氂 犛牛尾也。从犛省，从毛。里之切。

斄 彊曲毛，可以箸起衣。从犛省，來聲。洛哀切。𠩺，古文斄省。

文三　重一

告　部

告　牛觸人，角箸横木，所以告人也。从口，从牛。《易》曰："僮牛之告。"凡告之屬皆从告。古奥切。

嚳　急，告之甚也。从告，學省聲。苦沃切。

文二

口　部

口　人所以言食也。象形。凡口之屬皆从口。苦后切。

噭　吼也。从口，敫聲。一曰：噭，呼也。古弔切。

噣　喙也。从口，蜀聲。陟救切。

喙　口也。从口，彖聲。許穢切。

吻　口邊也。从口，勿聲。武粉切。，吻或从肉，从昏。

嚨　喉也。从口，龍聲。盧紅切。

喉　咽也。从口，侯聲。乎鉤切。

噲　咽也。从口，會聲。讀若快。一曰：嚵，噲也。苦夬切。

吞　咽也。从口，天聲。土根切。

咽　嗌也。从口，因聲。烏前切。

嗌　咽也。从口，益聲。伊昔切。，籒文嗌，上象口，下象頸脈理也。

喗　大口也。从口，軍聲。牛殞切。

哆　張口也。从口，多聲。丁可切。

呱　小兒嗁聲。从口，瓜聲。《詩》曰："后稷呱矣。"古乎切。

啾　小兒聲也。从口，秋聲。即由切。

喤　小兒聲。从口，皇聲。《詩》曰："其泣喤喤。"乎光切。

咺　朝鮮謂兒泣不止曰咺。从口，宣省聲。況晚切。

唴　秦晉謂兒泣不止曰唴。从口，羌聲。丘尚切。

咷　楚謂兒泣不止曰噭咷。从口，兆聲。徒刀切。

喑　宋齊謂兒泣不止曰喑。从口，音聲。於今切。

㘈　小兒有知也。从口，疑聲。《詩》曰："克岐克㘈。"魚力切。

咳　小兒笑也。从口，亥聲。户來切。，古文咳，从子。

嗛　口有所銜也。从口，兼聲。户監切。

咀　含味也。从口，且聲。慈吕切。

啜　嘗也。从口，叕聲。一曰：喙也。昌説切。

噍　嚌也。从口，集聲。讀若集。子入切。

嚌　嘗也。从口，齊聲。《周書》曰："大保受同，祭，嚌。"在詣切。

噍　齧也。从口，焦聲。才肖切。，噍或从爵。又才爵切。

吮　欶也。从口，允聲。徂沇切。

啐　小歙也。从口，率聲。讀若椒。所劣切。

噬　小啐也。从口，毚聲。一曰：喙也。士咸切。

噬　啗也。喙也。从口，筮聲。時制切。

啗　食也。从口，臽聲。讀與含同。徒濫切。

嘰　小食也。从口，幾聲。居衣切。

噂　噍皃。从口，尃聲。補各切。

含　嗛也。从口，今聲。胡男切。

哺　哺咀也。从口，甫聲。薄故切。

味　滋味也。从口，未聲。無沸切。

嚛　食辛嚛也。从口，樂聲。火沃切。

噿　口滿食。从口，竅聲。丁滑切。

噫　飽食息也。从口，意聲。於介切。

嘽　喘息也。一曰：喜也。从口，單聲。《詩》曰："嘽嘽駱馬。"他干切。

唾　口液也。从口，垂聲。湯臥切。，唾或从水。

咦　南陽謂大呼曰咦。从口，夷聲。以之切。

呬　東夷謂息爲呬。从口，四聲。《詩》曰："犬夷呬矣。"虛器切。

喘　疾息也。从口，耑聲。昌沇切。
呼　外息也。从口，乎聲。荒烏切。
吸　内息也。从口，及聲。許及切。
嘘　吹也。从口，虚聲。朽居切。
吹　嘘也。从口，从欠。昌垂切。
喟　大息也。从口，胃聲。丘貴切。嘳，喟或从貴。
啍　口气也。从口，䜌聲。《詩》曰：“大車啍啍。”他昆切。
嚏　悟解气也。从口，疐聲。《詩》曰：“願言則嚏。”都計切。
嚌　野人言之。从口，質聲。之日切。
唫　口急也。从口，金聲。巨錦切，又牛音切。
噤　口閉也。从口，禁聲。巨禁切。
名　自命也。从口，从夕。夕者，冥也。冥不相見，故以口自名。武并切。
吾　我，自稱也。从口，五聲。五乎切。
哲　知也。从口，折聲。陟列切。悊，哲或从心。嚞，古文哲，从三吉。
君　尊也。从尹；發號，故从口。舉云切。[illegible]，古文象君坐形。
命　使也。从口，从令。眉病切。
咨　謀事曰咨。从口，次聲。即夷切。
召　評也。从口，刀聲。直少切。
問　訊也。从口，門聲。亡運切。
唯　諾也。从口，隹聲。以水切。
唱　導也。从口，昌聲。尺亮切。
和　相譍也。从口，禾聲。户戈切。
咥　大笑也。从口，至聲。《詩》曰：“咥其笑矣。”許即切，又直結切。
啞　笑也。从口，亞聲。《易》曰：“笑言啞啞。”於革切。
噱　大笑也。从口，豦聲。其虐切。
唏　笑也。从口，稀省聲。一曰：哀痛不泣曰唏。虚豈切。
听　笑皃。从口，斤聲。宜引切。

呭 多言也。从口，世聲。《詩》曰：“無然呭呭。”余制切。

噭 聲噭噭也。从口，梟聲。古堯切。

咄 相謂也。从口，出聲。當没切。

唉 譍也。从口，矣聲。讀若埃。烏開切。

哉 言之閒也。从口，𢦏聲。祖才切。

噂 聚語也。从口，尊聲。《詩》曰：“噂沓背憎。”子損切。

咠 聶語也。从口，从耳。《詩》曰：“咠咠幡幡。”七入切。

呷 吸呷也。从口，甲聲。呼甲切。

嘒 小聲也。从口，彗聲。《詩》曰：“嘒彼小星。”呼惠切。嚖，或从慧。

嘫 語聲也。从口，然聲。如延切。

唪 大笑也。从口，奉聲。讀若《詩》曰“瓜瓞菶菶”。方蠓切。

嗔 盛气也。从口，真聲。《詩》曰：“振旅嗔嗔。”待年切。

嘌 疾也。从口，票聲。《詩》曰：“匪車嘌兮。”撫招切。

嘑 唬也。从口，虖聲。荒烏切。

喅 音聲喅喅然。从口，昱聲。余六切。

嘯 吹聲也。从口，肅聲。穌弔切。歗，籀文嘯，从欠。

台 説也。从口，㠯聲。與之切。

嗂 喜也。从口，䍃聲。余招切。

启 開也。从户，从口。康禮切。

嗿 聲也。从口，貪聲。《詩》曰：“有嗿其饁。”他感切。

咸 皆也，悉也。从口，从戌。戌，悉也。胡監切。

呈 平也。从口，壬聲。直貞切。

右 助也。从口，从又。徐鍇曰：“言不足以左，復手助之。”于救切。

啻 語時，不啻也。从口，帝聲。一曰：啻，諟也。讀若鞮。施智切。

吉 善也。从士、口。居質切。

周 密也。从用、口。職留切。𠐓，古文周字，从古文及。

唐 大言也。从口，庚聲。徒郎切。啺，古文唐，从口，昜。

𠷎 誰也。从口，𢏚，又聲。𢏚，古文疇。直由切。

嘾 含深也。从口，覃聲。徒感切。

噎 飯窒也。从口，壹聲。烏結切。

嗢 咽也。从口，昷聲。烏没切。

哯 不歐而吐也。从口，見聲。胡典切。

吐 寫也。从口，土聲。他魯切。

噦 气牾也。从口，歲聲。於月切。

咈 違也。从口，弗聲。《周書》曰："咈其耇長。"符弗切。

嚘 語未定皃。从口，憂聲。於求切。

吃 言蹇難也。从口，气聲。居乙切。

嗜 嗜欲，喜之也。从口，耆聲。常利切。

啖 噍啖也。从口，炎聲。一曰：噉。徒敢切。

哽 語爲舌所介也。从口，更聲。讀若井級綆。古杏切。

嘐 誇語也。从口，翏聲。古肴切。

啁 啁嘐也。从口，周聲。陟交切。

哇 諂聲也。从口，圭聲。讀若醫。於佳切。

咅 語相訶歫也。从口，歫辛。辛，惡聲也。讀若櫱。五葛切。

吺 讘吺，多言也。从口，投省聲。當侯切。

呧 苛也。从口，氐聲。都禮切。

呰 苛也。从口，此聲。將此切。

嗻 遮也。从口，庶聲。之夜切。

唊 妄語也。从口，夾聲。讀若莢。古叶切。

嗑 多言也。从口，盍聲。讀若甲。候榼切。

嗙（嗙） 謌聲。《嗙喻》也。从口，旁聲。司馬相如説：淮南、宋、蔡舞《嗙喻》也。"補盲切。

噧 高气多言也。从口，蠆省聲。《春秋傳》曰："噧言。"訶介切。

㕦 高气也。从口，九聲。臨淮有㕦猶縣。巨鳩切。

嘮 嘮呶，讙也。从口，勞聲。敕交切。

呶　讙聲也。从口，奴聲。《詩》曰：“載號載呶。”女交切。
叱　訶也。从口，七聲。昌栗切。
噴　吒也。从口，賁聲。一曰：鼓鼻。普魂切。
吒　噴也，叱怒也。从口，乇聲。陟駕切。
噊　危也。从口，矞聲。余律切。
啐　驚也。从口，卒聲。七外切。
唇　驚也。从口，辰聲。側鄰切。
吁　驚也。从口，于聲。況于切。
嘵　懼也。从口，堯聲。《詩》曰：“唯予音之嘵嘵。”許么切。
嘖　大呼也。从口，責聲。士革切。謮，嘖或从言。
嗷　衆口愁也。从口，敖聲。《詩》曰：“哀鳴嗷嗷。”五牢切。
唸　㕴也。从口，念聲。《詩》曰：“民之方唸㕴。”都見切。
㕴　唸㕴，呻也。从口，尸聲。馨伊切。
嚴　呻也。从口，嚴聲。五銜切。
呻　吟也。从口，申聲。失人切。
吟　呻也。从口，今聲。魚音切。䪩，吟或从音。訡，或从言。
嗞　嗟也。从口，兹聲。子之切。
哤　哤異之言。从口，尨聲。一曰：雜語。讀若尨。莫江切。
叫　嘑也。从口，丩聲。古弔切。
嘅　嘆也。从口，既聲。《詩》曰：“嘅其嘆矣。”苦蓋切。
唌　語唌嘆也。从口，延聲。夕連切。
嘆　吞歎也。从口，歎省聲。一曰：太息也。他案切。
喝　㵣也。从口，曷聲。於介切。
哨　不容也。从口，肖聲。才肖切。
吪　動也。从口，化聲。《詩》曰：“尚寐無吪。”五禾切。
噆　嗛也。从口，朁聲。子荅切。
吝　恨、惜也。从口，文聲。《易》曰：“以往吝。”臣鉉等曰：“今俗别作恡，非是。”良刃切。𠫩，古文吝，从彣。

各 異辭也。从口、夊。夊者，有行而止之，不相聽也。古洛切。

否 不也。从口，从不。方九切。

唁 弔生也。从口，言聲。《詩》曰：“歸唁衛侯。”魚變切。

哀 閔也。从口，衣聲。烏開切。

嗁 號也。从口，虒聲。杜兮切。

嗀 歐皃。从口，𣪊聲。《春秋傳》曰：“君將嗀之。”許角切。

咼 口戾不正也。从口，冎聲。苦媧切。

啾 嗼也。从口，叔聲。前歷切。

嗼 啾嗼也。从口，莫聲。莫各切。

昏 塞口也。从口，氒省聲。氒音厥。古活切。，古文从甘。

嗾 使犬聲。从口，族聲。《春秋傳》曰：“公嗾夫獒。”穌奏切。

吠 犬鳴也。从犬、口。符廢切。

咆 嗥也。从口，包聲。薄交切。

嗥 咆也。从口，皋聲。乎刀切。，譚長説：嗥从犬。

喈 鳥鳴聲。从口，皆聲。一曰：鳳皇鳴聲喈喈。古諧切。

哮 豕驚聲也。从口，孝聲。許交切。

喔 雞聲也。从口，屋聲。於角切。

呝 喔也。从口，戹聲。烏格切。

咮 鳥口也。从口，朱聲。章俱切。

嚶 鳥鳴也。从口，嬰聲。烏莖切。

啄 鳥食也。从口，豖聲。竹角切。

唬 嗁聲也。一曰：虎聲。从口，从虎。讀若暠。呼訏切。

呦 鹿鳴聲也。从口，幼聲。伊虯切。，呦或从欠。

噳 麇鹿羣口相聚皃。从口，虞聲。《詩》曰：“麀鹿噳噳。”魚矩切。

喁 魚口上見。从口，禺聲。魚容切。

局 促也。从口在尺下，復局之。一曰：博，所以行棋。象形。徐鍇曰：“人之無涯者唯口，故口在尺下則爲局，博局外有垠堮周限也。”渠緑切。

㕣 山閒陷泥地。从口，从水敗皃。讀若沇州之沇，九州之渥地也，故以沇名焉。以轉切。，古文㕣。

文一百八十　重二十一

哦 吟也。从口，我聲。五何切。

嗃 嗃嗃，嚴酷皃。从口，高聲。呼各切。

售 賣去手也。从口，雔省聲。《詩》曰："賈用不售。"承臭切。

噞 噞喁，魚口上見也。从口，僉聲。魚檢切。

唳 鶴鳴也。从口，戾聲。郎計切。

喫 食也。从口，契聲。苦擊切。

喚 評也。从口，奐聲。古通用奐。呼貫切。

咍 蚩笑也。从口，从台。呼來切。

嘲 謔也。从口，朝聲。《漢書》通用啁。陟交切。

呀 張口皃。从口，牙聲。許加切。

文十新附

凵　部

凵 張口也。象形。凡凵之屬皆从凵。口犯切。

文一

吅　部

吅 驚嘑也。从二口。凡吅之屬皆从吅。讀若讙。臣鉉等曰："或通用讙，今俗别作喧，非是。"况袁切。

𡅅 亂也。从爻、工、交、吅。一曰：窒𡅅。讀若禳。徐鍇曰："二口，噂沓也。爻，物相交質也。工，人所作也。己，象交構形。"女庚切。，籒文𡅅。

嚴 教命急也。从吅，厰聲。語杴切。，古文。

咢 譁訟也。从吅，屰聲。五各切。

單 大也。从吅、甲，吅亦聲。闕。都寒切。

喌 呼雞重言之。从吅，州聲。讀若祝。之六切。

文六　重二

哭　　部

哭 哀聲也。从吅，獄省聲。凡哭之屬皆从哭。苦屋切。

喪 亡也。从哭，从亡，會意，亡亦聲。息郎切。

文二

走　　部

走 趨也。从夭、止。夭止者，屈也。凡走之屬皆从走。徐鍇曰："走則足屈，故从夭。"子苟切。

趨 走也。从走，芻聲。七逾切。

赴 趨也。从走，仆省聲。臣鉉等曰："《春秋傳》赴告用此字，今俗作訃，非是。"芳遇切。

趣 疾也。从走，取聲。七句切。

超 跳也。从走，召聲。敕宵切。

趫 善緣木走之才。从走，喬聲。讀若王子蹻。去囂切。

赳 輕勁有才力也。从走，丩聲。讀若鐈。居黝切。

趌 緣大木也。一曰：行皃。从走，支聲。巨之切。

趮 疾也。从走，喿聲。臣鉉等曰："今俗别作躁，非是。"則到切。

趯 踊也。从走，翟聲。以灼切。

蹶 蹠也。从走，厥聲。居月切。

越 度也。从走，戉聲。王伐切。

趁 𧻓也。从走，㐱聲。讀若塵。丑刃切。

𧻓 趁也。从走，亶聲。張連切。

趞 趞趞也。一曰：行皃。从走，昔聲。七雀切。

趬 行輕皃。一曰：趬，舉足也。从走，堯聲。牽遙切。

𧻞 急走也。从走，弦聲。胡田切。

趀 蒼卒也。从走，𠂔聲。讀若資。取私切。

䞄 輕行也。从走，票聲。撫招切。

⿺走臤 行皃。从走，臤聲。讀若菣。弃忍切。

趥 行皃。从走，酋聲。千牛切。

⿺走蜀 行皃。从走，蜀聲。讀若燭。之欲切。

⿺走匠 行皃。从走，匠聲。讀若匠。疾亮切。

⿺走叡 走皃。从走，叡聲。讀若紃。臣鉉等以爲："叡聲遠，疑从睿。"祥遵切。

⿺走薊 走意。从走，薊聲。讀若髽結之結。古屑切。

⿺走困 走意。从走，困聲。丘忿切。

趖 走意。从走，坐聲。蘇和切。

⿺走憲 走意。从走，憲聲。許建切。

⿺走臱 走意。从走，臱聲。布賢切。

⿺走臷 走也。从走，臷聲。讀若《詩》"威儀秩秩"。直質切。

⿺走有 走也。从走，有聲。讀若又。子救切。

⿺走烏 走輕也。从走，烏聲。讀若鄔。安古切。

⿺走瞿 走顧皃。从走，瞿聲。讀若劬。其俱切。

⿱𡨄走 走皃。从走，蹇省聲。九輦切。

赼 疑之，等赼而去也。从走，才聲。倉才切。

⿺走此 淺渡也。从走，此聲。雌氏切。

赹 獨行也。从走，勻聲。讀若煢。渠營切。

⿺走與 安行也。从走，與聲。余吕切。

起 能立也。从走，巳聲。墟里切。𨑨，古文起，从辵。

⿺走里 留意也。从走，里聲。讀若小兒孩。户來切。

⿺走臭 行也。从走，臭聲。香仲切。

⿺走金 低頭疾行也。从走，金聲。牛錦切。

趌 趌⿺走曷，怒走也。从走，吉聲。去吉切。

⿺走曷 趌⿺走曷也。从走，曷聲。居謁切。

⿺走睘 疾也。从走，睘聲。讀若讙。況袁切。

⿺走气 直行也。从走，气聲。魚訖切。

⿺走翼 趨進，⿺走翼如也。从走，翼聲。與職切。

赽 踶也。从走，決省聲。古穴切。

趩 行聲也。一曰：不行皃。从走，異聲。讀若敕。丑亦切。

趆 趨也。从走，氐聲。都禮切。

趍 趨趙，久也。从走，多聲。直离切。

趙 趨趙也。从走，肖聲。治小切。

赾 行難也。从走，斤聲。讀若堇。丘堇切。

⿺走夐 走意也。从走，夐聲。讀若繘。居聿切。

趠 遠也。从走，卓聲。敕角切。

⿺走龠 趠⿺走龠也。从走，龠聲。以灼切。

⿺走矍 大步也。从走，矍聲。丘縛切。

⿺走契 超特也。从走，契聲。丑例切。

⿺走幾 走也。从走，幾聲。居衣切。

⿺走弟 走也。从走，弟聲。敷勿切。

⿺走矞 狂走也。从走，矞聲。余律切。

⿺走曼 行遲也。从走，曼聲。莫還切。

趉 走也。从走，出聲。讀若無尾之屈。瞿勿切。

趜 窮也。从走，匊聲。居六切。

趑 趑趄，行不進也。从走，次聲。取私切。

趄 趑趄也。从走，且聲。七余切。

⿺走虔 蹇行⿺走虔⿺走虔也。从走，虔聲。讀若愆。去虔切。

⿺走雚 行⿺走雚趢也。一曰：行曲脊皃。从走，雚聲。巨員切。

趢 ⿺走雚趢也。从走，录聲。力玉切。

⿺走夋 行趚⿺走夋也。从走，夋聲。七倫切。

趚 側行也。从走，束聲。《詩》曰：“謂地蓋厚，不敢不趚。”資昔切。

⿺走圭 半步也。从走，圭聲。讀若跬，同。丘弭切。

⿺走虒 ⿺走虒鷈，輕薄也。从走，虒聲。讀若池。直离切。

⿺走音　僵也。从走，音聲。讀若匐。朋北切。

⿺走斥　距也。从走，庐省聲。《漢令》曰：“⿺走斥張百人。”車者切。

⿺走樂　動也。从走，樂聲。讀若《春秋傳》曰“輔⿺走樂”。郎擊切。

趡　動也。从走，隹聲。《春秋傳》曰：“盟于趡。”趡，地名。千水切。

⿺走亘　⿺走亘田，易居也。从走，亘聲。羽元切。

⿺走真　走頓也。从走，真聲。讀若顛。都年切。

⿺走甬　喪辟⿺走甬。从走，甬聲。余隴切。

⿺走畢　止行也。一曰：竈上祭名。从走，畢聲。卑吉切。

⿺走斬　進也。从走，斬聲。藏監切。

趧　趧婁，四夷之舞，各自有曲。从走，是聲。都兮切。

趒　雀行也。从走，兆聲。徒遼切。

赶　舉尾走也。从走，干聲。巨言切。

文八十五　重一

止　部

止　下基也。象艸木出有址，故以止爲足。凡止之屬皆从止。諸市切。

歱　跟也。从止，重聲。之隴切。

⿱尚止　歫也。从止，尚聲。丑庚切。

峙　踞也。从止，寺聲。直离切。

歫　止也。从止，巨聲。一曰：搶也。一曰：超歫。其吕切。

歬　不行而進謂之歬。从止在舟上。昨先切。

歷　過也。从止，厤聲。郎擊切。

⿰止叔　至也。从止，叔聲。昌六切。

⿱辟止　人不能行也。从止，辟聲。必益切。

歸　女嫁也。从止，从婦省，自聲。舉韋切。㱕，籒文省。

疌　疾也。从止，从又。又，手也。屮聲。疾葉切。

⿱入疌　機下足所履者。从止，从又，入聲。尼輒切。

少 蹈也。从反止。讀若撻。他達切。

歰 不滑也。从四止。色立切。

文十四　重一

癶　部

癶 足剌癶也。从止、乢。凡癶之屬皆从癶。讀若撥。北末切。

登 上車也。从癶、豆，象登車形。都滕切。[illegible]，籒文登，从収。

癹 以足蹋夷艸。从癶，从殳。《春秋傳》曰："癹夷蘊崇之。"普活切。

文三　重一

步　部

步 行也。从止少相背。凡步之屬皆从步。薄故切。

歲 木星也。越歷二十八宿，宣徧陰陽，十二月一次。从步，戌聲。律歷書名五星爲五步。相鋭切。

文二

此　部

此 止也。从止，从匕。匕，相比次也。凡此之屬皆从此。雌氏切。

啙 窳也。闕。將此切。

柴 識也。从此，朿聲。一曰：藏也。遵誄切。

文三

些 語辭也。見《楚辭》。从此，从二。其義未詳。蘇箇切。

文一新附

説文解字弟二　上

説文解字弟二下

漢太尉祭酒　許慎 記

宋右散騎常侍　徐鉉等 校定

正　部

正 是也。从止，一以止。凡正之屬皆从正。徐鍇曰："守一以止也。"之盛切。，古文正，从二。二，古上字。，古文正，从一、足。足者亦止也。

乏 《春秋傳》曰："反正爲乏。"房法切。

文二　重二

是　部

是 直也。从日、正。凡是之屬皆从是。承旨切。，籀文是，从古文正。

韙 是也。从是，韋聲。《春秋傳》曰："犯五不韙。"于鬼切。，籀文韙，从心。

尟 是少也。尟俱存也。从是、少。賈侍中説。穌典切。

文三　重二

辵　部

辵 乍行乍止也。从彳，从止。凡辵之屬皆从辵。讀若《春秋公羊傳》曰"辵階而走"。丑略切。

迹 步處也。从辵，亦聲。資昔切。，或从足、責。，籀文迹，从朿。

邁 無違也。从辵，舝聲。讀若害。胡蓋切。

達 先道也。从辵，率聲。疏密切。

邁 遠行也。从辵，蠆省聲。莫話切。，邁或不省。

巡 延行皃。从辵，川聲。詳遵切。

遐 恭謹行也。从辵，叚聲。讀若九。居又切。

迲 步行也。从辵，土聲。同都切。

䌛 行䌛徑也。从辵，䌛聲。以周切。

延 正行也。从辵，正聲。諸盈切。，延或从彳。

隨 从也。从辵，𡐦省聲。旬爲切。

迹 行皃。从辵，朮聲。蒲撥切。

迋 往也。从辵，王聲。《春秋傳》曰："子無我迋。"于放切。

逝 往也。从辵，折聲。讀若誓。時制切。

徂 往也。从辵，且聲。徂，齊語。全徒切。，徂或从彳。，籀文从虘。

述 循也。从辵，术聲。食聿切。，籀文从秫。

遵 循也。从辵，尊聲。將倫切。

適 之也。从辵，啻聲。適，宋魯語。施隻切。

過 度也。从辵，咼聲。古禾切。

遺 習也。从辵，貫聲。工患切。

遭 媟遭也。从辵，賣聲。徒谷切。

進 登也。从辵，閵省聲。即刃切。

造 就也。从辵，告聲。譚長説：造，上士也。七到切。，古文造，从舟。

逾 迚進也。从辵，俞聲。《周書》曰："無敢昏逾。"羊朱切。

遝 迨也。从辵，眔聲。徒合切。

迨 遝也。从辵，合聲。侯閤切。

迮 迮迮，起也。从辵，作省聲。阻革切。

逪 迹逪也。从辵，昔聲。倉各切。

遄 往來數也。从辵，耑聲。《易》曰："巳事遄往。"市緣切。

速 疾也。从辵，束聲。桑谷切。，籀文从欶。，古文从欶，从言。

迅 疾也。从辵，卂聲。息進切。

适 疾也。从辵，𠯑聲。讀與括同。古活切。

逆 迎也。从辵，屰聲。關東曰逆，關西曰迎。宜戟切。

迎 逢也。从辵，卬聲。語京切。

䢒 會也。从辵，交聲。古肴切。

遇 逢也。从辵，禺聲。牛具切。

遭 遇也。从辵，曹聲。一曰：邐行。作曹切。

遘 遇也。从辵，冓聲。古候切。

逢 遇也。从辵，峯省聲。符容切。

遻 相遇驚也。从辵，从㖾。㖾亦聲。五各切。

迪 道也。从辵，由聲。徒歷切。

遞 更易也。从辵，虒聲。特計切。

通 達也。从辵，甬聲。他紅切。

徙 迻也。从辵，止聲。斯氏切。，徙或从彳。，古文徙。

迻 遷徙也。从辵，多聲。弋支切。

遷 登也。从辵，䙴聲。七然切。，古文遷，从手、西。

運 迻徙也。从辵，軍聲。王問切。

遁 遷也。一曰：逃也。从辵，盾聲。徒困切。

遜 遁也。从辵，孫聲。蘇困切。

返 還也。从辵，从反，反亦聲。《商書》曰："祖甲返。"扶版切。

，《春秋傳》返从彳。

還 復也。从辵，睘聲。户關切。

選 遣也。从辵、巽，巽，遣之；巽亦聲。一曰：選，擇也。思沇切。

送 遣也。从辵，倂省。蘇弄切。，籒文不省。

遣 縱也。从辵，𠳋聲。去衍切。

邐 行邐邐也。从辵，麗聲。力紙切。

逮 唐逮，及也。从辵，隶聲。臣鉉等曰："或作迨。"徒耐切。

遲 徐行也。从辵，犀聲。《詩》曰："行道遲遲。"直尼切。，遲或从𡰥。，籒文遲，从屖。

邌 徐也。从辵，黎聲。郎奚切。

遰 去也。从辵，帶聲。特計切。

㴸 行皃。从辵，肙聲。烏玄切。

𨖼 不行也。从辵，䡈聲。讀若住。中句切。

逗 止也。从辵，豆聲。田候切。

迟 曲行也。从辵，只聲。綺戟切。

逶 逶迆，衺去之皃。从辵，委聲。於爲切。，或从虫、爲。

迆 衺行也。从辵，也聲。《夏書》曰："東迆北，會于匯。"移尒切。

遹 回避也。从辵，矞聲。余律切。

避 回也。从辵，辟聲。毗義切。

違 離也。从辵，韋聲。羽非切。

遴 行難也。从辵，粦聲。《易》曰："以往遴。"良刃切。，或从人。

逡 復也。从辵，夋聲。七倫切。

迊 怒不進也。从辵，氐聲。都禮切。

達 行不相遇也。从辵，羍聲。《詩》曰："挑兮達兮。"徒葛切。达，達或从大。或曰迭。

逯 行謹逯逯也。从辵，录聲。盧谷切。

迵 迵迭也。从辵，同聲。徒弄切。

迭 更迭也。从辵，失聲。一曰：达。徒結切。

迷 或也。从辵，米聲。莫兮切。

連 員連也。从辵，从車。力延切。

逑 斂聚也。从辵，求聲。《虞書》曰："旁逑孱功。"又曰："怨匹曰逑。"巨鳩切。

退 數也。从辵，貝聲。《周書》曰："我興受其退。"薄邁切。

逭 逃也。从辵，官聲。胡玩切。，逭或从雚、从兆。

遯 逃也。从辵，从豚。徒困切。

逋　亡也。从辵，甫聲。博孤切。，籀文逋，从捕。

遺　亡也。从辵，貴聲。以追切。

遂　亡也。从辵，㒸聲。徐醉切。，古文遂。

逃　亡也。从辵，兆聲。徒刀切。

追　逐也。从辵，𠂤聲。陟隹切。

逐　追也。从辵，从豚省。徐鍇曰："豚走而豕追之。會意。"直六切。

迺　迫也。从辵，酉聲。字秋切。，迺或从酋。

近　附也。从辵，斤聲。渠遴切。，古文近。

邋　搚也。从辵，巤聲。良涉切。

迫　近也。从辵，白聲。博陌切。

遷　近也。从辵，臸聲。人質切。

邇　近也。从辵，爾聲。兒氏切。，古文邇。

遏　微止也。从辵，曷聲。讀若桑蟲之蝎。烏割切。

遮　遏也。从辵，庶聲。止車切。

遂　遮遂也。从辵，羨聲。于線切。

迣　迾也。晉趙曰迣。从辵，世聲。讀若寘。征例切。

迾　遮也。从辵，列聲。良辥切。

迂　進也。从辵，干聲。讀若干。古寒切。

迡　過也。从辵，侃聲。去虔切。

遱　連遱也。从辵，婁聲。洛侯切。

迖　前頡也。从辵，(犮)[市]聲。賈侍中説：一讀若枱，又若郅。北末切。

迦　迦互，令不得行也。从辵，枷聲。徐鍇曰："迦互，猶犬牙左右相制也。"古牙切。

越　踰也。从辵，戉聲。《易》曰："雜而不越。"王伐切。

逞　通也。从辵，呈聲。楚謂疾行爲逞。《春秋傳》曰："何所不逞欲。"丑郢切。

遼　遠也。从辵，尞聲。洛蕭切。

遠　遼也。从辵，袁聲。雲阮切。，古文遠。

逖　遠也。从辵，狄聲。他歷切。，古文逖。

迥　遠也。从辵，同聲。户穎切。

逴　遠也。从辵，卓聲。一曰：蹇也。讀若棹苕之棹。臣鉉等案："棹苕，今無此語，未詳。"敕角切。

迂　避也。从辵，于聲。憶俱切。

逮　目進極也。从辵，𦘒聲。子僊切。

邍　高平之野，人所登。从辵、备、录，闕。愚袁切。

道　所行道也。从辵，从首。一達謂之道。徒皓切。，古文道，从首、寸。

遽　傳也。一曰：窘也。从辵，豦聲。其倨切。

迒　獸迹也。从辵，亢聲。胡郎切。，迒或从足，从更。

𨑩　至也。从辵，弔聲。都歷切。

邊　行垂崖也。从辵，臱聲。布賢切。

文一百一十八　重三十一

邂　邂逅，不期而遇也。从辵，解聲。胡懈切。

逅　邂逅也。从辵，后聲。胡溝切。

遑　急也。从辵，皇聲。或从彳。胡光切。

逼　近也。从辵，畐聲。彼力切。

邈　遠也。从辵，貇聲。莫角切。

遐　遠也。从辵，叚聲。臣鉉等曰："或通用假字。"胡加切。

迄　至也。从辵，气聲。許訖切。

迸　散走也。从辵，并聲。北諍切。

透　跳也。過也。从辵，秀聲。他候切。

邏　巡也。从辵，羅聲。郎左切。

迢　迢遰也。从辵，召聲。徒聊切。

逍　逍遙，猶翱翔也。从辵，肖聲。臣鉉等案："《詩》只用消搖。此二字《字林》所加。"相邀切。

遙 逍遙也。又遠也。从辵，䍃聲。余招切。

文十三新附

彳　部

彳 小步也。象人脛三屬相連也。凡彳之屬皆从彳。丑亦切。

德 升也。从彳，㥁聲。多則切。

徑 步道也。从彳，巠聲。徐鍇曰："道不容車，故曰步道。"居正切。

復 往來也。从彳，夏聲。房六切。

𢕟 復也。从彳，从柔，柔亦聲。人九切。

徎 徑行也。从彳，呈聲。丑郢切。

往 之也。从彳，㞷聲。于兩切。迬，古文从辵。

忂 行皃。从彳，瞿聲。其俱切。

彼 往，有所加也。从彳，皮聲。補委切。

徼 循也。从彳，敫聲。古堯切。

循 行順也。从彳，盾聲。詳遵切。

彶 急行也。从彳，及聲。居立切。

𢕌 行皃。从彳，歰聲。一曰：此與馺同。穌合切。

微 隱行也。从彳，𢼸聲。《春秋傳》曰："白公其徒微之。"無非切。

徥 徥徥，行皃。从彳，是聲。《爾雅》曰："徥，則也。"是支切。

徐 安行也。从彳，余聲。似魚切。

𢓊 行平易也。从彳，夷聲。以脂切。

𢔶 使也。从彳，甹聲。普丁切。

徬 使也。从彳，夆聲。讀若(螽)[螽]。敷容切。

後 迹也。从彳，戔聲。慈衍切。

徬 附行也。从彳，旁聲。蒲浪切。

徯 待也。从彳，奚聲。胡計切。蹊，徯或从足。

待 竢也。从彳，寺聲。徒在切。

油 行油油也。从彳，由聲。徒歷切。

偏　帀也。从彳，扁聲。比薦切。

徦　至也。从彳，叚聲。古雅切。

復　卻也。一曰：行遲也。从彳，从日，从夊。他内切。，復或从内。，古文从辵。

後　遲也。从彳，幺，夊者，後也。徐鍇曰："幺猶躐躓之也。"胡口切。，古文後，从辵。

徲　久也。从彳，犀聲。讀若遲。杜兮切。

很　不聽从也。一曰：行難也。一曰：盭也。从彳，皀聲。胡懇切。

徸　相迹也。从彳，重聲。之隴切。

得　行有所得也。从彳，㝵聲。多則切。，古文省彳。

徛　舉脛有渡也。从彳，奇聲。去奇切。

彴　行示也。从彳，勻聲。《司馬法》："斬以彴。"詞閏切。

律　均布也。从彳，聿聲。吕戌切。

御　使馬也。从彳，从卸。徐鍇曰："卸，解車馬也。或彳，或卸，皆御者之職。"牛據切。，古文御，从又，从馬。

亍　步止也。从反彳，讀若畜。丑玉切。

文三十七　重七

廴　部

廴　長行也。从彳引之。凡廴之屬皆从廴。余忍切。

廷　朝中也。从廴，壬聲。特丁切。

延　行也。从廴，正聲。諸盈切。

建　立朝律也。从聿，从廴。臣鉉等曰："聿，律省也。"居萬切。

文四

㢟　部

㢟　安步㢟㢟也。从廴，从止。凡㢟之屬皆从㢟。丑連切。

延　長行也。从㢟，丿聲。以然切。

文二

行　部

行 人之步趨也。从彳，从亍。凡行之屬皆从行。户庚切。

術 邑中道也。从行，术聲。食聿切。

街 四通道也。从行，圭聲。古膎切。

衢 四達謂之衢。从行，瞿聲。其俱切。

衝 通道也。从行，童聲。《春秋傳》曰：“及衝以戈擊之。”昌容切。

衕 通街也。从行，同聲。徒弄切。

衡 迹也。从行，戔聲。才綫切。

衙 行皃。从行，吾聲。魚舉切，又音牙。

衎 行喜皃。从行，干聲。空旱切。

衒 行且賣也。从行，从言。黄絢切。，衒或从玄。

衛 將衛也。从行，率聲。所律切。

衛 宿衛也。从韋、帀，从行；行，列衛也。于歲切。

文十二　重一

齒　部

齒 口齗骨也。象口齒之形，止聲。凡齒之屬皆从齒。昌里切。，古文齒字。

齗 齒本也。从齒，斤聲。語斤切。

齔 毁齒也。男八月生齒，八歲而齔；女七月生齒，七歲而齔。从齒，从七。初堇切。

齰 齒相值也。一曰：齧也。从齒，責聲。《春秋傳》曰：“皙齰。”士革切。

齜 齒相齗也。一曰：開口見齒之皃。从齒，柴省聲。讀若柴。仕街切。

齘 齒相切也。从齒，介聲。胡介切。

齞 口張齒見。从齒，只聲。研繭切。

䶢 齒差也。从齒，兼聲。五銜切。

齺 齒搚也。一曰：齰也。一曰：馬口中糜也。从齒，芻聲。側鳩切。

齵 齒不正也。从齒，禺聲。五婁切。

齇 齰齒也。从齒，虘聲。側加切。

齱 齵也。从齒，取聲。側鳩切。

齹 齒参差。从齒，差聲。楚宜切。

𪘋 齒差跌皃。从齒，佐聲。《春秋傳》曰："鄭有子𪘋。"臣鉉等曰："《説文》無佐字，此字當从齹，傳寫之誤。"昨何切。

齤 缺齒也。一曰：曲齒。从齒，𢍏聲。讀若權。巨員切。

齳 無齒也。从齒，軍聲。魚吻切。

齾 缺齒也。从齒，獻聲。五鎋切。

𪗲 齗腫也。从齒，巨聲。區主切。

齯 老人齒。从齒，兒聲。五雞切。

齮 齧也。从齒，奇聲。魚綺切。

齣 齚齒也。从齒，出聲。仕乙切。

齰 齧也。从齒，昔聲。側革切。齚，齰或从乍。

𪚎 齧也。从齒，咸聲。工咸切。

齦 齧也。从齒，㫐聲。康很切。

𪗋 齒見皃。从齒，干聲。五版切。

𪘂 𪘂，齚也。从齒，卒聲。昨没切。

𪗴 齒分骨聲。从齒，列聲。讀若剌。盧達切。

齩 齧骨也。从齒，交聲。五巧切。

𪙇 齒差也。从齒，屑聲。讀若切。千結切。

𪘲 齒堅聲。从齒，吉聲。赫鎋切。

𪙟 𪙇牙也。从齒，豈聲。五來切。

齝 吐而噍也。从齒，台聲。《爾雅》曰："牛曰齝。"丑之切。

齕　齧也。从齒，气聲。户骨切。
䶑　齒見皃。从齒，聯聲。力延切。
齧　噬也。从齒，㓞聲。五結切。
齭　齒傷酢也。从齒，所聲。讀若楚。創舉切。
齨　老人齒如臼也。一曰：馬八歲齒臼也。从齒，从臼，臼亦聲。其久切。
齬　齒不相值也。从齒，吾聲。魚舉切。
齛　羊粻也。从齒，世聲。私列切。
齸　鹿麋粻。从齒，益聲。伊昔切。
⿰齒至　齒堅也。从齒，至聲。陟栗切。
⿰齒骨　齧骨聲。从齒，从骨，骨亦聲。户八切。
⿰齒舌　噍聲。从齒，昏聲。古活切。
⿰齒尃　噍堅也。从齒，博省聲。補莫切。

文四十四　重二

齡　年也。从齒，令聲。臣鉉等案：“《禮記》：‘夢帝與我九齡。’疑通用靈。武王初聞九齡之語，不達其義，乃云西方有九國。若當時有此齡字，則武王豈不達也，蓋後人所加。”郎丁切。

文一新附

牙　部

牙　牡齒也。象上下相錯之形。凡牙之屬皆从牙。五加切。[illegible]，古文牙。
⿰牙奇　武牙也。从牙，从奇，奇亦聲。去奇切。
𤘍　齒蠹也。从牙，禹聲。區禹切。齲，𤘍或从齒。

文三　重二

足　部

足　人之足也。在下。从止、口。凡足之屬皆从足。徐鍇曰：“口象股脛之形。即玉切。

蹏 足也。从足，虒聲。杜兮切。

跟 足踵也。从足，艮聲。古痕切。，跟或从止。

踝 足踝也。从足，果聲。胡瓦切。

跖 足下也。从足，石聲。之石切。

踦 一足也。从足，奇聲。去奇切。

跪 拜也。从足，危聲。去委切。

跽 長跪也。从足，忌聲。渠几切。

踧 行平易也。从足，叔聲。《詩》曰："踧踧周道。"子六切。

躣 行皃。从足，瞿聲。其俱切。

踖 長脛行也。从足，昔聲。一曰：踧踖。資昔切。

踽 疏行皃。从足，禹聲。《詩》曰："獨行踽踽。"區主切。

蹡 行皃。从足，將聲。《詩》曰："管磬蹡蹡。"七羊切。

躖 踐處也。从足，斷省聲。徒管切。

⿰𧾷卜 趣越皃。从足，卜聲。芳遇切。

踰 越也。从足，俞聲。羊朱切。

⿰𧾷戉 輕也。从足，戉聲。王伐切。

蹻 舉足行高也。从足，喬聲。《詩》曰："小子蹻蹻。"居勺切。

跾 疾也。長也。从足，攸聲。式竹切。

蹌 動也。从足，倉聲。七羊切。

踊 跳也。从足，甬聲。余隴切。

躋 登也。从足，齊聲。《商書》曰："予顛躋。"祖雞切。

躍 迅也。从足，翟聲。以灼切。

跧 蹴也。一曰：卑也；絭也。从足，全聲。莊緣切。

蹴 躡也。从足，就聲。七宿切。

躡 蹈也。从足，聶聲。尼輒切。

跨 渡也。从足，夸聲。苦化切。

蹋 踐也。从足，𦐇聲。徒盍切。

跑 蹈也。从足，步聲。旁各切。又音步。

蹈 踐也。从足，舀聲。徒到切。

躔 踐也。从足，廛聲。直連切。

踐 履也。从足，戔聲。慈衍切。

踵 追也。从足，重聲。一曰：往來皃。之隴切。

踔 踶也。从足，卓聲。知教切。

蹛 踶也。从足，帶聲。當蓋切。

蹩 踶也。从足，敝聲。一曰：跛也。蒲結切。

踶 躗也。从足，是聲。特計切。

躗 衛也。从足，衛聲。于歲切。

躗 蹔足也。从足，執聲。徒叶切。

跃 尌也。从足，氏聲。承旨切。

蹢 住足也。从足，適省聲。或曰：蹢躅。賈侍中說：足垢也。直隻切。

躅 蹢躅也。从足，蜀聲。直録切。

踤 觸也。从足，卒聲。一曰：駭也。一曰：蒼踤。昨没切。

蹶 僵也。从足，厥聲。一曰：跳也。亦讀若橜。居月切。蹶，蹶或从闕。

跳 蹶也。从足，兆聲。一曰：躍也。徒遼切。

踬 動也。从足，辰聲。側鄰切。

躇 峙躇，不前也。从足，屠聲。直魚切。

跸 跳也。从足，弗聲。敷勿切。

蹠 楚人謂跳躍曰蹠。从足，庶聲。之石切。

踏 趿也。从足，荅聲。他合切。

踞 跳也。从足，䍃聲。余招切。

趿 進足有所擷取也。从足，及聲。《爾雅》曰：“趿謂之擷。”穌合切。

跟 步行獵跋也。从足，貝聲。博蓋切。

蹪　跲也。从足，質聲。《詩》曰：“載蹪其尾。”陟利切。

跲　躓也。从足，合聲。居怯切。

跇　述也。从足，世聲。丑例切。

蹎　跋也。从足，真聲。都年切。

跋　蹎跋也。从足，犮聲。北末切。

蹐　小步也。从足，脊聲。《詩》曰：“不敢不蹐。”資昔切。

跌　踢也。从足，失聲。一曰：越也。徒結切。

踢　跌踢也。从足，易聲。一曰：搶也。徒郎切。

蹲　踞也。从足，尊聲。徂尊切。

踞　蹲也。从足，居聲。居御切。

跨　踞也。从足，夸聲。苦化切。

躩　足躩如也。从足，矍聲。丘縛切。

踣　僵也。从足，音聲。《春秋傳》曰：“晉人踣之。”蒲北切。

跛　行不正也。从足，皮聲。一曰：足排之。讀若彼。布火切。

蹇　跛也。从足，寒省聲。臣鉉等案：“《易》：‘王臣蹇蹇。’今俗作謇，非。”九輦切。

蹁　足不正也。从足，扁聲。一曰：拖後足馬。讀若苹。或曰徧。部田切。

踦　脛肉也。一曰：曲脛也。从足，𢍏聲。讀若逵。渠追切。

踒　足跌也。从足，委聲。烏過切。

跣　足親地也。从足，先聲。蘇典切。

跔　天寒足跔也。从足，句聲。其俱切。

踞　瘃足也。从足，困聲。苦本切。

距　雞距也。从足，巨聲。其吕切。

躧　舞履也。从足，麗聲。所綺切。𩌦，或从革。

蝦　足所履也。从足，叚聲。乎加切。

跸　朗也。从足，非聲。讀若匪。扶味切。

跀　斷足也。从足，月聲。魚厥切。𧿹，跀或从兀。

趽 曲脛馬也。从足，方聲。讀與彭同。薄庚切。

趹 馬行皃。从足，決省聲。古穴切。

趼 獸足企也。从足，幵聲。五甸切。

路 道也。从足，从各。臣鉉等曰："言道路人各有適也。"洛故切。

蹸 轢也。从足，粦聲。良忍切。

跂 足多指也。从足，支聲。巨支切。

文八十五　重四

躚 蹁躚，旋行。从足，䙴聲。穌前切。

蹭 蹭蹬，失道也。从足，曾聲。七鄧切。

蹬 蹭蹬也。从足，登聲。徒亘切。

蹉 蹉跎，失時也。从足，差聲。臣鉉等案："經史通用差池，此亦後人所加。"七何切。

跎 蹉跎也。从足，它聲。徒何切。

蹙 迫也。从足，戚聲。臣鉉等案："李善《文選注》通蹴字。"子六切。

踸 踸踔，行無常皃。从足，甚聲。五甚切。

文七新附

疋　部

疋 足也。上象腓腸，下从止。《弟子職》曰："問疋何止。"古文以爲《詩·大疋》字。亦以爲足字。或曰胥字。一曰：疋，記也。凡疋之屬皆从疋。所菹切。

𤕟 門户疏窻也。从疋，疋亦聲。囱象𤕟形。讀若疏。所菹切。

㽰 通也。从爻，从疋，疋亦聲。所菹切。

文三

品　部

品 衆庶也。从三口。凡品之屬皆从品。丕飲切。

喦 多言也。从品相連。《春秋傳》曰："次于喦北。"讀與聶同。

尼輒切。

喿 鳥羣鳴也。从品在木上。穌到切。

文三

龠　　部

龠 樂之竹管，三孔，以和衆聲也。从品、侖。侖，理也。凡龠之屬皆从龠。以灼切。

龡 龡音律管壎之樂也。从龠，炊聲。昌垂切。

龥 管樂也。从龠，虒聲。直离切。篪，龥或从竹。

龢 調也。从龠，禾聲。讀與和同。户戈切。

龤 樂和龤也。从龠，皆聲。《虞書》曰："八音克龤。"户皆切。

文五　重一

冊　　部

冊 符命也。諸侯進受於王也。象其札一長一短，中有二編之形。凡冊之屬皆从冊。楚革切。笧，古文冊从竹。

嗣 諸侯嗣國也。从冊，从口，司聲。徐鍇曰："冊必於廟，史讀其冊，故从口。"祥吏切。孠，古文嗣，从子。

扁 署也。从户、冊。户冊者，署門户之文也。方沔切。

文三　重二

説文解字弟二　下

說文解字第三上

漢太尉祭酒　許慎 記

宋右散騎常侍　徐鉉等 校定

五十三部　六百三十文　重百四十五　凡八千六百八十四字

文十六新附

㗊　部

㗊 衆口也。从四口。凡㗊之屬皆从㗊。讀若戢。阻立切。又讀若呶。

嚚 語聲也。从㗊，臣聲。語巾切。，古文嚚。

囂 聲也。气出頭上。从㗊，从頁。頁，首也。許嬌切。，囂或省。

嘂 高聲也。一曰：大呼也。从㗊，丩聲。《春秋公羊傳》曰："魯昭公嘂然而哭。"古弔切。

器 呼也。从㗊，莧聲。讀若讙。呼官切。

器 皿也。象器之口，犬所以守之。去冀切。

文六　重二

舌　部

舌 在口，所以言也、别味也。从干，从口，干亦聲。凡舌之屬皆从舌。徐鍇曰："凡物入口必干於舌，故从干。"食列切。

𦧇 歠也。从舌，沓聲。他合切。

舓 以舌取食也。从舌，易聲。神旨切。，舓或从也。

文三　重一

干　部

干　犯也。从反入，从一。凡干之屬皆从干。古寒切。

羊　撖也。从干。入一爲干，入二爲羊。讀若能。言稍甚也。如審切。

屰　不順也。从干，下屮。屰之也。魚戟切。

文三

谷　部

谷　口上阿也。从口，上象其理。凡谷之屬皆从谷。其虐切。，谷或如此。，或从肉，从豦。

㐁　舌皃。从谷省，象形。他念切。，古文㐁。讀若三年導服之導。一曰：竹上皮。讀若沾。一曰：讀若誓。弼字从此。

文二　重三

只　部

只　語已詞也。从口，象气下引之形。凡只之屬皆从只。諸氏切。

𠭙　聲也。从只，甹聲。讀若聲。呼形切。

文二

㕯　部

㕯　言之訥也。从口，从内。凡㕯之屬皆从㕯。女滑切。

矞　以錐有所穿也。从矛，从㕯。一曰：滿有所出也。余律切。

商　从外知内也。从㕯，章省聲。式陽切。，古文商。，亦古文商。，籒文商。

文三　重三

句　　部

句　曲也。从口，丩聲。凡句之屬皆从句。古侯切，又九遇切。

拘　止也。从句，从手，句亦聲。舉朱切。

笱　曲竹捕魚笱也。从竹，从句，句亦聲。古厚切。

鉤　曲也。从金，从句，句亦聲。古侯切。

文四

丩　　部

丩　相糾繚也。一曰：瓜瓠結丩起。象形。凡丩之屬皆从丩。居虯切。

茻　艸之相丩者。从茻，从丩，丩亦聲。居虯切。

糾　繩三合也。从糸、丩。居黝切。

文三

古　　部

古　故也。从十、口，識前言者也。凡古之屬皆从古。臣鉉等曰："十口所傳是前言也。"公户切。[illegible]，古文古。

嘏　大遠也。从古，叚聲。古雅切。

文二　重一

十　　部

十　數之具也。一爲東西，丨爲南北，則四方中央備矣。凡十之屬皆从十。是執切。

丈　十尺也。从又持十。直兩切。

千　十百也。从十，从人。此先切。

肸　響，布也。从十，从佾。臣鉉等曰："佾，振佾也。"羲乙切。

卙 卙卙，盛也。从十，从甚。汝南名蠶盛曰卙。子入切。

博 大通也。从十，从尃。尃，布也。補各切。

忇 材十人也。从十，力聲。盧則切。

廿 二十并也。古文省。人汁切。

𠦃 詞之𠦃矣。从十，咠聲。秦入切。

文九

卅　部

卅 三十并也。古文省。凡卅之屬皆从卅。蘇沓切。

世 三十年爲一世。从卅而曳長之。亦取其聲也。舒制切。

文二

言　部

言 直言曰言，論難曰語。从口，䇂聲。凡言之屬皆从言。語軒切。

譻 聲也。从言，賏聲。烏莖切。

謦 欬也。从言，殸聲。殸，籒文磬字。去挺切。

語 論也。从言，吾聲。魚舉切。

談 語也。从言，炎聲。徒甘切。

謂 報也。从言，胃聲。于貴切。

諒 信也。从言，京聲。力讓切。

詵 致言也。从言，从先，先亦聲。《詩》曰：“螽斯羽詵詵兮。”所臻切。

請 謁也。从言，青聲。七井切。

謁 白也。从言，曷聲。於歇切。

許 聽也。从言，午聲。虛吕切。

諾 譍也。从言，若聲。奴各切。

譍 以言對也。从言，雁聲。於證切。

讎 猶譍也。从言，雔聲。市流切。

諸　辯也。从言，者聲。章魚切。
詩　志也。从言，寺聲。書之切。，古文詩省。
讖　驗也。从言，韱聲。楚蔭切。
諷　誦也。从言，風聲。芳奉切。
誦　諷也。从言，甬聲。似用切。
讀　誦書也。从言，賣聲。徒谷切。
訔　快也。从言，从中。於力切。
訓　説教也。从言，川聲。許運切。
誨　曉教也。从言，每聲。荒内切。
譔　專教也。从言，巽聲。此緣切。
譬　諭也。从言，辟聲。匹至切。
謜　徐語也。从言，原聲。《孟子》曰：“故謜謜而來。”魚怨切。
詇　早知也。从言，央聲。於亮切。
諭　告也。从言，俞聲。羊戍切。
詖　辯論也。古文以爲頗字。从言，皮聲。彼義切。
諄　告曉之孰也。从言，𦎫聲。讀若庉。章倫切。
謘　語諄謘也。从言，屖聲。直离切。
詻　論訟也。《傳》曰：“詻詻孔子容。”从言，各聲。五陌切。
誾　和説而諍也。从言，門聲。語巾切。
謀　慮難曰謀。从言，某聲。莫浮切。，古文謀。，亦古文。
謨　議謀也。从言，莫聲。《虞書》曰：“《咎繇謨》。”莫胡切。
，古文謨，从口。
訪　汎謀曰訪。从言，方聲。敷亮切。
諏　聚謀也。从言，取聲。子于切。
論　議也。从言，侖聲。盧昆切。
議　語也。从言，義聲。宜寄切。
訂　平議也。从言，丁聲。他頂切。
詳　審議也。从言，羊聲。似羊切。

諟 理也。从言，是聲。承旨切。

諦 審也。从言，帝聲。都計切。

識 常也。一曰：知也。从言，戠聲。賞職切。

訊 問也。从言，卂聲。思晉切。，古文訊，从鹵。

詧 言微親詧也。从言，察省聲。楚八切。

謹 慎也。从言，堇聲。居隱切。

訒 厚也。从言，乃聲。如乘切。

諶 誠諦也。从言，甚聲。《詩》曰：“天難諶斯。”是吟切。

信 誠也。从人、从言，會意。息晉切。，古文从言省。，古文信。

訦 燕、代、東齊謂信訦。从言，冘聲。是吟切。

誠 信也。从言，成聲。氏征切。

誡 敕也。从言，戒聲。古拜切。

諅 誡也。从言，忌聲。渠記切。

諱 認也。从言，韋聲。許貴切。

誥 告也。从言，告聲。古到切。，古文誥。

詔 告也。从言，从召，召亦聲。之紹切。

誓 約束也。从言，折聲。時制切。

譣 問也。从言，僉聲。《周書》曰：“勿以譣人。”息廉切。

詁 訓故言也。从言，古聲。《詩》曰詁訓。公户切。

藹 臣盡力之美。从言，葛聲。《詩》曰：“藹藹王多吉士。”於害切。

誎 餔旋促也。从言，朿聲。桑谷切。

諝 知也。从言，胥聲。私吕切。

証 諫也。从言，正聲。之盛切。

諫 証也。从言，柬聲。古晏切。

諗 深諫也。从言，念聲。《春秋傳》曰：“辛伯諗周桓公。”式荏切。

課 試也。从言，果聲。苦臥切。

試 用也。从言，式聲。《虞書》曰：“明試以功。”式吏切。

諴　和也。从言，咸聲。《周書》曰："不能諴于小民。"胡毚切。

䚻　徒歌。从言，肉。余招切。

詮　具也。从言，全聲。此緣切。

訢　喜也。从言，斤聲。許斤切。

説　説釋也。从言，兑。一曰：談説。失爇切。又弋雪切。

計　會也，筭也。从言，从十。古詣切。

諧　詥也。从言，皆聲。户皆切。

詥　諧也。从言，合聲。候閤切。

調　和也。从言，周聲。徒遼切。

話　合會善言也。从言，𠯑聲。《傳》曰："告之話言。"胡快切。

譮，籀文語，从會。

諈　諈諉，纍也。从言，垂聲。竹寘切。

諉　纍也。从言，委聲。女恚切。

警　戒也。从言，从敬，敬亦聲。居影切。

謐　静語也。从言，监聲。一曰：無聲也。彌必切。

謙　敬也。从言，兼聲。苦兼切。

誼　人所宜也。从言，从宜，宜亦聲。儀寄切。

詡　大言也。从言，羽聲。况羽切。

諓　善言也。从言，戔聲。一曰：謔也。慈衍切。

誐　嘉善也。从言，我聲。《詩》曰："誐以溢我。"五何切。

詷　共也。一曰：譀也。从言，同聲。《周書》曰："在夏后之詷。"徒紅切。

設　施陳也。从言，从殳，殳。使人也。識列切。

護　救視也。从言，蒦聲。胡故切。

譞　譞慧也。从言，圜省聲。許緣切。

誧　大也。一曰：人相助也。从言，甫聲。讀若逋。博孤切。

諰　思之意。从言，从思。胥里切。

託　寄也。从言，乇聲。他各切。

記 疏也。从言，己聲。居吏切。

譽 誦也。从言，與聲。羊茹切。

譒 敷也。从言，番聲。《商書》曰：“王譒告之。”補過切。

謝 辤去也。从言，躲聲。辤夜切。

謳 齊歌也。从言，區聲。烏侯切。

詠 歌也。从言，永聲。爲命切。咏，詠或从口。

諍 止也。从言，爭聲。側迸切。

評 召也。从言，乎聲。荒烏切。

謼 評謼也。从言，虖聲。荒故切。

訖 止也。从言，气聲。居迄切。

諺 傳言也。从言，彦聲。魚變切。

訝 相迎也。从言，牙聲。《周禮》曰：“諸侯有卿訝發。”吾駕切。迓，訝或从辵。

詣 候至也。从言，旨聲。五計切。

講 和解也。从言，冓聲。古項切。

謄 迻書也。从言，朕聲。徒登切。

訒 頓也。从言，刃聲。《論語》曰：“其言也訒。”而振切。

訥 言難也。从言，内聲。内骨切。

譇 譇拏也。从言，虘聲。側加切。

謑 待也。从言，伿聲。讀若餥。胡禮切。

警 痛呼也。从言，敫聲。古弔切。

譊 恚呼也。从言，堯聲。女交切。

謍 小聲也。从言，熒省聲。《詩》曰：“謍謍青蠅。”余傾切。

諎 大聲也。从言，昔聲。讀若笮。壯革切。唶，諎或从口。

諛 諂也。从言，臾聲。羊朱切。

讇 諛也。从言，閻聲。丑琰切。諂，讇或省。

諼 詐也。从言，爰聲。況袁切。

謷 不肖人也。从言，敖聲。一曰：哭不止，悲聲謷謷。五牢切。

訹 誘也。从言，朮聲。思律切。

詑 沇州謂欺曰詑。从言，它聲。託何切。

謾 欺也。从言，曼聲。母官切。

譇 譇拏，羞窮也。从言，奢聲。陟加切。

詐 慙語也。从言，作聲。鉏駕切。

讋 讋讘也。从言，執聲。之涉切。

謰 謰謱也。从言，連聲。力延切。

謱 謰謱也。从言，婁聲。陟侯切。

詒 相欺詒也。一曰：遺也。从言，台聲。與之切。

謲 相怒使也。从言，参聲。倉南切。

誑 欺也。从言，狂聲。居況切。

譺 騃也。从言，疑聲。五介切。

謑 相誤也。从言，奊聲。古罵切。

訕 謗也。从言，山聲。所晏切。

譏 誹也。从言，幾聲。居衣切。

誣 加也。从言，巫聲。武扶切。

誹 謗也。从言，非聲。敷尾切。

謗 毁也。从言，旁聲。補浪切。

譸 訓也。从言，壽聲。讀若醻。《周書》曰："無或譸張爲幻。"張流切。

訓 譸也。从言，州聲。市流切。

詛 訓也。从言，且聲。莊助切。

訕 訓也。从言，由聲。直又切。

誃 離别也。从言，多聲。讀若《論語》"跢予之足"。周景王作洛陽誃臺。尺氏切。

誖 亂也。从言，孛聲。蒲没切。，誖或从心。，籀文誖，从二或。

䜌 亂也。一曰：治也。一曰：不絶也。从言、絲。呂員切。，古文縊。

誤　謬也。从言，吳聲。五故切。

詿　誤也。从言，圭聲。古賣切。

誒　可惡之辭。从言，矣聲。一曰：誒，然。《春秋傳》曰："誒誒出出。"許其切。

譆　痛也。从言，喜聲。火衣切。

詯　膽氣聲滿。在人上。从言，自聲。讀若反目相睞。荒内切。

謧　謧詍，多言也。从言，离聲。呂之切。

詍　多言也。从言，世聲。《詩》曰："無然詍詍。"余制切。

訿　不思稱意也。从言，此聲。《詩》曰："翕翕訿訿。"將此切。

䛌　往來言也。一曰：小兒未能正言也。一曰：祝也。从言，匋聲。大牢切。，䛌或从包。

䛁　䛁䛁，多語也。从言，冄聲。樂浪有䛁邯縣。汝閻切。

𧭈　語相反𧭈也。从言，遝聲。他合切。

誻　𧭈誻也。从言，沓聲。徒合切。

詽　諍語詽詽也。从言，幵聲。呼堅切。

讗　言壯皃。一曰：數相怒也。从言，巂聲。讀若畫。呼麥切。

訇　駭言聲。从言，勻省聲。漢中西城有訇鄉。又讀若玄。虎橫切。，籀文不省。

諞　便巧言也。从言，扁聲。《周書》曰："戔戔善諞言。"《論語》曰："友諞佞。"部田切。

䜍　匹也。从言，頻聲。符真切。

𧥢　扣也。如求婦先𧥢叕之。从言，从口，口亦聲。苦后切。

誽　言相誽司也。从言，兒聲。女家切。

誂　相呼誘也。从言，兆聲。徒了切。

譄　加也。从言，从曾聲。作滕切。

詄　忘也。从言，失聲。徒結切。

諅　忌也。从言，其聲。《周書》曰："上不諅于凶德。"渠記切。

譀 誕也。从言，敢聲。下闞切。⿰言忘，俗譀从忘。

誇 譀也。从言，夸聲。苦瓜切。

誕 詞誕也。从言，延聲。徒旱切。⿺㢟言，籒文誕，省正。

謾 譀也。从言，萬聲。莫話切。

謔 戲也。从言，虐聲。《詩》曰：“善戲謔兮。”虚約切。

詪 眼戾也。从言，皀聲。乎懇切。

訌 讃也。从言，工聲。《詩》曰：“蟊賊内訌。”户工切。

讃 中止也。从言，貴聲。《司馬法》曰：“師多則人讃。”讃，止也。胡對切。

譏 聲也。从言，歲聲。《詩》曰：“有譏其聲。”呼會切。

諣 疾言也。从言，咼聲。呼卦切。

讙 譟也。从言，魋聲。杜回切。

譟 擾也。从言，喿聲。蘇到切。

訆 大呼也。从言，丩聲。《春秋傳》曰：“或訆于宋大廟。”古弔切。

諕 號也。从言，从虎。乎刀切。

讙 譁也。从言，雚聲。呼官切。

譁 讙也。从言，華聲。呼瓜切。

謣 妄言也。从言，雩聲。羽俱切。⿰言荂，謣或从荂。

譌 譌言也。从言，爲聲。《詩》曰：“民之譌言。”五禾切。

詿 誤也。从言，佳省聲。古賣切。

誤 謬也。从言，吳聲。五故切。

謬 狂者之妄言也。从言，翏聲。靡幼切。

詤 夢言也。从言，巟聲。呼光切。

䚽 大呼自勉也。从言，暴省聲。蒲角切。

訬 訬擾也。一曰：訬，獪。从言，少聲。讀若毚。楚交切。

諆 欺也。从言，其聲。去其切。

譎 權詐也。益、梁曰謬欺，天下曰譎。从言，矞聲。古穴切。

詐 欺也。从言，乍聲。側駕切。

訏 詭譌也。从言，于聲。一曰：訏，䛐。齊楚謂信曰訏。况于切。

謎 咨也。一曰：痛惜也。从言、差。子邪切。

讋 失气言。一曰：不止也。从言，龖省聲。傅毅讀若慴。之涉切。

，籀文讋，不省。

謵 言謵讋也。从言，習聲。秦入切。

誈 相毁也。从言，亞聲。一曰：畏亞。宛古切。

譼 相毁也。从言，隨省聲。雖遂切。

讕 嗑也。从言，闒聲。徒盍切。

訩 説也。从言，匈聲。許容切。，或省。，訩或从兇。

訟 爭也。从言，公聲。曰：謌訟。似用切。，古文訟。

謓 恚也。从言，真聲。賈侍中說：謓，笑。一曰：讀若振。昌真切。

讘 多言也。从言，聶聲。河東有狐讘縣。之涉切。

訶 大言而怒也。从言，可聲。虎何切。

訨 訏也。从言，臣聲。讀若指。職雉切。

訐 面相厈罪，相告訐也。从言，干聲。居謁切。

訴 告也。从言，厈省聲。《論語》曰："訴子路於季孫。"臣鉉等曰："厈非聲，蓋古之字音多與今異，如皀亦音香，釁亦音門，乃亦音仍，他皆放此。古今失傳，不可詳究。"桑故切。，訴或从言、朔。，訴或从朔、心。

譖 愬也。从言，朁聲。莊蔭切。

讒 譖也。从言，毚聲。士咸切。

譴 謫問也。从言，遣聲。去戰切。

謫 罰也。从言，啻聲。陟革切。

諯 數也。一曰：相讓也。从言，耑聲，讀若專。尺絹切。

讓 相責讓。从言，襄聲。人漾切。

譙 嬈譊也。从言，焦聲。讀若嚼。才肖切。，古文譙，从肖。《周書》曰："亦未敢誚公。"

諫 數諫也。从言，朿聲。七賜切。

誶　讓也。从言，卒聲。《國語》曰：“誶申胥。”雖遂切。

詰　問也。从言，吉聲。去吉切。

謹　責望也。从言，望聲。巫放切。

詭　責也。从言，危聲。過委切。

證　告也。从言，登聲。諸應切。

詘　詰詘也。一曰：屈襞。从言，出聲。區勿切。，詘或从屈。

詍　尉也。从言，夗聲。於願切。

詗　知處告言之。从言，冋聲。朽正切。

譲　流言也。从言，夐聲。火縣切。

詆　苛也。一曰：訶也。从言，氐聲。都禮切。

誰　何也。从言，隹聲。示隹切。

諽　飾也。一曰：更也。从言，革聲。讀若戒。古覈切。

讕　怟讕也。从言，闌聲。洛干切。，讕或从閒。

診　視也。从言，㐱聲。直刃切。又之忍切。

誓　悲聲也。从言，斯省聲。先稽切。

訧　罪也。从言，尤聲。《周書》曰：“報以庶訧。”羽求切。

誅　討也。从言，朱聲。陟輸切。

討　治也。从言，从寸。他皓切。

諳　悉也。从言，音聲。烏含切。

讄　禱也。累功德以求福。《論語》云：“讄曰：禱尔于上下神祇。”从言，纍省聲。力軌切。，或不省。

諡　行之迹也。从言、兮、皿，闕。徐鍇曰：“兮，聲也。”神至切。

誄　諡也。从言，耒聲。力軌切。

謑　恥也。从言，奚聲。胡禮切。，謑或从奊。

詬　謑詬，恥也。从言，后聲。呼寇切。，詬或从句。

諜　軍中反閒也。从言，枼聲。徒叶切。

該　軍中約也。从言，亥聲。讀若心中滿該。古哀切。

譯　傳譯四夷之言者。从言，睪聲。羊昔切。

訄 迫也。从言，九聲。讀若求。巨鳩切。
謚 笑皃。从言，益聲。伊昔切。又呼狄切。
譶 疾言也。从三言。讀若沓。徒合切。

文二百四十五　重三十三

詢 謀也。从言，旬聲。相倫切。
讜 直言也。从言，黨聲。多朗切。
譜 籍録也。从言，普聲。《史記》从並。博古切。
詎 詎猶豈也。从言，巨聲。其吕切。
謏 小也。誘也。从言，叜聲。《禮記》曰：“足以謏聞。”先鳥切。
謎 隱語也。从言、迷，迷亦聲。莫計切。
誌 記誌也。从言，志聲。職吏切。
訣 訣别也。一曰：法也。从言，决省聲。古穴切。

文八新附

誩　部

誩 競言也。从二言。凡誩之屬皆从誩。讀若競。渠慶切。
善 吉也。从誩，从羊。此與義、美同意。常衍切。譱，篆文善从言。
競 彊語也。一曰：逐也。从誩，从二人。渠慶切。
讟 痛怨也。从誩，𧶠聲。《春秋傳》曰：“民無怨讟。”徒谷切。

文四　重一

音　部

音 聲也。生於心，有節於外，謂之音。宫、商、角、徵、羽，聲；絲、竹、金、石匏、土、革、木，音也。从言含一。凡音之屬皆从音。於今切。
響 聲也。从音，鄉聲。許兩切。
韽 下徹聲。从音，酓聲。恩甘切。
韶 虞舜樂也。《書》曰：“《簫韶》九成，鳳皇來儀。”从音，召聲。市招切。

章 樂竟爲一章。从音，从十。十，數之終也。諸良切。

竟 樂曲盡爲竟。从音，从人。居慶切。

文六

韻 和也。从音，員聲。裴光遠云：古與均同。未知其審。王問切。

文一新附

辛　部

辛 辠也。从干、二。二，古文上字。凡辛之屬皆从辛。讀若愆。張林説。去虔切。

童 男有辠曰奴，奴曰童，女曰妾。从辛，重省聲。徒紅切。童，籀文童，中與竊中同从廿。廿，以爲古文疾字。

妾 有辠女子，給事之得接於君者。从辛，从女。《春秋》云："女爲人妾。"妾，不娉也。七接切。

文三　重一

丵　部

丵 叢生艸也。象丵嶽相竝出也。凡丵之屬皆从丵。讀若浞。士角切。

業 大版也。所以飾縣鍾鼓。捷業如鋸齒，以白畫之。象其鉏鋙相承也。从丵，从巾，巾象版。《詩》曰："巨業維樅。"魚怯切。

業，古文業。

叢 聚也。从丵，取聲。徂紅切。

對 譍無方也。从丵，从口，从寸。都隊切。對，對或从士。漢文帝以爲責對而爲言多非誠對，故去其口，以从士也。

文四　重二

丵　部

菐　瀆菐也。从丵，从廾，廾亦聲。凡菐之屬皆从菐。臣鉉等曰："瀆讀爲'煩瀆'之瀆。一本注云：丵，衆多也，兩手奉之，是煩瀆也。"蒲沃切。

僕　給事者。从人，从菐，菐亦聲。蒲沃切。，古文从臣。

䌛　賦事也。从菐，从八。八，分之也。八亦聲。讀若頒。一曰：讀若非。布還切。

文三　重一

廾　部

廾　竦手也。从屮，从又。凡廾之屬皆从廾。居竦切。今變隸作廾。，楊雄說：廾从兩手。

奉　承也。从手，从廾，丰聲。扶隴切。

丞　翊也。从廾，从卪，从山。山高，奉承之義。署陵切。

奐　取奐也。一曰：大也。从廾、敻省。臣鉉等曰："敻，營求也，取之義也。"呼貫切。

弇　蓋也。从廾，从合。古南切。又一儉切。，古文弇。

睪廾　引給也。从廾，睪聲。羊益切。

畀　舉也。从廾，由聲。《春秋傳》曰："晉人或以廣墜，楚人畀之。"黄顥說：廣車陷，楚人爲舉之。杜林以爲騏麟字。渠記切。

异　舉也。从廾，目聲。《虞書》曰："岳曰：异哉。"羊吏切。

弄　玩也。从廾持玉。盧貢切。

𢍏　兩手盛也。从廾，𡿧聲。余六切。

𢍜　摶飯也。从廾，釆聲。釆，古文辦字。讀若書卷。居券切。

𢍑　持弩拊。从廾，肉。讀若逵。臣鉉等曰："从肉未詳。"渠追切。

戒　警也。从廾持戈，以戒不虞。居拜切。

兵　械也。从廾持斤，并力之皃。補明切。，古文兵，从人、収、干。，籒文。

龏　愨也。从廾，龍聲。紀庸切。

弈　圍棊也。从廾，亦聲。《論語》曰："不有博弈者乎。"羊益切。

具　共置也。从廾，从貝省。古以貝爲貨。其遇切。

文十七　重四

𠦬　部

𠦬　引也。从反廾。凡𠦬之屬皆从𠦬。普班切。今變隸作大。，𠦬或从手，从樊。

樊　鷙不行也。从𠦬，从棥，棥亦聲。附袁切。

䜌　樊也。从𠦬，䜌聲。吕員切。

文三　重一

共　部

共　同也。从廿、廾。凡共之屬皆从共。渠用切。，古文共。

龔　給也。从共，龍聲。俱容切。

文二　重一

異　部

異　分也。从廾，从畀。畀，予也。凡異之屬皆从異。徐鍇曰："將欲與物，先分異之也。《禮》曰：'賜君子小人不同日。'"羊吏切。

戴　分物得增益曰戴。从異，𢦏聲。都代切。，籒文戴。

文二　重一

舁　部

舁　共舉也。从臼，从廾。凡舁之屬皆从舁。讀若余。以諸切。

䙴　升高也。从舁，囟聲。七然切。，䙴或从卩。，古文䙴。

與 黨與也。从舁，从与。余吕切。，古文與。

興 起也。从舁，从同，同力也。虚陵切。

文四　重三

臼　部

臼 叉手也。从巨、彐。凡臼之屬皆从臼。居玉切。

要 身中也。象人要自臼之形。从臼，交省聲。於消切。又於笑切。，古文要。

文二　重一

晨　部

晨 早、昧爽也。从臼，从辰。辰，時也。辰亦聲。丮夕爲㐲，臼辰爲晨，皆同意。凡晨之屬皆从晨。食鄰切。

農 耕也。从晨，囟聲。徐鍇曰："當从凶乃得聲。"奴冬切。，籀文農从林。，古文農。，亦古文農。

文二　重三

爨　部

爨 齊謂之炊爨。臼象持甑，冂爲竈口，廾推林内火。凡爨之屬皆从爨。七亂切。，籀文爨省。

䢅 所以枝鬲者。从爨省、鬲省。渠容切。

釁 血祭也。象祭竈也。从爨省，从酉。酉所以祭也。从分，分亦聲。臣鉉等曰："分，布也。"虚振切。

文三　重一

説文解字弟三　上

説文解字弟三下

漢太尉祭酒　許慎 記
宋右散騎常侍　徐鉉等 校定

革　部

革 獸皮治去其毛，革更之。象古文革之形。凡革之屬皆从革。古覈切。，古文革。从三十。三十年爲一世，而道更也。臼聲。

鞹 去毛皮也。《論語》曰：“虎豹之鞹。”从革，郭聲。苦郭切。

靬 靬，乾革也。武威有麗靬縣。从革，干聲。苦旰切。

輅 生革可以爲縷束也。从革，各聲。盧各切。

鞄 柔革工也。从革，包聲。讀若朴。《周禮》曰：“柔皮之工鮑氏。”鞄即鮑也。蒲角切。

鞾 攻皮治鼓工也。从革，軍聲。讀若運。王問切。，鞾或从韋。

鞣 耎也。从革，从柔，柔亦聲。耳由切。

靼 柔革也。从革，从旦聲。旨熱切。，古文靼，从亶。

鞼 韋繡也。从革，貴聲。求位切。

鞶 大帶也。《易》曰：“或錫之鞶帶。”男子帶鞶，婦人帶絲。从革，般聲。薄官切。

鞏 以韋束也。《易》曰：“鞏用黄牛之革。”从革，巩聲。居竦切。

鞔 履空也。从革，免聲。徐鍇曰：“履空猶言履殼也。”母官切。

靸 小兒履也。从革，及聲。讀若沓。穌合切。

靪 靪角，鞮屬。从革，卬聲。五岡切。

鞮 革履也。从革，是聲。都兮切。

鞅 鞮鞅沙也。从革，从夾，夾亦聲。古洽切。

韆 鞮屬。从革，徙聲。所綺切。

鞵 革生鞮也。从革，奚聲。户佳切。

靪　補履下也。从革，丁聲。當經切。

鞠　蹋鞠也。从革，匊聲。居六切。□，鞠或从簕。

鞀　鞀遼也。从革，召聲。徒刀切。□，鞀或从兆。□，鞀或从鼓，从兆。□，籀文鞀，从殸、召。

鞔　量物之鞔。一曰：抒井鞔。古以革。从革，冤聲。於袁切。□，鞔或从宛。

鞞　刀室也。从革，卑聲。并頂切。

鞎　車革前曰鞎。从革，艮聲。户恩切。

鞃　車軾也。从革，弘聲。《詩》曰："鞹鞃淺幭。"讀若穹。丘弘切。

鞪　車軸束也。从革，敄聲。莫卜切。

鞑　車束也。从革，必聲。毗必切。

鞻　車衡三束也。曲轅鞼縛，直轅暈縛。从革，爨聲。讀若《論語》"鑽燧"之"鑽"。借官切。□，鞻或从革、贊。

鞊　蓋杠絲也。从革，旨聲。徐鍇曰："絲，其繫系也。"脂利切。

鞁　車駕具也。从革，皮聲。平祕切。

鞥　轡鞥。从革，弇聲。讀若譍。一曰：龍頭繞者。烏合切。

靶　轡革也。从革，巴聲。必駕切。

韅　著掖鞥也。从革，顯聲。呼典切。

靳　當膺也。从革，斤聲。居近切。

鞧　驂具也。从革，蚩聲。讀若騁、蜃。丑郢切。

靷　引軸也。从革，引聲。余忍切。□，籀文靷。

輨　車鞁具也。从革，官聲。古滿切。

鞁　車鞁具也。从革，豆聲。田候切。

靬　輨内環靼也。从革，于聲。羽俱切。

鞲　車下索也。从革，專聲。補各切。

鞥　車具也。从革，奄聲。烏合切。

鞍　車具也。从革，叕聲。陟劣切。

鞌 馬鞁具也。从革，从安。烏寒切。

䩸 鞌毳飾也。从革，茸聲。而隴切。

鞊 鞌飾。从革，占聲。他叶切。

鞈 防汗也。从革，合聲。古洽切。

勒 馬頭絡銜也。从革，力聲。盧則切。

鞙 大車縛軛靼。从革，肙聲。狂沇切。

䩙 勒靼也。从革，面聲。弥沇切。

靲 鞮也。从革，今聲。巨今切。

鞬 所以戢弓矢。从革，建聲。居言切。

韇 弓矢韇也。从革，賣聲。徒谷切。

䪎 緌也。从革，巂聲。山垂切。

䩯 急也。从革，亟聲。紀力切。

鞭 驅也。从革，便聲。卑連切。，古文鞭。

鞅 頸靼也。从革，央聲。於兩切。

韄 佩刀絲也。从革，蒦聲。乙白切。

䩐 馬尾駝也。从革，它聲。今之般緧。徒何切。

䩞 繫牛脛也。从革，見聲。己彳切。

文五十七　重十一

鞘 刀室也。从革，肖聲。私妙切。

韉 馬鞁具也。从革，薦聲。則前切。

鞾 鞮屬。从革，華聲。許騰切。

靮 馬羈也。从革，勺聲。都歷切。

文四新附

鬲部

鬲 鼎屬。實五觳。斗二升曰觳。象腹交文，三足。凡鬲之屬皆从鬲。郎激切。，鬲或从瓦。，漢令：鬲，从瓦，厤聲。

䰙 三足鍑也。一曰：滫米器也。从鬲，支聲。魚綺切。

鬹　三足釜也。有柄喙。讀若媯。从鬲，規聲。居隨切。

鬷　釜屬。从鬲，㚇聲。子紅切。

䰛　秦名土釜曰䰛。从鬲，午聲。讀若過。古禾切。

鬵　大釜也。一曰：鼎大上小下若甑曰鬵。从鬲，兓聲。讀若岑。才林切。，籀文鬵。

䰝　鬵屬。从鬲，曾聲。子孕切。

鬴　鍑屬。从鬲，甫聲。扶雨切。，鬴或从金，父聲。

鬳　鬲屬。从鬲，虍聲。牛建切。

融　炊气上出也。从鬲，蟲省聲。以戎切。，籀文融，不省。

𩱧　炊气皃。从鬲，嚻聲。許嬌切。

鬺　煑也。从鬲，羊聲。式羊切。

䰢　涫也。从鬲，沸聲。芳未切。

文十三　重五

䰜　部

䰜　歷也。古文，亦鬲字。象孰飪五味气上出也。凡䰜之屬皆从䰜。郎激切。

𩱁　鬻也。从䰜，侃聲。諸延切。，𩱁或从食，衍聲。，或从干聲。，或从建聲。

𩱆　鍵也。从䰜，米聲。武悲切。　臣鉉等曰："今俗粥作粥，音之六切。"

𩱉　鍵也。从䰜，古聲。户吴切。

𩱽　五味盉羹也。从䰜，从羔。《詩》曰："亦有和𩱽。"古行切。，𩱽或省。，或从美、䰜省。，小篆从羔，从美。

𩱙　鼎實。惟葦及蒲。陳留謂鍵爲𩱙。从䰜，速聲。桑谷切。，𩱙或从食，束聲。

𩱻　𩱁也。从䰜，毓聲。余六切。，𩱻或省从米。

𩱼　涼州謂𩱁爲𩱼。从䰜，𥻦聲。莫結切。，𩱼或省从末。

𩱤　粉餅也。从䰜，耳聲。仍吏切。，𩱤或从食，耳聲。

鬻 熬也。从䰜，芻聲。臣鉉等曰："今俗作煼，別作炒，非是。"尺沼切。

鬻 内肉及菜湯中，薄出之。从䰜，翟聲。以勺切。

鬻 孚也。从䰜，者聲。章與切。，鬻或从火。，鬻或从水在其中。

鬻 吹聲沸也。从䰜，孛聲。蒲没切。

文十三　重十二

爪　部

爪 丮也。覆手曰爪。象形。凡爪之屬皆从爪。側狡切。

孚 卵孚也。从爪，从子。一曰：信也。徐鍇曰："鳥之孚卵，皆如其期，不失信也，鳥裒恆以爪反覆其卵也。"芳無切。，古文孚，从禾。禾，古文保。

爲 母猴也。其爲禽好爪，爪，母猴象也。下腹爲母猴形。王育曰：爪，象形也。薳支切。，古文爲，象兩母猴相對形。

爫 亦丮也。从反爪。闕。諸兩切。

文四　重二

丮　部

丮 持也。象手有所丮據也。凡丮之屬皆从丮。讀若戟。几劇切。

埶 種也。从坴、丮。持亟種之。《書》曰："我埶黍稷。"徐鍇曰："坴，土也。"魚祭切。

孰 食飪也。从丮，享聲。《易》曰："孰飪。"殊六切。

䄍 設飪也。从丮，从食，才聲。讀若載。作代切。

巩 褱也。从丮，工聲。居悚切。，巩或加手。

谻 相踦之也。从丮，谷聲。其虐切。

𢦏 擊踝也。从丮，从戈。讀若踝。胡瓦切。

𠃨 拖持也。从反丮。闕。居玉切。

文八　重一

鬥　部

鬥　兩士相對，兵杖在後，象鬥之形。凡鬥之屬皆从鬥。都豆切。

鬭　遇也。从鬥，斲聲。都豆切。

鬨　鬭也。从鬥，共聲。《孟子》曰："鄒與魯鬨。"下降切。

䦈　經繆殺也。从鬥，翏聲。力求切。

鬮　鬭取也。从鬥，龜聲。讀若三合繩糾。古侯切。

鬫　智少力劣也。从鬥，爾聲。奴礼切。

鬩　鬭連結繽紛，相牽也。从鬥，燹聲。臣鉉等案："燹，今先典切，从豩聲。豩，呼還切。蓋燹亦有豩音，故得爲聲。一本从𤆍。《説文》無𤆍字。"撫文切。

鬢　鬭也。从鬥，賓省聲。讀若賓。匹賓切。

鬩　恒訟也。《詩》云："兄弟鬩于牆。"从鬥，从兒。兒，善訟者也。許激切。

鬦　試力士錘也。从鬥，从戈。或从戰省。讀若縣。胡畎切。

文十

鬧　不靜也。从市、鬥。奴教切。

文一新附

又　部

又　手也。象形。三指者，手之㪿多略不過三也。凡又之屬皆从又。于救切。

右　手口相助也。从又，从口。臣鉉等曰："今俗別作佑。"于救切。

厷　臂上也。从又，从古文。古薨切。，古文厷，象形。，厷或从肉。

叉　手指相錯也。从又，象叉之形。初牙切。

叉　手足甲也。从又，象叉形。側狡切。

父 矩也，家長，率教者。从又舉杖。扶雨切。

叜 老也。从又，从灾。闕。穌后切。，籀文从寸。，叜或从人。

燮 和也。从言，从又、炎。籀文燮，从羊。羊音飪。讀若溼。臣鉉等案：“燮字義大孰也，从炎，从又，即孰物可持也。此燮蓋从燮省，言語以和之也。二字義相出入故也。”穌叶切。

曼 引也。从又，冒聲。無販切。

𠭖 引也。从又，昌聲。昌，古文申。失人切。

夬 分決也。从又，屮象決形。徐鍇曰：“コ，物也，丨，所以決之。”古賣切。

尹 治也。从又、丿，握事者也。余準切。，古文尹。

叡 又卑也。从又，虘聲。側加切。

𠭢 引也。从又，𠩺聲。里之切。

㕞 拭也。从又持巾在尸下。所劣切。

及 逮也。从又，从人。徐鍇曰：“及前人也。”巨立切。乁，古文及，秦刻石及如此。，亦古文及。，亦古文及。

秉 禾束也。从又持禾。兵永切。

反 覆也。从又，厂反形。府遠切。，古文。

𠬝 治也。从又，从卪。卪，事之節也。房六切。

㕚 滑也。《詩》云：“㕚兮達兮。”从又、屮。一曰：取也。土刀切。

𠭴 楚人謂卜問吉凶曰𠭴。从又持祟，祟亦聲。讀若贅。之芮切。

叔 拾也。从又，尗聲。汝南名收芋爲叔。式竹切。，叔或从寸。

㕡 入水有所取也。从又在回下。回，古文回。回，淵水也。讀若沫。莫勃切。

取 捕取也。从又，从耳。《周禮》：“獲者取左耳。”《司馬法》曰：“載獻聝。”聝者，耳也。七庾切。

彗 掃竹也。从又持甡。祥歲切。，彗或从竹。，古文彗，从竹，从習。

叚 借也。闕。古雅切。，古文叚。，譚長説，叚如此。

友 同志爲友。从二又，相交友也。云久切。，古文友。，亦古文友。

度 法制也。从又，庶省聲。徒故切。

文二十八　重十六

ナ　部

ナ ナ手也。象形。凡ナ之屬皆从ナ。臧可切。

卑 賤也，執事也。从ナ、甲。徐鍇曰：“右重而左卑，故在甲下。”補移切。

文二

史　部

史 記事者也。从又持中。中，正也。凡史之屬皆从史。疏士切。

事 職也。从史，之省聲。鉏史切。，古文事。

文二　重一

支　部

支 去竹之枝也。从手持半竹。凡支之屬皆从支。章移切。，古文支。

攲 持去也。从支，奇聲。去奇切。

文二　重一

聿　部

聿 手之疌巧也。从又持巾。凡聿之屬皆从聿。尼輒切。

隸 習也。从聿，希聲。羊至切。，籀文隸。，篆文隸。

肅 持事振敬也。从聿在㷼上，戰戰兢兢也。息逐切。，古文肅，从心，从卩。

文三　重三

聿　部

聿　所以書也。楚謂之聿，吳謂之不律，燕謂之弗。从聿，一聲。凡聿之屬皆从聿。余律切。

筆　秦謂之筆。从聿，从竹。徐鍇曰："筆尚便疌，故从聿。"鄙密切。

𦘔　聿飾也。从聿，从彡。俗語以書好爲𦘔。讀若津。將鄰切。

書　箸也。从聿，者聲。商魚切。

文四

畫　部

畫　界也。象田四界。聿，所以畫之。凡畫之屬皆从畫。胡麥切。，古文畫省。，亦古文畫。

晝　日之出入，與夜爲界。从畫省，从日。陟救切。，籒文晝。

文二　重三

隶　部

隶　及也。从又，从尾省。又持尾者，从後及之也。凡隶之屬皆从隶。徒耐切。

隸　及也。从隶，枲聲。《詩》曰："隸天之未陰雨。"臣鉉等曰："枲非聲，未詳。"徒耐切。

隸　附箸也。从隶，柰聲。郎計切。，篆文隸，从古文之體。臣鉉等未詳古文所出。

文三　重一

臤　部

臤　堅也。从又，臣聲。凡臤之屬皆从臤。讀若鏗鏘之鏗。古文以爲賢字。苦閑切。

緊 纏絲急也。从臤，从絲省。糾忍切。

堅 剛也。从臤，从土。古賢切。

豎 豎立也。从臤，豆聲。臣庾切。，籀文豎，从殳。

文四　重一

臣　部

臣 牽也，事君也。象屈服之形。凡臣之屬皆从臣。植鄰切。

𦣞 乖也。从二臣相違。讀若誑。居況切。

臧 善也。从臣，戕聲。則郎切。，籀文。

文三　重一

殳　部

殳 以杸殊人也。《禮》："殳以積竹，八觚，長丈二尺，建於兵車，車旅賁以先驅。"从又，几聲。凡殳之屬皆从殳。市朱切。

祋 殳也。从殳，示聲。或説，城郭市里，高縣羊皮，有不當入而欲入者，暫下以驚牛馬，曰祋，故从示、殳。《詩》曰："何戈與祋。"丁外切。

杸 軍中士所持殳也。从木，从殳。《司馬法》曰："執羽从杸。"市朱切。

毄 相擊中也。如車相擊，故从殳，从軎。古歷切。

㱿 从上擊下也。一曰：素也。从殳，青聲。苦角切。青，苦江切。

𣪠 下擊上也。从殳，冘聲。知朕切。

𣪘 繇擊也。从殳，豆聲。古文祋如此。度侯切。

𣪔 縣物㱿擊。从殳，㠯聲。市流切。

𣪗 椎毄物也。从殳，豖聲。冬毒切。

毆 捶毄物也。从殳，區聲。烏后切。

毃 擊頭也。从殳，高聲。口卓切。

殿 擊聲也。从殳，屍聲。堂練切。

毉 擊中聲也。从殳，医聲。於計切。

段 椎物也。从殳，耑省聲。徒玩切。

㲉 擊空聲也。从殳，宮聲。徒冬切。又火宫切。

殽 相雜錯也。从殳，肴聲。胡茅切。

毅 妄怒也。一曰：有決也。从殳，豙聲。魚既切。

𣪏 揉屈也。从殳，从皀。皀，古文叀字。廏字从此。臣鉉等曰：“叀，小謹也，亦屈服之意。”居又切。

役 戍邊也。从殳，从彳。臣鉉等曰：“彳，步也，彳亦聲。”營隻切。𠈗，古文役，从人。

毅 毅改，大剛卯也。以逐精鬼。从殳，亥聲。古哀切。

文二十　重一

殺　部

殺 戮也。从殳，杀聲。凡殺之屬皆从殺。臣鉉等曰：“《説文》無杀字，相傳云音察，未知所出。”所八切。，古文殺。，古文殺。，古文殺。

弒 臣殺君也。《易》曰：“臣弒其君。”从殺省，式聲。式吏切。

文二　重四

几　部

几 鳥之短羽飛几几也。象形。凡几之屬皆从几。讀若殊。市朱切。

㐱 新生羽而飛也。从几，从彡。之忍切。

鳧 舒鳧，鶩也。从鳥，几聲。房無切。

文三

寸　部

寸 十分也。人手卻一寸，動𧖴，謂之寸口。从又，从一。凡寸之屬皆从寸。倉困切。

寺　廷也。有法度者也。从寸，之聲。祥吏切。

將　帥也。从寸，𤔌省聲。即諒切。

潯　繹理也。从工，从口，从又，从寸。工、口，亂也。又、寸，分理之。彡聲。此與䢅同意。度，人之兩臂爲尋，八尺也。徐林切。

專　六寸簿也。从寸，叀聲。一曰：專，紡專。職緣切。

尃　布也。从寸，甫聲。芳無切。

導　導引也。从寸，道聲。徒皓切。

文七

皮　　部

皮　剥取獸革者謂之皮。从又，爲省聲。凡皮之屬皆从皮。符羈切。，古文皮。，籀文皮。

皰　面生气也。从皮，包聲。旁教切。

皯　面黑气也。从皮，干聲。古旱切。

文二　重二

皸　足坼也。从皮，軍聲。矩云切。

皴　皮細起也。从皮，夋聲。七倫切。

文二新附

㼱　　部

㼱　柔韋也。从北，从皮省，从夐省。凡㼱之屬皆从㼱。讀若耎。一曰：若雋。臣鉉等曰："北者反覆柔治之也。夐，營也。"而兖切。，古文㼱。，籀文㼱，从夐省。

䎋　羽獵韋絝。从㼱，灷聲。而隴切。，或从衣，从朕。《虞書》曰："鳥獸㲨毛。"

文三　重二

攴　部

攴（攵）　小擊也。从又，卜聲。凡攴之屬皆从攴。普木切。

啟　教也。从攴，启聲。《論語》曰："不憤不啓。"康礼切。

徹　通也。从彳，从攴，从育。丑列切。，古文徹。

肇　擊也。从攴，肇省聲。治小切。

敏　疾也。从攴，每聲。眉殞切。

敃　彊也。从攴，民聲。眉殞切。

敄　彊也。从攴，矛聲。亡遇切。

敀　迮也。从攴，白聲。《周書》曰："常敀，常任。"博陌切。

整　齊也。从攴，从束，从正，正亦聲。之郢切。

效　象也。从攴，交聲。胡教切。

故　使爲之也。从攴，古聲。古慕切。

政　正也。从攴，从正，正亦聲。之盛切。

𢻫　敷也。从攴，也聲。讀與施同。式支切。

敷　𢻫也。从攴，尃聲。《周書》曰："用敷遺後人。"芳无切。

敟　主也。从攴，典聲。多殄切。

𢿢　數也。从攴，麗聲。力米切。

數　計也。从攴，婁聲。所矩切。

潄　辟潄鐵也。从攴，从湅。郎電切。

孜　汲汲也。从攴，子聲。《周書》曰："孜孜無怠。"子之切。

攽　分也。从攴，分聲。《周書》曰："乃惟孺子攽。"亦讀與彬同。布還切。

攼　止也。从攴，旱聲。《周書》曰："攼我于艱。"侯旰切。

敳　有所治也。从攴，豈聲。讀若豤。五來切。

敞　平治高土，可以遠望也。从攴，尚聲。昌兩切。

敒　理也。从攴，伸聲。直刃切。

改 更也。从攴，己。李陽冰曰："己有過，攴之即改。"古亥切。

變 更也。从攴，䜌聲。祕戀切。

更 改也。从攴，丙聲。古孟切。又古行切。

敕 誡也。臿地曰敕。从攴，束聲。恥力切。

𢻫 使也。从攴，耴省聲。而涉切。

斂 收也。从攴，僉聲。良冉切。

敹 擇也。从攴，桼聲。《周書》曰："敹乃甲冑。"洛簫切。

敿 繫連也。从攴，喬聲。《周書》曰："敿乃干。"讀若矯。居夭切。

敆 合會也。从攴，从合，合亦聲。古沓切。

敶 列也。从攴，陳聲。直刃切。

敵 仇也。从攴，啻聲。徒歷切。

救 止也。从攴，求聲。居又切。

敓 彊取也。《周書》曰："敓攘矯虔。"从攴，兑聲。徒活切。

斁 解也。从攴，睪聲。《詩》云："服之無斁。"斁，猒也。一曰：終也。羊益切。

赦 置也。从攴，赤聲。始夜切。，赦或从亦。

攸 行水也。从攴，从人，水省。徐鍇曰："攴，入水所杖也。"以周切。，秦刻石繹山文攸字如此。

𢻰 撫也。从攴，亡聲。讀與撫同。芳武切。

敉 撫也。从攴，米聲。《周書》曰："亦未克敉公功。"讀若弭。緜婢切。，敉或从人。

敡 侮也。从攴，从易，易亦聲。以豉切。

𢾺 戾也。从攴，韋聲。羽非切。

敦 怒也。詆也。一曰：誰何也。从攴，𦎫聲。都昆切。又丁回切。

𢿌 朋侵也。从攴，从羣，羣亦聲。渠云切。

敗 毀也。从攴，貝。敗、賊皆从貝會意。薄邁切。，籒文敗，从賏。

𢿵 煩也。从攴，从𤔔，𤔔亦聲。郎段切。

寇 暴也。从攴，从完。徐鍇曰："當其完聚而欲寇之。"苦候切。

𢿱 剌也。从攴，蚩聲。豬几切。

𢾊 閉也。从攴，度聲。讀若杜。徒古切。剫，𢾊或从刀。

敜 塞也。从攴，念聲。《周書》曰："敜乃穽。"奴叶切。

𢾎 𢾎盡也。从攴，畢聲。卑吉切。

收 捕也。从攴，丩聲。式州切。

鼓 擊鼓也。从攴，从壴，壴亦聲。公户切。

攷 敂也。从攴，丂聲。苦浩切。

敂 擊也。从攴，句聲。讀若扣。苦候切。

攻 擊也。从攴，工聲。古洪切。

敲 橫擿也。从攴，高聲。口交切。

㪉 擊也。从攴，豖聲。竹角切。

𢼸 放也。从攴，㞷聲。迂往切。

𠩺 坼也。从攴，从厂。厂之性坼，果孰有味亦坼，故謂之𠩺。从未聲。徐鍇曰："厂，厓也。"許其切。

斀 去陰之刑也。从攴，蜀聲。《周書》曰："刵劓斀黥。"竹角切。

敯 冒也。从攴，昏聲。《周書》曰："敯不畏死。"眉殞切。

敔 禁也。一曰：樂器椌楬也，形如木虎。从攴，吾聲。魚舉切。

敤 研治也。从攴，果聲。舜女弟名敤首。苦果切。

𢽂 持也。从攴，金聲。讀若琴。巨今切。

𢾭 棄也。从攴，𠷎聲。《周書》以爲討。《詩》云："無我𢾭兮。"市流切。

畋 平田也。从攴、田。《周書》曰："畋尒田。"待年切。

攺 毅攺，大剛卯，以逐鬼鬽也。从攴，巳聲。讀若巳。古亥切。

敘 次弟也。从攴，余聲。徐吕切。

𢽾 毀也。从攴，卑聲。辟米切。

䡾 䡾也。从攴，兒聲。五計切。
牧 養牛人也。从攴，从牛。《詩》曰：“牧人乃夢。”莫卜切。
敇 擊馬也。从攴，朿聲。楚革切。
𢿁 小舂也。从攴，算聲。初絭切。
𢿢 鐅田也。从攴，堯聲。牽遙切。

文七十七　重六

教　部

教 上所施，下所效也。从攴，从孝。凡教之屬皆从教。古孝切。，古文教。，亦古文教。
斆 覺悟也。从教，从冖。冖，尚矇也。臼聲。胡覺切。，篆文斆省。

文二　重三

卜　部

卜 灼剥龜也。象灸龜之形。一曰：象龜兆之從横也。凡卜之屬皆从卜。博木切。，古文卜。
卦 筮也。从卜，圭聲。臣鉉等曰：“圭字聲不相近，當从挂省聲。”古壞切。
卟 卜以問疑也。从口、卜。讀與稽同。《書》云：“卟疑。”古兮切。
貞 卜問也。从卜，貝以爲贄。一曰：鼎省聲。京房所説。陟盈切。
䝭 易卦之上體也。《商書》：“曰貞曰䝭。”从卜，每聲。荒内切。
占 視兆問也。从卜，从口。職廉切。
卲 卜問也。从卜，召聲。市沼切。
𠧪 灼龜坼也。从卜，兆象形。治小切。，古文兆省。

文八　重二

用　部

用　可施行也。从卜，从中。衛宏説。凡用之屬皆从用。臣鉉等曰：“卜中乃可用也。”余訟切。，古文用。

甫　男子美稱也。从用，父，父亦聲。方矩切。

庸　用也。从用，从庚。庚，更事也。《易》曰：“先庚三日。”余封切。

葡　具也。从用，苟省。臣鉉等曰：“苟，急敕也，會意。”平祕切。

甯　所願也。从用，寧省聲。乃定切。

文五　重一

爻　部

爻　交也。象《易》六爻頭交也。凡爻之屬皆从爻。胡茅切。

棥　藩也。从爻，从林。《詩》曰：“營營青蠅，止于棥。”附袁切。

文二

㸚　部

㸚　二爻也。凡㸚之屬皆从㸚。力几切。

爾　麗爾，猶靡麗也。从冂，从㸚，其孔㸚，尒聲。此與爽同意。兒氏切。

爽　明也。从㸚，从大。徐鍇曰：“大其中，隙縫光也。”疏兩切。，篆文爽。

文三　重一

説文解字第三　下

説文解字弟四上

漢太尉祭酒　許慎 記

宋右散騎常侍　徐鉉等 校定

四十五部　七百四十八文　重百一十二　凡七千六百三十八字

文二十四新附

旻　部

旻 舉目使人也。从攴，从目。凡旻之屬皆从旻。讀若䀮。火劣切。

敻 營求也。从旻，从人在穴上。《商書》曰："高宗夢得説，使百工敻求，得之傅巖。"巖，穴也。徐鍇曰："人與目隔穴，經營而見之，然後指使以求之。攴，所指畫也。"朽正切。

閺 低目視也。从旻，門聲。弘農湖縣有閺鄉，汝南西平有閺亭。無分切。

夐 大視也。从大、旻。讀若齤。況晚切。

文四

目　部

目 人眼。象形。重童子也。凡目之屬皆从目。莫六切。，古文目。

眼 目也。从目，艮聲。五限切。

矉 兒初生瞥者。从目，瞏聲。邦免切。

眩 目無常主也。从目，玄聲。黄絢切。

眥 目匡也。从目，此聲。在詣切。

睫 目旁毛也。从目，夾聲。子葉切。

矊 盧童子也。从目，縣聲。胡畎切。

譆 瞦 目童子精也。从目，喜聲。讀若禧。許其切。

矈 目旁薄緻宀宀也。从目，臱聲。武延切。

⿱非目 大目也。从目，非聲。芳微切。

⿱臤目 大目也。从目，臤聲。侯簡切。

睅 大目也。从目，旱聲。户版切。睆，睅或从完。

⿰目爰 大目也。从目，爰聲。況晚切。

瞞 平目也。从目，㒼聲。母官切。

睴 大目出也。从目，軍聲。古鈍切。

矕 目矕矕也。从目，䜌聲。武版切。

睔 目大也。从目、侖。《春秋傳》有鄭伯睔。古本切。

盼 《詩》曰："美目盼兮。"从目，分聲。匹莧切。

盰 目多白也。一曰：張目也。从目，干聲。古旱切。

眅 多白眼也。从目，反聲。《春秋傳》曰："鄭游眅，字子明。"普班切。

睍 出目也。从目，見聲。胡典切。

矔 目多精也。从目，雚聲。益州謂瞋目曰矔。古玩切。

瞵 目精也。从目，粦聲。力珍切。

窅 深目也。从穴中目。烏皎切。

眊 目少精也。从目，毛聲。《虞書》耄字从此。亡報切。

矘 目無精直視也。从目，黨聲。他朗切。

睒 暫視皃。从目，炎聲。讀若"白蓋謂之苫"相似。失冉切。

眮 吴楚謂瞋目、顧視曰眮。从目，同聲。徒弄切。

眡 直視也。从目，必聲。讀若《詩》云"泌彼泉水"。兵媚切。

瞴 瞴婁，微視也。从目，無聲。莫浮切。

䀏 蔽人視也。从目，幵聲。讀若攜手。一曰：直視也。又苦兮切。⿱幵目，䀏目或在下。

睌 睌賢，目視皃。从目，免聲。武限切。

眂 眂皃。从目，氏聲。承旨切。

睨 衺視也。从目，兒聲。研計切。
䁉 低目視也。从目，冒聲。《周書》曰"武王惟䁉"。亡保切。
眓 視高皃。从目，戉聲。讀若《詩》曰"施罛濊濊"。呼哲切。
眈 視近而志遠。从目，冘聲。《易》曰："虎視眈眈。"丁含切。
䢓 相顧視而行也。从目，从㢟，㢟亦聲。于線切。
盱 張目也。从目，于聲。一曰：朝鮮謂盧童子曰盱。況于切。
瞏 目驚視也。从目，袁聲。《詩》曰："獨行瞏瞏。"渠營切。
䁐 視而止也。从目，亶聲。旨善切。
𥄎 目冥遠視也。从目，勿聲。一曰：久也。一曰：旦明也。莫佩切。
眕 目有所恨而止也。从目，㐱聲。之忍切。
瞟 䁝也。从目，㬱聲。敷沼切。
䁝 察也。从目，祭聲。戚細切。
睹 見也。从目，者聲。當古切。，古文从見。
眔 目相及也。从目，从隶省。徒合切。
睽 目不相聽也。从目，癸聲。苦圭切。
眜 目不明也。从目，末聲。莫撥切。
𥉁 轉目視也。从目，般聲。薄官切。
𥌸 小兒白眼也。从目，辡聲。蒲莧切。
眽 目財視也。从目，𠂢聲。莫獲切。
䁞 失意視也。从目，脩聲。他歷切。
䁺 謹鈍目也。从目，𦎧聲。之閏切。
瞤 目動也。从目，閏聲。如勻切。
矉 恨張目也。从目，賓聲。《詩》曰："國步斯矉。"符真切。
眢 目無明也。从目，夗聲。一丸切。
睢 仰目也。从目，隹聲。許惟切。
旬 目搖也。从目，勻省聲。黃絢切。眴，旬或从旬。
矆 大視也。从目，蒦聲。許縛切。
睦 目順也。从目，坴聲。一曰：敬和也。莫卜切。，古文睦。

瞻 臨視也。从目，詹聲。職廉切。

瞀 氐目謹視也。从目，敄聲。莫候切。

睸 小視也。从目，買聲。莫佳切。

瞷 視也。从目，監聲。古銜切。

䁇 省視也。从目，啓省聲。苦系切。

相 省視也。从目，从木。《易》曰：“地可觀者，莫可觀於木。”《詩》曰：“相鼠有皮。”息良切。

瞋 張目也。从目，真聲。昌真切。⿰目戌，祕書瞋，从戌。

䁝 目孰視也。从目，鳥聲。讀若雕。都僚切。

睗 目疾視也。从目，易聲。施隻切。

睊 視皃。从目，肙聲。於絢切。

䁐 目深皃。从目、窅。讀若《易》曰“勿卹”之卹。於悦切。

睼 迎視也。从目，是聲。讀若珥瑱之瑱。他計切。

矏 目相戲也。从目，晏聲。《詩》曰：“矏婉之求。”於殄切。

䀏 短深目皃。从目，叡聲。烏括切。

眷 顧也。从目，𢍏聲。《詩》曰：“乃眷西顧。”居倦切。

督 察也。一曰：目痛也。从目，叔聲。冬毒切。

睎 望也。从目，稀省聲。海岱之閒謂眄曰睎。香衣切。

看 睎也。从手下目。苦寒切。⿰倝目，看或从倝。

瞫 深視也。一曰：下視也。又，竊見也。从目，覃聲。式荏切。

睡 坐寐也。从目、垂。是僞切。

瞑 翕目也。从目、冥，冥亦聲。臣鉉等曰：“今俗别作眠，非是。”武延切。

眚 目病，生翳也。从目，生聲。所景切。

瞥 過目也。又，目翳也。从目，敝聲。一曰：財見也。普滅切。

眵 目傷眥也。从目，多聲。一曰：瞢兜。叱支切。

䁾 目眵也。从目，蔑省聲。莫結切。

眏 涓目也。从目，夬聲。臣鉉等曰：“當从決省。”古穴切。

眼　目病也。从目，良聲。力讓切。

眛　目不明也。从目，未聲。莫佩切。

瞯　戴目也。从目，閒聲。江淮之間謂眄曰瞯。户閒切。

眯　艸入目中也。从目，米聲。莫禮切。

眺　目不正也。从目，兆聲。他弔切。

睞　目童子不正也。从目，來聲。洛代切。

睩　目睞謹也。从目，录聲。讀若鹿。盧谷切。

督　眣也。从目，攸聲。敕鳩切。督或从丩。

眣　目不正也。从目，失聲。丑栗切。

矇　童矇也。一曰：不明也。从目，蒙聲。莫中切。

眇　一目小也。从目，从少，少亦聲。亡沼切。

眄　目偏合也。一曰：衺視也。秦語。从目，丏聲。莫甸切。

睶　眄也。从目，各聲。盧各切。

盲　目無牟子。从目，亡聲。武庚切。

瞸　目陷也。从目，咸聲。苦夾切。

瞽　目但有眣也。从目，鼓聲。公户切。

瞍　無目也。从目，叜聲。穌后切。

瞢　惑也。从目，縈省聲。户扃切。

脞　目小也。从目，坐聲。臣鉉等曰：“案《尚書》‘元首叢脞哉’，叢脞，猶細碎也。今从肉，非是。”昨禾切。

䀹　捾目也。从目、叉。烏括切。

睇　目小視也。从目，弟聲。南楚謂眄曰睇。特計切。

瞚　開闔目數搖也。从目，寅聲。臣鉉等曰：“今俗别作瞬，非是。”舒問切。

眙　直視也。从目，台聲。丑吏切。

眝　長眙也。一曰：張目也。从目，宁聲。陟吕切。

盻　恨視也。从目，兮聲。胡計切。

昲　目不明也。从目，弗聲。普未切。

文百十三　重八

瞼　目上下瞼也。从目，僉聲。居奄切。

眨　動目也。从目，乏聲。側洽切。

眭　深目也。亦人姓。从目，圭聲。許規切。

眹　目精也。从目，弅聲。案："勝字賸皆从朕聲，疑古以朕爲眹。直引切。

眸　目童子也。从目，牟聲。《説文》直作牟。莫浮切。

睚　目際也。从目、厓。五隘切。

文六新附

䀠　　部

䀠　左右視也。从二目。凡䀠之屬皆从䀠。讀若拘，又若良士瞿瞿。九遇切。

䁈　目圍也。从䀠、𠂆。讀若書卷之卷。古文以爲醜字。居倦切。

奭　目衺也。从䀠，从大。大，人也。舉朱切。

文三

眉　　部

眉　目上毛也。从目，象眉之形，上象頟理也。凡眉之屬皆从眉。武悲切。

省　視也。从眉省，从屮。臣鉉等曰："屮，通識也。"所景切。，古文从少，从囧。

文二　重一

盾　　部

盾　瞂也。所以扞身蔽目。象形。凡盾之屬皆从盾。食問切。

瞂　盾也。从盾，犮聲。扶發切。

盽　盾握也。从盾，圭聲。苦圭切。

文三

自　部

自　鼻也。象鼻形。凡自之屬皆从自。疾二切。𦣹，古文自。

𦤀　宫不見也。闕。武延切。

文二　重一

白　部

白　此亦自字也。省自者，詞言之气，从鼻出，與口相助也。凡白之屬皆从白。疾二切。

皆　俱詞也。从比，从白。古諧切。

魯　鈍詞也。从白，鮺省聲。《論語》曰："参也魯。"郎古切。

者　别事詞也。从白，𣥠聲。𣥠，古文旅字。之也切。

𠷎　詞也。从白，𠃬聲。𠃬與疇同。《虞書》："帝曰：𠷎咨。"直由切。

𥏼　識詞也。从白，从亏，从知。知義切。[古文𥏼]，古文𥏼。

百　十十也。从一、白。數十百爲一貫，相章也。博陌切。𦣻，古文百，从自。

文七　重二

鼻　部

鼻　引气自畀也。从自、畀。凡鼻之屬皆从鼻。父二切。

齅　以鼻就臭也。从鼻，从臭，臭亦聲。讀若畜牲之畜。許救切。

鼾　臥息也。从鼻，干聲。讀若汗。侯幹切。

鼽　病寒鼻窒也。从鼻，九聲。巨鳩切。

齂　臥息也。从鼻，隶聲。讀若虺。許介切。

文五

皕　部

皕　二百也。凡皕之屬皆从皕。讀若祕。彼力切。

奭　盛也。从大，从皕，皕亦聲。此燕召公名，讀若郝。《史篇》名醜。徐鍇曰："《史篇》謂所作《倉頡》十五篇也。"詩亦切。，古文奭。

文二　重一

習　部

習　數飛也。从羽，从白。凡習之屬皆从習。似入切。

翫　習猒也。从習，元聲。《春秋傳》曰："翫歲而愒日。"五換切。

文二

羽　部

羽　鳥長毛也。象形。凡羽之屬皆从羽。王矩切。

翨　鳥之彊羽猛者。从羽，是聲。俱豉切。

翰　天雞赤羽也。从羽，倝聲。《逸周書》曰："大翰，若翬雉，一名鷐風。周成王時蜀人獻之。"侯幹切。

翟　山雉尾長者。从羽，从隹。徒歷切。

翡　赤羽雀也。出鬱林。从羽，非聲。房味切。

翠　青羽雀也。出鬱林。从羽，卒聲。七醉切。

翦　羽生也。一曰：矢羽。从羽，前聲。即淺切。

翁　頸毛也。从羽，公聲。烏紅切。

翄　翼也。从羽，支聲。施智切。，翄或从氏。

翗　翄也。从羽，革聲。古翮切。

翹　尾長毛也。从羽，堯聲。渠遙切。

翭　羽本也。一曰：羽初生皃。从羽，矦聲。乎溝切。

翮　羽莖也。从羽，鬲聲。下革切。

翑　羽曲也。从羽，句聲。其俱切。

羿　羽之羿風。亦古諸侯也。一曰：射師。从羽，幵聲。五計切。

翥　飛舉也。从羽，者聲。章庶切。

翕　起也。从羽，合聲。許及切。

翾　小飛也。从羽，睘聲。許緣切。

翬　大飛也。从羽，軍聲。一曰：伊雒而南，雉五采皆備，曰翬。《詩》曰：“如翬斯飛。”臣鉉等曰：“當从揮省。”許歸切。

翏　高飛也。从羽，从㐱。力救切。

翩　疾飛也。从羽，扁聲。芳連切。

翜　捷也。飛之疾也。从羽，夾聲。讀若濇。一曰：俠也。山洽切。

翊　飛皃。从羽，立聲。與職切。

𦐇　飛盛皃。从羽，从冃。臣鉉等曰：“犯冒而飛，是盛也。”土盍切。

翄　飛盛皃。从羽，之聲。侍之切。

翱　翱翔也。从羽，皋聲。五牢切。

翔　回飛也。从羽，羊聲。似羊切。

翽　飛聲也。从羽，歲聲。《詩》曰：“鳳皇于飛，翽翽其羽。”呼會切。

翯　鳥白肥澤皃。从羽，高聲。《詩》云：“白鳥翯翯。”胡角切。

䍿　樂舞。以羽𦑘自翳其首，以祀星辰也。从羽，王聲。讀若皇。胡光切。

翇　樂舞。執全羽以祀社稷也。从羽，犮聲。讀若紱。分勿切。

翿　翳也。所以舞也。从羽，𣪘聲。《詩》曰：“左執翿。”徒到切。

翳　華蓋也。从羽，殹聲。於計切。

翣　棺羽飾也。天子八，諸侯六，大夫四，士二。下垂。从羽，妾聲。山洽切。

文三十四　重一

翻　飛也。从羽，番聲。或从飛。孚袁切。

翎 羽也。从羽，令聲。郎丁切。

䲨 飛聲。从羽，工聲。户公切。

文三新附

隹　部

隹 鳥之短尾緫名也。象形。凡隹之屬皆从隹。職追切。

雅 楚烏也。一名鸒，一名卑居。秦謂之雅。从隹，牙聲。臣鉉等曰："今俗别作鴉，非是。"五下切。又烏加切。

隻 鳥一枚也。从又持隹。持一隹曰隻，二隹曰雙。之石切。

雒 鵋鵙也。从隹，各聲。盧各切。

閵 今閵，似鴝鵒而黄。从隹，𨳌省聲。良刃切。，籀文不省。

巂 周燕也。从隹，屮象其冠也，冏聲。一曰：蜀王望帝，婬其相妻，慙，亡去，爲子巂鳥。故蜀人聞子巂鳴，皆起，云望帝。户圭切。

雃 鳥也。从隹，方聲。讀若方。府良切。

雀 依人小鳥也。从小、隹。讀與爵同。即略切。

犻 鳥也。从隹，犬聲。睢陽有犻水。五加切。

雗 雗鷽也。从隹，倝聲。侯幹切。

雉 有十四種：盧諸雉，喬雉，鳪雉，鷩雉，秩秩海雉，翟山雉，翰雉，卓雉，伊洛而南曰翬，江淮而南曰摇，南方曰𩀫，東方曰甾；北方曰稀；西方曰蹲。从隹，矢聲。直几切。，古文雉，从弟。

雊 雄雌鳴也。雷始動，雉鳴而雊其頸。从隹，从句，句亦聲。古候切。

雞 知時畜也。从隹，奚聲。古兮切。，籀文雞，从鳥。

雛 雞子也。从隹，芻聲。士于切。，籀文雛，从鳥。

雡 鳥大雛也。从隹，翏聲。一曰：雉之莫子爲雡。力救切。

離 黄，倉庚也。鳴則蠶生。从隹，离聲。吕支切。

雕 鷻也。从隹，周聲。都僚切。，籀文雕，从鳥。

䧹 鳥也。从隹，瘖省聲。或从人，人亦聲。徐鍇曰："鷹隨人所指⿰革從，故从人。於凌切。，籀文䧹，从鳥。

⿰氏隹 ⿰垂隹也。从隹，氏聲。處脂切。，籀文⿰氏隹，从鳥。

⿰垂隹 ⿰氏隹也。从隹，垂聲。是僞切。

雃 石鳥。一名雝⿰渠鳥。一曰，精列。从隹，幵聲。《春秋傳》秦有士雃。苦堅切。

雝 雝⿰渠鳥也。从隹，邕聲。於容切。

雂 鳥也。从隹，今聲。《春秋傳》有公子苦雂。巨淹切。

雁 鳥也。从隹，从人，厂聲。讀若鴈。臣鉉等曰："雁，知時鳥，大夫以爲摯，昏禮用之，故从人。"五晏切。

⿰黎隹 ⿰黎隹黄也。从隹，黎聲。一曰：楚雀也。其色黎黑而黄。郎兮切。

雐 鳥也。从隹，虍聲。荒烏切。

雓 牟母也。从隹，奴聲。人諸切。，雓或从鳥。

雇 九雇，農桑候鳥，扈民不婬者也。从隹，户聲。春雇鳻盾，夏雇竊玄，秋雇竊藍，冬雇竊黄，棘雇竊丹，行雇唶唶，宵雇嘖嘖，桑雇竊脂，老雇鷃也。侯古切。，雇或从雩。，籀文雇，从鳥。

⿰享隹 ⿰酓隹屬。从隹，𦎫聲。常倫切。

⿰酓隹 ⿰享隹屬。从隹，酓聲。恩含切。，籀文⿰酓隹，从鳥。

⿰支隹 鳥也。从隹，支聲。一曰：⿰支隹度。章移切。

⿰工隹 鳥肥大⿰工隹⿰工隹也。从隹，工聲。户工切。，⿰工隹或从鳥。

⿰㪚隹 繳⿰㪚隹也。从隹，㪚聲。一曰：飛⿰㪚隹也。臣鉉等曰："繳，之若切，罾繳以取鳥也。"穌旰切。

隿 繳射飛鳥也。从隹，弋聲。與職切。

雄 鳥父也。从隹，厷聲。羽弓切。

雌 鳥母也。从隹，此聲。此移切。

䍜 覆鳥令不飛走也。从网、隹。讀若到。都校切。

雋 肥肉也。从弓，所以射隹。長沙有下雋縣。徂沇切。

䧢 飛也。从隹，陊聲。山垂切。

文三十九　重十二

奞　部

奞 鳥張毛羽自奮也。从大，从隹。凡奞之屬皆从奞。讀若睢。息遺切。

奪 手持隹失之也。从又，从奞。徒活切。

奮 翬也。从奞在田上。《詩》曰："不能奮飛。"方問切。

文三

雈　部

雈 鴟屬。从隹、从𦫳。有毛角。所鳴，其民有旤。凡雈之屬皆从雈。讀若和。胡官切。

蒦 規蒦，商也。从又持雈。一曰：視遽皃。一曰：蒦，度也。徐鍇曰："商，度也。蒦，善度人禍福也。"乙虢切。，蒦或从尋，尋亦度也。《楚詞》曰："求矩彠之所同。"

雚 小爵也。从雈，吅聲。《詩》曰："雚鳴于垤。"工奐切。

舊 雖舊，舊留也。从雈，臼聲。巨救切。，舊或从鳥，休聲。

文四　重二

𦫳　部

𦫳 羊角也。象形。凡𦫳之屬皆从𦫳。讀若菲。工瓦切。

𦫵 戾也。从𦫳而兆。兆，古文别。臣鉉等曰："兆，兵列切，篆文分别字也。"古懷切。

𦫴 相當也。闕。讀若宀。母官切。

文三

苜　部

苜　目不正也。从𦫳，从目。凡苜之屬皆从苜。莧从此。讀若末。徐鍇曰：“𦫳，角戾也。”徒結切。

瞢　目不明也。从苜，从旬。旬，目數搖也。木空切。

䒦　火不明也。从苜，从火，苜亦聲。《周書》曰：“布重䒦席。”織蒻席也。讀與蔑同。莫結切。

蔑　勞目無精也。从苜，人勞則蔑然；从戍。莫結切。

文四

羊　部

羊　祥也。从𦫳，象頭、角、足、尾之形。孔子曰：“牛羊之字以形舉也。”凡羊之屬皆从羊。與章切。

羋　羊鳴也。从羊，象聲气上出，與牟同意。緜婢切。

羔　羊子也。从羊，照省聲。古牢切。

羜　五月生羔也。从羊，宁聲。讀若煑。直呂切。

䍪　六月生羔也。从羊，敄聲。讀若霧。已遇切，又亡遇切。

羍　小羊也。从羊，大聲。讀若達。他末切。𦍒，羍或省。

𦍩　羊未卒歲也。从羊，兆聲。或曰：夷羊百斤左右爲𦍩。讀若《春秋》“盟于洮”。治小切。

羝　牡羊也。从羊，氐聲。都兮切。

羒　牂羊也。从羊，分聲。符分切。

牂　牡羊也。从羊，爿聲。則郎切。

羭　夏羊牡曰羭。从羊，俞聲。羊朱切。

羖　夏羊牡曰羖。从羊，殳聲。公户切。

羯　羊羖犗也。从羊，曷聲。居謁切。

羠　騬羊也。从羊，夷聲。徐姊切。

羳 黄腹羊。从羊，番聲。附袁切。

羥 羊名。从羊，巠聲。口莖切。

䵹 羊名。从羊，執聲。汝南平輿有䵹亭。讀若晉。臣鉉曰："執非聲。未詳。"即刃切。

羸 瘦也。从羊，𣎆聲。臣鉉等曰："羊主給膳，以瘦爲病，故从羊。"力爲切。

矮 羊相積也。从羊，委聲。於僞切。

積 矮積也。从羊，責聲。子賜切。

羣 輩也。从羊，君聲。臣鉉等曰："羊性好羣，故从羊。"渠云切。

羵 羣羊相積也。一曰：黑羊。从羊，垔聲。烏閑切。

羘 羊名。蹏皮可以割桼。从羊，此聲。此思切。

美 甘也。从羊，从大。羊在六畜主給膳也。美與善同意。臣鉉等曰："羊大則美，故从大。"無鄙切。

羌 西戎牧羊人也。从人，从羊，羊亦聲。南方蠻閩从虫，北方狄从犬，東方貉从豸，西方羌从羊，此六種也。西南僰人、僬僥，从人，蓋在坤地，頗有順理之性。唯東夷从大，大，人也。夷俗仁，仁者壽，有君子不死之國。孔子曰："道不行，欲之九夷，乘桴浮於海。"有以也。去羊切。𦍋，古文羌如此。

羑 進善也。从羊，久聲。文王拘羑里在湯陰。與久切。

文二十六　重二

羴　部

羴 羊臭也。从三羊。凡羴之屬皆从羴。式連切。羶，羴或从亶。

羼 羊相厠也。从羴在尸下。尸，屋也。一曰：相出前也。初限切。

文二　重一

瞿　部

瞿 鷹隼之視也。从隹，从䀠，䀠亦聲。凡瞿之屬皆从瞿。讀若章句之句。九遇切，又音衢。

矍 隹欲逸走也。从又持之，矍矍也。讀若《詩》云"穬彼淮夷"之穬。一曰：視遽皃。九縛切。

文二

雔　部

雔 雙鳥也。从二隹。凡雔之屬皆从雔。讀若醻。市流切。

靃 飛聲也。雨而雙飛者，其聲靃然。呼郭切。

雙 隹二枚也。从雔，又持之。所江切。

文三

雥　部

雥 羣鳥也。从三隹。凡雥之屬皆从雥。徂合切。

䨇 鳥羣也。从雥，㝵聲。烏玄切。

雧 羣鳥在木上也。从雥，从木。秦入切。，雧或省。

文三　重一

鳥　部

鳥 長尾禽總名也。象形。鳥之足似匕，从匕。凡鳥之屬皆从鳥。都了切。

鳳 神鳥也。天老曰：鳳之象也，鴻前麐後，蛇頸魚尾，鸛顙鴛思，龍文虎背，燕頷雞喙，五色備舉。出於東方君子之國，翺翔四海之外，過崐崘，飲砥柱，濯羽弱水，莫宿風穴，見則天下大安寧。从鳥，凡聲。馮貢切。，古文鳳。象形。鳳飛，群鳥從以萬數，故以爲朋黨字。，亦古文鳳。

鸞 亦神靈之精也。赤色，五采，雞形。鳴中五音，頌聲作則至。从鳥，䜌聲。周成王時，氐羌獻鸞鳥。洛官切。

鸑 鸑鷟，鳳屬，神鳥也。从鳥，獄聲。《春秋國語》曰："周之興也，鸑鷟鳴於岐山。”江中有鸑鷟，似鳧而大，赤目。五角切。

鷟 鸑鷟也。从鳥，族聲。士角切。

鷫 鷫鷞也，五方神鳥也。東方發明，南方焦明，西方鷫鷞，北方幽昌，中央鳳皇。从鳥，肅聲。息逐切。，司馬相如説：从叜聲。

鷞 鷫鷞也。从鳥，爽聲。所莊切。

鳩 鶻鵃也。从鳥，九聲。居求切。

鶌 鶌鳩也。从鳥，屈聲。九勿切。

鵻 祝鳩也。从鳥，隹聲。思允切。，鵻或从隹、一。一曰：鶉字。

鶻 鶻鵃也。从鳥，骨聲。古忽切。

鵃 鶻鵃也。从鳥，舟聲。張流切。

鵴 秸鵴，尸鳩。从鳥，𥷚聲。臣鉉等曰：“𥷚，居六切，與籟同。”居六切。

鴿 鳩屬。从鳥，合聲。古沓切。

鴠 渴鴠也。从鳥，旦聲。得案切。

鶪 伯勞也。从鳥，狊聲。古闃切。，鶪或从隹。

鷚 天鸙也。从鳥，翏聲。力救切。

鷽 卑居也。从鳥，與聲。羊茹切。

鷽 雗鷽，山鵲，知來事鳥也。从鳥，學省聲。胡角切。，鷽或从隹。

鷲 鳥，黑色，多子。師曠曰：南方有鳥，名曰羌鷲，黄頭，赤目，五色皆備。从鳥，就聲。疾僦切。

鴞 鴟鴞，寧鴂也。从鳥，号聲。于嬌切。

鴂 寧鴂也。从鳥，夬聲。古穴切。

鷐 鳥也。从鳥，崇聲。辛聿切。

鶭 澤虞也。从鳥，方聲。分兩切。

䳭 鳥也。从鳥，截聲。子結切。

鷅 鳥也。从鳥，桼聲。親吉切。

鴩 鋪豉也。从鳥，失聲。臣鉉等曰：“鋪豉，鳥名。”徒結切。

鶤 鶤雞也。从鳥，軍聲。讀若運。古渾切。

⿰芺鳥 鳥也。从鳥，芺聲。烏浩切。

鶪 鳥也。从鳥，臼聲。居玉切。

鷦 鷦䳄，桃蟲也。从鳥，焦聲。即消切。

䳄 鷦䳄也。从鳥，眇聲。亡沼切。

鶹 鳥少美長醜，爲鶹離。从鳥，留聲。力求切。

鷬 鳥也。从鳥，堇聲。那干切。，鷬或从隹。，古文鷬。，古文鷬。，古文鷬。

鶨 欺老也。从鳥，彖聲。丑絹切。

⿰兑鳥 鳥也。从鳥，説省聲。弋雪切。

鴸 鳥也。从鳥，主聲。天口切。

鴖 鳥也。从鳥，昏聲。武巾切。

鷯 刀鷯。剖葦，食其中蟲。从鳥，尞聲。洛簫切。

鶠 鳥也。其雌皇。从鳥，匽聲。一曰：鳳皇也。於幰切。

鴲 瞑鴲也。从鳥，旨聲。旨夷切。

鵅 烏鸔也。从鳥，各聲。盧各切。

鸔 烏鸔也。从鳥，暴聲。蒲木切。

鶴 鳴九皋，聲聞于天。从鳥，隺聲。下各切。

鷺 白鷺也。从鳥，路聲。洛故切。

鵠 鴻鵠也。从鳥，告聲。胡沃切。

鴻 鴻鵠也。从鳥，江聲。户工切。

⿰尗鳥 秃⿰尗鳥也。从鳥，尗聲。臣鉉等曰："尗非聲，未詳。"七由切。，⿰尗鳥或从秋。

鴛 鴛鴦也。从鳥，夗聲。於袁切。

鴦 鴛鴦也。从鳥，央聲。於良切。

鵽 鵽鳩也。从鳥，叕聲。丁刮切。

鵱 蔞鵝也。从鳥，坴聲。力竹切。

鴚 鴚鵝也。从鳥，可聲。古俄切。

鵝　鴚鵝也。从鳥，我聲。五何切。

鴈　鵝也。从鳥、人，厂聲。臣鉉等曰：“从人，从厂，義無所取，當从雁省聲。”五晏切。

鶩　舒鳧也。从鳥，敄聲。莫卜切。

鷖　鳧屬。从鳥，殹聲。《詩》曰：“鳧鷖在梁。”烏雞切。

鴹　鴹鷭，鳧屬。从鳥，契聲。古節切。

鷭　鴹鷭也。从鳥，辥聲。魚列切。

鸏　水鳥也。从鳥，蒙聲。莫紅切。

鷸　知天將雨鳥也。从鳥，矞聲。《禮記》曰：“知天文者冠鷸。”余律切。，鷸或从遹。

鷿　鷿鷉也。从鳥，辟聲。普擊切。

鷉　鷿鷉也。从鳥，虒聲。土雞切。

鸕　鸕鷀也。从鳥，盧聲。洛乎切。

鷀　鸕鷀也。从鳥，茲聲。疾之切。

鷧　鷀也。从鳥，壹聲。乙冀切。

鴔　鴔鵖也。从鳥，乏聲。平立切。

鵖　鴔鵖也。从鳥，皀聲。彼及切。

鴇　鳥也。肉出尺胾。从鳥，𠯑聲。博好切。，鴇或从包。

鶌　鶌鶋也。从鳥，渠聲。强魚切。

鷗　水鴞也。从鳥，區聲。烏侯切。

䳊　鳥也。从鳥，犮聲。讀若撥。蒲達切。

鷛　鳥也。从鳥，庸聲。余封切。

鶂　鳥也。从鳥，兒聲。《春秋傳》曰：“六鶂退飛。”五歷切。，鶂或从鬲。，司馬相如説：鶂从赤。

鶇　鶇胡，污澤也。从鳥，夷聲。杜兮切。，鶇或从弟。

鴗　天狗也。从鳥，立聲。力入切。

鶬　麋鴰也。从鳥，倉聲。七岡切。，鶬或从隹。

鴰　麋鴰也。从鳥，昏聲。古活切。

鵁 鵁鶄也。从鳥，交聲。一曰：鵁鸕也。古肴切。

鶄 鵁鶄也。从鳥，青聲。子盈切。

鳽 鵁鶄也。从鳥，幵聲。古賢切。

⿰鳥箴 ⿰鳥箴鴜也。从鳥，箴聲。職深切。

鴜 ⿰鳥箴鴜也。从鳥，此聲。即夷切。

鷻 雕也。从鳥，敦聲。《詩》曰：“匪鷻匪鳶。”度官切。

鳶 鷙鳥也。从鳥，屰聲。臣鉉等曰：“屰非聲。一本从弋，疑从隺省，今俗别作鳶，非是。”與專切。

鷳 鴟也。从鳥，閒聲。户閒切。

鷂 鷙鳥也。从鳥，䍃聲。弋笑切。

鷢 白鷢，王鴡也。从鳥，厥聲。居月切。

鴡 王鴡也。从鳥，且聲。七余切。

鸛 鸛專，畐蹂。如誰，短尾。射之，銜矢射人。从鳥，雚聲。呼官切。

鸇 鸇風也。从鳥，亶聲。諸延切。⿰廛鳥，籀文鸇，从廛。

鷐 鷐風也。从鳥，晨聲。植鄰切。

鷙 擊殺鳥也。从鳥，執聲。脂利切。

鴥 鸇飛皃。从鳥，穴聲。《詩》曰：“鴥彼晨風。”余律切。

鶯 鳥也。从鳥，榮省聲。《詩》曰：“有鶯其羽。”烏莖切。

鴝 鴝鵒也。从鳥，句聲。其俱切。

鵒 鴝鵒也。从鳥，谷聲。古者鴝鵒不踰泲。余蜀切。⿰臾隹，鵒或从隹，从臾。

鷩 赤雉也。从鳥，敝聲。《周禮》曰：“孤服鷩冕。”并列切。

鵔 鵔鸃，鷩也。从鳥，夋聲。私閏切。

鸃 鵔鸃也。从鳥，義聲。秦漢之初，侍中冠鵔鸃冠。魚羈切。

⿰啇鳥 雉屬，戇鳥也。从鳥，適省聲。都歷切。

鶡 似雉，出上黨。从鳥，曷聲。胡割切。

鴧 鳥，似鶡而青，出羌中。从鳥，介聲。古拜切。

鸚　鸚䳇，能言鳥也。从鳥，嬰聲。烏莖切。

䳇　鸚䳇也。从鳥，母聲。文甫切。

鷮　走鳴，長尾雉也。乘輿以爲防釳，著馬頭上。从鳥，喬聲。巨嬌切。

鷕　雌雉鳴也。从鳥，唯聲。《詩》曰：“有鷕雉鳴。”以沼切。

鸓　鼠形。飛走且乳之鳥也。从鳥，畾聲。力軌切。，籒文鸓。

鶾　雉肥鶾音者也。从鳥，倝聲。魯郊以丹雞祝曰：“以斯鶾音赤羽，去魯侯之咎。”侯幹切。

鴳　雇也。从鳥，安聲。烏諫切。

鴆　毒鳥也。从鳥，冘聲。一名：運日。直禁切。

鷇　鳥子生哺者。从鳥，㱿聲。口豆切。

鳴　鳥聲也。从鳥，从口。武兵切。

騫　飛皃。从鳥，寒省聲。虚言切。

鴛　鳥聚皃。一曰：飛皃。从鳥，分聲。府文切。

文百十六　重十九

鷓　鷓鴣，鳥名。从鳥，庶聲。之夜切。

鴣　鷓鴣也。从鳥，古聲。古乎切。

鴨　鶩也，俗謂之鴨。从鳥，甲聲。烏狎切。

鵡　谿鵡，水鳥。从鳥，式聲。恥力切。

文四新附

烏　部

烏　孝鳥也。象形。孔子曰：“烏，盱呼也。”取其助气，故以爲烏呼。凡烏之屬皆从烏。哀都切。　臣鉉等曰：“今俗作鳴，非是。”，古文烏，象形。，象古文烏省。

舄　䧿也。象形。七雀切。，篆文舄，从隹、昔。

焉　焉鳥，黄色，出於江淮。象形。凡字，朋者，羽蟲之屬；烏者，日中之禽；舄者，知太歲之所在；燕者，請子之候，作巢避戊己。所貴者，故皆象形。焉亦是也。有乾切。

文三　重三

説文解字弟四　上

說文解字第四下

漢太尉祭酒　許慎 記

宋右散騎常侍　徐鉉等 校定

華　部

華 箕屬。所以推棄之器也。象形。凡華之屬皆从華。官溥說。北潘切。

畢 田罔也。从華，象畢形，微也。或曰：由聲。臣鉉等曰："由音弗。"卑吉切。

糞 棄除也。从廾推華棄釆也。官溥說：似米而非米者，矢字。方問切。

棄 捐也。从廾推華棄之。从𠫓，𠫓，逆子也。臣鉉等曰："𠫓，他忽切。"詰利切。，古文棄。，籀文棄。

文四　重三

冓　部

冓 交積材也。象對交之形。凡冓之屬皆从冓。古候切。

再 一舉而二也。从冓省。作代切。

爯 并舉也。从爪，冓省。處陵切。

文三

幺　部

幺 小也。象子初生之形。凡幺之屬皆从幺。於堯切。

幼 少也。从幺，从力。伊謬切。

文二

麼 細也。从幺，麻聲。亡果切。

文一新附

𢆶　部

𢆶 微也。从二幺。凡𢆶之屬皆从𢆶。於虯切。

幽 隱也。从山中𢆶，𢆶亦聲。於虯切。

幾 微也。殆也。从𢆶，从戍。戍，兵守也，𢆶而兵守者，危也。居衣切。

文三

叀　部

叀 專小謹也。从幺省。屮，財見也，屮亦聲。凡叀之屬皆从叀。職緣切。，古文叀。，亦古文叀。

惠 仁也。从心，从叀。徐鍇曰："爲惠者心專也。"胡桂切。，古文惠，从芔。

疐 礙不行也。从叀，引而止之也。叀者，如叀馬之鼻。从此與牽同意。陟利切。

文三　重三

玄　部

玄 幽遠也。黑而有赤色者爲玄。象幽而入覆之也。凡玄之屬皆从玄。胡涓切。，古文玄。

兹 黑也。从二玄。《春秋傳》曰："何故使吾水兹。"子之切。

文二　重一

玈 黑色也。从玄，旅省聲。義當用黸。洛乎切。

文一新附

予　部

予 推予也。象相予之形。凡予之屬皆从予。余吕切。

舒　伸也。从舍，从予，予亦聲。一曰：舒緩也。傷魚切。

幻　相詐惑也。从反予。《周書》曰：“無或譸張爲幻。”胡辦切。

文三

放　部

放　逐也。从支，方聲。凡放之屬皆从放。甫妄切。

敖　出游也。从出，从放。五牢切。

敫　光景流也。从白，从放。讀若龠。以灼切。

文三

𠬪　部

𠬪　物落，上下相付也。从爪，从又。凡𠬪之屬皆从𠬪。讀若《詩》“摽有梅”。平小切。

爰　引也。从𠬪，从于。籀文以爲車轅字。羽元切。

𤔔　治也。幺子相亂，𠬪治之也。讀若亂，同。一曰：理也。徐鍇曰：“冂，坰也，界也。”郎段切。，古文𤔔。

受　相付也。从𠬪，舟省聲。殖酉切。

𤔲　撮也。从𠬪，从己。臣鉉等曰：“己者，物也。又、爪，掫取之。指事。”力輟切。

爭　引也。从𠬪、厂。臣鉉等曰：“厂音曳。𠬪，二手也，而曳之，爭之道也。”側莖切。

㸒　所依據也。从𠬪、工。讀與隱同。於謹切。

寽　五指持也。从𠬪，一聲。讀若律。呂戌切。

𠭥　進取也。从𠬪，古聲。古覽切。，籀文𠭥。，古文𠭥。

文九　重三

𣦼　部

𣦼　殘穿也。从又，从歺。凡𣦼之屬皆从𣦼。讀若殘。昨干切。

叡　溝也。从奴，从谷。讀若郝。呼各切。，叡或从土。

䏝　奴探堅意也。从奴，从貝。貝，堅寶也。讀若概。古代切。

𣦼　坑也。从奴，从井，井亦聲。疾正切。

叡　深明也，通也。从奴，从目，从谷省。以芮切。，古文叡。，籒文叡，从土。

文五　重三

歺　部

歺　𠛱骨之殘也。从半冎。凡歺之屬皆从歺。讀若櫱岸之櫱。徐鍇曰："冎，剔肉置骨也。歺，殘骨也。故从半冎。"臣鉉等曰："義不應有中一，秦刻石文有之。"五割切。，古文歺。

殇　病也。从歺，委聲。於爲切。

殙　瞀也。从歺，昏聲。呼昆切。

殰　胎敗也。从歺，賣聲。徒谷切。

殁　終也。从歺，勿聲。莫勃切。，殁或从旻。

殚　大夫死曰殚。从歺，卒聲。子聿切。

殊　死也。从歺，朱聲。漢令曰："蠻夷長有罪，當殊之。"市朱切。

殟　胎敗也。从歺，昷聲。烏没切。

殤　不成人也。人年十九至十六死爲長殤，十五至十二死爲中殤，十一至八歲死爲下殤。从歺，傷省聲。式陽切。

殂　往、死也。从歺，且聲。《虞書》曰："勛乃殂。"昨胡切。，古文殂，从歺，从作。

殛　殊也。从歺，亟聲。《虞書》曰："殛鯀于羽山。"己力切。

殪　死也。从歺，壹聲。於計切。，古文殪，从死。

募　死宋募也。从歺，莫聲。莫各切。

殯　死在棺，將遷葬，柩。賓遇之。从歺，从賓，賓亦聲。夏后殯於阼階，殷人殯於兩楹之閒，周人殯於賓階。必刃切。

殔　瘞也。从歺，隶聲。羊至切。

殣 道中死人，人所覆也。从歺，堇聲。《詩》曰："行有死人，尚或殣之。"渠吝切。

殠 腐气也。从歺，臭聲。尺救切。

殨 爛也。从歺，貴聲。胡對切。

歾 腐也。从歺，丂聲。許久切。朽，歾或从木。

殆 危也。从歺，台聲。徒亥切。

殃 咎也。从歺，央聲。於良切。

殘 賊也。从歺，戔聲。昨干切。

殄 盡也。从歺，㐱聲。徒典切。[illegible]，古文殄如此。

殲 微盡也。从歺，韱聲。《春秋傳》曰："齊人殲于遂。"子廉切。

殫 殛盡也。从歺，單聲。都寒切。

殬 敗也。从歺，睪聲。《商書》曰："彝倫攸殬。"當故切。

殈 畜産疫病也。从歺，从羸。郎果切。

殪 殺羊出其胎也。从歺，豈聲。五來切。

殂 禽獸所食餘也。从歺，从肉。昨干切。

殖 脂膏久殖也。从歺，直聲。常職切。

殆 枯也。从歺，古聲。苦孤切。

殘 棄也。从歺，奇聲。俗語謂死曰大殘。去其切。

文三十二　重六

死　部

死 澌也，人所離也。从歺，从人。凡死之屬皆从死。息姊切。[illegible]，古文死如此。

薨 公侯殟也。从死，瞢省聲。呼肱切。

薧 死人里也。从死，蒿省聲。呼毛切。

𣨛 戰見血曰傷，亂或爲惛，死而復生爲𣨛。从死，次聲。咨四切。

文四　重一

冎　部

冎　剮人肉置其骨也。象形。頭隆骨也。凡冎之屬皆从冎。古瓦切。

刐　分解也。从冎，从刀。憑列切。

髀　别也。从冎，卑聲。讀若罷。府移切。

文三

骨　部

骨　肉之覈也。从冎有肉。凡骨之屬皆从骨。古忽切。

髑　髑髏，頂也。从骨，蜀聲。徒谷切。

髏　髑髏也。从骨，婁聲。洛侯切。

髆　肩甲也。从骨，尃聲。補各切。

髃　肩前也。从骨，禺聲。午口切。

骿　并脅也。从骨，并聲。晉文公骿脅。臣鉉等曰："骿骶字同，今别作胼，非。"部田切。

髀　股也。从骨，卑聲。并弭切。，古文髀。

髁　髀骨也。从骨，果聲。苦臥切。

橜　臀骨也。从骨，厥聲。居月切。

髖　髀上也。从骨，寬聲。苦官切。

髕　厀耑也。从骨，賓聲。毗忍切。

骺　骨耑也。从骨，昏聲。古活切。

䯛　厀脛間骨也。从骨，貴聲。丘媿切。

骹　脛也。从骨，交聲。口交切。

骭　骹也。从骨，干聲。古案切。

骸　脛骨也。从骨，亥聲。户皆切。

髓　骨中脂也。从骨，隓聲。息委切。

髆 骨間黄汁也。从骨，易聲。讀若《易》曰“夕惕若厲”。他歷切。
體 總十二屬也。从骨，豊聲。他禮切。
髍 瘺病也。从骨，麻聲。莫鄱切。
骾 食骨留咽中也。从骨，更聲。古杏切。
骼 禽獸之骨曰骼。从骨，各聲。古覈切。
骴 鳥獸殘骨曰骴。骴，可惡也。从骨，此聲。《明堂月令》曰：“掩骼薶骴。”骴或从肉。資四切。
骫 骨耑骫奊也。从骨，丸聲。於詭切。
體 骨擿之可會髮者。从骨，會聲。《詩》曰：“體弁如星。”古外切。

文二十五　重一

肉　　部

肉 胾肉。象形。凡肉之屬皆从肉。如六切。
腜 婦始孕腜兆也。从肉，某聲。莫桮切。
肧 婦孕一月也。从肉，不聲。匹桮切。
胎 婦孕三月也。从肉，台聲。土來切。
肌 肉也。从肉，几聲。居夷切。
臚 皮也。从肉，盧聲。力居切。膚，籀文臚。
肫 面頯也。从肉，屯聲。章倫切。
膍 頰肉也。从肉，幾聲。讀若畿。居衣切。
脣 口耑也。从肉，辰聲。食倫切。[illegible]，古文脣，从頁。
脰 項也。从肉，豆聲。徒候切。
肓 心上鬲下也。从肉，亡聲。《春秋傳》曰：“病在肓之下。”呼光切。
腎 水藏也。从肉，臤聲。時忍切。
肺 金藏也。从肉，市聲。芳吠切。
脾 土藏也。从肉，卑聲。符支切。
肝 木藏也。从肉，干聲。古寒切。

膽 連肝之府。从肉，詹聲。都敢切。

胃 穀府也。从肉；囟，象形。云貴切。

脬 膀光也。从肉，孚聲。匹交切。

腸 大小腸也。从肉，昜聲。直良切。

膏 肥也。从肉，高聲。古勞切。

肪 肥也。从肉，方聲。甫良切。

膺 匈也。从肉，雁聲。於陵切。

肊 匈骨也。从肉，乙聲。於力切。臆，肊或从意。

背 脊也。从肉，北聲。補妹切。

脅 兩膀也。从肉，劦聲。虚業切。

膀 脅也。从肉，旁聲。步光切。髈，膀或从骨。

脟 脅肉也。从肉，寽聲。一曰：脟，腸閒肥也。一曰：膫也。力輟切。

肋 脅骨也。从肉，力聲。盧則切。

胂 夾脊肉也。从肉，申聲。矢人切。

脢 背肉也。从肉，每聲。《易》曰：“咸其脢。”莫桮切。

肩 髆也。从肉，象形。古賢切。肩，俗肩从户。

胳 亦下也。从肉，各聲。古洛切。

胠 亦下也。从肉，去聲。去劫切。

臂 手上也。从肉，辟聲。卑義切。

臑 臂羊矢也。从肉，需聲。讀若襦。那到切。

肘 臂節也。从肉，从寸。寸，手寸口也。陟柳切。

臍 朓臍也。从肉，齊聲。徂兮切。

腹 厚也。从肉，复聲。方六切。

腴 腹下肥也。从肉，臾聲。羊朱切。

脽 屍也。从肉，隹聲。示隹切。

肤 孔也。从肉，决省聲。讀若决水之决。古穴切。

胯 股也。从肉，夸聲。苦故切。

股 髀也。从肉，殳聲。公户切。

腳 脛也。从肉，卻聲。居勺切。

脛 胻也。从肉，巠聲。胡定切。

胻 脛耑也。从肉，行聲。户更切。

腓 脛腨也。从肉，非聲。符飛切。

腨 腓腸也。从肉，耑聲。市沇切。

胑 體四胑也。从肉，只聲。章移切。，胑或从支。

胲 足大指毛也。从肉，亥聲。古哀切。

肖 骨肉相似也。从肉，小聲。不似其先，故曰不肖也。私妙切。

胤 子孫相承續也。从肉；从八，象其長也；从幺，象重累也。羊晉切。，古文胤。

胄 胤也。从肉，由聲。直又切。

肸 振肸也。从肉，八聲。許訖切。

膻 肉膻也。从肉，亶聲。《詩》曰："膻裼暴虎。"徒旱切。

腬 益州鄙，言人盛，諱其肥，謂之腬。从肉，襄聲。如兩切。

腊 臞也。从肉，皆聲。古諧切。

臞 少肉也。从肉，瞿聲。其俱切。

脱 消肉臞也。从肉，兑聲。徒活切。

脙 齊人謂臞脙也。从肉，求聲。讀若休止。巨鳩切。

臠 臞也。从肉，䜌聲。一曰：切肉，臠也。《詩》曰："棘人臠臠兮。"力沇切。

膌 瘦也。从肉，脊聲。資昔切。，古文膌，从疒，从朿，朿亦聲。

脀 騃也。从肉，丞聲。讀若丞。署陵切。

胗 脣瘍也。从肉，㐱聲。之忍切。，籒文胗，从疒。

腄 瘢胝也。从肉，垂聲。竹垂切。

胝 腄也。从肉，氐聲。竹尼切。

肬 贅也。从肉，尤聲。羽求切。，籒文肬，从黑。

肒 搔生創也。从肉，丸聲。胡岸切。

腫 癰也。从肉，重聲。之隴切。

胅 骨差也。从肉，失聲。讀與跌同。徒結切。

脪 創肉反出也。从肉，希聲。香近切。

𦙍 瘢也。从肉，引聲。一曰：遽也。羊晉切。

臘 冬至後三戌，臘，祭百神。从肉，巤聲。盧盍切。

膢 楚俗以二月祭飲食也。从肉，婁聲。一曰：祈穀食新曰離膢。力俱切。

朓 祭也。从肉，兆聲。土了切。

胙 祭福肉也。从肉，乍聲。臣鉉等曰："今俗别作祚，非是。"昨誤切。

隋 裂肉也。从肉，从隓省。徒果切。

膳 具食也。从肉，善聲。常衍切。

腬 嘉善肉也。从肉，柔聲。耳由切。

肴 啖也。从肉，爻聲。徐鍇曰："謂已修庖之可食也。"胡茅切。

腆 設膳腆腆多也。从肉，典聲。他典切。，古文腆。

腯 牛羊曰肥，豕曰腯。从肉，盾聲。他骨切。

䏟 肥肉也。从肉，必聲。蒲結切。

胡 牛顫垂也。从肉，古聲。户孤切。

胘 牛百葉也。从肉，弦省聲。胡田切。

膍 牛百葉也。从肉，𣬈聲。一曰：鳥膍胵。房脂切。，膍或从比。

胵 鳥胃也。从肉，至聲。一曰：胵，五藏總名也。處脂切。

膘 牛脅後髀前合革肉也。从肉，票聲。讀若繇。敷紹切。

⿱帥月 血祭肉也。从肉，帥聲。吕戌切。，⿱帥月或从率。

膫 牛腸脂也。从肉，尞聲。《詩》曰："取其血膫。"洛蕭切。，膫或从勞省聲。

脯 乾肉也。从肉，甫聲。方武切。

脩 脯也。从肉，攸聲。息流切。

膎 脯也。从肉，奚聲。户皆切。

脼 膎肉也。从肉，兩聲。良奬切。

膊 薄脯，膊之屋上。从肉，尃聲。匹各切。

脘 胃府也。从肉，完聲。讀若患。舊云脯。古卵切。

朐 脯挺也。从肉，句聲。其俱切。

膴 無骨腊也。楊雄説：鳥腊也。从肉，無聲。《周禮》有“膴判”。讀若謨。荒烏切。

胥 蟹醢也。从肉，疋聲。相居切。

腒 北方謂鳥腊曰腒。从肉，居聲。傳曰：“堯如腊，舜如腒。”九魚切。

肍 孰肉醬也。从肉，九聲。讀若舊。巨鳩切。

䐹 乾魚尾䐹䐹也。从肉，肅聲。《周禮》有“腒䐹”。所鳩切。

腝 有骨醢也。从肉，耎聲。人移切。臡，腝或从難。

脡 生肉醬也。从肉，延聲。丑連切。

䏽 豕肉醬也。从肉，否聲。薄口切。

胹 爛也。从肉，而聲。如之切。

膶 切孰肉，内於血中。和也。从肉，員聲。讀若遜。穌本切。

胜 犬膏臭也。从肉，生聲。一曰：不孰也。桑經切。

臊 豕膏臭也。从肉，喿聲。穌遭切。

膮 豕肉羹也。从肉，堯聲。許幺切。

腥 星見食豕，令肉中生小息肉也。从肉，从星，星亦聲。穌佞切。

脂 戴角者脂，無角者膏。从肉，旨聲。旨夷切。

䐝 𦟝也。从肉，肖聲。穌果切。

膩 上肥也。从肉，貳聲。女利切。

膜 肉間胲膜也。从肉，莫聲。慕各切。

䐞 肉表革裏也。从肉，弱聲。而勺切。

脽 肉羹也。从肉，隺聲。呼各切。

膹 脽也。从肉，賁聲。房吻切。

臇 脽也。从肉，雋聲。讀若纂。子沇切。[illegible]，臇或从火、巽。

胾 大臠也。从肉，𢦏聲。側吏切。

牒　薄切肉也。从肉，枼聲。直葉切。

膾　細切肉也。从肉，會聲。古外切。

腌　漬肉也。从肉，奄聲。於業切。

脃　小耎易斷也。从肉，从絶省。此芮切。

膬　耎易破也。从肉，毳聲。七絶切。

散　雜肉也。从肉，㭫聲。穌旰切。

膞　切肉也。从肉，專聲。市沇切。

腏　挑取骨閒肉也。从肉，叕聲。讀若《詩》曰“啜其泣矣”。陟劣切。

𦙽　食所遺也。从肉，仕聲。《易》曰：“噬乾𦙽。”阻史切。胏，楊雄説：𦙽从𠂔。

𦛍　食肉不猒也。从肉，臽聲。讀若陷。户猪切。

肰　犬肉也。从犬、肉。讀若然。如延切。[illegible]，古文肰。[illegible]，亦古文肰。

䐜　起也。从肉，真聲。昌真切。

䏙　肉汁滓也。从肉，冘聲。他感切。

膠　昵也。作之以皮。从肉，翏聲。古肴切。

𦝫　或曰：嘼名。象形。闕。郎果切。

胆　蝇乳肉中也。从肉，且聲。七余切。

肙　小蟲也。从肉，囗聲。一曰：空也。烏玄切。臣鉉等曰：“囗，音韋。”

腐　爛也。从肉，府聲。扶雨切。

肎　骨閒肉肎肎箸也。从肉，从冎省。一曰：骨無肉也。苦等切。[illegible]，古文肎。

肥　多肉也。从肉，从卪。臣鉉等曰：“肉不可過多，故从卪。”符非切。

文一百四十　重二十

䏿　肥腸也。从肉，啓省聲。康禮切。

朘　赤子陰也。从肉，夋聲。或从血。子回切。

腔　内空也。从肉，从空，空亦聲。苦江切。

𦛨　𦛨䏰，蟲名。漢中有𦛨䏰縣，地下多此蟲，因以爲名。从肉，旬聲。考其義，當作潤蠢。如順切。

肕 胸肕也。从肉，忍聲。尺尹切。

文五新附

筋　　部

筋 肉之力也。从力，从肉，从竹。竹，物之多筋者。凡筋之屬皆从筋。居銀切。

笏 筋之本也。从筋，从夗省聲。渠建切。，笏或从肉、建。

筋 手足指節鳴也。从筋省，勺聲。北角切。，笏或省竹。

文三　重三

刀　　部

刀 兵也。象形。凡刀之屬皆从刀。都牢切。

缶 刀握也。从刀，缶聲。方九切。

㓵 刀劍刃也。从刀，咢聲。臣鉉等曰："今俗作鍔，非是。"五各切。，籒文㓵，从㓞，从各。

削 鞞也。一曰：析也。从刀，肖聲。息約切。

㓡 鎌也。从刀，句聲。古侯切。

剴 大鎌也。一曰：摩也。从刀，豈聲。五來切。

剞 剞剧，曲刀也。从刀，奇聲。居綺切。

剧 剞剧也。从刀，屈聲。九勿切。

利 銛也。从刀。和然後利，从和省。《易》曰："利者，義之和也。"力至切。，古文利。

剡 鋭利也。从刀，炎聲。以冉切。

初 始也。从刀，从衣。裁衣之始也。楚居切。

剪 齊斷也。从刀，歬聲。子善切。

則 等畫物也。从刀，从貝。貝，古之物貨也。子德切。，古文則。，亦古文則。，籒文則，从鼎。

剛 彊斷也。从刀，岡聲。古郎切。㓻，古文剛如此。

㓥 斷齊也。从刀，耑聲。旨兖切。

劊 斷也。从刀，會聲。古外切。

切 刌也。从刀，七聲。千結切。

刌 切也。从刀，寸聲。倉本切。

⿱辥刀 斷也。从刀，辥聲。私列切。

刉 劃傷也。从刀，气聲。一曰：斷也。又讀若殪。一曰：刀不利，於瓦石上刉之。古外切。

劌 利傷也。从刀，歲聲。居衞切。

刻 鏤也。从刀，亥聲。苦得切。

副 判也。从刀，畐聲。《周禮》曰："副辜祭。"芳逼切。疈，籒文副。

剖 判也。从刀，咅聲。浦后切。

辨 判也。从刀，辡聲。蒲莧切。

判 分也。从刀，半聲。普半切。

剫 判也。从刀，度聲。徒洛切。

刳 判也。从刀，夸聲。苦孤切。

列 分解也。从刀，𡿪聲。良薛切。

刊 剟也。从刀，干聲。苦寒切。

剟 刊也。从刀，叕聲。陟劣切。

删 剟也。从刀，册。册，書也。所姦切。

劈 破也。从刀，辟聲。普擊切。

剥 裂也。从刀，从录。录，刻割也。录亦聲。北角切。[illegible]，剥或从卜。

割 剥也。从刀，害聲。古達切。

剺 剥也，劃也。从刀，𠩺聲。里之切。

劃 錐刀曰劃。从刀，从畫，畫亦聲。呼麥切。

剈 挑取也。从刀，肙聲。一曰：窒也。烏玄切。

劀 刮去惡創肉也。从刀，矞聲。《周禮》曰：“劀殺之齊。”古鎋切。

劑 齊也。从刀，从齊，齊亦聲。在詣切。

刷 刮也。从刀，㕞省聲。禮布刷巾。所劣切。

刮 掊把也。从刀，𠯑聲。古八切。

剽 砭刺也。从刀，票聲。一曰：剽，劫人也。匹妙切。

刲 刺也。从刀，圭聲。《易》曰：“士刲羊。”苦圭切。

剉 折傷也。从刀，坐聲。麤臥切。

㔍 絶也。从刀，喿聲。《周書》曰：“天用㔍絶其命。”子小切。

刖 絶也。从刀，月聲。魚厥切。

刜 擊也。从刀，弗聲。分勿切。

㓼 傷也。从刀，桼聲。親結切。

劖 斷也。从刀，毚聲。一曰：剽也。釗也。鉏銜切。

刓 剸也。从刀，元聲。一曰：齊也。五丸切。

釗 刓也。从刀，从金。周康王名。止遥切。

制 裁也。从刀，从未。未，物成，有滋味，可裁斷。一曰：止也。征例切。𠛐，古文制如此。

㓠 缺也。从刀，占聲。《詩》曰：“白圭之㓠。”丁念切。

罰 辠之小者。从刀，从詈。未以刀有所賊，但持刀罵詈，則應罰。房越切。

刵 斷耳也。从刀，从耳。仍吏切。

𠜎 刑鼻也。从刀，臬聲。《易》曰：“天且𠜎。”魚器切。劓，臬或从鼻。

刑 剄也。从刀，幵聲。户經切。

剄 刑也。从刀，巠聲。古零切。

𠟃 減也。从刀，尊聲。兹損切。

魝 楚人謂治魚也。从刀，从魚。讀若鍥。古屑切。

券 契也。从刀，𢍏聲。券别之書，以刀判契其旁，故曰契券。去願切。

刺　君殺大夫曰刺。刺，直傷也。从刀，从朿，朿亦聲。七賜切。

剔　解骨也。从刀，易聲。他歷切。

文六十二　重九

刎　剄也。从刀，勿聲。武粉切。

剜　削也。从刀，宛聲。一丸切。

劇　尤甚也。从刀，未詳，豦聲。渠力切。

剎　柱也。从刀，未詳，殺省聲。初轄切。

文四新附

刃　部

刃　刀堅也。象刀有刃之形。凡刃之屬皆从刃。而振切。

刅　傷也。从刃，从一。楚良切。創，或从刀，倉聲。臣鉉等曰："今俗別作瘡，非是也。"

劒　人所帶兵也。从刃，僉聲。居欠切。劍，籀文劒，从刀。

文三　重二

㓞　部

㓞　巧㓞也。从刀，丯聲。凡㓞之屬皆从㓞。恪八切。

契　齘契，刮也。从㓞，夬聲。一曰：契，畫堅也。古黠切。

栔　刻也。从㓞，从木。苦計切。

文三

丯　部

丯　艸蔡也。象艸生之散亂也。凡丯之屬皆从丯。讀若介。古拜切。

挌　枝挌也。从丯，各聲。古百切。

文二

耒　部

耒　手耕曲木也。从木推丯。古者垂作耒梠以振民也。凡耒之屬皆从耒。盧對切。

耕　犂也。从耒，井聲。一曰：古者井田。古莖切。

耦　耒廣五寸爲伐，二伐爲耦。从耒，禺聲。五口切。

耤　帝耤千畝也。古者使民如借，故謂之耤。从耒，昔聲。秦昔切。

𦓤　冊叉，可以劃麥，河内用之。从耒，圭聲。古攜切。

𦔳　除苗間穢也。从耒，員聲。羽文切。耘，𦔳或从芸。

耡　商人七十而耡。耡，耤，税也。从耒，助聲。《周禮》曰："以興耡利萌。"牀倨切。

文七　重一

角　部

角　獸角也。象形。角與刀、魚相似。凡角之屬皆从角。古岳切。

𧥄　揮角皃。从角，雚聲。梁隱縣有𧥄亭。又讀若縳。況袁切。

觻　角也。从角，樂聲。張掖有觻得縣。盧谷切。

䚡　角中骨也。从角，思聲。穌來切。

觠　曲角也。从角，𢍏聲。巨員切。

觬　角觬曲也。从角，兒聲。西河有觬氏縣。研啓切。

觢　一角仰也。从角，㓞聲。《易》曰："其牛觢。"臣鉉等曰："當从契省乃得聲。"尺制切。

𧤗　角傾也。从角，虒聲。敕豕切。

觭　角一俛一仰也。从角，奇聲。去奇切。

觓　角皃。从角，丩聲。《詩》曰："兕觵其觓。"渠幽切。

𧤯　角曲中也。从角，畏聲。烏賄切。

𧢼　角長皃。从角，爿聲。士角切。

鱖 角有所觸發也。从角，厥聲。居月切。

觸 抵也。从角，蜀聲。尺玉切。

觲 用角低仰便也。从羊、牛、角。《詩》曰：“觲觲角弓。”息營切。

觹 舉角也。从角，公聲。古雙切。

觷 治角也。从角，學省聲。胡角切。

衡 牛觸，横大木其角。从角，从大，行聲。《詩》曰：“設其楅衡。”户庚切。[illegible]，古文衡如此。

觽 角觽，獸也。狀似豕，角善爲弓，出胡休多國。从角，耑聲。多官切。

觰 觰拏，獸也。从角，者聲。一曰：下大者也。陟加切。

觤 羊角不齊也。从角，危聲。過委切。

觟 牝牂羊生角者也。从角，圭聲。下瓦切。

觡 骨角之名也。从角，各聲。古百切。

觜 鴟舊頭上角觜也。一曰：觜觿也。从角，此聲。遵爲切。

解 判也。从刀判牛角。一曰：解廌獸也。佳買切，又户賣切。

觿 佩角，鋭耑可以解結。从角，巂聲。《詩》曰：“童子佩觿。”户圭切。

觵 兕牛角可以飲者也。从角，黄聲。其狀觵觵，故謂之觵。古横切。觥，俗觵从光。

觶 鄉飲酒角也。《禮》曰：“一人洗，舉觶。”觶受四升。从角，單聲。臣鉉等曰：“當从戰省乃得聲。”之義切。䚳，觶或从辰。觗，禮經觶。

觛 小觶也。从角，旦聲。徒旱切。

觴 觶實曰觴，虚曰觶。从角，煬省聲。式陽切。𧢼，籀文觴，从爵省。

觚 鄉飲酒之爵也。一曰：觴受三升者謂之觚。从角，瓜聲。古乎切。

觛 角匕也。从角，亘聲。讀若讙。臣鉉等曰：“亘音宣，俗作古鄧切，篆文有異。”况袁切。

觷 杖耑角也。从角，敫聲。胡狄切。

觼 環之有舌者。从角，夐聲。古穴切。鐍，觼或从金、矞。

觹 調弓也。从角，弱省聲。於角切。

𧥌 惟射收繁具也。从角，發聲。方肺切。

䲡 惟射收繳具。从角，酋聲。讀若鰌。字秋切。

觳 盛觵卮也。一曰：射具。从角，㱿聲。讀若斛。胡谷切。

觱 羌人所吹角屠觱，以驚馬也。从角，𤅊聲。𤅊，古文誖字。卑吉切。

文三十九　重六

説文解字第四　下

說文解字弟五上

漢太尉祭酒　許慎 記
宋右散騎常侍　徐鉉等 校定

六十三部　五百二十七文　重百二十二　凡七千二百七十三字
文十五新附

竹　部

竹 冬生艸也。象形。下垂者，箁箬也。凡竹之屬皆从竹。陟玉切。

箭 矢也。从竹，前聲。子賤切。

箘 箘簬也。从竹，囷聲。一曰：博棊也。渠隕切。

簬 箘簬也。从竹，路聲。《夏書》曰："惟箘簬楛。"洛故切。，古文簬，从輅。

筱 箭屬。小竹也。从竹，攸聲。先杳切。

簜 大竹也。从竹，湯聲。《夏書》曰："瑤琨筱簜。"簜可爲幹，筱可爲矢。徒朗切。

薇 竹也。从竹，微聲。無非切。，籒文从微省。

筍 竹胎也。从竹，旬聲。思允切。

箈 竹萌也。从竹，怠聲。徒哀切。

箁 竹箬也。从竹，音聲。薄侯切。

箬 楚謂竹皮曰箬。从竹，若聲。而勺切。

節 竹約也。从竹，即聲。子結切。

筡 折竹笢也。从竹，余聲。讀若絮。同都切。

篾 筡也。从竹，矞聲。武移切。

笢 竹膚也。从竹，民聲。武盡切。

笨 竹裹也。从竹，本聲。布忖切。

篛 竹皃。从竹，翁聲。烏紅切。
篸 差也。从竹，參聲。所今切。
篆 引書也。从竹，彖聲。持兖切。
籀 讀書也。从竹，擂聲。《春秋傳》曰卜籀云。直又切。
篇 書也。一曰：關西謂榜曰篇。从竹，扁聲。芳連切。
籍 簿書也。从竹，耤聲。秦昔切。
篁 竹田也。从竹，皇聲。户光切。
箬 剖竹未去節謂之箬。从竹，將聲。即兩切。
篥 籥也。从竹，枼聲。與接切。
籥 書僮竹笘也。从竹，龠聲。以灼切。
籀 竹聲也。从竹，劉聲。力求切。
簡 牒也。从竹，閒聲。古限切。
笐 竹列也。从竹，亢聲。古郎切。
篰 蒲爰也。从竹，部聲。薄口切。
等 齊簡也。从竹，从寺。寺，官曹之等平也。多肯切。
笵 法也。从竹，竹，簡書也；氾聲。古法有竹刑。防𦨵切。
箋 表識書也。从竹，戔聲。則前切。
符 信也。漢制以竹，長六寸，分而相合。从竹，付聲。防無切。
筮 《易》卦用蓍也。从竹，从𢍰。𢍰，古文巫字。時制切。
笄 簪也。从竹，幵聲。古兮切。
筐 取蟣比也。从竹，匠聲。居之切。
篗 收絲者也。从竹，蒦聲。王縛切。䚗，篗或从角、从閒。
筳 繀絲筦也。从竹，廷聲。特丁切。
筦 筟也。从竹，完聲。古滿切。
筟 筳也。从竹，孚聲。讀若《春秋》魯公子彄。芳無切。
笮 迫也。在瓦之下，棼上。从竹，乍聲。阻厄切。
簾 堂簾也。从竹，廉聲。力鹽切。
簀 牀棧也。从竹，責聲。阻厄切。

笫 牀簀也。从竹，𠂔聲。阻史切。
筵 竹席也。从竹，延聲。《周禮》曰：“度堂以筵。”筵一丈。以然切。
簟 竹席也。从竹，覃聲。徒念切。
籧 籧篨，粗竹席也。从竹，遽聲。彊魚切。
篨 籧篨也。从竹，除聲。直魚切。
籭 竹器也。可以取粗去細。从竹，麗聲。所宜切。
籓 大箕也。从竹，潘聲。一曰：蔽也。甫煩切。
籅 漉米籔也。从竹，奥聲。於六切。
籔 炊籅也。从竹，數聲。蘇后切。
箅 蔽也，所以蔽甑底。从竹，畀聲。必至切。
籍 飯筥也。受五升。从竹，稍聲。秦謂筥曰籍。山樞切。
箾 陳留謂飯帚曰箾。从竹，捎聲。一曰：飯器，容五升。一曰：宋魏謂箸筩爲箾。所交切。
筥 箾也。从竹，吕聲。居許切。
笥 飯及衣之器也。从竹，司聲。相吏切。
簞 笥也。从竹，單聲。漢律令：簞，小筐也。《傳》曰：“簞食壺漿。”都寒切。
簁 簁箄，竹器也。从竹，徙聲。所綺切。
箄 簁箄也。从竹，卑聲。并弭切。
篿 圜竹器也。从竹，專聲。度官切。
箸 飯攲也。从竹，者聲。陟慮切。又遲倨切。
簍 竹籠也。从竹，婁聲。洛侯切。
筤 籃也。从竹，良聲。盧黨切。
籃 大篝也。从竹，監聲。魯甘切。[illegible]，古文籃如此。
篝 客也。可熏衣。从竹，冓聲。宋楚謂竹篝牆以居也。古侯切。
答 桮答也。从竹，各聲。盧各切。
簎 桮答也。从竹，夅聲。或曰：盛箸籠。古送切。

籢 鏡籢也。从竹，斂聲。力鹽切。

籫 竹器也。从竹，贊聲。讀若纂。一曰：叢。作管切。

籯 笭也。从竹，羸聲。以成切。

笧 竹器也。从竹，刪聲。蘇旰切。

簋 黍稷方器也。从竹，从皿，从皀。居洧切。，古文簋，从匚、飢。，古文簋，或从軌。，亦古文簋。

簠 黍稷圜器也。从竹，从皿，甫聲。方矩切。，古文簠，从匚，从夫。

籩 竹豆也。从竹，邊聲。布玄切。，籀文籩。

笹 篅也。从竹，屯聲。徒損切。

篅 以判竹圜以盛穀也。从竹，耑聲。市緣切。

簏 竹高篋也。从竹，鹿聲。盧谷切。，簏或从录。

簜 大竹筩也。从竹，昜聲。徒朗切。

筩 斷竹也。从竹，甬聲。徒紅切。

箯 竹輿也。从竹，便聲。旁連切。

笯 鳥籠也。从竹，奴聲。乃故切。

竿 竹梃也。从竹，干聲。古寒切。

籗 罩魚者也。从竹，靃聲。竹角切。，籗或省。

箇 竹枚也。从竹，固聲。古賀切。

筊 竹索也。从竹，交聲。胡茅切。

筰 筊也。从竹，作聲。在各切。

箔 蔽絮簣也。从竹，沾聲。讀若錢。昨鹽切。

箑 扇也。从竹，疌聲。山洽切。，箑或从妾。

籠 舉土器也。一曰：笭也。从竹，龍聲。盧紅切。

籜 裛也。从竹，襄聲。如兩切。

笠 可以收繩也。从竹，象形，中象人手所推握也。胡誤切。互，笠或省。

簝 宗廟盛肉竹器也。从竹，尞聲。《周禮》：“供盆簝以待事。”

洛蕭切。

籧 飲牛筐也。从竹，豦聲。方曰筐，圜曰籧。居許切。

篼 飲馬器也。从竹，兜聲。當侯切。

籚 積竹矛戟矜也。从竹，盧聲。《春秋國語》曰："朱儒扶籚。"洛乎切。

箝 籋也。从竹，拑聲。巨淹切。

籋 箝也。从竹，爾聲。臣鉉等曰："爾非聲。未詳。"尼輒切。

簦 笠蓋也。从竹，登聲。都滕切。

笠 簦無柄也。从竹，立聲。力入切。

箱 大車牝服也。从竹，相聲。息良切。

篚 車笭也。从竹，匪聲。敷尾切。

笭 車笭也。从竹，令聲。一曰：笭，籯也。郎丁切。

⿱竹剡 搔馬也。从竹，剡聲。丑廉切。

策 馬箠也。从竹，朿聲。楚革切。

箠 擊馬也。从竹，垂聲。之壘切。

⿱竹朵 箠也。从竹，朵聲。陟瓜切。

笍 羊車騶箠也。箸箴其耑，長半分。从竹，內聲。陟衛切。

籣 所以盛弩矢，人所負也。从竹，闌聲。洛干切。

箙 弩矢箙也。从竹，服聲。《周禮》："仲秋獻矢箙。"房六切。

⿱竹朱 栙雙也。从竹，朱聲。陟輸切。

笘 折竹箠也。从竹，占聲。潁川人名小兒所書寫爲笘。失廉切。

笪 笞也。从竹，旦聲。當割切。

笞 擊也。从竹，台聲。丑之切。

籤 驗也。一曰：銳也。貫也。从竹，韱聲。七廉切。

⿱竹殿 榜也。从竹，殿聲。臣鉉等曰："當从臀省聲。"徒魂切。

箴 綴衣箴也。从竹，咸聲。職深切。

箾 以竿擊人也。从竹，削聲。虞舜樂曰《箾韶》。所角切，又音簫。

竽 管三十六簧也。从竹，于聲。羽俱切。

笙 十三簧。象鳳之身也。笙，正月之音，物生，故謂之笙。大者謂之巢，小者謂之和。从竹，生聲。古者隨作笙。所庚切。

簧 笙中簧也。从竹，黄聲。古者女媧作簧。户光切。

篪 簧屬。从竹，是聲。是支切。

簫 參差管樂。象鳳之翼。从竹，肅聲。穌彫切。

筒 通簫也。从竹，同聲。徒弄切。

籟 三孔龠也。大者謂之笙，其中謂之籟，小者謂之箹。从竹，賴聲。洛帶切。

箹 小籟也。从竹，約聲。於角切。

管 如篪，六孔。十二月之音。物開地牙，故謂之管。从竹，官聲。古滿切。琯，古者玉琯以玉。舜之時，西王母來，獻其白琯。前零陵文學姓奚，於伶道舜祠下，得笙玉琯。夫以玉作音，故神人以和，鳳皇來儀也。从玉，官聲。

篎 小管謂之篎。从竹，眇聲。亡沼切。

笛 七孔筩也。从竹，由聲。羌笛三孔。徐鍇曰："當从胄省乃得聲。"徒歷切。

筑 以竹曲。五弦之樂也。从竹，从巩。巩，持之也。竹亦聲。張六切。

筝 鼓弦竹身樂也。从竹，爭聲。側莖切。

箛 吹鞭也。从竹，孤聲。古乎切。

篍 吹筩也。从竹，秋聲。七肖切。

籌 壺矢也。从竹，壽聲。直由切。

簺 行棊相塞謂之簺。从竹，从塞，塞亦聲。先代切。

簙 局戲也。六箸十二棊也。从竹，博聲。古者烏胄作簙。補各切。

篳 藩落也。从竹，畢聲。《春秋傳》曰："篳門圭窬。"卑吉切。

薆 蔽不見也。从竹，愛聲。烏代切。

籢 雉射所蔽者也。从竹，嚴聲。語枕切。

篽 禁苑也。从竹，御聲。《春秋傳》曰："澤之目篽。"魚舉切。[illegible]，籀或从又，魚聲。

筭　長六寸，計歷數者。从竹，从弄。言常弄乃不誤也。蘇貫切。

算　數也。从竹，从具。讀若筭。蘇管切。

笑　此字本闕。臣鉉等案：“孙愐《唐韻》引《説文》云：‘喜也。从竹，从犬。’而不述其義。今俗皆从犬。又案：李陽冰刊定《説文》：‘从竹，从夭。’義云：竹得風，其體夭屈，如人之笑。未知其審。”私妙切。

文百四十四　重十五

簃　閣邊小屋也。从竹，移聲。《説文》通用誃。弋支切。

筠　竹皮也。从竹，均聲。王春切。

笏　公及士所搢也。从竹，勿聲。案：“籀文作回，象形。義云佩也。古笏佩之。此字後人所加。”呼骨切。

篦　導也。今俗謂之篦，从竹，𣬉聲。邊兮切。

篙　所以進船也。从竹，高聲。古牢切。

文五新附

箕　部

箕　簸也。从竹；𠀠，象形；下其丌也。凡箕之屬皆从箕。居之切。，古文箕省。，亦古文箕。，亦古文箕。，籀文箕。，籀文箕。

簸　揚米去糠也。从箕，皮聲。布火切。

文二　重五

丌　部

丌　下基也，薦物之丌。象形。凡丌之屬皆从丌。讀若箕同。居之切。

辺　古之遒人，以木鐸記詩言。从辵，从丌，丌亦聲。讀與記同。徐鍇曰：“遒人行而求之，故从辵、丌，薦而進之於上也。”居吏切。

典　五帝之書也。从册在丌上，尊閣之也。莊都説：典，大册也。多殄切。，古文典从竹。

顨　巽也。从丌，从頭。此《易》顨卦“爲長女，爲風”者。臣鉉等曰：“頭之義亦選具也。”蘇困切。

畀　相付與之。約在閣上也。从丌，由聲。必至切。

巽　具也。从丌，𢀿聲。臣鉉等曰：“庶物皆具，丌以薦之。”蘇困切。，古文巽。，篆文巽。

奠　置祭也。从酋。酋，酒也。下其丌也。《禮》有奠祭者。堂練切。

文七　重三

左　部

左　手相左助也。从𠂇、工。凡左之屬皆从左。則箇切。臣鉉等曰：“今俗别作佐。”

差　貳也，差不相值也。从左，从𠂹。徐鍇曰：“左於事，是不當值也。”初牙切，又楚佳切。，籀文𢀩，从二。

文二　重一

工　部

工　巧飾也。象人有規榘也。與巫同意。凡工之屬皆从工。徐鍇曰：“爲巧必遵規矩法度，然後爲工，否則目巧也。巫事無形，失在於詭，亦當遵規榘，故曰與巫同意。”古紅切。，古文工，从彡。

式　法也。从工，弋聲。賞職切。

巧　技也。从工，丂聲。苦絞切。

巨　規巨也。从工，象手持之。其吕切。，巨或从木、矢，矢者，其中正也。，古文巨。

文四　重三

㠭　部

㠭　極巧視之也。从四工。凡㠭之屬皆从㠭。知衍切。

塞　窒也。从𣪠，从廾，窒宀中。𣪠猶齊也。穌則切。

文二

巫　部

巫　祝也。女能事無形，以舞降神者也。象人兩褎舞形。與工同意。古者巫咸初作巫。凡巫之屬皆从巫。武扶切。◻，古文巫。

覡　能齋肅事神明也。在男曰覡，在女曰巫。从巫，从見。徐鍇曰："能見神也。"胡狄切。

文二　重一

甘　部

甘　美也。从口含一。一，道也。凡甘之屬皆从甘。古三切。

甛　美也。从甘，从舌。舌知甘者。徒兼切。

𤮺　和也。从甘，从麻；麻，调也；甘亦聲。讀若函。古三切。

猒　飽也。从甘，从肰。於鹽切。◻，猒或从吕。

甚　尤安樂也。从甘，从匹耦也。常枕切。◻，古文甚。

文五　重二

曰　部

曰　詞也。从口，乙聲。亦象口气出也。凡曰之屬皆从曰。王伐切。

曹　告也。从曰，从册，册亦聲。楚革切。

曷　何也。从曰，匃聲。胡葛切。

曶　出气詞也。从曰，象气出形。《春秋傳》曰：鄭太子曶。呼骨切。◻，籒文曶。一曰：佩也。象形。

朁　曾也。从曰，兓聲。《詩》曰："朁不畏明。"臣鉉等曰："今俗有偺字，蓋朁之譌。"七感切。

沓　語多沓沓也。从水，从曰。遼東有沓縣。臣鉉等曰："語多沓沓，若水之流，故从水，會意。"徒合切。

曹 獄之兩曹也。在廷東，从棘，治事者；从曰。徐鍇曰："以言詞治獄也，故从曰。"昨牢切。

文七　重一

乃　部

乃 曳詞之難也。象气之出難。凡乃之屬皆从乃。奴亥切。臣鉉等曰："今隸書作乃。"，古文乃。，籀文乃。

𠧧 驚聲也。从乃省，西聲。籀文𠧧不省。或曰：𠧧，往也。讀若仍。臣鉉等曰："西非聲，未詳。"如乘切。，古文𠧧。

𡿪 气行皃。从乃，卤聲。讀若攸。以周切。

文三　重三

丂　部

丂 气欲舒出，勹上礙於一也。丂，古文以爲亏字，又以爲巧字。凡丂之屬皆从丂。苦浩切。

甹 亟詞也。从丂，从由。或曰：甹，俠也。三輔謂輕財者爲甹。臣鉉等曰："由，用也。任俠用气也。"普丁切。

寧 願詞也。从丂，寍聲。奴丁切。

丂 反丂也。讀若呵。虎何切。

文四

可　部

可 肎也。从口、丂，丂亦聲。凡可之屬皆从可。肯我切。

奇 異也。一曰：不耦。从大，从可。渠羈切。

哿 可也。从可，加聲。《詩》曰："哿矣富人。"古我切。

哥 聲也。从二可。古文以爲謌字。古俄切。

文四

叵 不可也。从反可。普火切。

文一新附

兮　部

兮　語所稽也。从丂、八，象气越亏也。凡兮之屬皆从兮。胡雞切。

粤　驚辭也。从兮，旬聲。思允切。，粤或从心。

羲　气也。从兮，義聲。許羈切。

乎　語之餘也。从兮，象聲上越揚之形也。户吴切。

文四　重一

号　部

号　痛聲也。从口，在丂上。凡号之屬皆从号。胡到切。

號　呼也。从号，从虎。乎刀切。

文二

亏　部

亏　於也。象气之舒亏。从丂，从一。一者，其气平之也。凡亏之屬皆从亏。羽俱切。　今變隸作于。

虧　气損也。从亏，雐聲。去爲切。，虧或从兮。

粤　亏也。審慎之詞者。从亏，从宷。《周書》曰："粤三日丁亥。"王伐切。

吁　驚語也。从口，从亏，亏亦聲。臣鉉等案："口部有吁字，此重出。"況于切。

平　語平舒也。从亏，从八。八，分也。爰禮説。符兵切。，古文平如此。

文五　重二

旨　部

旨　美也。从甘，匕聲。凡旨之屬皆从旨。職雉切。，古文旨。

嘗 口味之也。从旨，尚聲。市羊切。

文二　重一

喜　　部

喜 樂也。从壴，从口。凡喜之屬皆从喜。虚里切。，古文喜，从欠，與歡同。

憙 説也。从心，从喜，喜亦聲。許記切。

嚭 大也。从喜，否聲。《春秋傳》吴有太宰嚭。匹鄙切。

文三　重一

壴　　部

壴 陳樂，立而上見也。从屮，从豆。凡壴之屬皆从壴。中句切。

尌 立也。从壴，从寸，持之也。讀若駐。常句切。

䵧 夜戒守鼓也。从壴，蚤聲。《禮》：昏鼓四通爲大鼓，夜半三通爲戒晨，旦明五通爲發明。讀若戚。倉歷切。

彭 鼓聲也。从壴，彡聲。臣鉉等曰："當从形省乃得聲。"薄庚切。

嘉 美也。从壴，加聲。古牙切。

文五

鼓　　部

鼓 郭也。春分之音，萬物郭皮甲而出，故謂之鼓。从壴，支象其手擊之也。《周禮》六鼓：靁鼓八面，靈鼓六面，路鼓四面，鼖鼓、皋鼓、晉鼓皆兩面。凡鼓之屬皆从鼓。徐鍇曰："郭者覆冒之意。"工户切。，籀文鼓，从古聲。

鼛 大鼓也。从鼓，咎聲。《詩》曰："鼛鼓不勝。"古勞切。

鼖 大鼓謂之鼖。鼖八尺而兩面，以鼓軍事。从鼓，賁省聲。符分切。，鼖或从革，賁不省。

鼙 騎鼓也。从鼓，卑聲。部迷切。

鼜 鼓聲也。从鼓，隆聲。徒冬切。

鼘 鼓聲也。从鼓，𣶒聲。《詩》曰：“鼗鼓鼘鼘。”烏玄切。

鼞 鼓聲也。从鼓，堂聲。《詩》曰：“擊鼓其鼞。”土郎切。

鼛 鼓聲也。从鼓，合聲。徒合切。，古文鼛，从革。

鼜 鼓無聲也。从鼓，咠聲。他叶切。

鼝 鼓鼙聲。从鼓，缶聲。土盍切。

文十　重三

豈　　部

豈 還師振旅樂也。一曰：欲也。登也。从豆，微省聲。凡豈之屬皆从豈。墟喜切。

愷 康也。从心、豈，豈亦聲。苦亥切。

譏 䰟也，訖事之樂也。从豈，幾聲。臣鉉等曰：“《説文》無䰟字，从幾，从气，義無所取，當是訖字之誤尔。”渠稀切。

文三

豆　　部

豆 古食肉器也。从口，象形。凡豆之屬皆从豆。徒候切。，古文豆。

梪 木豆謂之梪。从木、豆。徒候切。

䒧 蠡也。从豆，蒸省聲。居隱切。

豢 豆屬。从豆，𠔉聲。居倦切。

豌 豆飴也。从豆，夗聲。一丸切。

𧯷 禮器也。从廾持肉，在豆上。讀若鐙同。都滕切。

文六　重一

豊　　部

豊 行禮之器也。从豆，象形。凡豊之屬皆从豊。讀與禮同。盧啓切。

豒 爵之次弟也。从豊，从弟。《虞書》曰："平豒東作。"直質切。

文二

豐　部

豐 豆之豐滿者也。从豆，象形。一曰：《鄉飲酒》有豐侯者。凡豐之屬皆从豐。敷戎切。，古文豐。

豔 好而長也。从豐。豐，大也。盍聲。《春秋傳》曰："美而豔。"以贍切。

文二　重一

壴　部

䖒 古陶器也。从豆，虍聲。凡䖒之屬皆从䖒。許羈切。

號 土鍪也。从䖒，号聲。讀若鎬。胡到切。

䖓 器也。从䖒、宔，宔亦聲。闕。直吕切。

文三

虍　部

虍 虎文也，象形。凡虍之屬皆从虍。徐鍇曰："象其文章屈曲也。"荒烏切。

虞 騶虞也。白虎黑文，尾長於身。仁獸，食自死之肉。从虍，吳聲。《詩》曰："于嗟乎，騶虞。"五俱切。

虙 虎皃。从虍，必聲。房六切。

虔 虎行皃。从虍，文聲。讀若矜。臣鉉等曰："文非聲，未詳。"渠焉切。

虘 虎不柔不信也。从虍，且聲。讀若鄌縣。昨何切。

虖 哮虖也。从虍，乎聲。荒烏切。

虐 殘也。从虍，虎足反抓人也。魚約切。，古文虐如此。

虨 虎文，彪也。从虍，彬聲。布還切。

虡 鐘鼓之柎也。飾爲猛獸。从虍，異，象其下足。其吕切。，虡或从金，豦聲。，篆文虡省。

文九　重三

虎　　部

虎 山獸之君。从虍，虎足象人足。象形。凡虎之屬皆从虎。呼古切。，古文虎。，亦古文虎。

虩 虎聲也。从虎，毄聲。讀若隔。古覈切。

䖑 白虎也。从虎，昔省聲。讀若鼏。莫狄切。

䖔 䖑屬。从虎，去聲。臣鉉等曰："去非聲，未詳。"呼濫切。

虪 黑虎也。从虎，儵聲。式竹切。

虦 虎竊毛，謂之虦苗。从虎，戔聲。竊，淺也。昨閑切。

彪 虎文也。从虎，彡象其文也。甫州切。

虓 虎皃。从虎，乂聲。魚廢切。

虓 虎皃。从虎，气聲。魚迄切。

虓 虎鳴也。一曰：師子。从虎，九聲。許交切。

虒 虎聲也。从虎，斤聲。語斤切。

虩 《易》："履虎尾虩虩。"恐懼。一曰：蠅虎也。从虎，𡰪聲。許隙切。

虢 虎所攫畫明文也。从虎，寽聲。古伯切。

虒 委虒，虎之有角者也。从虎，厂聲。息移切。

䲢 黑虎也。从虎，騰聲。徒登切。

文十五　重二

虣 虐也，急也。从虎，从武。見《周禮》。薄報切。

䖘 楚人謂虎爲烏䖘。从虎，兔聲。同都切。

文二新附

虤　部

虤　虎怒也。从二虎。凡虤之屬皆从虤。五閑切。

䖵　兩虎爭聲。从虤，从曰。讀若憖。臣鉉等曰："曰，口气出也。"語巾切。

贙　分別也。从虤對爭貝。讀若迴。胡畎切。

文三

皿　部

皿　飯食之用器也。象形。與豆同意。凡皿之屬皆从皿。讀若猛。武永切。

盂　飯器也。从皿，于聲。羽俱切。

盌　小盂也。从皿，夗聲。烏管切。

盛　黍稷在器中以祀者也。从皿，成聲。氏征切。

齍　黍稷在器以祀者。从皿，齊聲。即夷切。

盍　小甌也。从皿，有聲。讀若灰，一曰：若賄。于救切。，盍或从右。

盧　飯器也。从皿，䖍聲。洛乎切。，籒文盧。

䀇　器也。从皿，从缶，古聲。公户切。

盄　器也。从皿，弔聲。止遙切。

盎　盆也。从皿，央聲。烏浪切。，盎或从瓦。

盆　盎也。从皿，分聲。步奔切。

盨　器也。从皿，宁聲。直吕切。

盨　橮盨，負戴器也。从皿，須聲。相庾切。

盪　器也。从皿，漻聲。古巧切。

監　械器也。从皿，必聲。彌畢切。

醯　酸也。作醯以䰜以酒。从䰜、酒並省，从皿。皿，器也。呼雞切。

盉 調味也。从皿，禾聲。户戈切。

益 饒也。从水、皿，皿益之意也。伊昔切。

盈 滿器也。从皿、夃。臣鉉等曰："夃，古乎切，益多之義也。古者以買物多得爲夃，故从夃。"以成切。

盡 器中空也。从皿，㶳聲。慈刃切。

盅 器虛也。从皿，中聲。《老子》曰："道盅而用之。"直弓切。

盦 覆蓋也。从皿，酓聲。臣鉉等曰："今俗别作罯，非是。"烏合切。

昷 仁也。从皿；以食囚也，官溥説。烏渾切。

盥 澡手也。从臼水臨皿。《春秋傳》曰："奉匜沃盥。"古玩切。

盪 滌器也。从皿，湯聲。徒朗切。

文二十五　重三

盋 盋器，盂屬。从皿，犮聲。或从金，从本。北末切。

文一新附

凵　部

凵 凵盧，飯器，以柳爲之。象形。凡凵之屬皆从凵。去魚切。笭，凵或从竹，去聲。

文一　重一

去　部

去 人相違也。从大，凵聲。凡去之屬皆从去。丘據切。

朅 去也。从去，曷聲。丘竭切。

𨿅 去也。从去，夌聲。讀若陵。力膺切。

文三

血　部

血 祭所薦牲血也。从皿，一象血形。凡血之屬皆从血。呼決切。

衁 血也。从血，亡聲。《春秋傳》曰：“士刲羊，亦無衁也。”呼光切。

衃 凝血也。从血，不聲。芳桮切。

𧖧 气液也。从血，𦘒聲。將鄰切。

𧖴 定息也。从血，甹省聲。讀若亭。特丁切。

衄 鼻出血也。从血，丑聲。女六切。

𧗀 腫血也。从血，農省聲。奴冬切。膿，俗𧗀，从肉，農聲。

䖱 血醢也。从血，肬聲。《禮記》有䖱醢，以牛乾脯、粱、䕩、鹽、酒也。臣鉉等曰：“肬，肉汁滓也，故从肬，肬亦聲。”他感切。

蕰 醢也。从血，菹聲。側余切。[illegible]，蕰或从缶。

𧗑 以血有所刏涂，祭也。从血，幾聲。渠稀切。

卹 憂也。从血，卩聲。一曰：鮮少也。徐鍇曰：“卹者言憂之切至也。”辛聿切。

衋 傷痛也。从血、聿，皕聲。《周書》曰：“民冈不衋傷心。”許力切。

衉 羊凝血也。从血，臽聲。苦紺切。[illegible]，衉或从贛。

盇 覆也。从血、大。臣鉉等曰：“大象蓋覆之形。”胡臘切。

衊 污血也。从血，蔑聲。莫結切。

文十五　重三

丶　部

丶 有所絶止，丶而識之也。凡丶之屬皆从丶。知庾切。

主 鐙中火主也。从𡈼，象形；从丶，丶亦聲。臣鉉等曰：“今俗别作炷，非是。”之庾切。

咅 相與語，唾而不受也。从丶，从否，否亦聲。天口切。[illegible]，咅或从豆，从欠。

文三　重一

説文解字弟五　上

説文解字弟五下

漢太尉祭酒　許慎 記
宋右散騎常侍　徐鉉等 校定

丹　部

丹 巴越之赤石也。象采丹井，一象丹形。凡丹之屬皆从丹。都寒切。，古文丹。，亦古文丹。

臒 善丹也。从丹，蒦聲。《周書》曰："惟其敷丹臒。"讀若隺。烏郭切。

彤 丹飾也。从丹，从彡。彡，其畫也。徒冬切。

文三　重二

青　部

青 東方色也。木生火，从生、丹。丹青之信，言象然。凡青之屬皆从青。倉經切。，古文青。

靜 審也。从青，爭聲。徐鍇曰："丹青，明審也。"疾郢切。

文二　重一

井　部

井 八家一井，象構韓形；·，罋之象也。古者伯益初作井。凡井之屬皆从井。子郢切。

榮 深池也。从井，甇省聲。烏迥切。

阱 陷也。从𨸏，从井，井亦聲。疾正切。，阱或从穴。，古文阱，从水。

荆 罰辠也。从井，从刀。《易》曰："井，法也。"井亦聲。户經切。

刱 造法刱業也。从井，刅聲。讀若創。初亮切。

文五　重二

皀　部

皀　穀之馨香也。象嘉穀在裹中之形；匕，所以扱之。或説：皀，一粒也。凡皀之屬皆从皀。又讀若香。皮及切。

即　即食也。从皀，卪聲。徐鍇曰："即，就也。"子力切。

既　小食也。从皀，旡聲。《論語》曰："不使勝食既。"居未切。

冟　飯剛柔不调相著。从皀，冂聲。讀若適。施隻切。

文四

鬯　部

鬯　以秬釀鬱艸，芬芳攸服，以降神也。从凵，凵，器也；中象米；匕，所以扱之。《易》曰："不喪匕鬯。"凡鬯之屬皆从鬯。丑諒切。

鬱　芳艸也。十葉爲貫，百廾貫築以煑之爲鬱。从臼、冖、缶、鬯，彡，其飾也。一曰：鬱鬯，百艸之華，遠方鬱人所貢芳艸，合釀之，以降神。鬱，今鬱林郡也。迂勿切。

爵　禮器也。象爵之形，中有鬯酒；又，持之也。所以飲器象爵者，取其鳴節節足足也。即畧切。，古文爵，象形。

䰻　黑黍也。一稃二米，以釀也。从鬯，矩聲。其吕切。，䰻或从禾。

𩰪　列也。从鬯，吏聲。讀若迅。疏吏切。

文五　重二

食　部

食　一米也。从皀，亼聲。或説：亼皀也。凡食之屬皆从食。乘力切。

餴　滫飯也。从食，奉聲。臣鉉等曰："奉音忽，非聲，疑奔字之誤。"府文切。，餴或从賁。，餴或从奔。

餾 飯气蒸也。从食，留聲。力救切。

飪 大孰也。从食，壬聲。如甚切。，古文飪。，亦古文飪。

饔 孰食也。从食，雝聲。於容切。

飴 米糵煎也。从食，台聲。與之切。，籒文飴，从異省。

餳 飴和饊者也。从食，昜聲。徐盈切。

饊 熬稻粻程也。从食，散聲。穌旱切。

餅 麪餈也。从食，并聲。必郢切。

餈 稻餅也。从食，次聲。疾資切。，餈或从齊。，餈或从米。

饘 糜也。从食，亶聲。周謂之饘，宋謂之餬。諸延切。

餱 乾食也。从食，侯聲。《周書》曰："峙乃餱粻。"乎溝切。

餥 餱也。从食，非聲。陳楚之間相謁食麥飯曰餥。非尾切。

饎 酒食也。从食，喜聲。《詩》曰："可以饙饎。"昌志切。，饎或从巸。，饎或从米。

籑 具食也。从食，算聲。士戀切。，籑或从巽。

養 供養也。从食，羊聲。余兩切。，古文養。

飯 食也。从食，反聲。符萬切。

𩚵 雜飯也。从食，丑聲。女久切。

飤 糧也。从人、食。祥吏切。

饡 以羹澆飯也。从食，贊聲。則榦切。

𩟄 晝食也。从食，象聲。書兩切。，𩟄或从傷省聲。

飧 餔也。从夕、食。思魂切。

餔 日加申時食也。从食，甫聲。博狐切。，籒文餔，从皿，浦聲。

餐 吞也。从食，𣦼聲。七安切。，餐或从水。

䭑 嗛也。从食，兼聲。讀若風溓溓。一曰：廉潔也。力鹽切。

饁 餉田也。从食，盍聲。《詩》曰："饁彼南畝。"筠輒切。

饟 周人謂餉曰饟。从食，襄聲。人漾切。

餉 饟也。从食，向聲。式亮切。

饋 餉也。从食，貴聲。求位切。

饗 鄉人飲酒也。从食，从鄉，鄉亦聲。許兩切。

饛 盛器滿皃。从食，蒙聲。《詩》曰："有饛簋飧。"莫紅切。

飵 楚人相謁食麥曰飵。从食，乍聲。在各切。

飴 相謁食麥也。从食，占聲。奴兼切。

饂 秦人謂相謁而食麥曰饂饐。从食，𥁕聲。烏困切。

饐 饂饐也。从食，豈聲。五困切。

餬 寄食也。从食，胡聲。户吴切。

飶 食之香也。从食，必聲。《詩》曰："有飶其香。"毗必切。

餜 燕食也。从食，芙聲。《詩》曰："飲酒之餜。"依據切。

飽 猒也。从食，包聲。博巧切。，古文飽，从采。，亦古文飽，从卯聲。

餇 猒也。从食，肙聲。烏玄切。

饒 飽也。从食，堯聲。如昭切。

餘 饒也。从食，余聲。以諸切。

餀 食臭也。从食，艾聲。《爾雅》曰："餀謂之喙。"呼艾切。

餞 送去也。从食，戔聲。《詩》曰："顯父餞之。"才線切。

餫 野饋曰餫。从食，軍聲。王問切。

館 客舍也。从食，官聲。《周禮》：五十里有市，市有館，館有積，以待朝聘之客。古玩切。

饕 貪也。从食，號聲。土刀切。叨，饕或从口，刀聲。，籀文饕，从號省。

飻 貪也。从食，殄省聲。《春秋傳》曰："謂之饕飻。"他結切。

餯 飯傷熱也。从食，歲聲。於廢切。

饐 飯傷溼也。从食，壹聲。乙冀切。

餲 飯餲也。从食，曷聲。《論語》曰："食饐而餲。"乙例切，又烏介切。

饑 穀不孰爲饑。从食，幾聲。居衣切。

饉 蔬不孰爲饉。从食，堇聲。渠吝切。

餲 飢也。从食，戹聲。讀若楚人言恚人。於革切。

餧 飢也。从食，委聲。一曰：魚敗曰餧。奴罪切。

飢 餓也。从食，几聲。居夷切。

餓 飢也。从食，我聲。五箇切。

餽 吴人謂祭曰餽。从食，从鬼，鬼亦聲。俱位切，又音饋。

餟 祭酹也。从食，叕聲。陟衛切。

餟 小餟也。从食，兑聲。輸芮切。

餧 馬食穀多，气流四下也。从食，夌聲。里甑切。

餘 食馬穀也。从食，末聲。莫撥切。

文六十二　重十八

餕 食之餘也。从食，夋聲。子陖切。

餻 餌屬。从食，羔聲。古牢切。

文二新附

亼　部

亼 三合也。从入、一，象三合之形。凡亼之屬皆从亼。讀若集。秦入切。　臣鉉等曰："此疑只象形，非从入、一也。"

合 合口也。从亼，从口。候閤切。

僉 皆也。从亼，从吅，从从。《虞書》曰："僉曰伯夷。"七廉切。

侖 思也。从亼，从册。力屯切。，籀文侖。

今 是時也。从亼，从㇆。㇆，古文及。居音切。

舍 市居曰舍。从亼、屮，象屋也；口，象築也。始夜切。

文六　重一

會　部

會 合也。从亼，从曾省。曾，益也。凡會之屬皆从會。黄外切。，古文會如此。

朇 益也。从會，卑聲。符支切。

⿱會辰 日月合宿从辰。从會，从辰，辰亦聲。植鄰切。

文三　重一

倉　部

倉 穀藏也。倉黄取而藏之，故謂之倉。从食省；口，象倉形。凡倉之屬皆从倉。七岡切。仺，奇字倉。

牄 鳥獸來食聲也。从倉，爿聲。《虞書》曰："鳥獸牄牄。"七羊切。

文二　重一

入　部

入 内也。象从上俱下也。凡入之屬皆从入。人汁切。

内 入也。从口，自外而入也。奴對切。

𠓝 入山之深也。从山，从入。闕。鉏箴切。

糴 市穀也。从入，从䊮。徒歷切。

仝 完也。从入，从工。疾緣切。全，篆文仝，从玉。純玉曰全。𠓛，古文仝。

㒳 二入也。"兩"从此。闕。良獎切。

文六　重二

缶　部

缶 瓦器。所以盛酒漿。秦人鼓之以節謌。象形。凡缶之屬皆从缶。方九切。

⿰⿱𡉉缶殳 未燒瓦器也。从缶，殸聲。讀若筩莩。又苦候切。

匋 瓦器也。从缶，包省聲。古者昆吾作匋。案《史篇》讀與缶同。徒刀切。

罌 缶也。从缶，賏聲。烏莖切。

𦈢 小口罌也。从缶，𠂹聲。池僞切。

䍌 小缶也。从缶，音聲。蒲候切。

缾 𨋬也。从缶，并聲。薄經切。瓶，缾或从瓦。

罋 汲缾也。从缶，雝聲。烏貢切。

𦈣 下平缶也。从缶，乏聲。讀若𦐇。土盍切。

罃 備火，長頸缾也。从缶，熒省聲。烏莖切。

缸 瓦也。从缶，工聲。下江切。

𦈭 瓦器也。从缶，或聲。于逼切。

𦉈 瓦器也。从缶，薦聲。作甸切。

䍃 瓦器也。从缶，肉聲。臣鉉等曰："當从䍃省乃得聲。"以周切。

𦉢 瓦器也。从缶，霝聲。郎丁切。

䍄 缺也。从缶，占聲。都念切。

缺 器破也。从缶，決省聲。傾雪切。

罅 裂也。从缶，虖聲。缶燒善裂也。呼迓切。

罄 器中空也。从缶，殸聲。殸，古文磬字。《詩》云："缾之罄矣。"苦定切。

罊 器中盡也。从缶，毄聲。苦計切。

缿 受錢器也。从缶，后聲。古以瓦，今以竹。大口切，又胡講切。

文二十一　重一

罐 器也。从缶，雚聲。古玩切。

文一新附

矢　　部

矢 弓弩矢也。从入，象鏑栝羽之形。古者夷牟初作矢。凡矢之屬皆从矢。式視切。

䠶 弓弩發於身而中於遠也。从矢，从身。食夜切。射，篆文䠶，从寸。寸，法度也，亦手也。

矯 揉箭箝也。从矢，喬聲。居夭切。

矰 隿躲矢也。从矢，曾聲。作滕切。

矦 春饗所䠶矦也。从人；从厂，象張布；矢在其下。天子䠶熊、虎、豹，服猛也；諸侯䠶熊、豕、虎；大夫射麋，麋，惑也；士射鹿、豕，爲田除害也。其祝曰："毋若不寧侯，不朝于王所，故伉而䠶汝也。"乎溝切。𥎦，古文侯。

𥏻 傷也。从矢，昜聲。式陽切。

短 有所長短，以矢爲正。从矢，豆聲。都管切。

矤 況也，詞也。从矢，引省聲。从矢，取詞之所之，如矢也。式忍切。

知 詞也。从口，从矢。陟离切。

矣 語已詞也。从矢，以聲。于已切。

文十　重二

矮 短人也。从矢，委聲。烏蟹切。

文一新附

高　　部

高 崇也。象臺觀高之形。从冂、口。與倉、舍同意。凡高之屬皆从高。古牢切。

高 小堂也。从高省，冋聲。去潁切。廎，高或从广，頃聲。

亭 民所安定也。亭有樓。从高省，丁聲。特丁切。

亳 京兆杜陵亭也。从高省，乇聲。旁各切。

文四　重一

冂　　部

冂 邑外謂之郊，郊外謂之野，野外謂之林，林外謂之冂。象遠界也。凡冂之屬皆从冂。古熒切。冋，古文冂，从口，象國邑。坰，冋或从土。

市 買賣所之也。市有垣，从冂；从乛，乛，古文及，象物相及也；之省聲。時止切。

冘　淫淫，行皃。从人出冂。余箴切。

央　中央也。从大在冂之内。大，人也。央、旁同意。一曰：久也。於良切。

隺　高至也。从隹上欲出冂。《易》曰："夫乾隺然。"胡沃切。

文五　重二

𩫏　部

𩫏　度也，民所度居也。从回，象城𩫏之重，兩亭相對也。或但从囗。音韋。凡𩫏之屬皆从𩫏。古博切。

缺　缺也。古者城闕其南方謂之缺。从𩫏、缺省。讀若拔物爲決引也。傾雪切。

文二

京　部

京　人所爲絶高丘也。从高省，丨象高形。凡京之屬皆从京。舉卿切。

就　就高也。从京，从尤。尤異於凡也。疾僦切。，籀文就。

文二　重一

亯　部

亯　獻也。从高省，曰，象進孰物形。《孝經》曰："祭則鬼亯之。"凡亯之屬皆从亯。許兩切，又普庚切，又許庚切。，篆文亯。

𦎫　孰也。从亯，从羊。讀若純。一曰：䳜也。常倫切。，篆文𦎫。

竺　厚也。从亯，竹聲。讀若篤。冬毒切。

𩫖　用也。从亯，从自。自知臭香所食也。讀若庸。余封切。

文四　重二

㫗　部

㫗　厚也。从反亯。凡㫗之屬皆从㫗。徐鍇曰："亯者進土也，以進上之具反之於下，則厚也。"胡口切。

覃　長味也。从㫗、鹹省聲。《詩》曰："實覃實吁。"徒含切。，古文覃。，篆文覃省。

厚　山陵之厚也。从㫗，从厂。胡口切。，古文厚，从后、土。

文三　重三

畗　部

畗　滿也。从高省，象高厚之形。凡畗之屬皆从畗。讀若伏。芳逼切。

良　善也。从畗省，亡聲。徐鍇曰："良，甚也，故从畗。"吕張切。，古文良。，亦古文良。，亦古文良。

文二　重三

㐭　部

㐭　穀所振入。宗廟粢盛，倉黄㐭而取之，故謂之㐭。从入；回象屋形，中有户牖。凡㐭之屬皆从㐭。力甚切。，㐭或从广，从禾。

稟　賜穀也。从㐭，从禾。筆錦切。

亶　多穀也。从㐭，旦聲。多旱切。

啚　嗇也。从囗、㐭。㐭，受也。方美切。，古文啚如此。

文四　重二

嗇　部

嗇　愛濇也。从來，从㐭。來者，㐭而藏之，故田夫謂之嗇夫。凡嗇之屬皆从嗇。所力切。，古文嗇，从田。

牆　垣蔽也。从嗇，爿聲。才良切。，籀文从二禾。，籀文亦从二來。

文二　重三

來　部

來　周所受瑞麥來麰。一來二縫，象芒朿之形。天所來也，故爲行來之來。《詩》曰："詒我來麰。"凡來之屬皆从來。洛哀切。

𥠖　《詩》曰："不𥠖不來。"从來，矣聲。牀史切。，𥠖或从彳。

文二　重一

麥　部

麥　芒穀，秋穜厚薶，故謂之麥。麥，金也。金王而生，火王而死。从來，有穗者；从夊。凡麥之屬皆从麥。臣鉉等曰："夊，足也，周受瑞麥來麰，如行來，故从夊。"莫獲切。

麰　來麰，麥也。从麥，牟聲。莫浮切。，麰或从艸。

麧　堅麥也。从麥，气聲。乎没切。

麨　小麥屑之覈。从麥，肖聲。穌果切。

䴾　䃺麥也。从麥，差聲。一曰：擣也。昨何切。

麩　小麥屑皮也。从麥，夫聲。甫無切。，麩或从甫。

麪　麥末也。从麥，丏聲。弥箭切。

麷　麥覈屑也。十斤爲三斗。从麥，啻聲。直隻切。

麷　煮麥也。从麥，豐聲。讀若馮。敷戎切。

麮　麥甘鬻也。从麥，去聲。丘據切。

麴　餅籟也。从麥，㱿聲。讀若庫。空谷切。

䴜　餅籟也。从麥，穴聲。户八切。

麳　餅籟也。从麥，才聲。昨哉切。

文十三　重二

夊　部

夊 行遲曳夊夊。象人兩脛有所躧也。凡夊之屬皆从夊。楚危切。

夋 行夋夋也。一曰：倨也。从夊，允聲。七倫切。

复 行故道也。从夊，畐省聲。房六切。

夌 越也。从夊，从兴。兴，高也。一曰：夌偓也。力膺切。

致 送詣也。从夊，从至。陟利切。

憂 和之行也。从夊，𢚧聲。《詩》曰："布政憂憂。"於求切。

愛 行皃。从夊，㤅聲。烏代切。

㚆 行㚆㚆也。从夊，闕。讀若僕。又卜切。

竷 繇也，舞也。樂有章。从章，从夅，从夊。《詩》曰："竷竷舞我。"苦感切。

𡕒 瑙蓋也。象皮包覆瑙，下有兩臂，而夊在下。讀若范。亡范切。

夏 中國之人也。从夊，从頁，从𦥔。𦥔，兩手；夊，兩足也。胡雅切。[illegible]，古文夏。

畟 治稼畟畟進也。从田、人，从夊。《詩》曰："畟畟良耜。"初力切。

㚇 斂足也。鵲鵙醜，其飛也㚇。从夊，兇聲。子紅切。

夒 貪獸也。一曰：母猴，似人。从頁，巳、止、夊，其手足。臣鉉等曰："巳、止皆象形也。"奴刀切。

夔 神魖也。如龍，一足，从夊；象有角、手、人面之形。渠追切。

文十五　重一

夎 拜失容也。从夊，坐聲。則臥切。

文一新附

舛　部

舛 對臥也。从夊、㐄相背。凡舛之屬皆从舛。昌兖切。踳，楊雄説：舛从足、春。

舞 樂也。用足相背，从舛，無聲。文撫切。，古文舞，从羽、亡。

䑞 車軸耑鍵也。兩穿相背，从舛，萬省聲。萬，古文偰字。胡戛切。

文三　重二

舜　部

舜 艸也。楚謂之葍，秦謂之藑。蔓地連華。象形。从舛，舛亦聲。凡舜之屬皆从舜。舒閏切。今隸變作舜。，古文舜。

䑞 華榮也。从舜，生聲。讀若皇。《爾雅》曰："䑞，華也。"户光切。，䑞或从艸、皇。

文二　重二

韋　部

韋 相背也。从舛，囗聲。獸皮之韋，可以束枉戾相韋背，故借以爲皮韋。凡韋之屬皆从韋。宇非切。，古文韋。

韠 韍也，所以蔽前。以韋，下廣二尺，上廣一尺，其頸五寸。一命縕韠，再命赤韠。从韋，畢聲。卑吉切。

韎 茅蒐染韋也。一入曰韎。从韋，末聲。莫佩切。

韢 櫜紐也。从韋，惠聲。一曰：盛虜頭橐也。徐鍇曰："謂戰伐以盛首級。"胡計切。

韜 劍衣也。从韋，舀聲。土刀切。

韝 射臂決也。从韋，冓聲。古侯切。

韘 射決也。所以拘弦，以象骨，韋系，著右巨指。从韋，枼聲。《詩》曰："童子佩韘。"失涉切。，韘或从弓。

韣 弓衣也。从韋，蜀聲。之欲切。

韔 弓衣也。从韋，長聲。《詩》曰："交韔二弓。"丑亮切。

韋叚 履也。从韋，叚聲。乎加切。

𩎟 履後帖也。从韋，段聲。徒玩切。，𩎟或从糸。

韤 足衣也。从韋，蔑聲。臣鉉等曰：“今俗作韈，非是。”望發切。

韕 軶裹也。从韋，尃聲。匹各切。

韏 革中辨謂之韏。从韋，𢍏聲。九萬切。

𩏂 收束也。从韋，樵聲。讀若酋。臣鉉等曰：“樵，側角切，聲不相近，未詳。”即由切。，韢或从要。，韢或从秋、手。

韓 井垣也。从韋，取其帀也。倝聲。胡安切。

文十六　重五

韌 柔而固也。从韋，刃聲。而進切。

文一新附

弟　部

弟 韋束之次弟也。从古字之象。凡弟之屬皆从弟。特計切。，古文弟，从古文韋省，丿聲。

罤 周人謂兄曰罤。从弟，从眔。臣鉉等曰：“眔，目相及也。兄弟親比之義。”古魂切。

文二　重一

夂　部

夂 从後至也。象人兩脛後有致之者。凡夂之屬皆从夂。讀若黹。陟侈切。

𡕒 相遮要害也。从夂，丯聲。南陽新野有𡕒亭。乎蓋切。

夆 啎也。从夂，丰聲。讀若縫。敷容切。

夅 服也。从夂、午相承，不敢竝也。下江切。

夃 秦以市買多得爲夃。从乃，从夂，益至也。从乃。《詩》曰：“我夃酌彼金罍。”臣鉉等曰：“乃，難意也。”古乎切。

㐄 跨步也。从反夂。䠸从此。苦瓦切。

文六

夂　　部

 夂　以後灸之。象人兩脛後有距也。《周禮》曰：“夂諸牆以觀其橈。”凡夂之屬皆从夂。舉友切。

文一

桀　　部

 桀　磔也。从舛在木上也。凡桀之屬皆从桀。渠列切。

 磔　辜也。从桀，石聲。陟格切。

 乘　覆也。从入、桀，桀，黠也。軍法曰乘。食陵切。，古文乘，从几。

文三　重一

説文解字第五　下

說文解字弟六上

漢太尉祭酒　許慎 記
宋右散騎常侍　徐鉉等 校定

二十五部　七百五十三文　重六十一　凡九千四百四十三字
文二十新附

木　部

木 冒也。冒地而生。東方之行。从屮，下象其根。凡木之屬皆从木。徐鍇曰："屮者，木始甲拆，萬物皆始於微，故木从屮。"莫卜切。

橘 果。出江南。从木，矞聲。居聿切。

橙 橘屬。从木，登聲。丈庚切。

柚 條也。似橙而酢。从木，由聲。《夏書》曰："厥包橘柚。"余救切。

樝 果，似梨而酢。从木，虘聲。側加切。

梨 果名。从木，𥝢聲。𥝢，古文利。力脂切。

梬 棗也，似柹。从木，甹聲。以整切。

柹 赤實果。从木，㡀聲。鉏里切。

柟 梅也。从木，冄聲。汝閻切。

梅 柟也。可食。从木，每聲。莫桮切。楳，或从某。

杏 果也。从木，可省聲。何梗切。

柰 果也。从木，示聲。奴帶切。

李 果也。从木，子聲。良止切。杍，古文。

桃 果也。从木，兆聲。徒刀切。

楙 冬桃。从木，敄聲。讀若髦。莫候切。

亲 果。實如小栗。从木，辛聲。《春秋傳》曰："女摯不過亲栗。”側詵切。

楷 木也。孔子冢蓋樹之者。从木，皆聲。苦駭切。

梫 桂也。从木，侵省聲。七荏切。

桂 江南木，百藥之長。从木，圭聲。古惠切。

棠 牡曰棠，牝曰杜。从木，尚聲。徒郎切。

杜 甘棠也。从木，土聲。徒古切。

槢 木也。从木，習聲。似入切。

樿 木也。可以爲櫛。从木，單聲。旨善切。

椲 木也。可屈爲杅者。从木，韋聲。于鬼切。

楢 柔木也。工官以爲耎輪。从木，酋聲。讀若糗。以周切。

桏 樱椐木也。从木，邛聲。渠容切。

棆 毋杶也。从木，侖聲。讀若《易》卦屯。陟倫切。

楈 木也。从木，胥聲。讀若芟刈之芟。私閭切。

柍 梅也。从木，央聲。一曰：江南橦材，其實謂之柍。於京切。

楑 木也。从木，癸聲。又，度也。求癸切。

梤 木也。从木，咎聲。讀若皓。古老切。

椆 木也。从木，周聲。讀若丩。職留切。

樕 樸樕，木。从木，欶聲。桑谷切。

橀 木也。从木，彝聲。羊皮切。

梣 青皮木。从木，岑聲。子林切。，或从寖省。寖，籒文寑。

椵 木也。从木，叕聲。益州有椵縣。職説切。

榹 木也。从木，號省聲。乎刀切。

棪 遬其也。从木，炎聲。讀若三年導服之導。以冉切。

檇 木也。从木，遄聲。市緣切。

椋 即來也。从木，京聲。吕張切。

檍 杶也。从木，意聲。於力切。

橨 木也。从木，費聲。房未切。

樗 木也。从木，虖聲。丑居切。

楀 木也。从木，禹聲。王矩切。

欒 木也。从木，藟聲。力軌切。，籒文。

桋 赤楝也。从木，夷聲。《詩》曰："隰有杞桋。"以脂切。

栟 栟櫚也。从木，并聲。府盈切。

椶 栟櫚也。可作萆。从木，嵏聲。子紅切。

檟 楸也。从木，賈聲。《春秋傳》曰："樹六檟於蒲圃。"古雅切。

椅 梓也。从木，奇聲。於离切。

梓 楸也。从木，宰省聲。即里切。，或不省。

楸 梓也。从木，秋聲。七由切。

樟 梓屬。大者可爲棺椁，小者可爲弓材。从木，啻聲。於力切。

柀 樧也。从木，皮聲。一曰：折也。甫委切。

樧 木也。从木，煔聲。臣鉉等曰："今俗作杉，非是。"所銜切。

榛 木也。从木，秦聲。一曰：菆也。側詵切。

椃 山樗也。从木，尻聲。苦浩切。

杶 木也。从木，屯聲。《夏書》曰："杶、榦、栝、柏。"敕倫切。

，或从熏。，古文杶。

橁 杶也。从木，筍聲。相倫切。

桵 白桵，棫。从木，妥聲。臣鉉等曰："當从綏省。"儒隹切。

棫 白桵也。从木，或聲。于逼切。

槵 木也。从木，息聲。相即切。

椐 樻也。从木，居聲。九魚切。

樻 椐也。从木，貴聲。求位切。

栩 柔也。从木，羽聲。其皁，一曰：樣。况羽切。

柔 栩也。从木，予聲。讀若杼。直吕切。

樣 栩實。从木，羕聲。徐兩切。

杙 劉，劉杙。从木，弋聲。与職切。

枇 枇杷，木也。从木，比聲。房脂切。

桔 桔梗，藥名。从木，吉聲。一曰：直木。古屑切。

柞 木也。从木，乍聲。在各切。

枰 木，出橐山。从木，乎聲。他乎切。

櫅 木也。从木，晉聲。《書》曰：“竹箭如櫅。”子善切。

椽 羅也。从木，豙聲。《詩》曰：“隰有樹椽。”徐醉切。

椵 木，可作牀几。从木，叚聲。讀若賈。古雅切。

橞 木也。从木，惠聲。胡計切。

楛 木也。从木，苦聲。《詩》曰：“榛楛濟濟。”侯古切。

櫅 木也。可以爲大車軸。从木，齊聲。祖雞切。

杍 木也。从木，乃聲。讀若仍。如乘切。

櫇 木也。从木，頻聲。符真切。

樲 酸棗也。从木，貳聲。而至切。

樸 棗也。从木，僕聲。博木切。

橪 酸小棗。从木，然聲。一曰：染也。人善切。

柅 木也。實如棃。从木，尼聲。女履切。

梢 木也。从木，肖聲。所交切。

棣 木也。从木，隸聲。郎計切。

梸 木也。从木，寽聲。力輟切。

梭 木也。从木，夋聲。臣鉉等曰：“今人别音穌禾切，以爲機杼之屬。”私閏切。

櫸 木也。从木，畢聲。卑吉切。

楋 木也。从木，剌聲。盧達切。

枸 木也。可爲醬。出蜀。从木，句聲。俱羽切。

樜 木。出發鳩山。从木，庶聲。之夜切。

枋 木。可作車。从木，方聲。府良切。

橿 枋也。从木。畺聲。一曰：鉏柄名。居良切。

樗 木也。以其皮裹松脂。从木，雩聲。讀若華。乎化切。檴，或从蒦。

檗 黄木也。从木，辟聲。博戹切。

楙 香木也。从木，穷聲。撫文切。

榝 似茱萸。出淮南。从木，殺聲。所八切。

槭 木。可作大車輮。从木，戚聲。子六切。

楊 木也。从木，昜聲。与章切。

檉 河柳也。从木，聖聲。敕貞切。

柳 小楊也。从木，丣聲。丣，古文酉。力九切。

橁 大木。可爲鉏柄。从木，粤聲。詳遵切。

欒 木。似欄。从木，䜌聲。《禮》：天子樹松，諸侯柏，大夫欒，士楊。洛官切。

移 棠棣也。从木，多聲。弋支切。

棣 白棣也。从木，隶聲。特計切。

枳 木。似橘。从木，只聲。諸氏切。

楓 木也。厚葉，弱枝，善摇。一名欇。从木，風聲。方戎切。

權 黄華木。从木，雚聲。一曰：反常。巨員切。

柜 木也。从木，巨聲。其吕切。

槐 木也。从木，鬼聲。户恢切。

穀 楮也。从木，㱿聲。古禄切。

楮 穀也。从木，者聲。丑吕切。柠，楮或从宁。

檵 枸杞也。从木，繼省聲。一曰：監木也。古詣切。

杞 枸杞也。从木，己聲。墟里切。

枒 木也。从木，牙聲。一曰：車輞會也。五加切。

檀 木也。从木，亶聲。徒乾切。

櫟 木也。从木，樂聲。郎擊切。

梂 櫟實。一曰：鑿首。从木，求聲。巨鳩切。

楝 木也。从木，柬聲。郎電切。

檿 山桑也。从木，厭聲。《詩》曰：“其檿其柘。”於琰切。

柘 桑也。从木，石聲。之夜切。

㯏 木。可爲杖。从木，厀聲。親吉切。

檈 檈味，稔棗。从木，還聲。似沿切。

梧 梧桐，木。从木，吾聲。一名櫬。五胡切。

榮 桐木也。从木，熒省聲。一曰：屋梠之兩頭起者爲榮。永兵切。

桐 榮也。从木，同聲。徒紅切。

橎 木也。从木，番聲。讀若樊。附轅切。

榆 榆，白枌。从木，俞聲。羊朱切。

枌 榆也。从木，分聲。扶分切。

梗 山枌榆。有束，莢可爲蕪荑者。从木，更聲。古杏切。

樵 散也。从木，焦聲。昨焦切。

松 木也。从木，公聲。祥容切。，松或从容。

樠 松心木。从木，㒼聲。莫奔切。

檜 柏葉松身。从木，會聲。古外切。

樅 松葉柏身。从木，從聲。七恭切。

柏 鞠也。从木，白聲。博陌切。

机 木也。从木，几聲。居履切。

枮 木也。从木，占聲。息廉切。

梇 木也。从木，弄聲。益州有梇棟縣。盧貢切。

楰 鼠梓木。从木，臾聲。《詩》曰：“北山有楰。”羊朱切。

桅 黄木。可染者。从木，危聲。過委切。

杒 桎杒也。从木，刃聲。而震切。

樑 楮樑，木也。从木，遝聲。徒合切。

楮 楮樑。果似李。从木，荅聲。讀若嚃。土合切。

某 酸果也。从木，从甘。闕。莫厚切。，古文某，从口。

櫾 崐崘河隅之長木也。从木，䌛聲。以周切。

樹 生植之總名。从木，尌聲。常句切。，籒文。

本 木下曰本。从木，一在其下。徐鍇曰：“一，記其處也。本、末、朱皆同義。”布忖切。，古文。

柢 木根也。从木，氐聲。都禮切。

朱　赤心木。松柏屬。从木，一在其中。章俱切。

根　木株也。从木，艮聲。古痕切。

株　木根也。从木，朱聲。陟輸切。

末　木上曰末。从木，一在其上。莫撥切。

樱　細理木也。从木，畟聲。子力切。

果　木實也。从木，象果形在木之上。古火切。

欙　木實也。从木，絫聲。力追切。

杈　枝也。从木，叉聲。初牙切。

枝　木别生條也。从木，支聲。章移切。

朴　木皮也。从木，卜聲。匹角切。

條　小枝也。从木，攸聲。徒遼切。

枚　榦也。可爲杖。从木，从攴。《詩》曰：“施于條枚。”莫桮切。

栞　槎識也。从木、㚸。闕。《夏書》曰：“隨山栞木。”讀若刊。苦寒切。，篆文从幵。

櫱　木葉榣白也。从木，聶聲。之涉切。

栠　弱皃。从木，任聲。如甚切。

枖　木少盛皃。从木，夭聲。《詩》曰：“桃之枖枖。”於喬切。

槙　木頂也。从木，真聲。一曰：仆木也。都年切。

梃　一枚也。从木，廷聲。徒頂切。

欒　衆盛也。从木，驫聲。《逸周書》曰：“疑沮事。”闕。所臻切。

標　木杪末也。从木，票聲。敷沼切。

杪　木標末也。从木，少聲。亡沼切。

朵　樹木垂朵朵也。从木，象形。此與采同意。丁果切。

桹　高木也。从木，良聲。魯當切。

橌　大木皃。从木，閒聲。古限切。

枵　木根也。从木，号聲。《春秋傳》曰：“歲在玄枵。”玄枵，虚也。許嬌切。

柖　樹搖皃。从木，召聲。止搖切。

榣 樹動也。从木，䍃聲。余昭切。

樛 下句曰樛。从木，翏聲。吉虯切。

朻 高木也。从木，丩聲。吉虯切。

枉 衺曲也。从木，㞷聲。迂往切。

橈 曲木。从木，堯聲。女教切。

扶 扶疏，四布也。从木，夫聲。防無切。

檹 木檹施。从木，旖聲。賈侍中說：檹即椅木，可作琴。於离切。

杪 相高也。从木，小聲。私兆切。

榴 高皃。从木，留聲。呼骨切。

槮 木長皃。从木，參聲。《詩》曰："槮差荇菜。"所今切。

梴 長木也。从木，延聲。《詩》曰："松桷有梴。"丑連切。

橚 長木皃。从木，肅聲。山巧切。

杕 樹皃。从木，大聲。《詩》曰："有杕之杜。"特計切。

櫜 木葉陊也。从木，㲋聲。讀若薄。他各切。

格 木長皃。从木，各聲。古百切。

槸 木相摩也。从木，埶聲。魚祭切。[illegible]，槸或从艸。

枯 槀也。从木，古聲。《夏書》曰："唯箘、輅、枯。"木名也。苦孤切。

槀 木枯也。从木，高聲。苦浩切。

樸 木素也。从木，菐聲。匹角切。

楨 剛木也。从木，貞聲。上郡有楨林縣。陟盈切。

柔 木曲直也。从木，矛聲。耳由切。

柝 判也。从木，㡿聲。《易》曰："重門擊㯏。"他各切。

朸 木之理也。从木，力聲。平原有朸縣。盧則切。

材 木梃也。从木，才聲。昨哉切。

柴 小木散材。从木，此聲。臣鉉等曰："師行野次，豎散木爲區落，名曰柴籬。後人語譌，轉入去聲，又别作寨字，非是。"士佳切。

榑 榑桑，神木，日所出也。从木，尃聲。防無切。

杲　明也。从日在木上。古老切。

杳　冥也。从日在木下。烏皎切。

椰　角械也。从木，郤聲。一曰：木下白也。其逆切。

栽　築牆長版也。从木，𢦏聲。《春秋傳》曰："楚圍蔡，里而栽。"昨代切。

築　擣也。从木，筑聲。陟玉切。𥳑，古文。

榦　築牆耑木也。从木，倝聲。臣鉉等曰："今別作幹，非是。矢榦亦同。"古案切。

檥　榦也。从木，義聲。魚羈切。

構　蓋也。从木，冓聲。杜林以爲椽桷字。古后切。

模　法也。从木，莫聲。讀若嫫母之嫫。莫胡切。

桴　棟名。从木，孚聲。附柔切。

棟　極也。从木，東聲。多貢切。

極　棟也。从木，亟聲。渠力切。

柱　楹也。从木，主聲。直主切。

楹　柱也。从木，盈聲。《春秋傳》曰："丹桓宮楹。"以成切。

樘　衺柱也。从木，堂聲。臣鉉等曰："今俗別作牚，非是。"丑庚切。

楮　柱砥。古用木，今以石。从木，耆聲。《易》："楮恒凶。"章移切。

榕　欂櫨也。从木，咨聲。子結切。

欂　壁柱。从木，薄省聲。弼戟切。

櫨　柱上柎也。从木，盧聲。伊尹曰："果之美者，箕山之東，青鳧之所，有櫨橘焉。夏孰也。"一曰：宅櫨，木，出弘農山也。落胡切。

枅　屋櫨也。从木，开聲。古兮切。

栵　栭也。从木，列聲。《詩》曰："其灌其栵。"良辥切。

栭　屋枅上標。从木，而聲。《爾雅》曰："栭謂之格。"如之切。

檼　棼也。从木，㥯聲。於靳切。

橑 椽也。从木，尞聲。盧浩切。

桷 榱也。椽方曰桷。从木，角聲。《春秋傳》曰："刻桓宫之桷。"古岳切。

椽 榱也。从木，彖聲。直專切。

榱 秦名爲屋椽，周謂之榱，齊魯謂之桷。从木，衰聲。所追切。

楣 秦名屋櫋聯也。齊謂之檐，楚謂之梠。从木，眉聲。武悲切。

梠 楣也。从木，吕聲。力舉切。

梍 梠也。从木，㿝聲。讀若枇杷之枇。房脂切。

櫋 屋櫋聯也。从木，邊省聲。武延切。

檐 梍也。从木，詹聲。臣鉉等曰："今俗作簷，非是。"余廉切。

橝 屋梠前也。从木，覃聲。一曰：蠶槌。徒含切。

樀 户樀也。从木，啻聲。《爾雅》曰："檐謂之樀。"讀若滴。都歷切。

植 户植也。从木，直聲。常職切。[illegible]，或从置。

樞 户樞也。从木，區聲。昌朱切。

槏 户也。从木，兼聲。苦減切。

樓 重屋也。从木，婁聲。洛侯切。

龒 房室之疏也。从木，龍聲。盧紅切。

楯 闌楯也。从木，盾聲。食允切。

櫺 楯閒子也。从木，霝聲。郎丁切。

杗 棟也。从木，亡聲。《爾雅》曰："杗廇謂之梁。"武方切。

棟 短椽也。从木，束聲。丑録切。

杇 所以涂也。秦謂之杇，關東謂之槾。从木，亏聲。哀都切。

槾 杇也。从木，曼聲。母官切。

椳 門樞謂之椳。从木，畏聲。烏恢切。

梋 門樞之横梁。从木，冒聲。莫報切。

梱 門橛也。从木，困聲。苦本切。

榍 限也。从木，屑聲。先結切。

柤 木閑。从木，且聲。側加切。

槍 歫也。从木，倉聲。一曰：槍，欀也。七羊切。

楗 限門也。从木，建聲。其獻切。

櫼 楔也。从木，韱聲。子廉切。

楔 櫼也。从木，契聲。先結切。

栅 編樹木也。从木，从册，册亦聲。楚革切。

杝 落也。从木，也聲。讀若他。池尒切。

欜 夜行所擊者。从木，橐聲。《易》曰：“重門擊欜。”他各切。

桓 亭郵表也。从木，亘聲。胡官切。

楃 木帳也。从木，屋聲。於角切。

橦 帳極也。从木，童聲。宅江切。

杠 牀前横木也。从木，工聲。古雙切。

桯 牀前几。从木，呈聲。他丁切。

桱 桱桯也。東方謂之蕩。从木，巠聲。古零切。

牀 安身之坐者。从木，爿聲。徐鍇曰：“《左傳》薳子馮詐病，掘地下冰而牀焉，至於恭坐則席也。故从爿，爿則疒之省，象人衺身有所倚箸。至於牆、壯、戕、狀之屬，竝當从牀省聲。李陽冰言：木右爲片，左爲爿，音牆。且《説文》無爿字，其書亦異，故知其妄。仕莊切。

枕 臥所薦首者。从木，冘聲。章衽切。

㮃 㮃窬，褻器也。从木，威聲。於非切。

櫝 匱也。从木，賣聲。一曰：木名。又曰：大梡也。徒谷切。

櫛 梳比之總名也。从木，節聲。阻瑟切。

梳 理髮也。从木，疏省聲。所菹切。

㭘 劒柙也。从木，合聲。胡甲切。

槈 薅器也。从木，辱聲。奴豆切。鎒，或从金。

𣐐 苿，臿也。从木；入，象形；䀠聲。舉朱切。

苿 兩刃臿也。从木；丫，象形。宋魏曰：苿也。互瓜切。釫，或从金，从于。

梠 臿也。从木，吕聲。一曰：徙土輂，齊人語也。臣鉉等曰："今俗作耜。"詳里切。梩，或从里。

枱 耒耑也。从木，台聲。弋之切。鈶，或从金。𨐨，籀文，从辝。

楎 六叉犂。一曰：犂上曲木，犂轅。从木，軍聲。讀若渾天之渾。户昆切。

櫌 摩田器。从木，憂聲。《論語》曰："櫌而不輟。"於求切。

欘 斫也。齊謂之鎡錤。一曰：斤柄，性自曲者。从木，屬聲。陟玉切。

櫡 斫謂之櫡。从木，箸聲。張略切。

杷 收麥器。从木，巴聲。蒲巴切。

𣘻 穜樓也。一曰：燒麥柃𣘻。从木，役聲。与辟切。

柃 木也。从木，令聲。郎丁切。

柫 擊禾連枷也。从木，弗聲。敷勿切。

枷 柫也。从木，加聲。淮南謂之柍。古牙切。

杵 舂杵也。从木，午聲。昌與切。

槩 杚斗斛。从木，既聲。工代切。

杚 平也。从木，气聲。古没切。

㮐 木參交以枝炊籅者也。从木，省聲。讀若驪駕。臣鉉等曰："驪駕，未詳。"所綆切。

柶 《禮》有柶。柶，匕也。从木，四聲。息利切。

桮 㔸也。从木，否聲。布回切。𠥻，籀文桮。

槃 承槃也。从木，般聲。薄官切。鎜，古文从金。盤，籀文从皿。

榹 槃也。从木，虒聲。息移切。

案 几屬。从木，安聲。烏旰切。

檈 圜案也。从木，睘聲。似沿切。

椷 篋也。从木，咸聲。古咸切。

枓 勺也。从木，从斗。之庾切。

杓 枓柄也。从木，从勺。臣鉉等曰："今俗作市若切，以爲桮杓之杓。"甫搖切。

櫑 龜目酒尊。刻木作雲雷象，象施不窮也。从木，畾聲。魯回切。，櫑或从缶。，櫑或从皿。，籒文櫑。

椑 圜榼也。从木，卑聲。部迷切。

榼 酒器也。从木，盍聲。枯蹋切。

橢 車笭中橢橢器也。从木，隋聲。徒果切。

槌 關東謂之槌，關西謂之持。从木，追聲。直類切。

持 槌也。从木，特省聲。陟革切。

栚 槌之横者也。關西謂之㯂。从木，灷聲。臣鉉等曰："當从朕省。"直衽切。

槤 瑚槤也。从木，連聲。臣鉉等曰："今俗作璉，非是。"里典切。

櫎 所以几器。从木，廣聲。一曰：帷屏風之屬。臣鉉等曰："今别作幌，非是。"胡廣切。

椇 舉食者。从木，具聲。俱燭切。

槃 繘耑木也。从木，𣪠聲。古詣切。

檷 絡絲檷。从木，爾聲。讀若柅。奴礼切。

機 主發謂之機。从木，幾聲。居衣切。

縢 機持經者。从木，朕聲。詩證切。

杼 機之持緯者。从木，予聲。直吕切。

椱 機持繒者。从木，复聲。扶富切。

楥 履法也。从木，爰聲。讀若指撝。吁券切。

核 蠻夷以木皮爲篋，狀如籢、尊。从木，亥聲。古哀切。

棚 棧也。从木，朋聲。薄衡切。

棧 棚也。竹木之車曰棧。从木，戔聲。士限切。

栫 以柴木壅也。从木，存聲。徂悶切。

槶 筐當也。从木，國聲。古悔切。

梯 木階也。从木，弟聲。土雞切。

棖 杖也。从木，長聲。一曰：法也。宅耕切。

桊 牛鼻中環也。从木，𢍏聲。居倦切。

椯 箠也。从木，耑聲。一曰：椯度也。一曰：剟也。兜果切。

橜 弋也。从木，厥聲。一曰：門梱也。瞿月切。

樴 弋也。从木，戠聲。之弋切。

杖 持也。从木，丈聲。臣鉉等曰："今俗别作仗，非是。"直兩切。

柭 棓也。从木，犮聲。北末切。

棓 棁也。从木，咅聲。步項切。

椎 擊也。齊謂之終葵。从木，隹聲。直追切。

柯 斧柄也。从木，可聲。古俄切。

棁 木杖也。从木，兑聲。他活切，又之説切。

柄 柯也。从木，丙聲。陂病切。棅，或从秉。

柲 欑也。从木，必聲。兵媚切。

欑 積竹杖也。从木，贊聲。一曰：穿也。一曰：叢木。在丸切。

杘 簔柄也。从木，尸聲。女履切。柅，杘或从木，尼聲。臣鉉等曰："柅，女氏切。木若梨。此重出。"

榜 所以輔弓弩。从木，旁聲。補盲切。 臣鉉等案：李舟《切韻》一音北孟切，進船也。又音北朗切，木片也。今俗作牓，非。

檠 榜也。从木，敬聲。巨京切。

檃 桰也。从木，隱省聲。於謹切。

桰 檃也。从木，𠯑聲。一曰：矢桰築弦處。古活切。

棊 博棊。从木，其聲。渠之切。

椄 續木也。从木，妾聲。子葉切。

栙 栙雙也。从木，夅聲。讀若鴻。下江切。

栝 炊竈木。从木，舌聲。臣鉉等曰："當从甛省乃得聲。"他念切。

槽 畜獸之食器。从木，曹聲。昨牢切。

臬 射準的也。从木，从自。李陽冰曰："自非聲，从劓省。"五結切。

桶 木方，受六升。从木，甬聲。他奉切。

櫓 大盾也。从木，魯聲。郎古切。㯭，或从鹵。

樂 五聲八音總名。象鼓鞞。木，虡也。玉角切。
柎 闌足也。从木，付聲。甫無切。
枹 擊鼓杖也。从木，包聲。甫無切。
椌 柷，樂也。从木，空聲。苦江切。
柷 樂，木空也。所以止音爲節。从木，祝省聲。昌六切。
槧 牘樸也。从木，斬聲。自琰切。
札 牒也。从木，乙聲。側八切。
檢 書署也。从木，僉聲。居奄切。
檄 二尺書。从木，敫聲。胡狄切。
棨 傳，信也。从木，啓省聲。康礼切。
楘 車歷録束文也。从木，敄聲。《詩》曰：“五楘梁輈。”莫卜切。
梐 行馬也。从木，互聲。《周禮》曰：“設梐枑再重。”胡誤切。
梐 梐枑也。从木，陛省聲。邊兮切。
极 驢上負也。从木，及聲。或讀若急。其輒切。
柭 极也。从木，去聲。去魚切。
槅 大車枙。从木，鬲聲。古覈切。
橾 車轂中空也。从木，喿聲。讀若藪。山樞切。
楇 盛膏器。从木，咼聲。讀若過。乎臥切。
枊 馬柱。从木，卬聲。一曰：堅也。吾浪切。
梱 梱斗，可射鼠。从木，固聲。古慕切。
欙 山行所乘者。从木，纍聲。《虞書》曰：“予乘四載。”水行乘舟，陸行乘車，山行乘欙，澤行乘輴。力追切。
榷 水上横木，所以渡者也。从木，隺聲。江岳切。
橋 水梁也。从木，喬聲。巨驕切。
梁 水橋也。从木，从水，刅聲。吕張切。𣴶，古文。
校 船總名。从木，叜聲。臣鉉等曰：“今俗别作艘，非是。”穌遭切。
橃 海中大船。从木，發聲。臣鉉等曰：“今俗别作筏，非是。”房越切。
楫 舟櫂也。从木，咠聲。子葉切。

欚 江中大船名。从木，蠡聲。盧啓切。

校 木囚也。从木，交聲。古孝切。

樔 澤中守艸樓。从木，巢聲。鉏交切。

采 捋取也。从木，从爪。倉宰切。

柿 削木札樸也。从木，巿聲。陳楚謂“櫝”爲柿。芳吠切。

横 闌木也。从木，黄聲。户盲切。

梜 檢柙也。从木，夾聲。古洽切。

桄 充也。从木，光聲。古曠切。

檇 以木有所擣也。从木，雋聲。《春秋傳》曰：“越敗吴於檇李。”遵爲切。

椓 擊也。从木，豖聲。竹角切。

朾 橦也。从木，丁聲。宅耕切。

柧 棱也。从木，瓜聲。又，柧棱，殿堂上最高之處也。古胡切。

棱 柧也。从木，夌聲。魯登切。

櫱 伐木餘也。从木，獻聲。《商書》曰：“若顛木之有甹櫱。”五葛切。櫱，櫱或从木，辥聲。𣎵，古文櫱，从木，無頭。枿，亦古文櫱。

枰 平也。从木，从平，平亦聲。蒲兵切。

柆 折木也。从木，立聲。盧合切。

槎 衺斫也。从木，差聲。《春秋傳》曰：“山不槎。”側下切。

柮 斷也。从木，出聲。讀若《爾雅》“貀無前足”之貀。女滑切。

檮 斷木也。从木，𠷎聲。《春秋傳》曰：“檮柮”。徒刀切。

析 破木也。一曰：折也。从木，从斤。先激切。

棷 木薪也。从木，取聲。側鳩切。

梡 棞，木薪也。从木，完聲。胡本切。

棞 梡，木未析也。从木，圂聲。胡昆切。

楄 楄部，方木也。从木，扁聲。《春秋傳》曰：“楄部薦榦。”部田切。

楅　以木有所逼束也。从木，畐聲。《詩》曰：“夏而楅衡。”彼即切。

枼　楄也。枼，薄也。从木，世聲。臣鉉等曰：“當从冊乃得聲。冊，穌合切。”与涉切。

槱　積火燎之也。从木，从火，酉聲。《詩》曰：“薪之槱之。”《周禮》：“以槱燎祠司中，司命。”余救切。𥙊，柴祭天神。或从示。

休　息止也。从人依木。許尤切。庥，休或从广。

極　竟也。从木，恆聲。古鄧切。亙，古文極。

械　桎梏也。从木，戒聲。一曰：器之總名。一曰：持也。一曰：有盛爲械，無盛爲器。胡戒切。

杽　械也。从木，从手，手亦聲。敕九切。

桎　足械也。从木，至聲。之日切。

梏　手械也。从木，告聲。古沃切。

櫪　櫪撕，椑指也。从木，歷聲。郎擊切。

撕　櫪撕也。从木，斯聲。先稽切。

檻　櫳也。从木，監聲。一曰：圈。胡黯切。

櫳　檻也。从木，龍聲。盧紅切。

柙　檻也。以藏虎兕。从木，甲聲。烏匣切。[illegible]，古文柙。

棺　關也，所以掩尸。从木，官聲。古丸切。

櫬　棺也。从木，親聲。《春秋傳》曰：“士輿櫬。”初僅切。

槥　棺櫝也。从木，彗聲。祥歲切。

椁　葬有木亭也。从木，亭聲。古博切。

楬　楬桀也。从木，曷聲。《春秋傳》曰：“楬而書之。”其謁切。

梟　不孝鳥也。日至，捕梟磔之。从鳥頭在木上。古堯切。

棐　輔也。从木，非聲。敷尾切。

文四百二十一　重三十九

梔　木實可染。从木，巵聲。章移切。

榭 臺有屋也。从木，䠶聲。詞夜切。
槊 矛也。从木，朔聲。所角切。
椸 衣架也。从木，施聲。以支切。
榻 牀也。从木，㬅聲。土盍切。
櫍 柎也。从木，質聲。之日切。
櫂 所以進船也。从木，翟聲。或从卓。《史記》通用濯。直教切。
橰 桔橰，汲水器也。从木，皋聲。古牢切。
樁 橛杙也。从木，舂聲。啄江切。
櫻 果也。从木，嬰聲。烏莖切。
栜 梜也。从木，策省聲。所厄切。

文十二新附

東 部

東 動也。从木。官溥説，从日在木中。凡東之屬皆从東。得紅切。
棘 二東，曹从此，闕。

文二

林 部

林 平土有叢木曰林。从二木。凡林之屬皆从林。力尋切。
霖 豐也。从林，奭。或説規模字。从大；卌，數之積也；林者，木之多也。卌與庶同意。《商書》曰："庶草繁無。"徐鍇曰："或説大卌爲規模之模，諸部無者，不審信也。"文甫切。
鬱 木叢生者。从林，鬱省聲。迂弗切。
楚 叢木。一名荊也。从林，疋聲。創舉切。
棽 木枝條棽儷皃。从林，今聲。丑林切。
楙 木盛也。从林，矛聲。莫候切。
麓 守山林吏也。从林，鹿聲。一曰：林屬於山爲麓。《春秋傳》曰："沙麓崩。"盧谷切。𣘦，古文从录。

棼 複屋棟也。从林，分聲。符分切。

森 木多皃。从林，从木。讀若曾參之參。所今切。

文九　重一

梵 出自西域釋書，未詳意義。扶泛切。

文一新附

才　部

才 艸木之初也。从丨上貫一，將生枝葉；一，地也。凡才之屬皆从才。徐鍇曰："上一，初生歧枝也。下一，地也。"昨哉切。

文一

説文解字弟六　上

説文解字弟六下

漢太尉祭酒　許慎 記

宋右散騎常侍　徐鉉等 校定

叒　部

叒　日初出東方湯谷，所登榑桑，叒木也。象形。凡叒之屬皆从叒。而灼切。，籒文。

桑　蠶所食葉木。从叒、木。息郎切。

文二　重一

之　部

之　出也。象艸過屮，枝莖益大，有所之。一者，地也。凡之之屬皆从之。止而切。

㞷　艸木妄生也。从之在土上。讀若皇。徐鍇曰：“妄生謂非所宜生。傳曰：門上生莠。从之在土上，土上益高，非所宜也。”户光切。

文二　重一

帀　部

帀　周也。从反之而帀也。凡帀之屬皆从帀。周盛説。子荅切。

師　二千五百人爲師。从帀，从𠂤。𠂤，四帀，衆意也。疎夷切。，古文師。

文二　重一

出　部

出　進也。象艸木益滋，上出達也。凡出之屬皆从出。尺律切。

敖　游也。从出，从放。五牢切。

賣 出物貨也。从出，从買。莫邂切。

糶 出穀也。从出，从糬，糬亦聲。他弔切。

𣂫 槷𣂫，不安也。从出，臬聲。《易》曰：“槷𣂫。”徐鍇曰：“物不安則出不在也。”五結切。

文五

𣎵部

𣎵 艸木盛𣎵𣎵然。象形，八聲。凡𣎵之屬皆从𣎵。讀若輩。普活切。

𥝢 艸木𥝢孛之皃。从𣎵，畀聲。于貴切。

索 艸有莖葉，可作繩索。从𣎵、糸。杜林説：𣎵亦朱木字。蘇各切。

孛 𥝢也。从𣎵；人色也，从子。《論語》曰：“色孛如也。”蒲妹切。

𣏟 止也。从𣎵盛而一橫止之也。即里切。

南 艸木至南方，有枝任也。从𣎵，羊聲。那含切。[illegible]，古文。

文六　重一

生部

生 進也。象艸木生出土上。凡生之屬皆从生。所庚切。

丰 艸盛丰丰也。从生，上下達也。敷容切。

產 生也。从生，彥省聲。所簡切。

隆 豐大也。从生，降聲。徐鍇曰：“生而不已，益高大也。”力中切。

甤 草木實甤甤也。从生，豨省聲。讀若綏。儒隹切。

甡 衆生並立之皃。从二生。《詩》曰：“甡甡其鹿。”所臻切。

文六

乇　部

乇　艸葉也。从垂穗，上貫一，下有根。象形。凡乇之屬皆从乇。陟格切。

文一

𠂹　部

𠂹　艸木華葉𠂹。象形。凡𠂹之屬皆从𠂹。是爲切。[illegible]，古文。

文一　重一

𠌶　部

𠌶　艸木華也。从𠂹，于聲。凡𠌶之屬皆从𠌶。況于切。荂，𠌶或从艸，从夸。

韡　盛也。从𠌶，韋聲。《詩》曰："萼不韡韡。"于鬼切。

文二　重一

華　部

華　榮也。从艸，从𠌶。凡華之屬皆从華。户瓜切。

皣　艸木白華也。从華，从白。筠輒切。

文二

禾　部

禾　木之曲頭。止不能上也。凡禾之屬皆从禾。古兮切。

稘　多小意而止也。从禾，从支，只聲。一曰：木也。職雉切。

稫　稘稫也。从禾，从又，句聲。又者，从丑省。一曰：木名。徐鍇曰："丑者，束縛也。稘稫，不伸之意。"俱羽切。

文三

稽　部

稽　留止也。从禾，从尤，旨聲。凡稽之屬皆从稽。古兮切。

𥡴　特止也。从稽省，卓聲。徐鍇曰："特止，卓立也。"竹角切。

䅲　䅲𥠖而止也。从稽省、咎聲。讀若皓。賈侍中說：稽、𥡴、䅲三字皆木名。古老切。

文三

巢　部

巢　鳥在木上曰巢，在穴曰窠。从木，象形。凡巢之屬皆从巢。鉏交切。

㽟　傾覆也。从寸，臼覆之。寸，人手也。从巢省。杜林說：以爲貶損之貶。方斂切。

文二

桼　部

桼　木汁。可以髤物。象形。桼如水滴而下。凡桼之屬皆从桼。親吉切。

髤　桼也。从桼，髟聲。許由切。

䥈　桼垸已，復桼之。从桼，包聲。匹皃切。

文三

束　部

束　縛也。从口、木。凡束之屬皆从束。書玉切。

柬　分别簡之也。从束，从八。八，分别也。古限切。

㯻　小束也。从束，幵聲。讀若繭。古典切。

剌　戾也。从束，从刀。刀者，剌之也。徐鍇曰："剌，乖違也。束而乖違者，莫若刀也。”盧達切。

文四

㯻　部

㯻　橐也。从束，圂聲。凡㯻之屬皆从㯻。胡本切。

橐　囊也。从㯻省，石聲。他各切。

囊　橐也。从㯻省，襄省聲。奴當切。

櫜　車上大橐。从㯻省，咎聲。《詩》曰：“載櫜弓矢。”古勞切。

𣝣　囊張大皃。从㯻省，匋省聲。符宵切。

文五

囗　部

囗　回也。象回帀之形。凡囗之屬皆从囗。羽非切。

圜　天體也。从囗，瞏聲。王權切。

團　圜也。从囗，專聲。度官切。

圓　規也。从囗，肙聲。似沿切。

囩　回也。从囗，云聲。羽巾切。

圓　圜全也。从囗，員聲。讀若員。王問切。

回　轉也。从囗，中象回轉形。户恢切。，古文。

圖　畫計難也。从囗，从啚。啚，難意也。徐鍇曰：“規畫之也，故从囗。”同都切。

圛　回行也。从囗，睪聲。《尚書》：“曰圛。”圛，升雲半有半無。讀若驛。羊益切。

國　邦也。从囗，从或。古惑切。

壼　宫中道。从囗，象宫垣、道、上之形。《詩》曰：“室家之壼。”苦本切。

囷　廩之圜者。从禾在囗中。圜謂之囷，方謂之京。去倫切。

圈　養畜之閑也。从囗，卷聲。渠篆切。

囿 苑有垣也。从囗，有聲。一曰：禽獸曰囿。于救切。，籀文囿。

園 所以樹果也。从囗，袁聲。羽元切。

圃 穜菜曰圃。从囗，甫聲。博古切。

因 就也。从囗、大。徐鍇曰："《左傳》曰：植有禮，因重固，能大者，衆圍就之。" 於真切。

囚 下取物縮藏之。从囗，从又。讀若聶。女洽切。

囹 獄也。从囗，令聲。郎丁切。

圄 守之也。从囗，吾聲。魚舉切。

囚 繫也。从人在囗中。似由切。

固 四塞也。从囗，古聲。古慕切。

圍 守也。从囗，韋聲。羽非切。

困 故廬也。从木在囗中。苦悶切。，古文困。

圂 廁也。从囗，象豕在囗中也。會意。胡困切。

囮 譯也。从囗、化。率鳥者繫生鳥以來之，名曰囮。讀若譌。五禾切。，囮或从繇。又音由。

文二十六　重四

員　部

員 物數也。从貝，囗聲。凡員之屬皆从員。徐鍇曰："古以貝爲貨，故數之。" 王權切。，籀文从鼎。

䞫 物數紛䞫亂也。从員，云聲。讀若《春秋傳》曰"宋皇鄖"。羽文切。

文二　重一

貝　部

貝 海介蟲也。居陸名猋，在水名蜬。象形。古者貨貝而寶龜，周而有泉，至秦廢貝行錢。凡貝之屬皆从貝。博蓋切。

貨 貝聲也。从小、貝。酥果切。

賄 財也。从貝，有聲。呼罪切。

財 人所寶也。从貝，才聲。昨哉切。

貨 財也。从貝，化聲。呼臥切。

䝙 資也。从貝，爲聲。或曰：此古貨字。讀若貴。詭僞切。

資 貨也。从貝，次聲。即夷切。

贎 貨也。从貝，萬聲。無販切。

賑 富也。从貝，辰聲。之忍切。

賢 多才也。从貝，臤聲。胡田切。

賁 飾也。从貝，卉聲。彼義切。

賀 以禮相奉慶也。从貝，加聲。胡箇切。

貢 獻、功也。从貝，工聲。古送切。

贊 見也。从貝，从兟。臣鉉等曰：“兟，音詵，進也。執贄而進，有司贊相之。”則旰切。

賮 會禮也。从貝，㶳聲。徐刃切。

齎 持遺也。从貝，齊聲。祖雞切。

貸 施也。从貝，代聲。他代切。

貣 从人求物也。从貝，弋聲。他得切。

賂 遺也。从貝，各聲。臣鉉等曰：“當从路省乃得聲。”洛故切。

賸 物相增加也。从貝，朕聲。一曰：送也，副也。以證切。

贈 玩好相送也。从貝，曾聲。昨鄧切。

貱 迻予也。从貝，皮聲。彼義切。

贛 賜也。从貝，竷省聲。臣鉉等曰：“竷非聲，未詳。”古送切。贛，籒文贛。

賚 賜也。从貝，來聲。《周書》曰：“賚尒秬鬯。”洛帶切。

賞 賜有功也。从貝，尚聲。書兩切。

賜 予也。从貝，易聲。斯義切。

貤 重次弟物也。从貝，也聲。以豉切。

贏　有餘賈利也。从貝，𣎆聲。臣鉉等曰："當从嬴省，乃得聲。"以成切。

賴　贏也。从貝，剌聲。洛帶切。

負　恃也。从人守貝，有所恃也。一曰：受貸不償。房九切。

貯　積也。从貝，宁聲。直吕切。

貳　副、益也。从貝，弍聲。弍，古文二。而至切。

賓　所敬也。从貝，𡧍聲。必鄰切。，古文。

賒　貰買也。从貝，余聲。式車切。

貰　貸也。从貝，世聲。神夜切。

贅　以物質錢。从敖、貝。敖者，猶放；貝，當復取之也。之芮切。

質　以物相贅。从貝，从斦。闕。之日切。

貿　易財也。从貝，丣聲。莫候切。

贖　貿也。从貝，賣聲。殊六切。

費　散財用也。从貝，弗聲。房未切。

責　求也。从貝，朿聲。側革切。

賈　賈市也。从貝，襾聲。一曰：坐賣售也。公户切。

賫　行賈也。从貝，商省聲。式陽切。

販　買賤賣貴者。从貝，反聲。方願切。

買　市也。从网、貝。《孟子》曰："登壟斷而网市利。"莫蟹切。

賤　賈少也。从貝，戔聲。才線切。

賦　斂也。从貝，武聲。方遇切。

貪　欲物也。从貝，今聲。他含切。

貶　損也。从貝，从乏。方斂切。

貧　財分少也。从貝，从分，分亦聲。符巾切。，古文从宀、分。

賃　庸也。从貝，任聲。尼禁切。

賕　以財物枉法相謝也。从貝，求聲。一曰：戴質也。巨留切。

購　以財有所求也。从貝，冓聲。古候切。

貶　齎財卜問爲貶。从貝，疋聲。讀若所。疏舉切。

貲　小罰以財自贖也。从貝，此聲。漢律：民不繇，貲錢二十二。

即夷切。

賨 南蠻賦也。从貝，宗聲。徂紅切。

賣 衒也。从貝，𡍲聲。𡍲，古文睦。讀若育。余六切。

貴 物不賤也。从貝，臾聲。臾，古文蕢。居胃切。

賏 頸飾也。从二貝。烏莖切。

文五十九　重三

貺 賜也。从貝，兄聲。許訪切。

賵 贈死者。从貝，从冒。冒者，衣衾覆冒之意。撫鳳切。

賭 博簺也。从貝，者聲。當古切。

貼 以物爲質也。从貝，占聲。他叶切。

貽 贈遺也。从貝，台聲。經典通用詒。與之切。

賺 重買也。錯也。从貝，廉聲。佇陷切。

賽 報也。从貝，塞省聲。先代切。

賻 助也。从貝，尃聲。符遇切。

贍 給也。从貝，詹聲。時豔切。

文九新附

邑　部

邑 國也。从囗；先王之制，尊卑有大小，从卪。凡邑之屬皆从邑。於汲切。

邦 國也。从邑，丰聲。博江切。𡴀，古文。

郡 周制：天子地方千里，分爲百縣，縣有四郡。故《春秋傳》曰："上大夫受郡"，是也。至秦初置三十六郡，以監其縣。从邑，君聲。渠運切。

都 有先君之舊宗廟曰都。从邑，者聲。周禮：距國五百里爲都。當孤切。

鄰 五家爲鄰。从邑，粦聲。力珍切。

酇 百家爲酇。酇，聚也。从邑，贊聲。南陽有酇縣。作管切，又作旦切。

鄙 五酇爲鄙。从邑，啚聲。兵美切。

郊 距國百里爲郊。从邑，交聲。古肴切。

邸 屬國舍。从邑，氐聲。都禮切。

郛 郭也。从邑，孚聲。甫無切。

郵 境上行書舍。从邑，垂。垂，邊也。羽求切。

鄁 國甸，大夫稍。稍，所食邑。从邑，肖聲。《周禮》曰："任鄁地。"在天子三百里之内。所教切。

鄯 鄯善，西胡國也。从邑，从善，善亦聲。時戰切。

竆 夏后時諸侯夷羿國也。从邑，窮省聲。渠弓切。

鄚 周封黄帝之後於鄚也。从邑，契聲。讀若薊。上谷有鄚縣。古詣切。

邰 炎帝之後，姜姓所封，周棄外家國。从邑，台聲。右扶風斄縣是也。《詩》曰："有邰家室。"土來切。

郊 周文王所封，在右扶風美陽中水鄉。从邑，支聲。巨支切。岐，郊或从山，支聲。因岐山以名之也。[illegible]，古文郊，从枝，从山。

邠 周太王國。在右扶風美陽。从邑，分聲。補巾切。豳，美陽亭，即豳也。民俗以夜市有豳山。从山，从豩。闕。

郿 右扶風縣。从邑，眉聲。武悲切。

郁 右扶風郁夷也。从邑，有聲。於六切。

鄠 右扶風縣名。从邑，雩聲。胡古切。

扈 夏后同姓所封，戰於甘者。在鄠，有扈谷、甘亭。从邑，户聲。胡古切。[illegible]，古文扈，从山、弓。

鄘 右扶風鄠鄉。从邑，崩聲。沛城父有鄘鄉。讀若陪。薄回切。

郎 右扶風鄠鄉。从邑，且聲。子余切。

郝 右扶風鄠、盩厔鄉。从邑，赤聲。呼各切。

酆 周文王所都。在京兆杜陵西南。从邑，豐聲。敷戎切。

鄭 京兆縣。周厲王子友所封。从邑，奠聲。宗周之滅，鄭徙潧、洧之上，今新鄭是也。直正切。

郃 左馮翊郃陽縣。从邑，合聲。《詩》曰：“在郃之陽。”侯閤切。

邙 京兆藍田鄉。从邑，口聲。苦后切。

鄨 京兆杜陵鄉。从邑，樊聲。附袁切。

鄜 左馮翊縣。从邑，麃聲。甫無切。

鄏 左馮翊鄏陽亭。从邑，屠聲。同都切。

郵 左馮翊高陵。从邑，由聲。徒歷切。

邾 左馮翊谷口鄉。从邑，年聲。讀若寧。奴顛切。

邽 隴西上邽也。从邑，圭聲。古畦切。

部 天水狄部。从邑，咅聲。蒲口切。

郖 弘農縣庾地。从邑，豆聲。當侯切。

鄏 河南縣直城門官陌地也。从邑，辱聲。《春秋傳》曰：“成王定鼎于郟鄏。”而蜀切。

鄻 周邑也。从邑，輦聲。力展切。

祭 周邑也。从邑，祭聲。側介切。

邙 河南洛陽北亡山上邑。从邑，亡聲。莫郎切。

鄩 周邑也。从邑，尋聲。徐林切。

郗 周邑也。在河内。从邑，希聲。丑脂切。

鄆 河内沁水鄉。从邑，軍聲。魯有鄆地。王問切。

邶 故商邑。在河内朝歌以北是也。从邑，北聲。補妹切。

邘 周武王子所封。在河内。野王是也。从邑，于聲。又讀若區。況于切。

𨞾 殷諸侯國。在上黨東北。从邑，𥝢聲。𥝢，古文利。《商書》：“西伯戡𨞾。”郎奚切。

邵 晉邑也。从邑，召聲。寔照切。

鄍 晉邑也。从邑，冥聲。《春秋傳》曰：“伐鄍三門。”莫經切。

鄐 晉邢侯邑。从邑，畜聲。丑六切。

郈 晉之温地。从邑，侯聲。《春秋傳》曰：“爭郈田。”胡遘切。

邲 晉邑也。从邑，必聲。《春秋傳》曰："晉楚戰于邲。"毗必切。
郤 晉大夫叔虎邑也。从邑，谷聲。綺戟切。
䣆 河東聞喜縣。从邑，非聲。薄回切。
䣑 河東聞喜聚。从邑，虔聲。渠焉切。
邼 河東聞喜鄉。从邑，匡聲。去王切。
鄈 河東臨汾地，即漢之所祭后土處。从邑，癸聲。揆唯切。
邢 周公子所封，地近河内懷。从邑，幵聲。户經切。
鄔 太原縣。从邑，烏聲。安古切。
祁 太原縣。从邑，示聲。巨支切。
鄴 魏郡縣。从邑，業聲。魚怯切。
郱 鄭地郱亭。从邑，井聲。户經切。
邯 趙邯鄲縣。从邑，甘聲。胡安切。
鄲 邯鄲縣。从邑，單聲。都寒切。
郇 周武王子所封國，在晉地。从邑，旬聲。讀若泓。相倫切。
鄃 清河縣。从邑，俞聲。式朱切。
鄗 常山縣。世祖所即位，今爲高邑。从邑，高聲。呼各切。
鄡 鉅鹿縣。从邑，梟聲。牽遙切。
鄚 涿郡縣。从邑，莫聲。慕各切。
郅 北地郁郅縣。从邑，至聲。之日切。
鄋 北方長狄國也。在夏爲防風氏，在殷爲汪芒氏。从邑，叜聲。《春秋傳》曰："鄋瞞侵齊。"所鳩切。
鄦 炎帝太嶽之胤，甫侯所封，在潁川。从邑，無聲。讀若許。虚吕切。
邟 潁川縣。从邑，亢聲。苦浪切。
郾 潁川縣。从邑，匽聲。於建切。
郟 潁川縣。从邑，夾聲。工洽切。
郪 新郪，汝南縣。从邑，妻聲。七稽切。
鄎 姬姓之國，在淮北。从邑，息聲。今汝南新鄎。相即切。

郋 汝南邵陵里。从邑，自聲。讀若奚。胡雞切。

䣊 汝南鮦陽亭。从邑，旁聲。步光切。

郹 蔡邑也。从邑，狊聲。《春秋傳》曰："郹陽封人之女奔之。"古闃切。

鄧 曼姓之國。今屬南陽。从邑，登聲。徒亘切。

鄾 鄧國地也。从邑，憂聲。《春秋傳》曰："鄧南鄙鄾人攻之。"於求切。

鄂 南陽淯陽鄉。从邑，号聲。乎刀切。

鄛 南陽棗陽鄉。从邑，巢聲。鉏交切。

酀 今南陽穰縣是。从邑，襄聲。汝羊切。

鄭 南陽穰鄉。从邑，婁聲。力朱切。

郢 南陽西鄂亭。从邑，里聲。良止切。

䢼 南陽舞陰亭。从邑，羽聲。王榘切。

郢 故楚都。在南郡江陵北十里。从邑，呈聲。以整切。，郢或省。

鄢 南郡縣。孝惠三年改名宜城。从邑，焉聲。於乾切。

鄳 江夏縣。从邑，黽聲。莫杏切。

鄗 南陽陰鄉。从邑，葛聲。古達切。

鄂 江夏縣。从邑，咢聲。五各切。

邔 南陽縣。从邑，己聲。居擬切。

邾 江夏縣。从邑，朱聲。陟輸切。

鄖 漢南之國。从邑，員聲。漢中有鄖關。羽文切。

鄘 南夷國。从邑，庸聲。余封切。

郫 蜀縣也。从邑，卑聲。符支切。

鄯 蜀江原地。从邑，壽聲。市流切。

䢸 蜀地也。从邑，耤聲。秦昔切。

鄤 蜀廣漢鄉也。从邑，蔓聲。讀若蔓。無販切。

邡 什邡，廣漢縣。从邑，方聲。府良切。

鄢 存鄢，犍爲縣。从邑，馬聲。莫駕切。

鄨 牂牱縣。从邑，敝聲。讀若鷩雉之鷩。必袂切。

⿰包阝 地名。从邑，包聲。布交切。

那 西夷國。从邑，冄聲。安定有朝那縣。諾何切。

鄱 鄱陽，豫章縣。从邑，番聲。薄波切。

酃 長沙縣。从邑，霝聲。郎丁切。

郴 桂陽縣。从邑，林聲。丑林切。

⿰耒阝 今桂陽⿰耒阝陽縣。从邑，耒聲。盧對切。

鄮 會稽縣。从邑，貿聲。莫候切。

鄞 會稽縣。从邑，堇聲。語斤切。

⿰巿阝 沛郡。从邑，巿聲。博蓋切。

邴 宋下邑。从邑，丙聲。兵永切。

⿰虘阝 沛國縣。从邑，虘聲。昨何切。

⿰少阝 地名。从邑，少聲。書沼切。

⿰臣阝 地名。从邑，臣聲。植鄰切。

⿰毚阝 宋地也。从邑，毚聲。讀若讒。士咸切。

⿰晉阝 宋魯閒地。从邑，晉聲。即移切。

郜 周文王子所封國。从邑，告聲。古到切。

鄄 衛地。今濟陰鄄城。从邑，垔聲。吉掾切。

邛 邛地，在濟陰縣。从邑，工聲。渠容切。

鄶 祝融之後，妘姓所封。潧洧之閒。鄭滅之。从邑，會聲。古外切。

邧 鄭邑也。从邑，元聲。虞遠切。

郔 鄭地。从邑，延聲。以然切。

郠 琅邪莒邑。从邑，更聲。《春秋傳》曰："取郠。"古杏切。

鄅 妘姓之國。从邑，禹聲。《春秋傳》曰："鄅人籍稻。"讀若規榘之榘。王榘切。

鄒 魯縣，古邾國，帝顓頊之後所封。从邑，芻聲。側鳩切。

⿰余阝 邾下邑地。从邑，余聲。魯東有⿰余阝城。讀若塗。同都切。

邿　附庸國。在東平亢父邿亭。从邑，寺聲。《春秋傳》曰："取邿。"書之切。

郰　魯下邑。孔子之鄉。从邑，取聲。側鳩切。

郕　魯孟氏邑。从邑，成聲。氏征切。

䣍　周公所誅䣍國。在魯。从邑，奄聲。依檢切。

酄　魯下邑。从邑，雚聲。《春秋傳》曰："齊人來歸酄。"呼官切。

郎　魯亭也。从邑，良聲。魯當切。

邳　奚仲之後，湯左相仲虺所封國。在魯薛縣。从邑，丕聲。敷悲切。

鄣　紀邑也。从邑，章聲。諸良切。

邗　國也。今屬臨淮。从邑，干聲。一曰：邗本屬吴。胡安切。

䣊　臨淮徐地。从邑，義聲。《春秋傳》曰："徐䣊楚。"魚羈切。

郈　東平無鹽鄉。从邑，后聲。胡口切。

郯　東海縣。帝少昊之後所封。从邑，炎聲。徒甘切。

郚　東海縣。故紀侯之邑也。从邑，吾聲。五乎切。

酅　東海之邑。从邑，巂聲。户圭切。

鄫　姒姓國。在東海。从邑，曾聲。疾陵切。

邪　琅邪郡。从邑，牙聲。以遮切。

邞　琅邪縣。一名純德。从邑，夫聲。甫無切。

䣛　齊地也。从邑，桼聲。親吉切。

郭　齊之郭氏虚。善善，不能進，惡惡，不能退，是以亡國也。从邑，𩫏聲。古博切。

郳　齊地。从邑，兒聲。《春秋傳》曰："齊高厚定郳田。"五雞切。

郣　郣海地。从邑，孛聲。一曰：地之起者曰郣。臣鉉等曰："今俗作渤，非是。"蒲没切。

鄿　國也。齊桓公之所滅。从邑，覃聲。臣鉉等曰："今作譚，非是。《說文》注義有譚長，疑後人傳寫之誤。"徒含切。

𨚔　地名。从邑，句聲。其俱切。

郂 陳留鄉。从邑，亥聲。古哀切。
⿹𢦏邑 故國。在陳留。从邑，𢦏聲。作代切。
⿰燕阝 地名。从邑，燕聲。烏前切。
邱 地名。从邑，丘聲。去鳩切。
⿰如阝 地名。从邑，如聲。人諸切。
⿰丑阝 地名。从邑，丑聲。女九切。
⿰几阝 地名。从邑，几聲。居履切。
⿰翕阝 地名。从邑，翕聲。希立切。
⿰求阝 地名。从邑，求聲。巨鳩切。
⿰嬰阝 地名。从邑，嬰聲。於郢切。
⿰尚阝 地名。从邑，尚聲。多朗切。
郱 地名。从邑，并聲。薄經切。
⿰虖阝 地名。从邑，虖聲。呼古切。
邩 地名。从邑，火聲。呼果切。
鄝 地名。从邑，翏聲。盧鳥切。
鄬 地名。从邑，爲聲。居爲切。
邨 地名。从邑，屯聲。臣鉉等曰：“今俗作村，非是。”此尊切。
⿰舍阝 地名。从邑，舍聲。式車切。
⿰盇阝 地名。从邑，盇聲。胡蠟切。
⿰乾阝 地名。从邑，乾聲。古寒切。
⿰㐭阝 地名。从邑，㐭聲。讀若淫。力荏切。
邖 地名。从邑，山聲。所間切。
⿰臺阝 地名。从邑，臺聲。臺，古堂字。徒郎切。
⿰馮阝 姬姓之國。从邑，馮聲。房戎切。
⿰⿱艹⿰𠂢攵阝 汝南安陽鄉。从邑，蔽省聲。苦怪切。
郙 汝南上蔡亭。从邑，甫聲。方矩切。
酈 南陽縣。从邑，麗聲。郎擊切。
⿰䙴阝 地名。从邑，䙴聲。七然切。

 邑 从反邑。郒字从此。闕。

文一百八十四　重六

郒　　部

 郒 鄰道也。从邑，从邑。凡郒之屬皆从郒。闕。胡絳切。　今隸變作郷。

 鄉 國離邑，民所封鄉也。嗇夫別治。封圻之内六鄉，六鄉治之。从郒，皀聲。許良切。

 䢽 里中道。从郒，从共。皆在邑中所共也。胡絳切。，篆文从郒省。

文三　重一

説文解字弟六　下

説文解字弟七上

漢太尉祭酒　許慎 記
宋右散騎常侍　徐鉉等 校定

五十六部　七百一十四文　重百一十五　凡八千六百四十七字
文四十二新附

日　部

日 實也。太陽之精不虧。从囗、一。象形。凡日之屬皆从日。人質切。⊖，古文。象形。

旻 秋天也。从日，文聲。《虞書》曰："仁閔覆下，則稱旻天。"武巾切。

時 四時也。从日，寺聲。市之切。旹，古文時，从之、日。

早 晨也。从日在甲上。子浩切。

昒 尚冥也。从日，勿聲。呼骨切。

昧 爽，旦明也。从日，未聲。一曰：闇也。莫佩切。

睹 旦明也。从日，者聲。當古切。

晢 昭晣，明也。从日，折聲。《禮》曰："晣明行事。"旨熱切。

昭 日明也。从日，召聲。止遙切。

晤 明也。从日，吾聲。《詩》曰："晤辟有摽。"五故切。

的 明也。从日，勺聲。《易》曰："爲旳顙。"都歷切。

晄 明也。从日，光聲。胡廣切。

曠 明也。从日，廣聲。苦謗切。

旭 日旦出皃。从日，九聲。若勖。一曰：明也。臣鉉等曰："九，非聲，未詳。"許玉切。

晉 進也。日出萬物進。从日，从臸。《易》曰："明出地上，晉。"

臣鉉等案：“臸，到也。會意。”即刃切。

暘 日出也。从日，易聲。《虞書》曰：“暘谷。”與章切。

晵 雨而晝姓也。从日，啓省聲。康禮切。

暘 日覆雲暫見也。从日，易聲。羊益切。

昫 日出温也。从日，句聲。北地有昫衍縣。火于切，又火句切。

晛 日見也。从日，从見，見亦聲。《詩》曰：“見晛曰消。”胡甸切。

晏 天清也。从日，安聲。烏諫切。

曣 星無雲也。从日，燕聲。於甸切。

景 光也。从日，京聲。居影切。

晧 日出皃。从日，告聲。胡老切。

暤 晧旰也。从日，皋聲。胡老切。

曄 光也。从日，从䔢。筠輒切。

暉 光也。从日，軍聲。許歸切。

旰 晚也。从日，干聲。《春秋傳》曰：“日旰君勞。”古案切。

暆 日行暆暆也。从日，施聲。樂浪有東暆縣。讀若酏。弋支切。

晷 日景也。从日，咎聲。居洧切。

昃 日在西方時。側也。从日，仄聲。《易》曰：“日昃之離。”

臣鉉等曰：“今俗别作昗，非是。”阻力切。

晚 莫也。从日，免聲。無遠切。

昏 日冥也。从日，氐省。氐者，下也。一曰：民聲。呼昆切。

䜌 日旦昏時。从日，䜌聲。讀若新城䜌中。洛官切。

晻 不明也。从日，奄聲。烏感切。

暗 日無光也。从日，音聲。烏紺切。

晦 月盡也。从日，每聲。荒内切。

䁞 埃䁞，日無光也。从日，能聲。奴代切。

曀 陰而風也。从日，壹聲。《詩》曰：“終風且曀。”於計切。

旱 不雨也。从日，干聲。乎旰切。

昌 望遠合也。从日，匕。匕，合也。讀若窈窕之窈。徐鍇曰：“比，相近也，故曰合也。”烏皎切。

昴 白虎宿星。从日，卯聲。莫飽切。

曏 不久也。从日，鄉聲。《春秋傳》曰：“曏役之三月。”許兩切。

曩 曏也。从日，襄聲。奴朗切。

昨 壘日也。从日，乍聲。在各切。

暇 閑也。从日，叚聲。胡嫁切。

暫 不久也。从日，斬聲。藏濫切。

昪 喜樂皃。从日，弁聲。皮變切。

昌 美言也。从日，从曰。一曰：日光也。《詩》曰：“東方昌矣。”臣鉉等曰：“曰，亦言也。”尺良切。，籀文昌。

暀 光美也。从日，往聲。于放切。

昄 大也。从日，反聲。補綰切。

昱 明日也。从日，立聲。余六切。

㬅 温溼也。从日，赧省聲。讀與赧同。女版切。

暍 傷暑也。从日，曷聲。於歇切。

暑 熱也。从日，者聲。舒吕切。

㬮 安㬮，温也。从日，難聲。奴案切。

㬎 衆微杪也。从日，中視絲。古文以爲顯字。或曰衆口皃。讀若唫唫。或以爲繭。繭者，絮中往往有小繭也。五合切。

㬥 晞也。从日，从出，从𠬞，从米。薄報切。，古文㬥，从日，麃聲。

曬 㬥也。从日，麗聲。所智切。

暵 乾也。耕暴田曰暵。从日，堇聲。《易》曰：“燥萬物者莫暵于離。”臣鉉等曰：“當从漢省，乃得聲。”呼旰切。

晞 乾也。从日，希聲。香衣切。

昔 乾肉也。从殘肉，日以晞之。與俎同意。思積切。，籀文从肉。

暱 日近也。从日，匿聲。《春秋傳》曰：“私降暱燕。”尼質切。昵，暱或从尼。

暬 日狎習相慢也。从日，執聲。私列切。

𣅀 不見也。从日，否省聲。美畢切。

昆 同也。从日，从比。徐鍇曰："日日比之，是同也。"古渾切。

晐 兼晐也。从日，亥聲。古哀切。

普 日無色也。从日，从竝。徐鍇曰："日無光，則遠近皆同，故从竝。"滂古切。

曉 明也。从日，堯聲。呼鳥切。

昕 旦明，日將出也。从日，斤聲。讀若希。許斤切。

文七十　重六

曈 曈曨，日欲明也。从日，童聲。徒紅切。

曨 曈曨也。从日，龍聲。盧紅切。

昈 明也。从日，户聲。侯古切。

昉 明也。从日，方聲。分兩切。

晙 明也。从日，夋聲。子峻切。

晟 明也。从日，成聲。承正切。

昶 日長也。从日、永。會意。丑兩切。

暈 日月气也。从日，軍聲。王問切。

晬 周年也。从日，从卒，卒亦聲。子内切。

映 明也。隱也。从日，央聲。於敬切。

曙 曉也。从日，署聲。常恕切。

昳 日厢也。从日，失聲。徒結切。

曇 雲布也。从日、雲。會意。徒含切。

曆 厤象也。从日，厤聲。《史記》通用歷。郎擊切。

昂 舉也。从日，卬聲。五岡切。

昇 日上也。从日，升聲。古只用升。識蒸切。

文十六新附

旦　部

旦　明也。从日見一上。一，地也。凡旦之屬皆从旦。得案切。

暨　日頗見也。从旦，既聲。其異切。

文二

倝　部

倝　日始出，光倝倝也。从旦，㫃聲。凡倝之屬皆从倝。古案切。

𠦝　闕。

朝　旦也。从倝，舟聲。陟遙切。

文三

㫃　部

㫃　旌旗之游，㫃蹇之皃。从中，曲而下；垂㫃，相出入也。讀若偃。古人名㫃，字子游。凡㫃之屬皆从㫃。於幰切。，古文㫃字，象形。及象旌旗之游。

旐　龜蛇四游，以象營室，游游而長。从㫃，兆聲。《周禮》曰："縣、鄙建旐。"治小切。

旗　熊旗五游，以象罰星，士卒以爲期。从㫃，其聲。《周禮》曰："率都建旗。"渠之切。

旆　繼旐之旗也，沛然而垂。从㫃，𣎵聲。蒲蓋切。

旌　游車載旌，析羽注旄首，所以精進士卒。从㫃，生聲。子盈切。

旟　錯革畫鳥其上，所以進士衆。旟旟，衆也。从㫃，與聲。《周禮》曰："州里建旟。"以諸切。

旂　旗有衆鈴，以令衆也。从㫃，斤聲。渠希切。

旞　導車所以載。全羽以爲允，允進也。从㫃，遂聲。徐醉切。，旞或从遺。

旝 建大木，置石其上，發以機，以追敵也。从㫃，會聲。《春秋傳》曰："旝動而鼓。"《詩》曰："其旝如林。"古外切。

旃 旗曲柄也。所以旃表士衆。从㫃，丹聲。《周禮》曰："通帛爲旃。"諸延切。，旃或从亶。

旚 旌旗之流也。从㫃，攸聲。以周切。

旟 旗屬。从㫃，要聲。烏皎切。

施 旗皃。从㫃，也聲。齊欒施字子旗，知施者旗也。式支切。

旖 旗旖施也。从㫃，奇聲。於离切。

旚 旌旗旚繇也。从㫃，票聲。匹招切。

旞 旌旗飛揚皃。从㫃，猋聲。甫遙切。

游 旌旗之流也。从㫃，汓聲。以周切。，古文游。

旇 旌旗披靡也。从㫃，皮聲。敷羈切。

旋 周旋，旌旗之指麾也。从㫃，从疋。疋，足也。徐鍇曰："人足隨旌旗以周旋也。"似沿切。

旄 幢也。从㫃，从毛，毛亦聲。莫袍切。

旛 幅胡也。从㫃，番聲。臣鉉等曰："胡幅之下垂者也。"孚袁切。

旅 軍之五百人爲旅。从㫃，从从。从，俱也。力舉切。，古文旅。古文以爲魯衞之魯。

族 矢鋒也。束之族族也。从㫃，从矢。昨木切。

文二十三　重五

冥　　部

冥 幽也。从日，从六，冖聲。日數十。十六日而月始虧幽也。凡冥之屬皆从冥。莫經切。

鼆 冥也。从冥，黽聲。讀若黽蛙之黽。武庚切。

文二

晶　部

晶 精光也。从三日。凡晶之屬皆从晶。子盈切。

曐 萬物之精，上爲列星。从晶，生聲。一曰：象形。从口，古口復注中，故與日同。桑經切。，古文星。，曐或省。

曑 商，星也。从晶，㐱聲。臣鉉等曰："㐱非聲，未詳。"所今切。，曑或省。

曟 房星，爲民田時者。从晶，辰聲。植鄰切。，曟或省。

曡 楊雄説，以爲古理官決罪，三日得其宜乃行之。从晶，从宜。亡新以爲曡从三日，太盛，改爲三田。徒叶切。

文五　重四

月　部

月 闕也。大陰之精。象形。凡月之屬皆从月。魚厥切。

朔 月一日始蘇也。从月，屰聲。所角切。

朏 月未盛之明。从月，出。《周書》曰："丙午朏。"普乃切，又芳尾切。

霸 月始生，霸然也。承大月，二日；承小月，三日。从月，䨣聲。《周書》曰："哉生霸。"普伯切。臣鉉等曰："今俗作必駕切，以爲霸王字。"，古文霸。

朗 明也。从月，良聲。盧黨切。

朓 晦而月見西方謂之朓。从月，兆聲。土了切。

肭 朔而月見東方謂之縮肭。从月，内聲。女六切。

期 會也。从月，其聲。渠之切。，古文期，从日、丌。

文八　重二

朦 月朦朧也。从月，蒙聲。莫工切。

朧 朦朧也。从月，龍聲。盧紅切。

文二新附

有　部

有　不宜有也。《春秋傳》曰：“日月有食之。”从月，又聲。凡有之屬皆从有。云九切。

戫　有文章也。从有，惑聲。於六切。

龓　兼有也。从有，龍聲。讀若聾。盧紅切。

文三

朙　部

朙　照也。从月，从囧。凡朙之屬皆从朙。武兵切。明，古文朙，从日。

⿱亡明　翌也。从明，亡聲。呼光切。

文二　重一

囧　部

囧　窻牖麗廔闓明。象形。凡囧之屬皆从囧。讀若獷。賈侍中説：讀與明同。俱永切。

𥁰　《周禮》曰：“國有疑則盟。”諸侯再相與會，十二歲一盟。北面詔天之司慎司命。𥁰，殺牲歃血，朱盤玉敦，以立牛耳。从囧，从血。武兵切。盟，篆文从朙。盟，古文从明。

文二　重二

夕　部

夕　莫也。从月半見。凡夕之屬皆从夕。祥易切。

夜　舍也。天下休舍也。从夕，亦省聲。羊謝切。

夢　不明也。从夕，瞢省聲。莫忠切，又亡貢切。

夗　轉臥也。从夕，从卪。臥有卪也。於阮切。

夤　敬惕也。从夕，寅聲。《易》曰：“夕惕若夤。”翼真切。𡖐，籒文夤。

姓 雨而夜除星見也。从夕，生聲。臣鉉等曰："今俗别作晴，非是。"疾盈切。

外 遠也。卜尚平旦，今夕卜，於事外矣。五會切。[illegible]，古文外。

㚢(夙) 早敬也。从丮，持事；雖夕不休，早敬者也。臣鉉等曰："今俗書作夙，譌。"息逐切。[illegible]，古文夙，从人、㓀。[illegible]，亦古文夙，从人、丙。宿从此。

募 宗也。从夕，莫聲。莫白切。

文九　重四

多　部

多 重也。从重夕。夕者，相繹也，故爲多。重夕爲多，重日爲曡。凡多之屬皆从多。得何切。𡖋，古文多。

錁 齊謂多爲錁。从多，果聲。乎果切。

㚇 大也。从多，圣聲。苦回切。

㸂 厚脣皃。从多，从尚。徐鍇曰："多即厚也。"陟加切。

文四　重一

毌　部

毌 穿物持之也。从一横貫，象寶貨之形。凡毌之屬皆从毌。讀若冠。古丸切。

貫 錢貝之貫。从毌、貝。古玩切。

虜 獲也。从毌，从力，虍聲。郎古切。

文三

马　部

马 嘾也。艸木之華未發，圅然。象形。凡马之屬皆从马。讀若含。乎感切。

圅 舌也。象形。舌體𢎘𢎘。从𢎘，𢎘亦聲。胡男切。肣，俗圅，从肉、今。

𢎚 木生條也。从𢎘，由聲。《商書》曰：“若顛木之有𢎚枿。”古文言“由枿”。徐鍇曰：“《説文》無由字。今《尚書》只作由枿。蓋古文省𢎘，而後人因省之，通用爲因由等字。从𢎘，上象枝條華圅之形。”臣鉉等案：孔安國注《尚書》，直訓由作用也。用枿之語不通。以州切。

甬 艸木華甬甬然也。从𢎘，用聲。余隴切。

𢎗 艸木𢎘盛也。从二𢎘。胡先切。

文五　重一

東　部

東 木垂華實。从木、𢎘，𢎘亦聲。凡東之屬皆从東。胡感切。

𩏂 束也。从東，韋聲。徐鍇曰：“言束之象木華實之相累也。”于非切。

文二

卤　部

卤 艸木實垂卤卤然。象形。凡卤之屬皆从卤。讀若调。徒遼切。𠧪，籒文三卤爲卤。

㮚 木也。从木，其實下垂，故从卤。力質切。𣡌，古文㮚从西，从二卤。徐巡説：木至西方戰㮚。

𥻆 嘉穀實也。从卤，从米。孔子曰：“𥻆之爲言續也。”相玉切。𥼛，籒文𥻆。

文三　重三

齊　部

齊 禾麥吐穗上平也。象形。凡亝之屬皆从亝。徐鍇曰：“生而齊者莫若禾麥。二，地也。兩傍在低處也。”徂兮切。

齍 等也。从亝，妻聲。徂兮切。

文二

朿　部

朿　木芒也。象形。凡朿之屬皆从朿。讀若刺。七賜切。
棗　羊棗也。从重朿。子皓切。
棘　小棗叢生者。从並朿。己力切。

文三

片　部

片　判木也。从半木。凡片之屬皆从片。匹見切。
版　判也。从片，反聲。布綰切。
䮙　判也。从片，畐聲。芳逼切。
牘　書版也。从片，賣聲。徒谷切。
牒　札也。从片，枼聲。徒叶切。
牑　牀版也。从片，扁聲。讀若邊。方田切。
牖　穿壁以木爲交窻也。从片、户、甫。譚長以爲："甫"上"日"也，非"户"也。牖，所以見日。與久切。
牏　築牆短版也。从片，俞聲。讀若俞。一曰：若紐。度侯切。

文八

鼎　部

鼎　三足兩耳，和五味之寶器也。昔禹收九牧之金，鑄鼎荆山之下，入山林川澤，魑魅蝄蜽，莫能逢之，以協承天休。《易》卦，巽木於下者爲鼎，象析木以炊也。籀文以鼎爲貞字。凡鼎之屬皆从鼎。都挺切。
鼒　鼎之圜掩上者。从鼎，才聲。《詩》曰："鼐鼎及鼒。"子之切。
鎡，俗鼒，从金，从茲。
鼐　鼎之絶大者。从鼎，乃聲。《魯詩》説："鼐，小鼎。"奴代切。

鼏 以木横貫鼎耳而舉之。从鼎，冖聲。《周禮》：“廟門容大鼏七箇。”即《易》“玉鉉大吉”也。莫狄切。

文四　重一

克　部

克 肩也。象屋下刻木之形。凡克之屬皆从克。徐鍇曰：“肩，任也。負何之名也。與人肩髆之義通。能勝此物，謂之克。”苦得切。，古文克。，亦古文克。

文一　重二

录　部

录 刻木录录也。象形。凡录之屬皆从录。盧谷切。

文一

禾　部

禾 嘉穀也。二月始生，八月而孰，得時之中，故謂之禾。禾，木也。木王而生，金王而死。从木，从𠂹省。𠂹，象其穗。凡禾之屬皆从禾。户戈切。

秀 上諱。漢光武帝名也。徐鍇曰：“禾實也。有實之象，下垂也。”息救切。

稼 禾之秀實爲稼，莖節爲禾。从禾，家聲。一曰：稼，家事也。一曰：在野曰稼。古訝切。

穡 穀可收曰穡。从禾，嗇聲。所力切。

穜 埶也。从禾，童聲。之用切。

稙 早穜也。从禾，直聲。《詩》曰：“稙稚尗麥。”常職切。

種 先穜後孰也。从禾，重聲。直容切。

稑 疾孰也。从禾，坴聲。《詩》曰：“黍稷種稑。”力竹切。，稑或从翏。

稺 幼禾也。从禾，屖聲。直利切。

稹 穜概也。从禾，真聲。《周禮》曰：“稹理而堅。”之忍切。

稠 多也。从禾，周聲。直由切。

概 稠也。从禾，既聲。几利切。

稀 疏也。从禾，希聲。徐鍇曰：“當言从爻，从巾，無聲字。爻者，稀疏之義，與爽同意。巾象禾之根莖。至於莃、晞，皆當从稀省。何以知之，《説文》無希字故也。”香依切。

穖 禾也。从禾，蔑聲。莫結切。

穆 禾也。从禾，㣎聲。莫卜切。

私 禾也。从禾，厶聲。北道名禾主人曰私主人。息夷切。

穬 稻紫莖不黏也。从禾，糞聲。讀若靡。扶沸切。

稷 齋也。五穀之長。从禾，畟聲。子力切。，古文稷省。

齋 稷也。从禾，亝聲。即夷切。，齋或从次。

秫 稷之黏者。从禾、术。象形。食聿切。，秫或省禾。

穄 穈也。从禾，祭聲。子例切。

稻 稌也。从禾，舀聲。徒皓切。

稌 稻也。从禾，余聲。《周禮》曰：“牛宜稌。”徒古切。

稬 沛國謂稻曰稬。从禾，耎聲。奴亂切。

稴 稻不黏者。从禾，兼聲。讀若風廉之廉。力兼切。

秔 稻屬。从禾，亢聲。古行切，古猛切。，秔或从更聲。

秏 稻屬。从禾，毛聲。伊尹曰：“飯之美者，玄山之禾，南海之秏。”呼到切。

穬 芒粟也。从禾，廣聲。古猛切。

秜 稻今年落，來年自生，謂之秜。从禾，尼聲。里之切。

稗 禾别也。从禾，卑聲。琅邪有稗縣。旁卦切。

移 禾相倚移也。从禾，多聲。一曰：禾名。臣鉉等曰：“多與移，聲不相近，蓋古有此音。”弋支切。

穎 禾末也。从禾，頃聲。《詩》曰：“禾穎穟穟。”余頃切。

秾 齊謂麥秾也。从禾，來聲。洛哀切。

采　禾成秀也，人所以收。从爪、禾。徐醉切。穗，采或从禾，惠聲。

杓　禾危穗也。从禾，勺聲。都了切。

穟　禾采之皃。从禾，遂聲。《詩》曰：“禾穎穟穟。”徐醉切。䔹，穟或从艸。

穑　禾垂皃。从禾，耑聲。讀若端。丁果切。

稭　禾舉出苗也。从禾，曷聲。居謁切。

秒　禾芒也。从禾，少聲。亡沼切。

穖　禾穖也。从禾，幾聲。居狶切。

秠　一稃二米。从禾，丕聲。《詩》曰：“誕降嘉穀，惟秬惟秠。”天賜后稷之嘉穀也。敷悲切。

秨　禾搖皃。从禾，乍聲。讀若昨。在各切。

穮　耕禾閒也。从禾，麃聲。《春秋傳》曰：“是穮是衮。”甫嬌切。

案　轢禾也。从禾，安聲。烏旰切。

秄　壅禾本。从禾，子聲。即里切。

穧　穫刈也。一曰：撮也。从禾，齊聲。在詣切。

穫　刈穀也。从禾，蒦聲。胡郭切。

穦　積禾也。从禾，資聲。《詩》曰：“穦之秩秩。”即夷切。

積　聚也。从禾，責聲。則歷切。

秩　積也。从禾，失聲。《詩》曰：“穦之秩秩。”直質切。

稛　豢束也。从禾，困聲。苦本切。

稞　穀之善者。从禾，果聲。一曰：無皮穀。胡瓦切。

秳　舂粟不漬也。从禾，昏聲。户括切。

秔　稻也。从禾，气聲。居气切。

稃　穭也。从禾，孚聲。芳無切。粰，稃或从米，付聲。

穭　穅也。从禾，會聲。苦會切。

穅　穀皮也。从禾，从米，庚聲。苦岡切。康，穅或省。

䅟　禾皮也。从禾，羔聲。臣鉉等曰：“羔聲不相近，未詳。”之若切。

稭　禾稾去其皮，祭天以爲席。从禾，皆聲。古黠切。

稈 禾莖也。从禾，旱聲。《春秋傳》曰："或投一秉稈。"古旱切。
秆，稈或从干。

稾 稈也。从禾，高聲。古老切。

秕 不成粟也。从禾，比聲。卑履切。

稍 麥莖也。从禾，肙聲。古玄切。

䅥 黍穰也。从禾，列聲。良薛切。

穰 黍䅥巳治者。从禾，襄聲。汝羊切。

秧 禾若秧穰也。从禾，央聲。於良切。

䅊 䅊程，穀名。从禾，旁聲。蒲庚切。

䅣 䅊䅣也。从禾，皇聲。户光切。

年 穀孰也。从禾，千聲。《春秋傳》曰"大有秊"。奴顛切。

穀 續也。百穀之總名。从禾，㱿聲。古禄切。

稔 穀孰也。从禾，念聲。《春秋傳》曰："鮮不五稔。"而甚切。

租 田賦也。从禾，且聲。則吾切。

税 租也。从禾，兑聲。輸芮切。

䆃 禾也。从禾，道聲。司馬相如曰："䆃，一莖六穗。"徒到切。

𥝤 虚無食也。从禾，荒聲。呼光切。

穌 把取禾若也。从禾，魚聲。素孤切。

稍 出物有漸也。从禾，肖聲。所教切。

秋 禾穀孰也。从禾，龝省聲。七由切。，籀文不省。

秦 伯益之後所封國。地宜禾。从禾，舂省。一曰：秦，禾名。匠鄰切。，籀文秦，从秝。

稱 銓也。从禾，爯聲。春分而禾生。日夏至，晷景可度。禾有秒，秋分而秒定。律數：十二秒而當一分，十分而寸。其以爲重：十二粟爲一分，十二分爲一銖。故諸程品皆从禾。處陵切。

科 程也。从禾，从斗。斗者，量也。苦禾切。

程 品也。十髮爲程，十程爲分，十分爲寸。从禾，呈聲。直貞切。

稯 布之八十縷爲稯。从禾，㚇聲。子紅切。，籀文稯省。

秭 五稯爲秭。从禾，𠂔聲。一曰：數億至萬曰秭。將几切。

秅 二秭爲秅。从禾，乇聲。《周禮》曰：“二百四十斤爲秉，四秉曰筥，十筥曰稯，十稯曰秅。四百秉爲一秅。”宅加切。

䄷 百二十斤也。稻一䄷爲粟二十升，禾黍一䄷爲粟十六升大半升。从禾，石聲。常隻切。

稘 復其時也。从禾，其聲。《虞書》曰：“稘三百有六旬。”居之切。

文八十七　重十三

穩 蹂穀聚也。一曰：安也。从禾，隱省。古通用安隱。烏本切。

稕 束稈也。从禾，𦎧聲。之閏切。

文二新附

秝　部

秝 稀疏適也。从二禾。凡秝之屬皆从秝。讀若歷。郎擊切。

兼 并也。从又持秝。兼持二禾，秉持一禾。古甜切。

文二

黍　部

黍 禾屬而黏者也。以大暑而穜，故謂之黍。从禾，雨省聲。孔子曰：“黍可爲酒，禾入水也。”凡黍之屬皆从黍。舒吕切。

䵚 穄也。从黍，麻聲。靡爲切。

䵗 黍屬。从黍，卑聲。并弭切。

黏 相箸也。从黍，占聲。女廉切。

䵖 黏也。从黍，古聲。户吴切。粘，䵖或从米。

䵑 黏也。从黍，日聲。《春秋傳》曰：“不義不䵑。”尼質切。𥹖，䵑或从刃。

黎 履黏也。从黍，𥝢省聲。𥝢，古文利。作履，黏以黍米。郎奚切。

䵝 治黍、禾、豆下潰葉。从黍，畐聲。蒲北切。

文八　重二

香　部

香　芳也。从黍，从甘。《春秋傳》曰：“黍稷馨香。”凡香之屬皆从香。許良切。

馨　香之遠聞者。从香，殸聲。殸，籀文磬。呼形切。

文二

馥　气芬馥也。从香，复聲。房六切。

文一新附

米　部

米　粟實也。象禾實之形。凡米之屬皆从米。莫禮切。

粱　米名也。从米，梁省聲。吕張切。

糕　早取穀也。从米，焦聲。一曰：小。側角切。

粲　稻重一秙，爲粟二十斗，爲米十斗，曰毇；爲米六斗太半斗，曰粲。从米，𣦼聲。倉案切。

糲　粟重一秙，爲十六斗太半斗，舂爲米一斛，曰糲。从米，萬聲。洛帶切。

精　擇也。从米，青聲。子盈切。

粺　毇也。从米，卑聲。旁卦切。

粗　疏也。从米，且聲。徂古切。

粊　惡米也。从米，北聲。《周書》有《粊誓》。兵媚切。

糱　牙米也。从米，辥聲。魚列切。

粒　糂也。从米，立聲。力入切。，古文粒。

糪　漬米也。从米，睪聲。施隻切。

糂　以米和羹也。一曰：粒也。从米，甚聲。桑感切。，籀文糂，从朁。，古文糂，从參。

糪　炊，米者謂之糪。从米，辟聲。博戹切。

糜 糝也。从米，麻聲。靡爲切。
䊤 糜和也。从米，覃聲。讀若鄲。徒感切。
𥹜 潰米也。从米，尼聲。交阯有𥹜泠縣。武夷切。
𥻸 酒母也。从米，𥷚省聲。馳六切。，𥷚或从麥，鞠省聲。
糟 酒滓也。从米，曹聲。作曹切。，籀文从酉。
糒 乾也。从米，𤰈聲。平祕切。
糗 熬米麥也。从米，臭聲。去九切。
𦦫 舂糗也。从臼、米。其九切。
糈 糧也。从米，胥聲。私吕切。
糧 穀也。从米，量聲。吕張切。
粈 雜飯也。从米，丑聲。女久切。
䊮 穀也。从米，翟聲。他弔切。
𥼶 麩也。从米，蔑聲。莫撥切。
粹 不雜也。从米，卒聲。雖遂切。
氣 饋客芻米也。从米，气聲。《春秋傳》曰："齊人來氣諸侯。"許既切。槩，氣或从既。餼，氣或从食。
𥸣 陳臭米。从米，工聲。户工切。
粉 傅面者也。从米，分聲。方吻切。
䊑 粉也。从米，卷聲。去阮切。
𥻨 𥻆也。从米，悉聲。私列切。
𥻆 𥻨𥻆，散之也。从米，殺聲。桑割切。
𥽰 碎也。从米，靡聲。摸臥切。
竊 盜自中出曰竊。从穴，从米，禼、廿皆聲。廿，古文疾。禼，古文偰。千結切。

文三十六　重七

粻 食米也。从米，長聲。陟良切。
粕 糟粕，酒滓也。从米，白聲。匹各切。
粔 粔籹，膏環也。从米，巨聲。其吕切。

籹 粔籹也。从米，女聲。人渚切。

糉 蘆葉裹米也。从米，㚇聲。作弄切。

糖 飴也。从米，唐聲。徒郎切。

文六新附

毇　　部

毇 米一斛舂爲八斗也。从𦥮，从殳。凡毇之屬皆从毇。許委切。

糳 糲米一斛舂爲九斗曰糳。从毇，丵聲。則各切。

文二

臼　　部

臼 舂也。古者掘地爲臼，其後穿木石。象形。中，米也。凡臼之屬皆从臼。其九切。

舂 擣粟也。从廾持杵臨臼上。午，杵省也。古者雝父初作舂。書容切。

䑪 齊謂舂曰䑪。从臼，屰聲。讀若膊。匹各切。

臿 舂去麥皮也。从臼，干所以臿之。楚洽切。

舀 抒臼也。从爪、臼。《詩》曰："或簸或舀。"以沼切。，舀或从手，从宂。，舀或从臼，宂。

臽 小阱也。从人在臼上。户猎切。

文六　重二

凶　　部

凶 惡也。象地穿交陷其中也。凡凶之屬皆从凶。許容切。

兇 擾恐也。从人在凶下。《春秋傳》曰："曹人兇懼。"許拱切。

文二

説文解字弟七　上

説文解字弟七下

漢太尉祭酒　許愼 記
宋右散騎常侍　徐鉉等 校定

𣎳　部

𣎳 分枲莖皮也。从中、八，象枲之皮莖也。凡𣎳之屬皆从𣎳。匹刃切。讀若髕。

枲 麻也。从𣎳，台聲。胥里切。𦃃，籒文枲，从𣏟，从辝。

文二　重一

𣏟　部

𣏟 葩之總名也。𣏟之爲言微也。微纖爲功。象形。凡𣏟之屬皆从𣏟。匹卦切。

檾 枲屬。从𣏟，熒省。《詩》曰：“衣錦檾衣。”去穎切。

𣿇 分離也。从攴，从𣏟。𣏟，分𣿇之意也。穌旰切。

文三

麻　部

麻 與𣏟同。人所治，在屋下。从广，从𣏟。凡麻之屬皆从麻。莫遐切。

䕮 未練治纑也。从麻，後聲。臣鉉等曰：“後非聲，疑復字譌。當从復省，乃得聲。”空谷切。

䠞 麻藍也。从麻，取聲。側鳩切。

䵉 檾屬。从麻，俞聲。度侯切。

文四

尗　部

尗　豆也。象尗豆生之形也。凡尗之屬皆从尗。式竹切。

敊　配鹽幽尗也。从尗，支聲。是義切。豉，俗敊从豆。

文二　重一

耑　部

耑　物初生之題也。上象生形，下象其根也。凡耑之屬皆从耑。臣鉉等曰："中一，地也。"多官切。

文一

韭　部

韭　菜名。一穜而久者，故謂之韭。象形，在一之上。一，地也。此與耑同意。凡韭之屬皆从韭。舉友切。

䪢　齏也。从韭，隊聲。徒對切。

𩐁　墜也。从韭，次、𠂬皆聲。祖雞切。齏，𩐁或从齊。

䪥　菜也。葉似韭。从韭，叡聲。胡戒切。

韱　山韭也。从韭，𢦏聲。息廉切。

䪤　小蒜也。从韭，番聲。附袁切。

文六　重一

瓜　部

瓜　㼌也。象形。凡瓜之屬皆从瓜。古華切。

瓝　小瓜也。从瓜，交聲。臣鉉等曰："交非聲，未詳。"蒲角切。

瓞　瓝也。从瓜，失聲。《詩》曰："緜緜瓜瓞。"徒結切。𤬪，瓞或从弗。

𤬏　小瓜也。从瓜，熒省聲。户扃切。

䍺 瓜也。从瓜，䍃省聲。余昭切。

瓣 瓜中實。从瓜，辡聲。蒲莧切。

㼌 本不勝末，微弱也。从二瓜。讀若庾。以主切。

文七　重一

瓠　部

瓠 匏也。从瓜，夸聲。凡瓠之屬皆从瓠。胡誤切。

瓢 蠡也。从瓠省，票聲。符宵切。

文二

宀　部

宀 交覆深屋也。象形。凡宀之屬皆从宀。武延切。

家 居也。从宀，豭省聲。古牙切。，古文家。

宅 所託也。从宀，乇聲。場伯切。，古文宅。，亦古文宅。

室 實也。从宀，从至。至，所止也。式質切。

宣 天子宣室也。从宀，亘聲。須緣切。

向 北出牖也。从宀，从口。《詩》曰：“塞向墐户。”徐鍇曰：“牖所以通人气，故从口。”許諒切。

宧 養也。室之東北隅，食所居。从宀，𦣞聲。與之切。

㝔 户樞聲也。室之東南隅。从宀，㠯聲。烏皎切。

奥 宛也。室之西南隅。从宀，𢍜聲。臣鉉等曰：“𢍜非聲，未詳。”烏到切。

宛 屈草自覆也。从宀，夗聲。於阮切。，宛或从心。

宸 屋宇也。从宀，辰聲。植鄰切。

宇 屋邊也。从宀，于聲。《易》曰：“上棟下宇。”王榘切。，籒文宇，从禹。

寷 大屋也。从宀，豐聲。《易》曰：“寷其屋。”敷戎切。

寏 周垣也。从宀，奐聲。胡官切。，寏或从𨸏。又爰眷切。

宏 屋深響也。从宀，厷聲。户萌切。

弘 屋響也。从宀，弘聲。户萌切。

寪 屋皃。从宀，爲聲。韋委切。

㝩 屋㝩㝗也。从宀，康聲。苦岡切。

㝗 㝩也。从宀，良聲。音良，又力康切。

宬 屋所容受也。从宀，成聲。氏征切。

寍 安也。从宀，心在皿上。人之飲食器，所以安人。奴丁切。

定 安也。从宀，从正。徒徑切。

寔 止也。从宀，是聲。常隻切。

安 静也。从女，在宀下。烏寒切。

宓 安也。从宀，必聲。美畢切。

契 静也。从宀，契聲。於計切。

宴 安也。从宀，妟聲。於甸切。

宋 無人聲。从宀，尗聲。前歷切。，宋或从言。

察 覆也。从宀、祭。臣鉉等曰：“祭祀必天質明。明，察也，故从祭。”初八切。

親 至也。从宀，親聲。初僅切。

完 全也。从宀，元聲。古文以爲寬字。胡官切。

富 備也。一曰：厚也。从宀，畐聲。方副切。

實 富也。从宀，从貫。貫，貨貝也。神質切。

宲 藏也。从宀，禾聲。禾，古文保。《周書》曰：“陳宲赤刀。”博褒切。

容 盛也。从宀、谷。臣鉉等曰：“屋與谷皆所以盛受也。”余封切。，古文容，从公。

宂 椒也。从宀，人在屋下，無田事。《周書》曰：“宫中之宂食。”而隴切。

寡 㝃㝃，不見也。一曰：㝃㝃，不見省人。从宀，㝃聲。武延切。

寶 珍也。从宀，从玉，从貝，缶聲。博皓切。，古文寶，省貝。

宭 羣居也。从宀，君聲。渠云切。

宦 仕也。从宀，从臣。胡慣切。

宰 辠人在屋下執事者。从宀，从辛。辛，辠也。作亥切。

守 守官也。从宀，从寸。寺府之事者。从寸，寸，法度也。書九切。

寵 尊居也。从宀，龍聲。丑壟切。

宥 寬也。从宀，有聲。于救切。

宜 所安也。从宀之下，一之上，多省聲。魚羈切。，古文宜。，亦古文宜。

寫 置物也。从宀，舄聲。悉也切。

宵 夜也。从宀，宀下冥也；肖聲。相邀切。

宿 止也。从宀，佰聲。佰，古文夙。息逐切。

寑 臥也。从宀，𠬶聲。七荏切。，籀文寑省。

𡧊 冥合也。从宀，丏聲。讀若《周書》“若藥不眄眩”。莫甸切。

寬 屋寬大也。从宀，萈聲。苦官切。

寤 寤也。从宀，吾聲。五故切。

寁 居之速也。从宀，疌聲。子感切。

寡 少也。从宀，从頒。頒，分賦也，故爲少。古瓦切。

客 寄也。从宀，各聲。苦格切。

寄 託也。从宀，奇聲。居義切。

寓 寄也。从宀，禺聲。牛具切。，寓或从广。

寠 無禮居也。从宀，婁聲。其榘切。

疚 貧病也。从宀，久聲。《詩》曰：“煢煢在疚。”居又切。

寒 凍也。从人在宀下，以茻薦覆之，下有仌。胡安切。

害 傷也。从宀，从口。宀口，言从家起也。丰聲。胡蓋切。

索 入家搜也。从宀，索聲。所責切。

𡩟 窮也。从宀，𥷚聲。𥷚與籟同。居六切。，𡩟或从穴。

宄 姦也。外爲盜，内爲宄。从宀，九聲。讀若軌。居洧切。，古文宄。，亦古文宄。

𡨄 塞也。从宀，𣪠聲。讀若《虞書》曰“𡨄三苗”之𡨄。麤最切。
宕 過也。一曰：洞屋。从宀，碭省聲。汝南項有宕鄉。徒浪切。
宋 居也。从宀，从木。讀若送。臣鉉等曰：“木者，所以成室以居人也。”蘇統切。
𡪊 屋傾下也。从宀，執聲。都念切。
宗 尊祖廟也。从宀，从示。作冬切。
宔 宗廟宔祏。从宀，主聲。之庾切。
宙 舟輿所極。覆也。从宀，由聲。直又切。

文七十一　重十六

寘 置也。从宀，真聲。支義切。
寰 王者封畿内，縣也。从宀，睘聲。户關切。
寀 同地爲寀。从宀，采聲。倉宰切。

文三新附

宮　部

宮 室也。从宀，躳省聲。凡宮之屬皆从宮。居戎切。
營 市居也。从宮，熒省聲。余傾切。

文二

吕　部

吕 脊骨也。象形。昔太嶽爲禹心吕之臣，故封吕侯。凡吕之屬皆从吕。力舉切。，篆文吕，从肉，从旅。
躳 身也。从身，从吕。居戎切。，躳或从弓。

文二　重二

穴　部

穴 土室也。从宀，八聲。凡穴之屬皆从穴。胡決切。
𥧌 北方謂地空，因以爲土穴，爲𥧌户。从穴，皿聲。讀若猛。武永切。

窨　地室也。从穴，音聲。於禁切。

窯　燒瓦竈也。从穴，羔聲。余招切。

寝　地室也。从穴，復聲。《詩》曰："陶寝陶穴。"芳福切。

竈　炊竈也。从穴，鼀省聲。則到切。，竈或不省。

窐　甑空也。从穴，圭聲。烏瓜切。

突　深也。一曰：竈突。从穴，从火，从求省。式鍼切。

穿　通也。从牙在穴中。昌緣切。

寮　穿也。从穴，尞聲。《論語》有公伯寮。洛蕭切。

窦　穿也。从穴，決省聲。於決切。

窫　深抉也。从穴，从抉。於決切。

竇　空也。从穴，瀆省聲。徒奏切。

窬　空皃。从穴，矞聲。呼決切。

窠　空也。穴中曰窠，樹上曰巢。从穴，果聲。苦禾切。

窻　通孔也。从穴，悤聲。楚江切。

窊　汙衺，下也。从穴，瓜聲。烏瓜切。

窽　空也。从穴，敫聲。牽料切。

空　竅也。从穴，工聲。苦紅切。

窒　空也。从穴，巠聲。《詩》曰："瓶之窒矣。"去徑切。

空　空大也。从穴，乙聲。烏黠切。

窳　汙窬也。从穴，胍聲。朔方有窳渾縣。以主切。

窞　坎中小坎也。从穴，从臽，臽亦聲。《易》曰："入于坎，窞。"
一曰：旁入也。徒感切。

窌　窖也。从穴，卯聲。匹皃切。

窖　地藏也。从穴，告聲。古孝切。

窬　穿木户也。从穴，俞聲。一曰：空中也。羊朱切。

寫　寫窅，深也。从穴，鳥聲。多嘯切。

窺　小視也。从穴，規聲。去隓切。

窺 正視也。从穴中正見也。正亦聲。敕貞切。

窡 穴中見也。从穴，叕聲。丁滑切。

窋 物在穴中皃。从穴中出。丁滑切。

窴 塞也。从穴，真聲。待年切。

窒 塞也。从穴，至聲。陟栗切。

突 犬从穴中暫出也。从犬在穴中。一曰：滑也。徒骨切。

竄 墜也。从鼠在穴中。七亂切。

窣 从穴中卒出。从穴，卒聲。蘇骨切。

窘 迫也。从穴，君聲。渠隕切。

窕 深肆極也。从穴，兆聲。讀若挑。徒了切。

穹 窮也。从穴，弓聲。去弓切。

究 窮也。从穴，九聲。居又切。

窮 極也。从穴，躳聲。渠弓切。

窅 冥也。从穴，昌聲。烏皎切。

窔 窅窔，深也。从穴，交聲。烏叫切。

邃 深遠也。从穴，遂聲。雖遂切。

窈 深遠也。从穴，幼聲。烏皎切。

窱 杳窱也。从穴，條聲。徒弔切。

竁 穿地也。从穴，毳聲。一曰：小鼠。《周禮》曰：“大喪，甫竁。”充芮切。

窆 葬下棺也。从穴，乏聲。《周禮》曰：“及窆執斧。”方驗切。

窀 葬之厚夕。从穴，屯聲。《春秋傳》曰：“窀穸从先君於地下。”陟倫切。

穸 窀穸也。从穴，夕聲。詞亦切。

窜 入脈刺穴謂之窜。从穴，甲聲。烏狎切。

文五十一　重一

㝱　部

㝱　寐而有覺也。从宀，从疒，夢聲。《周禮》："以日月星辰占六㝱之吉凶：一曰正㝱，二曰罗㝱，三曰思㝱，四曰悟㝱，五曰喜㝱，六曰懼㝱。"凡㝱之屬皆从㝱。莫鳳切。

寢　病臥也。从㝱省，㝲省聲。七荏切。

寐　臥也。从㝱省，未聲。蜜二切。

寤　寐覺而有信曰寤。从㝱省，吾聲。一曰：晝見而夜㝱也。五故切。，籀文寤。

𡪕　楚人謂寐曰𡪕。从㝱省，女聲。依倨切。

𥧌　寐而未厭。从㝱省，米聲。莫禮切。

𥨊　孰寐也。从㝱省，水聲。讀若悸。求癸切。

寎　臥驚病也。从㝱省，丙聲。皮命切。

寱　瞑言也。从㝱省，臬聲。牛例切。

寣　臥驚也。一曰：小兒號寣寣。一曰：河内相評也。从㝱省，从言。火滑切。

文十　重一

疒　部

疒　倚也。人有疾病，象倚箸之形。凡疒之屬皆从疒。女戹切。

疾　病也。从疒，矢聲。秦悉切。，古文疾。，籀文疾。

痛　病也。从疒，甬聲。他貢切。

病　疾加也。从疒，丙聲。皮命切。

瘣　病也。从疒，鬼聲。《詩》曰："譬彼瘣木。"一曰：腫旁出也。胡罪切。

疴　病也。从疒，可聲。《五行傳》曰："時即有口痾。"烏何切。

痡　病也。从疒，甫聲。《詩》曰："我僕痡矣。"普胡切。

瘽　病也。从疒，堇聲。巨斤切。
瘵　病也。从疒，祭聲。側介切。
瘨　病也。从疒，真聲。一曰：腹張。都年切。
瘼　病也。从疒，莫聲。慕各切。
疝　腹中急也。从疒，丩聲。古巧切。
瘨　病也。从疒，員聲。王問切。
癇　病也。从疒，閒聲。户閒切。
疷　病也。从疒，出聲。五忽切。
疵　病也。从疒，此聲。疾咨切。
癈　固病也。从疒，發聲。方肺切。
瘏　病也。从疒，者聲。《詩》曰：“我馬瘏矣。”同都切。
瘲　病也。从疒，從聲。即容切。
瘁　寒病也。从疒，辛聲。所臻切。
瘋　頭痛也。从疒，或聲。讀若溝洫之洫。吁逼切。
痟　酸痟，頭痛。从疒，肖聲。《周禮》曰：“春時有痟首疾。”相邀切。
疕　頭瘍也。从疒，匕聲。卑履切。
瘍　頭創也。从疒，昜聲。與章切。
痒　瘍也。从疒，羊聲。似陽切。
瘍　目病。一曰：惡气箸身也。一曰：蝕創。从疒，馬聲。莫駕切。
廝　散聲。从疒，斯聲。先稽切。
瘍　口咼也。从疒，爲聲。韋委切。
疦　瘍也。从疒，決省聲。古穴切。
瘖　不能言也。从疒，音聲。於今切。
癭　頸瘤也。从疒，嬰聲。於郢切。
瘻　頸腫也。从疒，婁聲。力豆切。
疚　顫也。从疒，又聲。于救切。
瘀　積血也。从疒，於聲。依倨切。

疝 腹痛也。从疒，山聲。所晏切。

疛 小腹病。从疒，肘省聲。陟柳切。

⿸疒𡙁 滿也。从疒，𡙁聲。平祕切。

府 俛病也。从疒，付聲。方榘切。

痀 曲脊也。从疒，句聲。其俱切。

瘚 屰气也。从疒，从屰，从欠。居月切。欮，瘚或省疒。

瘁 气不定也。从疒，季聲。其季切。

痱 風病也。从疒，非聲。蒲罪切。

瘤 腫也。从疒，留聲。力求切。

痤 小腫也。从疒，坐聲。一曰：族絫。臣鉉等曰："今别作瘯蠡，非是。"昨禾切。

疽 癰也。从疒，且聲。七余切。

癧 癰也。从疒，麗聲。一曰：瘦黑。讀若隸。郎計切。

癰 腫也。从疒，雝聲。於容切。

瘜 寄肉也。从疒，息聲。相即切。

癬 乾瘍也。从疒，鮮聲。息淺切。

疥 搔也。从疒，介聲。古拜切。

痂 疥也。从疒，加聲。古牙切。

瘕 女病也。从疒，叚聲。乎加切。

癘 惡疾也。从疒，蠆省聲。洛帶切。

瘧 熱寒休作。从疒，从虐，虐亦聲。魚約切。

痁 有熱瘧。从疒，占聲。《春秋傳》曰："齊侯疥，遂痁。"失廉切。

痎 二日一發瘧。从疒，亥聲。古諧切。

痳 疝病。从疒，林聲。力尋切。

痔 後病也。从疒，寺聲。直里切。

痿 痹也。从疒，委聲。儒隹切。

痹 溼病也。从疒，畀聲。必至切。

㾙 足气不至也。从疒，畢聲。毗至切。

瘃 中寒腫覈。从疒，豖聲。陟玉切。

⿸疒扁 半枯也。从疒，扁聲。匹連切。

瘇 脛气足腫。从疒，童聲。《詩》曰："既微且瘇。"時重切。，籀文从尣。

⿸疒盍 跛病也。从疒，盍聲。讀若脅，又讀若掩。烏盍切。

疻 毆傷也。从疒，只聲。諸氏切。

痏 疻痏也。从疒，有聲。榮美切。

⿸疒巂 創裂也。一曰：疾⿸疒巂。从疒，巂聲。以水切。

⿸疒冄 皮剥也。从疒，冄聲。赤占切。，籀文从𠬝。

癑 痛也。从疒，農聲。奴動切。

痍 傷也。从疒，夷聲。以脂切。

瘢 痍也。从疒，般聲。薄官切。

痕 胝瘢也。从疒，艮聲。户恩切。

痙 彊急也。从疒，巠聲。其頸切。

痋 動病也。从疒，蟲省聲。徒冬切。

瘦 臞也。从疒，叜聲。所又切。

疢 熱病也。从疒，从火。臣鉉等曰："今俗别作疹，非是。"丑刃切。

癉 劳病也。从疒，單聲。丁榦、丁賀二切。

疸 黄病也。从疒，旦聲。丁榦切。

㾜 病息也。从疒，夾聲。苦叶切。

痞 痛也。从疒，否聲。符鄙切。

⿸疒易 脈⿸疒易也。从疒，易聲。羊益切。

⿸疒术 狂走也。从疒，术聲。讀若欻。食聿切。

疲 劳也。从疒，皮聲。符羈切。

⿸疒𠂔 瑕也。从疒，𠂔聲。側史切。

疷 病也。从疒，氏聲。渠支切。

⿸疒及 病劣也。从疒，及聲。呼合切。

⿸疒殹 劇聲也。从疒，殹聲。於賣切。

癃　罷病也。从疒，隆聲。力中切。㾈，籀文癃省。

疫　民皆疾也。从疒，役省聲。營隻切。

瘛　小兒瘛瘲病也。从疒，㓞聲。臣鉉等曰：“《説文》無㓞字，疑从疒，从心，契省聲。”尺制切。

瘥　馬病也。从疒，多聲。《詩》曰：“瘥瘥駱馬。”丁可切。

痥　馬脛瘍也。从疒，兑聲。一曰：將傷。徒活切。

瘵　治也。从疒，樂聲。力照切。療，或从尞。

痞　久病也。从疒，古聲。古慕切。

瘌　楚人謂藥毒曰痛瘌。从疒，剌聲。盧達切。

癆　朝鮮謂藥毒曰癆。从疒，勞聲。郎到切。

瘥　瘉也。从疒，差聲。楚懈切，又才他切。

㾌　減也。从疒，衰聲。一曰：耗也。楚追切。

瘉　病瘳也。从疒，俞聲。臣鉉等曰：“今别作愈，非是。”以主切。

瘳　疾瘉也。从疒，翏聲。敕鳩切。

癡　不慧也。从疒，疑聲。丑之切。

文一百二　重七

冖　部

冖　覆也。从一下垂也。凡冖之屬皆从冖。臣鉉等曰：“今俗作冪，同。”莫狄切。

冠　絭也。所以絭髮，弁冕之總名也。从冖、从元，元亦聲。冠有法制，从寸。徐鍇曰：“取其在首，故从元。”古丸切。

冣　積也。从冖，从取，取亦聲。才句切。

詫　奠爵酒也。从冖，託聲。《周書》曰：“王三宿三祭三詫。”當故切。

文四

𠔼　部

𠔼 重覆也。从冂、一。凡𠔼之屬皆从𠔼。莫保切。讀若艸苺苺。

同 合會也。从𠔼，从口。臣鉉等曰：“同，爵名也。《周書》曰：‘太保受同嚌。’故从口。《史籀》亦从口。李陽冰云：从口，非是。”徒紅切。

㒱 幬帳之象。从𠔼；㞢，其飾也。苦江切。

冡 覆也。从𠔼、豕。莫紅切。

文四

冃　部

冃 小兒蠻夷頭衣也。从冂；二，其飾也。凡冃之屬皆从冃。莫報切。

冕 大夫以上冠也。邃延、垂瑬、紞纊。从冃，免聲。古者黄帝初作冕。亡辡切。絻，冕或从糸。

冑 兜鍪也。从冃，由聲。直又切。𩊚，《司馬法》冑从革。

冒 冡而前也。从冃，从目。莫報切。冒，古文冒。

最 犯而取也。从冃，从取。祖外切。

文五　重三

㒳　部

㒳 再也。从冂，闕。《易》曰：“參天㒳地。”凡㒳之屬皆从㒳。良奬切。

兩 二十四銖爲一兩。从一；㒳，平分，亦聲。良奬切。

㒼 平也。从廿，五行之數，二十分爲一辰。㒳，㒼平也。讀若蠻。母官切。

文三

网　　部

网　庖犧所結繩，以漁。从冂，下象网交文。凡网之屬皆从网。今經典變隸作冈。文紡切。罔，网或从亡。䋄，网或从糸。[illegible]，古文网。[illegible]，籀文网。

罨　罕也。从网，奄聲。於業切。

罕　网也。从网，干聲。呼旱切。

䍐　网也。从网、繯，繯亦聲。一曰：綰也。古眩切。

罞　网也。从网，每聲。莫桮切。

䍐　网也。从网，巽聲。思沇切。[illegible]，《逸周書》曰："不卵不䟣，以成鳥獸。"䍐者，䍐獸足也，故或从足。

罙　周行也。从网，米聲。《詩》曰："罙入其阻。"武移切。[illegible]，罙或从夂。

罩　捕魚器也。从网，卓聲。都教切。

罾　魚网也。从网，曾聲。作縢切。

罪　捕魚竹网。从网、非。秦以罪爲辠字。徂賄切。

罽　魚网也。从网，𠘧聲。𠘧，籀文銳。居例切。

罛　魚罟也。从网，瓜聲。《詩》曰："施罛濊濊。"古胡切。

罟　网也。从网，古聲。公户切。

罶　曲梁寡婦之笱。魚所留也。从网、留，留亦聲。力九切。[illegible]，罶或从婁。《春秋國語》曰："溝罛罜。"

罜　罜麗，魚罟也。从网，主聲。之庾切。

麗　罜麗也。从网，鹿聲。盧谷切。

罧　積柴水中以聚魚也。从网，林聲。所今切。

罠　釣也。从网，民聲。武巾切。

羅　以絲罟鳥也。从网，从維。古者，芒氏初作羅。魯何切。

罬　捕鳥覆車也。从网，叕聲。陟劣切。輟，罬或从車。

罿 罬也。从网，童聲。尺容切。

𦉼 覆車也。从网，包聲。《詩》曰：“雉離于𦉼。”縛牟切。，𦉼或从孚。

罻 捕鳥网也。从网，尉聲。於位切。

罘 兔罟也。从网，否聲。臣鉉等曰：“隸書作罘。”縛牟切。

𦊓 罟也。从网，互聲。胡誤切。

罝 兔网也。从网，且聲。子邪切。，罝或从糸。，籀文从虘。

𦌾 牖中网也。从网，舞聲。文甫切。

署 部署，有所网屬。从网，者聲。徐鍇曰：“署置之言羅絡之，若罘网也。”常恕切。

罷 遣有辠也。从网，能。言有賢能而入网，而貫遣之。《周禮》曰：“議能之辟。”薄蟹切。

置 赦也。从网、直。徐鍇曰：“从直，與罷同意。”陟吏切。

罯 覆也。从网，音聲。烏感切。

詈 駡也。从网，从言。网辠人。力智切。

駡 詈也。从网，馬聲。莫駕切。

𦌴 馬絡頭也。从网，从馽。馽，馬絆也。居宜切。，𦌴或从革。

文三十四　重十二

罭 魚網也。从网、或，或聲。于逼切。

罳 罘罳，屏也。从网，思聲。息兹切。

罹 心憂也。从网，未詳。古多通用離。吕支切。

文三新附

襾　　部

襾 覆也。从冂，上下覆之。凡襾之屬皆从襾。呼訝切。讀若晋。

覂 反覆也。从襾，乏聲。方勇切。

覈 實也。考事，襾笮邀遮，其辤得實曰覈。从襾，敫聲。下革切。，覈或从雨。

覆 覂也。一曰：蓋也。从襾，復聲。敷救切。

文四　重一

巾　部

巾 佩巾也。从冂，丨象糸也。凡巾之屬皆从巾。居銀切。
帉 楚謂大巾曰帉。从巾，分聲。撫文切。
帥 佩巾也。从巾、𠂤。所律切。帨，帥或从兑。又音税。
㡐 禮巾也。从巾，从埶。輸芮切。
帗 一幅巾也。从巾，犮聲。讀若撥。北末切。
㣼 枕巾也。从巾，刃聲。而振切。
幋 覆衣大巾。从巾，般聲。或以爲首鞶。薄官切。
帤 巾帤也。从巾，如聲。一曰幣巾。女余切。
幣 帛也。从巾，敝聲。毗祭切。
幅 布帛廣也。从巾，畐聲。方六切。
帾 設色之工，治絲練者。从巾，巟聲。一曰：帾，隔。讀若荒。呼光切。
帶 紳也。男子鞶帶，婦人帶絲。象繫佩之形。佩必有巾，从巾。當蓋切。
幘 髮有巾曰幘。从巾，責聲。側革切。
帞 領耑也。从巾，旬聲。相倫切。
帔 弘農謂帬帔也。从巾，皮聲。披義切。
常 下帬也。从巾，尚聲。市羊切。裳，常或从衣。
帬 下裳也。从巾，君聲。渠云切。裠，帬或从衣。
帴 帬也。一曰：帗也。一曰：婦人脅衣。从巾，戔聲。讀若末殺之殺。所八切。
幝 幒也。从巾，軍聲。古渾切。褌，幝或从衣。
幒 幝也。从巾，悤聲。一曰：帙。職茸切。⿰巾松，幒或从松。
𢅇 楚謂無緣衣也。从巾，監聲。魯甘切。

幎 幔也。从巾，冥聲。《周禮》有“幎人”。莫狄切。

幔 幕也。从巾，曼聲。莫半切。

幬 禪帳也。从巾，㐅聲。直由切。

幝 帷也。从巾，兼聲。力鹽切。

帷 在旁曰帷。从巾，隹聲。洧悲切。𡩻，古文帷。

帳 張也。从巾，長聲。知諒切。

幕 帷在上曰幕，覆食案亦曰幕。从巾，莫聲。慕各切。

帎 幓裂也。从巾，匕聲。卑履切。

幓 殘帛也。从巾，祭聲。先列切，又所例切。

幍 正耑裂也。从巾，俞聲。山樞切。

帖 帛書署也。从巾，占聲。他叶切。

帙 書衣也。从巾，失聲。直質切。袠，帙或从衣。

幁 幡幟也。从巾，前聲。則前切。

徽 幟也，以絳徽帛，箸於背。从巾，微省聲。《春秋傳》曰：“揚徽者公徒。”許歸切。

幖 幟也。从巾，票聲。方招切。

帵 幡也。从巾，夗聲。於袁切。

幡 書兒拭觚布也。从巾，番聲。甫煩切。

㡀 㓨也。从巾，刺聲。盧達切。

幟 拭也。从巾，韱聲。精廉切。

幝 車弊皃。从巾，單聲。《詩》曰：“檀車幝幝。”昌善切。

幏 蓋衣也。从巾，冢聲。莫紅切。

幭 蓋幭也。从巾，蔑聲。一曰：禪被。莫結切。

幠 覆也。从巾，無聲。荒烏切。

飾 㕞也。从巾，从人，食聲。讀若式。一曰：襐飾。賞隻切。

幃 囊也。从巾，韋聲。許歸切。

帣 囊也。今鹽官三斛爲一帣。从巾，𢍏聲。居倦切。

帚 糞也。从又持巾埽冂内。古者少康初作箕、帚、秫酒。少康，杜康也，葬長垣。支手切。

席 籍也。《禮》：天子、諸侯席，有黼繡純飾。从巾，庶省。臣鉉等曰：“席以待賓客之禮。賓客非一人，故从庶。”祥易切。，古文席，从石省。

幐 囊也。从巾，朕聲。徒登切。

幡 以囊盛穀，大滿而裂也。从巾，奮聲。方吻切。

楯 載米齡也。从巾，盾聲。讀若《易》屯卦之屯。陟倫切。

帊 蒲席齡也。从巾，及聲。讀若蛤。古沓切。

幩 馬纏鑣扇汗也。从巾，賁聲。《詩》曰：“朱幩鑣鑣。”符分切。

幱 墀地以巾擱之。从巾，夒聲。讀若水温羼也。一曰：箸也。乃昆切。

帑 金幣所藏也。从巾，奴聲。乃都切。

布 枲織也。从巾，父聲。博故切。

幏 南郡蠻夷賨布。从巾，家聲。古訝切。

帹 布。出東萊。从巾，弦聲。胡田切。

帗 鬃布也。一曰：車上衡衣。从巾，敄聲。讀若項。莫卜切。

幦 鬃布也。从巾，辟聲。《周禮》曰：“駹車大幦。”莫狄切。

帀 領耑也。从巾，耴聲。陟葉切。

文六十二　重八

幢 旌旗之屬。从巾，童聲。宅江切。

幟 旌旗之屬。从巾，戠聲。昌志切。

帟 在上曰帟。从巾，亦聲。羊益切。

幗 婦人首飾。从巾，國聲。古對切。

幧 斂髮也。从巾，喿聲。七搖切。

帒 囊也。从巾，代聲。或从衣。徒耐切。

帊 帛三幅曰帊。从巾，巴聲。普駕切。

幞 帊也。从巾，菐聲。房玉切。

幰 車幔也。从巾，憲聲。虚偃切。

文九新附

巿　部

巿　韠也。上古衣蔽前而已，巿以象之。天子朱巿，諸侯赤巿，大夫葱衡。从巾，象連帶之形。凡巿之屬皆从巿。分勿切。韍，篆文巿，从韋，从犮。臣鉉等曰："今俗作紱，非是。"

韐　士無市有韐。制如榼，缺四角。爵弁服，其色韎。賤不得與裳同。司農曰："裳，纁色。"从巿，合聲。古洽切。韐，韐或从韋。

文二　重二

帛　部

帛　繒也。从巾，白聲。凡帛之屬皆从帛。旁陌切。

錦　襄邑織文也。从帛，金聲。居飲切。

文二

白　部

白　西方色也。陰用事，物色白。从入合二；二，陰數。凡白之屬皆从白。旁陌切。白，古文白。

皎　月之白也。从白，交聲。《詩》曰："月出皎兮。"古了切。

皢　日之白也。从白，堯聲。呼鳥切。

皙　人色白也。从白，析聲。先擊切。

皤　老人白也。从白，番聲。《易》曰："賁如皤如。"薄波切。𩔥，皤或从頁。

皠　鳥之白也。从白，隺聲。胡沃切。

皚　霜雪之白也。从白，豈聲。五來切。

皅　艸華之白也。从白，巴聲。普巴切。

皦　玉石之白也。从白，敫聲。古了切。

𡭴　際見之白也。从白，上下小見。起戟切。

𣵀 皛 顯也。从三白。讀若皎。烏皎切。

文十一　重二

㡀　部

㡀 㡀 敗衣也。从巾，象衣敗之形。凡㡀之屬皆从㡀。毗祭切。

𢼸 敝 帗也。一曰：敗衣。从攴，从㡀，㡀亦聲。毗祭切。

文二

黹　部

黹 黹 箴縷所紩衣。从㡀，丵省。凡黹之屬皆从黹。臣鉉等曰："丵，衆多也。言箴縷之工不一也。"陟几切。

𪓍 䵝 合五采鮮色。从黹，虘聲。《詩》曰："衣裳䵝䵝。"創舉切。

黼 黼 白與黑相次文。从黹，甫聲。方榘切。

黻 黻 黑與青相次文。从黹，犮聲。分勿切。

䵣 䵣 會五采繒色。从黹，綷省聲。子對切。

黺 黺 衮衣山、龍、華、蟲。黺，畫粉也。从黹，从粉省。衞宏説。方吻切。

文六

説文解字弟七　下

說文解字弟八上

漢太尉祭酒　許慎 記
宋右散騎常侍　徐鉉等 校定

三十七部　六百一十一文　重六十三　凡八千五百三十九字
文三十五新附

人　部

人 天地之性最貴者也。此籒文。象臂脛之形。凡人之屬皆从人。如鄰切。

僮 未冠也。从人，童聲。徒紅切。

保 養也。从人，从𤓽省。𤓽，古文孚。博褒切。𤓽，古文保。𠈃，古文保不省。

仁 親也。从人，从二。臣鉉等曰："仁者兼愛，故从二。"如鄰切。忎，古文仁，从千、心。𡰥，古文仁，或从尸。

企 舉踵也。从人，止聲。去智切。𠆸，古文企，从足。

仞 伸臂一尋，八尺。从人，刃聲。而震切。

仕 學也。从人，从士。鉏里切。

佼 交也。从人，从交。下巧切。

僎 具也。从人，巽聲。士勉切。

俅 冠飾皃。从人，求聲。《詩》曰："弁服俅俅。"巨鳩切。

佩 大帶佩也。从人，从凡，从巾。佩必有巾，巾謂之飾。臣鉉等曰："今俗別作珮，非是。"蒲妹切。

儒 柔也。術士之偁。从人，需聲。人朱切。

俊 材千人也。从人，夋聲。子峻切。

傑 傲也。从人，桀聲。渠列切。

倱 人姓。从人，軍聲。吾昆切。
伋 人名。从人，及聲。居立切。
伉 人名。从人，亢聲。《論語》有陳伉。苦浪切。
伯 長也。从人，白聲。博陌切。
仲 中也。从人，从中，中亦聲。直衆切。
伊 殷聖人阿衡，尹治天下者。从人，从尹。於脂切。，古文伊，从古文死。
偰 高辛氏之子，堯司徒，殷之先。从人，契聲。私列切。
倩 人字。从人，青聲。東齊壻謂之倩。倉見切。
伃 婦官也。从人，予聲。以諸切。
伀 志及衆也。从人，公聲。職茸切。
儇 慧也。从人，睘聲。許緣切。
倓 安也。从人，炎聲。讀若談。徒甘切。，倓或从剡。
侚 疾也。从人，旬聲。辭閏切。
傛 不安也。从人，容聲。一曰：華。余隴切。
僷 宋衞之間謂華僷僷。从人，葉聲。與涉切。
佳 善也。从人，圭聲。古膎切。
侅 奇侅，非常也。从人，亥聲。古哀切。
傀 偉也。从人，鬼聲。《周禮》曰："大傀異。"公回切。，傀或从玉，褢聲。
偉 奇也。从人，韋聲。于鬼切。
份 文質僣也。从人，分聲。《論語》曰："文質份份。"府巾切。，古文份，从彡、林。林者，从焚省聲。臣鉉等曰："今俗作斌，非是。"
僚 好皃。从人，尞聲。力小切。
佖 威儀也。从人，必聲。《詩》曰："威儀佖佖。"毗必切。
僝 具也。从人，孨聲。讀若汝南潺水。《虞書》曰："旁救僝功。"士戀切。
儠 長壯儠儠也。从人，巤聲。《春秋傳》曰："長儠者相之。"良涉切。

儦 行皃。从人，麃聲。《詩》曰：“行人儦儦。”甫嬌切。

儺 行人節也。从人，難聲。《詩》曰：“佩玉之儺。”諾何切。

倭 順皃。从人，委聲。《詩》曰：“周道倭遲。”於爲切。

僓 嫺也。从人，貴聲。一曰：長皃。吐猥切，又魚罪切。

僑 高也。从人，喬聲。巨嬌切。

俟 大也。从人，矣聲。《詩》曰：“伾伾俟俟。”牀史切。

侗 大皃。从人，同聲。《詩》曰：“神罔時侗。”他紅切。

佶 正也。从人，吉聲。《詩》曰：“既佶且閑。”巨乙切。

俁 大也。从人，吳聲。《詩》曰：“碩人俁俁。”魚禹切。

仜 大腹也。从人，工聲。讀若紅。户工切。

僤 疾也。从人，單聲。《周禮》曰：“句兵欲無僤。”徒案切。

健 伉也。从人，建聲。渠建切。

倞 彊也。从人，京聲。渠竟切。

傲 倨也。从人，敖聲。五到切。

仡 勇壯也。从人，气聲。《周書》曰：“仡仡勇夫。”魚訖切。

倨 不遜也。从人，居聲。居御切。

儼 昂頭也。从人，嚴聲。一曰：好皃。魚儉切。

傪 好皃。从人，參聲。倉含切。

俚 聊也。从人，里聲。良止切。

伴 大皃。从人，半聲。薄滿切。

俺 大也。从人，奄聲。於業切。

僩 武皃。从人，閒聲。《詩》曰：“瑟兮僩兮。”下簡切。

伾 有力也。从人，丕聲。《詩》曰：“以車伾伾。”敷悲切。

偲 彊力也。从人，思聲。《詩》曰：“其人美且偲。”倉才切。

倬 箸大也。从人，卓聲。《詩》曰：“倬彼雲漢。”竹角切。

侹 長皃。一曰：箸地。一曰：代也。从人，廷聲。他鼎切。

倗 輔也。从人，朋聲。讀若陪位。步崩切。

偏 熾盛也。从人，扇聲。《詩》曰："豔妻偏方處。"式戰切。
儆 戒也。从人，敬聲。《春秋傳》曰："儆宫。"居影切。
俶 善也。从人，叔聲。《詩》曰："令終有俶。"一曰：始也。昌六切。
傭 均直也。从人，庸聲。余封切。
僾 仿佛也。从人，愛聲。《詩》曰："僾而不見。"烏代切。
仿 相似也。从人，方聲。妃罔切。，籀文仿，从丙。
佛 見不審也。从人，弗聲。敷勿切。
僁 聲也。从人，悉聲。讀若屑。私列切。
僟 精謹也。从人，幾聲。《明堂月令》："數將僟終。"巨衣切。
佗 負何也。从人，它聲。臣鉉等案："《史記》匈奴奇畜有橐佗，今俗譌誤，謂之駱駝，非是。"徒何切。
何 儋也。从人，可聲。臣鉉等曰："儋何即負何也，借爲誰何之何，今俗别作擔荷，非是。"胡歌切。
儋 何也。从人，詹聲。都甘切。
供 設也。从人，共聲。一曰：供給。俱容切。
偫 待也。从人，从待。直里切。
儲 偫也。从人，諸聲。直魚切。
備 慎也。从人，𤰈聲。平祕切。，古文備。
位 列中庭之左右，謂之位。从人、立。于備切。
儐 導也。从人，賓聲。必刃切。，儐或从手。
偓 佺也。从人，屋聲。於角切。
佺 偓佺，仙人也。从人，全聲。此緣切。
㒦 心服也。从人，聶聲。齒涉切。
仢 約也。从人，勺聲。往歷切。
儕 等輩也。从人，齊聲。《春秋傳》曰："吾儕小人。"仕皆切。
倫 輩也。从人，侖聲。一曰：道也。力屯切。
侔 齊等也。从人，牟聲。莫浮切。

偕 彊也。从人，皆聲。《詩》曰：“偕偕士子。”一曰：俱也。古諧切。

俱 偕也。从人，具聲。舉朱切。

儹 最也。从人，贊聲。作管切。

併 並也。从人，并聲。卑正切。

傅 相也。从人，尃聲。方遇切。

侙 惕也。从人，式聲。《春秋國語》曰：“於其心侙然。”恥力切。

俌 輔也。从人，甫聲。讀若撫。芳武切。

倚 依也。从人，奇聲。於綺切。

依 倚也。从人，衣聲。於稀切。

仍 因也。从人，乃聲。如乘切。

佽 便利也。从人，次聲。《詩》曰：“决拾既佽。”一曰：遞也。七四切。

佴 佽也。从人，耳聲。仍吏切。

倢 佽也。从人，疌聲。子葉切。

侍 承也。从人，寺聲。時吏切。

傾 仄也。从人，从頃，頃亦聲。去營切。

側 旁也。从人，則聲。阻力切。

侒 宴也。从人，安聲。烏寒切。

侐 靜也。从人，血聲。《詩》曰：“閟宫有侐。”況逼切。

付 與也。从寸，持物對人。臣鉉等曰：“寸，手也。”方遇切。

俜 使也。从人，甹聲。普丁切。

俠 俜也。从人，夾聲。胡頰切。

儃 儃何也。从人，亶聲。徒干切。

侁 行皃。从人，先聲。所臻切。

仰 舉也。从人，从卬。魚兩切。

侸 立也。从人，豆聲。讀若樹。常句切。

儽 垂皃。从人，纍聲。一曰：嬾解。落猥切。

侳 安也。从人，坐聲。則臥切。

偁 揚也。从人，爯聲。處陵切。

伍 相参伍也。从人，从五。疑古切。

什 相什保也。从人、十。是執切。

佰 相什伯也。从人、百。博陌切。

佸 會也。从人，昏聲。《詩》曰："曷其有佸。"一曰：佸佸，力皃。古活切。

佮 合也。从人，合聲。古沓切。

𢼸 妙也。从人，从攴，豈省聲。臣鉉等案："豈字从𢼸省，𢼸不應从豈省，蓋傳寫之誤，疑从耑省。耑，物初生之題，尚𢼸也。"無非切。

傆 黠也。从人，原聲。魚怨切。

作 起也。从人，从乍。則洛切。

假 非真也。从人，叚聲。古疋切。一曰：至也。《虞書》曰："假于上下。"古頟切。

借 假也。从人，昔聲。資昔切。

侵 漸進也。从人又持帚，若埽之進。又，手也。七林切。

儥 賣也。从人，𧶠聲。余六切。

候 伺望也。从人，矦聲。胡遘切。

償 還也。从人，賞聲。食章切。

僅 材能也。从人，堇聲。渠吝切。

代 更也。从人，弋聲。臣鉉等曰："弋非聲，《説文》忒字與此義訓同，疑兼有忒音。"徒耐切。

儀 度也。从人，義聲。魚羈切。

傍 近也。从人，旁聲。步光切。

似 象也。从人，㠯聲。詳里切。

便 安也。人有不便，更之。从人、更。房連切。

任 符也。从人，壬聲。如林切。

俔 譬諭也。一曰：閒見。从人，从見。《詩》曰："俔天之妹。"苦甸切。

優 饒也。从人，憂聲。一曰：倡也。於求切。

僖 樂也。从人，喜聲。許其切。

偆 富也。从人，春聲。尺允切。

俒 完也。《逸周書》曰："朕實不明，以俒伯父。"从人，从完。胡困切。

儉 約也。从人，僉聲。巨險切。

偭 鄉也。从人，面聲。《少儀》曰："尊壺者偭其鼻。"彌箭切。

俗 習也。从人，谷聲。似足切。

俾 益也。从人，卑聲。一曰：俾，門侍人。并弭切。

倪 俾也。从人，兒聲。五雞切。

億 安也。从人，意聲。於力切。

使 伶也。从人，吏聲。疏士切。

⿰亻癸 ⿰亻癸，左右兩視。从人，癸聲。其季切。

伶 弄也。从人，令聲。益州有建伶縣。郎丁切。

儷 棽儷也。从人，麗聲。吕支切。

傳 遽也。从人，專聲。直戀切。

倌 小臣也。从人，从官。《詩》曰："命彼倌人。"古患切。

价 善也。从人，介聲。《詩》曰："价人惟藩。"古拜切。

仔 克也。从人，子聲。子之切。

𠈈 送也。从人，灷聲。吕不韋曰："有侁氏以伊尹𠈈女。"古文以爲訓字。臣鉉等曰："灷不成字，當从朕省。案勝字从朕聲，疑古者朕或音𠈈。"以證切。

徐 緩也。从人，余聲。似魚切。

偋 僻寠也。从人，屏聲。防正切。

伸 屈伸。从人，申聲。失人切。

伹 拙也。从人，且聲。似魚切。

㒨 意膬也。从人，然聲。臣鉉等曰："膬，耎易破也。"人善切。

偄 弱也。从人，从耎。奴亂切。
倍 反也。从人，咅聲。薄亥切。
傿 引爲賈也。从人，焉聲。於建切。
僭 假也。从人，朁聲。子念切。
儗 僭也。一曰：相疑。从人，从疑。魚已切。
偏 頗也。从人，扁聲。芳連切。
倀 狂也。从人，長聲。一曰：什也。楮羊切。
儚 惛也。从人，瞢聲。呼肱切。
儔 翳也。从人，壽聲。直由切。
侜 有廱蔽也。从人，舟聲。《詩》曰：“誰侜予美。”張流切。
俴 淺也。从人，戔聲。慈衍切。
佃 中也。从人，田聲。《春秋傳》曰：“乘中佃。”一轅車。堂練切。
傂 小皃。从人，囟聲。《詩》曰：“傂傂彼有屋。”斯氏切。
侊 小皃。从人，光聲。《春秋國語》曰：“侊飯不及一食。”古橫切。
佻 愉也。从人，兆聲。《詩》曰：“視民不佻。”土彫切。
僻 避也。从人，辟聲。《詩》曰：“宛如左僻。”一曰：从旁牽也。普擊切。
伭 很也。从人，弦省聲。胡田切。
伎 與也。从人，支聲。《詩》曰：“籥人伎忒。”渠綺切。
侈 掩脅也。从人，多聲。一曰：奢也。尺氏切。
佁 癡皃。从人，台聲。讀若騃。夷在切。
傮 驕也。从人，蚤聲。鮮遭切。
僞 詐也。从人，爲聲。危睡切。
伿 隋也。从人，只聲。以豉切。
佝 務也。从人，句聲。苦候切。
僄 輕也。从人，票聲。匹妙切。
倡 樂也。从人，昌聲。尺亮切。

俳　戲也。从人，非聲。步皆切。
僐　作姿也。从人，善聲。堂演切。
儳　儳互，不齊也。从人，毚聲。士咸切。
佚　佚民也。从人，失聲。一曰：佚，忽也。夷質切。
俄　行頃也。从人，我聲。《詩》曰：“仄弁之俄。”五何切。
傜　喜也。从人，䍃聲。自關以西，物大小不同謂之傜。余招切。
御　徼御，受屈也。从人，卻聲。其虐切。
傞　醉舞皃。从人，差聲。《詩》曰：“屢舞傞傞。”素何切。
僛　醉舞皃。从人，欺聲。《詩》曰：“屢舞僛僛。”去其切。
侮　傷也。从人，每聲。文甫切。，古文从母。
㑌　妎也。从人，疾聲。一曰：毒也。秦悉切。，㑌或从女。
傷　輕也。从人，易聲。一曰：交傷。以豉切。
俙　訟面相是。从人，希聲。喜皆切。
僨　僵也。从人，賁聲。匹問切。
僵　僨也。从人，畺聲。居良切。
仆　頓也。从人，卜聲。芳遇切。
偃　僵也。从人，匽聲。於幰切。
傷　創也。从人，𥏫省聲。少羊切。
侅　刺也。从人，肴聲。一曰：痛聲。胡茅切。
侉　憊詞。从人，夸聲。苦瓜切。
催　相儔也。从人，崔聲。《詩》曰：“室人交徧催我。”倉回切。
俑　痛也。从人，甬聲。他紅切，又余隴切。
伏　司也。从人，从犬。臣鉉等曰：“司，今人作伺。”房六切。
促　迫也。从人，足聲。七玉切。
例　比也。从人，列聲。力制切。
係　絜束也。从人，从系，系亦聲。胡計切。
伐　擊也。从人持戈。一曰：敗也。房越切。
俘　軍所獲也。从人，孚聲。《春秋傳》曰：“以爲俘聝。”芳無切。

但 裼也。从人，旦聲。徒旱切。
傴 僂也。从人，區聲。於武切。
僂 尪也。从人，婁聲。周公韈僂，或言背僂。力主切。
僇 癡行僇僇也。从人，翏聲。讀若雡。一曰：且也。力救切。
仇 讎也。从人，九聲。巨鳩切。
儡 相敗也。从人，畾聲。讀若雷。魯回切。
咎 災也。从人，从各。各者，相違也。其久切。
仳 别也。从人，比聲。《詩》曰：“有女仳離。”芳比切。
倃 毀也。从人，咎聲。其久切。
倠 仳倠，醜面。从人，隹聲。許惟切。
值 措也。从人，直聲。直吏切。
侂 寄也。从人，厇聲。厇，古文宅。他各切。
僔 聚也。从人，尊聲。《詩》曰：“僔沓背僧。”慈損切。
像 象也。从人，从象，象亦聲。讀若養。徐兩切。
倦 罷也。从人，卷聲。渠眷切。
傮 終也。从人，曹聲。作曹切。
偶 桐人也。从人，禺聲。五口切。
弔 問終也。古之葬者，厚衣之以薪。从人，持弓，會敺禽。多嘯切。
佋 廟佋穆。父爲佋，南面。子爲穆，北面。从人，召聲。市招切。
㑗 神也。从人，身聲。失人切。
僊 長生僊去。从人，从䙴，䙴亦聲。相然切。
僰 犍爲蠻夷。从人，棘聲。蒲北切。
仚 人在山上。从人，从山。呼堅切。
僥 南方有焦僥。人長三尺，短之極。从人，堯聲。五聊切。
對 市也。从人，對聲。都隊切。
㑌 遠行也。从人，狂聲。居況切。
件 分也。从人，从牛。牛大物，故可分。其輦切。

文二百四十五　重十四

侶 徒侶也。从人，吕聲。力舉切。

侲 僮子也。从人，辰聲。章刃切。

倅 副也。从人，卒聲。七内切。

傔 從也。从人，兼聲。苦念切。

倜 倜儻，不羈也。从人，从周，未詳。他歷切。

儻 倜儻也。从人，黨聲。他朗切。

佾 舞行列也。从人，㑥聲。夷質切。

倒 仆也。从人，到聲。當老切。

儈 合市也。从人、會，會亦聲。古外切。

低 下也。从人、氐，氐亦聲。都兮切。

債 債負也。从人、責，責亦聲。側賣切。

價 物直也。从人、賈，賈亦聲。古訝切。

停 止也。从人，亭聲。特丁切。

僦 賃也。从人、就，就亦聲。即就切。

伺 候望也。从人，司聲。相吏切。自低已下六字从人，皆後人所加。

僧 浮屠道人也。从人，曾聲。穌曾切。

佇 久立也。从人，从宁。直吕切。

偵 問也。从人，貞聲。丑鄭切。

文十八新附

匕　部

匕 變也。从到人。凡匕之屬皆从匕。呼跨切。

㲋 未定也。从匕、吴聲。吴，古文矢字。語期切。

真 僊人變形而登天也。从匕，从目，从乚。音隱。八，所乘載也。側鄰切。[illegible]，古文真。

化 教行也。从匕，从人，匕亦聲。呼跨切。

文四　重一

匕　部

匕　相與比敘也。从反人。匕，亦所以用比取飯，一名柶。凡匕之屬皆从匕。卑履切。

匙　匕也。从匕，是聲。是支切。

𠤏　相次也。从匕，从十。鴇从此。博抱切。

𤰈　頃也。从匕，支聲。匕，頭頃也。《詩》曰：“𤰈彼織女。”去智切。

頃　頭不正也。从匕，从頁。臣鉉等曰：“匕者，有所比附，不正也。”去營切。

𡿺　頭髓也。从匕；匕，相匕著也。巛，象髮；囟，象𡿺形。奴皓切。

卬　望，欲有所庶及也。从匕，从卪。《詩》曰：“高山卬止。”伍岡切。

卓　高也。早匕爲𠦝，匕卪爲卬，皆同義。竹角切。，古文𠦝。

艮　很也。从匕、目。匕目，猶目相匕，不相下也。《易》曰：“艮其限。”匕目爲艮，匕目爲真也。古恨切。

文九　重一

从　部

从　相聽也。从二人。凡从之屬皆从从。疾容切。

從　隨行也。从辵、从，从亦聲。慈用切。

并　相從也。从从，幵聲。一曰：从持二爲并。府盈切。

文三

比　部

比　密也。二人爲从，反从爲比。凡比之屬皆从比。毗至切。，古文比。

毖　慎也。从比，必聲。《周書》曰：“無毖于卹。”兵媚切。

文二　重一

北　部

北　乖也。从二人相背。凡北之屬皆从北。博墨切。

冀　北方州也。从北，異聲。几利切。

文二

丘　部

丘　土之高也，非人所爲也。从北，从一。一，地也。人居在丘南，故从北。中邦之居，在崐崘東南。一曰：四方高，中央下爲丘。象形。凡丘之屬皆从丘。去鳩切。今隸變作丘。[illegible]，古文从土。

虚　大丘也。崐崘丘謂之崐崘虚。古者九夫爲井，四井爲邑，四邑爲丘。丘謂之虚。从丘，虍聲。臣鉉等曰："今俗别作墟，非是。"丘如切，又朽居切。

屔　反頂受水丘。从丘，泥省聲。奴低切。

文三　重一

㐺　部

㐺　衆立也。从三人。凡㐺之屬皆从㐺。讀若欽崟。魚音切。

衆　多也。从㐺、目，衆意。之仲切。

聚　會也。从㐺，取聲。邑落云聚。才句切。

臮　衆詞與也。从㐺，自聲。《虞書》曰："臮咎繇。"其冀切。[illegible]，古文臮。

文四　重一

𡈼　部

𡈼　善也。从人、士。士，事也。一曰：象物出地挺生也。凡𡈼之屬皆从壬。臣鉉等曰："人在土上，壬然而立也。"他鼎切。

徵 召也。从微省，壬爲徵。行於微而文達者，即徵之。陟陵切。
，古文徵。

朢 月滿與日相望，以朝君也。从月，从臣，从壬。壬，朝廷也。無放切。，古文朢省。

𡈼 近求也。从爪、壬。壬，徼幸也。余箴切。

文四　重二

重　　部

重 厚也。从壬，東聲。凡重之屬皆从重。徐鍇曰："壬者，人在土上，故爲厚也。"柱用切。

量 稱輕重也。从重省，曏省聲。吕張切。，古文量。

文二　重一

臥　　部

臥 休也。从人，从臣，取其伏也。凡臥之屬皆从臥。吾貨切。

監 臨下也。从臥，䘓省聲。古銜切。，古文監，从言。

臨 監臨也。从臥，品聲。力尋切。

𦣞 楚謂小兒嬾𦣞。从臥、食。尼見切。

文四　重一

身　　部

身 躳也。象人之身。从人，厂聲。凡身之屬皆从身。失人切。

軀 體也。从身，區聲。豈俱切。

文二

㐆　　部

㐆 歸也。从反身。凡㐆之屬皆从㐆。徐鍇曰："古人所謂反身修道，故曰歸也。”於機切。

殷 作樂之盛稱殷。从㐆，从殳。《易》曰：“殷薦之上帝。”於身切。

文二

衣　部

衣 依也。上曰衣，下曰裳。象覆二人之形。凡衣之屬皆从衣。於稀切。

裁 制衣也。从衣，𢦏聲。昨哉切。

衮 天子享先王，卷龍繡於下幅，一龍蟠阿上鄉。从衣，公聲。古本切。

襄 丹縠衣。从衣，㠭聲。知扇切。

褕 翟，羽飾衣。从衣，俞聲。一曰：直裾謂之襜褕。羊朱切。

袗 玄服。从衣，㐱聲。之忍切。，袗或从辰。

表 上衣也。从衣，从毛。古者衣裘，以毛爲表。陂矯切。，古文表，从麃。

裏 衣内也。从衣，里聲。良止切。

襁 負兒衣。从衣，强聲。居兩切。

襋 衣領也。从衣，棘聲。《詩》曰：“要之襋之。”己力切。

襮 黼領也。从衣，暴聲。《詩》曰：“素衣朱襮。”蒲沃切。

衽 衣裣也。从衣，壬聲。如甚切。

褸 衽也。从衣，婁聲。力主切。

褽 衽也。从衣，尉聲。於胃切。

裓 裣緣也。从衣，疌聲。七入切。

裣 交衽也。从衣，金聲。居音切。

褘 蔽厀也。从衣，韋聲。《周禮》曰：“王后之服褘衣。”謂畫袍。許歸切。

袟 襲袟也。从衣，夫聲。甫無切。

襲 左衽袍。从衣，龖省聲。似入切。，籀文襲，不省。

袍　襺也。从衣，包聲。《論語》曰："衣弊緼袍。"薄褒切。

襺　袍衣也。从衣，繭聲。以絮曰襺，以緼曰袍。《春秋傳》曰："盛夏重襺。"古典切。

褋　南楚謂襌衣曰褋。从衣，枼聲。徒叶切。

袤　衣帶以上。从衣，矛聲。一曰：南北曰袤，東西曰廣。莫候切。，籀文袤，从楙。

襘　帶所結也。从衣，會聲。《春秋傳》曰："衣有襘。"古外切。

褧　檾也。《詩》曰："衣錦褧衣。"示反古。从衣，耿聲。去穎切。

袛　袛裯，短衣。从衣，氐聲。都兮切。

裯　衣袂，袛裯。从衣，周聲。都牢切。

襤　裯謂之襤褸。襤，無緣也。从衣，監聲。魯甘切。

褍　無袂衣謂之褍。从衣，惰省聲。徒臥切。

裻　衣躬縫。从衣，毒聲。讀若督。冬毒切。

袪　衣袂也。从衣，去聲。一曰：袪，褎也。褎者，裛也。袪，尺二寸。《春秋傳》曰："披斬其袪。"去魚切。

褎　袂也。从衣，采聲。似又切。袖，俗褎，从由。

袂　袖也。从衣，夬聲。彌弊切。

褢　袖也。一曰：藏也。从衣，鬼聲。户乖切。

褱　俠也。从衣，眔聲。一曰橐。臣鉉等曰："眔非聲，未詳。"户乖切。

裛　褱也。从衣，包聲。臣鉉等曰："今俗作抱，非是。抱與捊同。"薄保切。

襜　衣蔽前。从衣，詹聲。處占切。

袥　衣衸。从衣，石聲。他各切。

衸　袥也。从衣，介聲。胡介切。

襗　絝也。从衣，睪聲。徒各切。

袉　裾也。从衣，它聲。《論語》曰："朝服，袉紳。"唐左切。

裾　衣袍也。从衣，居聲。讀與居同。九魚切。

衧　諸衧也。从衣，于聲。羽俱切。

褰　絝也。从衣，寒省聲。《春秋傳》曰："徵褰與襦。"去虔切。

襱　絝踦也。从衣，龍聲。丈冢切。，襱或从賨。

袑　絝上也。从衣，召聲。市沼切。

襑　衣博大。从衣，尋聲。他感切。

褒　衣博裾。从衣，保省聲。保，古文保。博毛切。

禘　緥也。从衣，啻聲。《詩》曰：“載衣之禘。”臣鉉等曰：“緥即襁緥也。今俗别作褓，非是。”他計切。

褍　衣正幅。从衣，耑聲。多官切。

襛　重衣皃。从衣，圍聲。《爾雅》曰：“襛襛襀襀。”臣鉉等曰：“《説文》無襀字，《爾雅》亦無此語，疑後人所加。”羽非切。

複　重衣皃。从衣，复聲。一曰：褚衣。方六切。

褆　衣厚褆褆。从衣，是聲。杜兮切。

襛　衣厚皃。从衣，農聲。詩曰：“何彼襛矣。”汝容切。

裻　新衣聲。一曰：背縫。从衣，叔聲。冬毒切。

袳　衣張也。从衣，多聲。《春秋傳》曰：“公會齊侯于袳。”尺氏切。

裔　衣裾也。从衣，㕯聲。臣鉉等曰：“㕯非聲，疑象衣裾之形。”余制切。，古文裔。

衯　長衣皃。从衣，分聲。撫文切。

袁　長衣皃。从衣，叀省聲。羽元切。

裯　短衣也。从衣，鳥聲。《春秋傳》曰：“有空裯。”都僚切。

褺　重衣也。从衣，執聲。巴郡有褺虹縣。徒叶切。

裵　長衣皃。从衣，非聲。臣鉉等案：“《漢書》裵回用此，今俗作徘徊，非是。”薄回切。

襡　短衣也。从衣，蜀聲。讀若蜀。市玉切。

褻　衣至地也。从衣，斲聲。竹角切。

襦　短衣也。从衣，需聲。一曰：㬋衣。人朱切。

褊　衣小也。从衣，扁聲。方沔切。

袷　衣無絮。从衣，合聲。古洽切。

禪 衣不重。从衣，單聲。都寒切。
襄 漢令：解衣耕謂之襄。从衣，𤕦聲。息良切。𧝓，古文襄。
被 寑衣，長一身有半。从衣，皮聲。平義切。
衾 大被。从衣，今聲。去音切。
襐 飾也。从衣，象聲。徐兩切。
衵 日日所常衣。从衣，从日，日亦聲。人質切。
褻 私服。从衣，埶聲。《詩》曰：“是褻袢也。”臣鉉等曰：“从熱省，乃得聲。”私列切。
衷 裏褻衣。从衣，中聲。《春秋傳》曰：“皆衷其衵服。”陟弓切。
袾 好佳也。从衣，朱聲。《詩》曰：“靜女其袾。”昌朱切。
袓 事好也。从衣，且聲。才與切。
裨 接、益也。从衣，卑聲。府移切。
袢 無色也。从衣，半聲。一曰：《詩》曰：“是紲袢也。”讀若普。博幔切。
襍 五彩相會。从衣，集聲。徂合切。
裕 衣物饒也。从衣，谷聲。《易》曰：“有孚，裕無咎。”羊孺切。
襞 韏衣也。从衣，辟聲。臣鉉等曰：“韏，革中辨也。衣襞積如辨也。”必益切。
衦 摩展衣。从衣，干聲。古案切。
裂 繒餘也。从衣，列聲。良辥切。
袈 弊衣。从衣，奴聲。女加切。
袒 衣縫解也。从衣，旦聲。丈莧切。
補 完衣也。从衣，甫聲。博古切。
䙊 紩衣也。从衣，黹，黹亦聲。豬几切。
褫 奪衣也。从衣，虒聲。讀若池。直离切。
𧟨 袒也。从衣，𦝠聲。郎果切。裸，𧟨或从果。
裎 袒也。从衣，呈聲。丑郢切。
裼 袒也。从衣，易聲。先擊切。

衺　䙈也。从衣，牙聲。似嗟切。

襭　以衣衽扱物謂之襭。从衣，頡聲。胡結切。擷，襭或从手。

袺　執衽謂之袺。从衣，吉聲。格八切。

褿　帴也。从衣，曹聲。昨牢切，又七刀切。

裝　裹也。从衣，壯聲。側羊切。

裹　纏也。从衣，果聲。古火切。

裛　書囊也。从衣，邑聲。於業切。

齌　緶也。从衣，齊聲。即夷切。

裋　豎使布長襦。从衣，豆聲。常句切。

褞　編枲衣。从衣，區聲。一曰：頭褞。一曰：次裹衣。於武切，又於侯切。

褐　編枲韤。一曰：粗衣。从衣，曷聲。胡葛切。

褗　褞領也。从衣，匽聲。於𢡱切。

裺　褗謂之裺。从衣，奄聲。依檢切。

衰　艸雨衣。秦謂之萆。从衣，象形。穌禾切。，古文衰。

卒　隸人給事者衣爲卒。卒，衣有題識者。臧没切。

褚　卒也。从衣，者聲。一曰：製衣。丑吕切。

製　裁也。从衣，从制。征例切。

祓　蠻夷衣。从衣，犮聲。一曰：蔽厀。北末切。

襚　衣死人也。从衣，遂聲。《春秋傳》曰："楚使公親襚。"徐醉切。

袮　棺中縑裏。从衣，弔。讀若雕。都僚切。

裞　贈終者衣被曰裞。从衣，兑聲。輸芮切。

褮　鬼衣。从衣，熒省聲。讀若《詩》曰"葛藟縈之"。一曰：若"静女其袾"之袾。於營切。

裶　車温也。从衣，延聲。式連切。

褭　以組帶馬也。从衣，从馬。奴鳥切。

文一百一十六　重十一

袨 盛服也。从衣，玄聲。黄絢切。

衫 衣也。从衣，彡聲。所銜切。

襖 裘屬。从衣，奥聲。烏皓切。

文三新附

裘　部

裘 皮衣也。从衣，求聲。一曰：象形，與衰同意。凡裘之屬皆从裘。巨鳩切。求，古文省衣。

䩬 裘裏也。从裘，鬲聲。讀若擊。楷革切。

文二　重一

老　部

老 考也。七十曰老。从人、毛、匕，言須髮變白也。凡老之屬皆从老。盧皓切。

耊 年八十曰耊。从老省，从至。徒結切。

薹 年九十曰薹。从老，从蒿省。莫報切。

耆 老也。从老省，旨聲。渠脂切。

耇 老人面凍黎若垢。从老省，句聲。古厚切。

耂 老人面如點也。从老省，占聲。讀若耿介之耿。丁念切。

耈 老人行才相逮。从老省，易省。行象。讀若樹。常句切。

壽 久也。从老省，𠷎聲。殖酉切。

考 老也。从老省，丂聲。苦浩切。

孝 善事父母者。从老省，从子。子承老也。呼教切。

文十

毛　部

毛 眉髮之屬及獸毛也。象形。凡毛之屬皆从毛。莫袍切。

毴 毛盛也。从毛，隼聲。《虞書》曰："鳥獸毴髦。"而尹切，又人勇切。

𣯛 獸豪也。从毛，倝聲。侯幹切。

毨 仲秋，鳥獸毛盛，可選取以爲器用。从毛，先聲。讀若選。穌典切。

𣰓 以毳爲罽，色如虋，故謂之𣰓。虋，禾之赤苗也。从毛，㒼聲。《詩》曰："毳衣如𣰓。"莫奔切。

氈 撚毛也。从毛，亶聲。諸延切。

文六

毦 羽毛飾也。从毛，耳聲。仍吏切。

氍 氍毹、毾㲪，皆氈緂之屬。蓋方言也。从毛，瞿聲。其俱切。

毹 氍毹也。从毛，俞聲。羊朱切。

毾 毾㲪也。从毛，𦐇聲。土盍切。

㲪 毾㲪也。从毛，登聲。都滕切。

毬 鞠丸也。从毛，求聲。巨鳩切。

氅 析鳥羽爲旗纛之屬。从毛，敞聲。昌兩切。

文七新附

毳　部

毳 獸細毛也。从三毛。凡毳之屬皆从毳。此芮切。

𣰎 毛紛紛也。从毳，非聲。甫微切。

文二

尸　部

尸 陳也。象臥之形。凡尸之屬皆从尸。式脂切。

㞟 偫也。从尸，奠聲。堂練切。

居 蹲也。从尸、古者，居从古。臣鉉等曰："居从古者，言法古也。"九魚切。踞，俗居，从足。

𡰪 臥息也。从尸、自。臣鉉等曰："自，古者以爲鼻字，故从自。"許介切。
屑 動作切切也。从尸，𠕻聲。私列切。
展 轉也。从尸，襄省聲。知衍切。
屆 行不便也。一曰：極也。从尸，凷聲。古拜切。
尻 脾也。从尸，九聲。苦刀切。
𡱂 髀也。从尸下丌居几。臣鉉等曰："丌、几皆所以尻止也。"徒魂切。
，𡱂或从肉、隼。，𡱂或从骨，殿聲。
𡰽 尻也。从尸，旨聲。詰利切。
尼 從後近之。从尸，匕聲。女夷切。
𡲴 從後相臿也。从尸，从臿。楚洽切。
𡰯 𡲴𡰯也。从尸，乏聲。直立切。
𡰥 柔皮也。从申尸之後。尸或从又。臣鉉等曰："注似闕脱。未詳。"人善切。
屒 伏皃。从尸，辰聲。一曰：屋宇。珍忍切。
屖 屖遟也。从尸，辛聲。先稽切。
屝 履也。从尸，非聲。扶沸切。
屍 終主。从尸，从死。式脂切。
屠 刳也。从尸，者聲。同都切。
屟 履中薦也。从尸，枼聲。穌叶切。
屋 居也。从尸，尸，所主也。一曰：尸，象屋形。从至，至，所至止。室、屋皆从至。烏谷切。，籀文屋，从厂。，古文屋。
屏 屏蔽也。从尸，并聲。必郢切。
層 重屋也。从尸，曾聲。昨棱切。

文二十三　重五

屢 數也。案：今之婁字，本是屢空字。此字後人所加，从尸，未詳。立羽切。

文一新附

説文解字弟八　上

説文解字弟八下

漢太尉祭酒　許慎 記
宋右散騎常侍　徐鉉等 校定

尺　部

尺 十寸也。人手卻十分動脈爲寸口。十寸爲尺。尺，所以指尺規榘事也。从尸，从乙。乙，所識也。周制，寸、尺、咫、尋、常、仞諸度量，皆以人之體爲法。凡尺之屬皆从尺。昌石切。

咫 中婦人手長八寸，謂之咫。周尺也。从尺，只聲。諸氏切。

文二

尾　部

尾 微也。从到毛在尸後。古人或飾系尾，西南夷亦然。凡尾之屬皆从尾。無斐切。　今隸變作尾。

屬 連也。从尾，蜀聲。之欲切。

屈 無尾也。从尾，出聲。九勿切。

尿 人小便也。从尾，从水。奴弔切。

文四

履　部

履 足所依也。从尸，从彳，从夊，舟象履形。一曰：尸聲。凡履之屬皆从履。良止切。，古文履，从頁，从足。

屨 履也。从履省，婁聲。一曰：鞮也。九遇切。

履歷 履下也。从履省，歷聲。郎擊切。

𡲾 履屬。从履省，予聲。徐吕切。

屩 屐也。从履省，喬聲。居勺切。

屐 屩也。从履省，支聲。奇逆切。

文六　重一

舟　部

舟 船也。古者，共鼓、貨狄刳木爲舟，剡木爲楫，以濟不通。象形。凡舟之屬皆从舟。職流切。

俞 空中木爲舟也。从亼，从舟，从巜。巜，水也。羊朱切。

船 舟也。从舟，鉛省聲。食川切。

彤 船行也。从舟，彡聲。丑林切。

舳 艫也。从舟，由聲。漢律：名船方長爲舳艫。一曰：舟尾。臣鉉等曰："當从冑省，乃得聲。"直六切。

艫 舳艫也。一曰：船頭。从舟，盧聲。洛乎切。

舠 船行不安也。从舟，从刖省。讀若兀。五忽切。

艐 船著不行也。从舟，㚇聲。讀若莘。子紅切。

朕 我也。闕。直禁切。

舫 船師也。《明堂月令》曰："舫人。"習水者。从舟，方聲。甫妄切。

般 辟也。象舟之旋，从舟；从殳。殳，所以旋也。北潘切。，古文般，从支。

服 用也。一曰：車右騑，所以舟旋。从舟，𠬝聲。房六切。，古文服，从人。

文十二　重二

舸 舟也。从舟，可聲。古我切。

艇 小舟也。从舟，廷聲。徒鼎切。

艅 艅艎，舟名。从舟，余聲。經典通用餘皇。以諸切。

艎 艅艎也。从舟，皇聲。胡光切。

文四新附

方　部

方　併船也。象兩舟省、總頭形。凡方之屬皆从方。府良切。汸，方或从水。

斻　方舟也。从方，亢聲。禮：天子造舟，諸侯維舟，大夫方舟，士特舟。臣鉉等曰："今俗别作航，非是。"胡郎切。

文二　重二

儿　部

儿　仁人也。古文奇字人也。象形。孔子曰："在人下，故詰屈。"凡儿之屬皆从儿。如鄰切。

兀　高而上平也。从一在人上。讀若敻。茂陵有兀桑里。五忽切。

兒　孺子也。从儿，象小兒頭囟未合。汝移切。

允　信也。从儿，㠯聲。樂準切。

兑　説也。从儿，㕣聲。臣鉉等曰："㕣，古文兖字，非聲。"當从口从八，象气之分散。《易》曰："兑爲巫爲口。" 大外切。

充　長也。高也。从儿，育省聲。昌終切。

文六

兄　部

兄　長也。从儿，从口。凡兄之屬皆从兄。許榮切。

兢　競也。从二兄；二兄，競意；从丯聲。讀若矜。一曰：兢，敬也。居陵切。

文二

先　部

先　首笄也。从人，匕象簪形。凡先之屬皆从先。側岑切。簪，俗先，从竹，从替。

兟 朁朁，锐意也。从二先。子林切。

文二　重一

皃　部

皃 頌儀也。从人，白象人面形。凡皃之屬皆从皃。莫教切。䫉，皃或从頁，豹省聲。貌，籀文皃，从豹省。

覍 冕也。周曰覍，殷曰吁，夏曰收。从皃，象形。皮變切。[illegible]，籀文覍，从廾，上象形。弁，或覍字。

文二　重四

兜　部

兜 廱蔽也。从儿，象左右皆蔽形。凡兜之屬皆从兜。讀若瞽。公户切。

兜 兜鍪，首鎧也。从兜，从皃省。皃象人頭也。當侯切。

文二

先　部

先 前進也。从儿，从之。凡先之屬皆从先。臣鉉等曰："之人上，是先也。"穌前切。

兟 進也。从二先。贊从此。闕。所臻切。

文二

秃　部

秃 無髪也。从儿，上象禾粟之形，取其聲。凡秃之屬皆从秃。王育説：蒼頡出見秃人伏禾中，因以制字。未知其審。他谷切。

穨 秃皃。从秃，貴聲。杜回切。

文二

見　部

見　視也。从儿，从目。凡見之屬皆从見。古甸切。

視　瞻也。从見、示。神至切。，古文視。，亦古文視。

覼　求也。从見，麗聲。讀若池。郎計切。

覣　好視也。从見，委聲。於爲切。

䙽　旁視也。从見，兒聲。五計切。

覶　好視也。从見，𤔔聲。洛戈切。

䚄　笑視也。从見，录聲。力玉切。

䙳　大視也。从見，爰聲。況晚切。

覝　察視也。从見，㶣聲。讀若鎌。力鹽切。

䙵　外博衆多視也。从見，員聲。讀若運。王問切。

觀　諦視也。从見，雚聲。古玩切。，古文觀，从囧。

㝵　取也。从見，从寸。寸，度之，亦手也。臣鉉等案："彳部作古文得字，此重出。"多則切。

覽　觀也。从見、監，監亦聲。盧敢切。

䚅　内視也。从見，來聲。洛代切。

覟　顯也。从見，是聲。杜兮切。

𧢼　目有察省見也。从見，票聲。方小切。

𧡦　𧡦覻，闚觀也。从見，朿聲。七四切。

覻　拘覻，未致密也。从見，虘聲。七句切。

覭　小見也。从見，冥聲。《爾雅》曰："覭髳，弗離。"莫經切。

𧡧　内視也。从見，甚聲。丁含切。

覯　遇見也。从見，冓聲。古后切。

𧢦　注目視也。从見，歸聲。渠追切。

覘　窺也。从見，占聲。《春秋傳》曰："公使覘之，信。"敕豔切。

覹　司也。从見，微聲。無非切。

覢 暫見也。从見，炎聲。《春秋公羊傳》曰："覢然公子陽生。"失冉切。

⿰賓見 暫見也。从見，賓聲。必刃切。

⿰樊見 ⿰賓見⿰樊見也。从見，樊聲。讀若幡。附袁切。

⿰氐見 病人視也。从見，氐聲。讀若迷。莫兮切。

⿰卣見 下視深也。从見，卣聲。讀若攸。以周切。

⿰⿰舟彡見 私出頭視也。从見，⿰舟彡聲。讀若郴。丑林切。

⿱冃見 突前也。从見、冃。臣鉉等曰："冃，重覆也。犯冃而見，是突前也。"莫紅、亡洪二切。

覬 钦𢫬也。从見，豈聲。几利切。

覦 欲也。从見，俞聲。羊朱切。

⿰舂見 視不明也。一曰：直視。从見，舂聲。丑尨切。

⿰龠見 視誤也。从見，龠聲。弋笑切。

覺 寤也。从見，學省聲。一曰：發也。古岳切。

⿰⿰犭⿸厂⿱口巾見 目赤也。从見，⿰犭⿸厂⿱口巾省聲。臣鉉等曰："⿰犭⿸厂⿱口巾非聲，未詳。"才的切。

靚 召也。从見，青聲。疾正切。

親 至也。从見，亲聲。七人切。

覲 諸侯秋朝曰覲，勞王事。从見，堇聲。渠吝切。

覜 諸侯三年大相聘曰覜。覜，視也。从見，兆聲。他弔切。

覒 擇也。从見，毛聲。讀若苗。莫袍切。

覕 蔽不相見也。从見，必聲。莫結切。

⿰它見 司人也。从見，它聲。讀若馳。式支切。

⿰㽞見 目蔽垢也。从見，㽞聲。讀若兜。當侯切。

文四十五　重三

覿 見也。从見，賣聲。徒歷切。

文一新附

覞部

覞 竝視也。从二見。凡覞之屬皆从覞。弋笑切。
覵 很視也。从覞，肩聲。齊景公之勇臣有成覵者。苦閑切。
䨝 見雨而比息。从覞，从雨。讀若欷。虚器切。

文三

欠部

欠 張口气悟也。象气从人上出之形。凡欠之屬皆从欠。去劍切。
欽 欠皃。从欠，金聲。去音切。
𣤶 欠皃。从欠，䜌聲。洛官切。
欯 喜也。从欠，吉聲。許吉切。
吹 出气也。从欠，从口。臣鉉等案：“口部已有吹嘘，此重出。”昌垂切。
欨 吹也。一曰：笑意。从欠，句聲。況于切。
歑 温吹也。从欠，虖聲。虎烏切。
𣢯 吹气也。从欠，或聲。於六切。
歟 安气也。从欠，與聲。以諸切。
𣣋 翕气也。从欠，脅聲。虚業切。
歕 吹气也。从欠，賁聲。普魂切。
歇 息也。一曰：气越泄。从欠，曷聲。許謁切。
歡 喜樂也。从欠，雚聲。呼官切。
欣 笑喜也。从欠，斤聲。許斤切。
弞 笑不壞顔曰弞。从欠，引省聲。式忍切。
款 意有所欲也。从欠，窾省。臣鉉等曰：“窾，塞也。意有所欲而猶塞，款款然也。”苦管切。，款或从柰。
𣢐 㚖也。从欠，气聲。一曰：口不便言。居气切。
欲 貪欲也。从欠，谷聲。余蜀切。
歌 詠也。从欠，哥聲。古俄切。，謌或从言。

歂 口气引也。从欠，耑聲。讀若車輇。市緣切。

歍 心有所惡若吐也。从欠，烏聲。一曰：口相就。哀都切。

歠 歍歠也。从欠，鼀聲。才六切。，俗歠，从口，从就。

欶 惄然也。从欠，尗聲。《孟子》曰：“曾西欶然。”才六切。

欦 含笑也。从欠，今聲。丘嚴切。

歋 人相笑相歋瘉。从欠，虒聲。以支切。

歊 歊歊，气出皃。从欠、高，高亦聲。許嬌切。

欻 有所吹起。从欠，炎聲。讀若忽。許物切。

欪 欪欪，戲笑皃。从欠，之聲。許其切。

歙 歙歙，气出皃。从欠，䍃聲。余招切。

歗 吟也。从欠，肅聲。《詩》曰：“其歗也謌。”臣鉉等案：“口部此籀文嘯字，此重出。”穌弔切。

歎 吟也。从欠，鷬省聲。池案切。，籀文歎，不省。

歖 卒喜也。从欠，从喜。許其切。

欸 訾也。从欠，矣聲。凶戒切，又烏開切。

歫 歐也。从欠，此聲。前智切。

歐 吐也。从欠，區聲。烏后切。

歔 欷也。从欠，虛聲。一曰：出气也。朽居切。

欷 歔也。从欠，稀省聲。香衣切。

歜 盛气怒也。从欠，蜀聲。尺玉切。

歞 言意也。从欠，从卤，卤亦聲。讀若酉。與久切。

歇 欲歠歠。从欠，渴聲。苦葛切。

歊 所謌也。从欠，噭省聲。讀若叫呼之叫。古弔切。

歗 悲意。从欠，嗇聲。火力切。

歁 盡酒也。从欠，樵聲。子肖切。

歛 監持意。口閉也。从欠，緘聲。古咸切。

欣 指而笑也。从欠，辰聲。讀若蜃。時忍切。

歸 昆干，不可知也。从欠，鰥聲。古渾切。

歃　歠也。从欠，臿聲。《春秋傳》曰：“歃而忘。”山洽切。
欶　吮也。从欠，束聲。所角切。
歁　食不滿也。从欠，甚聲。讀若坎。苦感切。
欿　欲得也。从欠，臽聲。讀若貪。他含切。
欱　歠也。从欠，合聲。呼合切。
歉　歉食不滿。从欠，兼聲。苦簟切。
𣢼　咽中息不利也。从欠，骨聲。烏八切。
欭　嚘也。从欠，因聲。乙冀切。
欬　屰气也。从欠，亥聲。苦蓋切。
𣤶　且唾聲。一曰：小笑。从欠，毄聲。許壁切。
歙　縮鼻也。从欠，翕聲。丹陽有歙縣。許及切。
𣣗　蹴鼻也。从欠，咎聲。讀若《爾雅》曰“麔豭短脰”。於糾切。
𣢇　愁皃。从欠，幼聲。臣鉉等案：“口部呦字或作𣢇，此重出。”於虯切。
欪　咄欪，無慙。一曰：無腸意。从欠，出聲。讀若卉。丑律切。
欥　詮詞也。从欠，从曰，曰亦聲。《詩》曰：“欥求厥寧。”余律切。
次　不前，不精也。从欠，二聲。七四切。，古文次。
㱂　飢虛也。从欠，康聲。苦岡切。
欺　詐欺也。从欠，其聲。去其切。
歆　神食气也。从欠，音聲。許今切。

文六十五　重五

歈　歌也。从欠，俞聲。《切韻》云：“巴歈，歌也。”案：《史記》渝水之人善歌舞，漢高祖采其聲。後人因加此字。羊朱切。

文一新附

㱃　部

㱃　歠也。从欠，酓聲。凡㱃之屬皆从㱃。於錦切。，古文㱃，从今、水。，古文㱃，从今、食。

歠 歙也。从歙省，叕聲。昌説切。，歠或从口，从夬。

文二　重三

次　部

次 慕欲口液也。从欠，从水。凡次之屬皆从次。叙連切。，次或从侃。，籀文次。

羡 貪欲也。从次，从羑省。羑呼之羑。文王所拘羑里。似面切。

㳄 歠也。从次，厂聲。讀若移。以支切。

盜 私利物也。从次，次欲皿者。徒到切。

文四　重二

旡　部

旡 㱃食气屰不得息曰旡。从反欠。凡旡之屬皆从旡。居未切。今變隸作旡。，古文旡。

旤 屰惡驚詞也。从旡，咼聲。讀若楚人名多夥。乎果切。

㾼 事有不善言㾼也。《爾雅》："㾼，薄也。"从旡，京聲。臣鉉等曰："今俗隸書作亮。"力讓切。

文三　重一

説文解字弟八　下

説文解字弟九上

漢太尉祭酒　許慎 記
宋右散騎常侍　徐鉉等 校定

四十六部　四百九十六文　重六十三　凡七千二百四十七字
文三十八新附

頁　部

頁　頭也。从𦣻，从儿。古文䭫首如此。凡頁之屬皆从頁。𦣻者，䭫首字也。胡結切。

頭　首也。从頁，豆聲。度侯切。

顏　眉目之閒也。从頁，彥聲。五姦切。，籀文。

頌　皃也。从頁，公聲。余封切，又似用切。，籀文。

頊　顱也。从頁，乇聲。徒谷切。

顱　頊顱，首骨也。从頁，盧聲。洛乎切。

顛　顛頂也。从頁，㒵聲。魚怨切。

顛　頂也。从頁，真聲。都年切。

頂　顛也。从頁，丁聲。都挺切。，或从𩑋作。，籀文，从鼎。

顙　頟也。从頁，桑聲。蘇朗切。

題　頟也。从頁，是聲。杜兮切。

頟　顙也。从頁，各聲。臣鉉等曰："今俗作額。"五陌切。

頞　鼻莖也。从頁，安聲。烏割切。，或从鼻、曷。

頯　權也。从頁，𠓜聲。渠追切。

頰　面旁也。从頁，夾聲。古叶切。，籀文頰。

𩒳　頰後也。从頁，㫒聲。古恨切。

頷　顄也。从頁，合聲。胡感切。

顄 頤也。从頁，函聲。胡男切。

頸 頭莖也。从頁，巠聲。居郢切。

領 項也。从頁，令聲。良郢切。

項 頭後也。从頁，工聲。胡講切。

䪴 項枕也。从頁，冘聲。章衽切。

顀 出頟也。从頁，隹聲。直追切。

䫌 曲頤也。从頁，不聲。薄回切。

顩 鹻皃。从頁，僉聲。魚檢切。

𩑶 面目不正皃。从頁，尹聲。余準切。

頵 頭頵頵大也。从頁，君聲。於倫切。

䪹 面色顛䪹皃。从頁，員聲。讀若隕。于閔切。

𩕢 頭頰長也。从頁，兼聲。五咸切。

碩 頭大也。从頁，石聲。常隻切。

頒 大頭也。从頁，分聲。一曰：鬢也。《詩》曰："有頒其首。"布還切。

顒 大頭也。从頁，禺聲。《詩》曰："其大有顒。"魚容切。

𩓐 大頭也。从頁，羔聲。口幺切。

顝 大頭也。从頁，骨聲。讀若魁。苦骨切。

願 大頭也。从頁，原聲。魚怨切。

顤 高長頭。从頁，堯聲。五弔切。

𩕗 𩕗顤，高也。从頁，敖聲。五到切。

𩑋 面前岳岳也。从頁，岳聲。五角切。

𩔈 昧前也。从頁，㬅聲。讀若昧。莫佩切。

𩕤 面瘦淺𩕤𩕤也。从頁，霝聲。郎丁切。

顡 頭蔽顡也。从頁，豙聲。五怪切。

頑 梱頭也。从頁，元聲。五還切。

𩓡 小頭𩓡𩓡也。从頁，枝聲。讀若規。又已恚切。

顆 小頭也。从頁，果聲。苦惰切。

頢 短面也。从頁，𠯑聲。五活切，又下括切。
頲 狹頭頲也。从頁，廷聲。他挺切。
頠 頭閑習也。从頁，危聲。語委切。
頷 面黃也。从頁，含聲。胡感切。
䫀 面不正也。从頁，爰聲。于反切。
頍 舉頭也。从頁，支聲。《詩》曰："有頍者弁。"丘弭切。
𩒱 內頭水中也。从頁、𠬛，𠬛亦聲。烏沒切。
顧 還視也。从頁，雇聲。古慕切。
順 理也。从頁，从巛。食閏切。
𩑺 顏色𩑺𩕄，慎事也。从頁，㐱聲。之忍切。
𩕄 𩑺𩕄也。从頁，粦聲。一曰：頭少髮。良忍切。
顓 頭顓顓謹皃。从頁，耑聲。職緣切。
頊 頭頊頊謹皃。从頁，玉聲。許玉切。
顉 低頭也。从頁，金聲。《春秋傳》曰："迎于門，顉之而已。"
五感切。
頓 下首也。从頁，屯聲。都困切。
頫 低頭也。从頁，逃省。太史卜書，頫仰字如此。揚雄曰：人面頫。臣鉉等曰："頫首者，逃亡之皃，故从逃省。今俗作俯，非是。"方矩切。
俛，頫或从人、免。
頣 舉目視人皃。从頁，臣聲。式忍切。
𩖃 倨視人也。从頁，善聲。旨善切。
頡 直項也。从頁，吉聲。胡結切。
𩑶 頭頡𩑶也。从頁，出聲。讀又若骨。之出切。
顥 白皃。从頁，从景。《楚詞》曰："天白顥顥。"南山四顥，白首人也。臣鉉等曰："景，日月之光明，白也。"胡老切。
𩕦 大醜皃。从頁，樊聲。附袁切。
𩒺 好皃。从頁，爭聲。《詩》所謂"𩒺首"。疾正切。
𩓤 頭妍也。从頁，翩省聲。讀若翩。臣鉉等曰："从翩聲，又讀若翩，則是古今異音也。”王矩切。

豈頁 謹莊皃。从頁，豈聲。魚豈切。

顅 頭鬢少髮也。从頁，肩聲。《周禮》：“數目顅脰。”苦閑切。

顣 無髮也。一曰：耳門也。从頁，困聲。苦昆切。

頎 秃也。从頁，气聲。苦骨切。

頪 頭不正也。从頁，从耒。耒，頭傾也。讀又若《春秋》陳夏齧之齧。盧對切。

顊 傾首也。从頁，卑聲。匹米切。

䫣 司人也。一曰：恐也。从頁，契聲。讀若禊。胡計切。

䫥 頭不正也。从頁，鬼聲。口猥切。

頗 頭偏也。从頁，皮聲。滂禾切。

頄 顫也。从頁，尤聲。于救切。疣，頄或从疒。

顫 頭不正也。从頁，亶聲。之繕切。

顑 飯不飽，面黄起行也。从頁，咸聲。讀若戇。下感、下坎二切。

顲 面顑顲皃。从頁，㐭聲。盧感切。

煩 熱頭痛也。从頁，从火。一曰：焚省聲。附袁切。

顡 癡，不聰明也。从頁，豙聲。五怪切。

頪 難曉也。从頁、米。一曰：鮮白皃。从粉省。臣鉉等曰：“難曉，亦不聰之義。”盧對切。

顦 顦顇也。从頁，焦聲。昨焦切。

顇 顦顇也。从頁，卒聲。秦醉切。

顝 繫頭殟也。从頁，昏聲。莫奔切。

頦 醜也。从頁，亥聲。户來切。

䫏 醜也。从頁，其聲。今逐疫有䫏頭。去其切。

顲 呼也。从頁，籥聲。讀與籥同。《商書》曰：“率顲衆戚。”羊戍切。

顯 頭明飾也。从頁，㬎聲。臣鉉等曰：“㬎，古以爲顯字，故从㬎聲。”呼典切。

𩖂 選具也。从二頁。士戀切。

文九十三　重八

預 安也。案：經典通用豫。从頁，未詳。羊洳切。

文一新附

百　部

百 頭也。象形。凡百之屬皆从百。書九切。

脜 面和也。从百，从肉。讀若柔。耳由切。

文二

面　部

面 顔前也。从百，象人面形。凡面之屬皆从面。彌箭切。

靦 面見也。从面、見，見亦聲。《詩》曰："有靦面目。"他典切。

𩈈，或从旦。

𩈪 頰也。从面，甫聲。符遇切。

𩈣 面焦枯小也。从面、焦。即消切。

文四　重一

靨 姿也。从面，厭聲。於叶切。

文一新附

丏　部

丏 不見也。象壅蔽之形。凡丏之屬皆从丏。彌兖切。

文一

首　部

首 百同。古文百也。巛象髮，謂之鬊，鬊即巛也。凡首之屬皆从首。書九切。

𩠐 下首也。从首，旨聲。康禮切。

𩠐 截也。从首，从斷。大丸、旨沇二切。剸，或从刀，專聲。

文三　重一

県　部

県 到首也。賈侍中説：此斷首到縣県字。凡県之屬皆从県。古堯切。

縣 繫也。从系持県。臣鉉等曰："此本是縣挂之縣，借爲州縣之縣。今俗加心，别作懸，義無所取。"胡涓切。

文二

須　部

須 面毛也。从頁，从彡。凡須之屬皆从須。臣鉉等曰："此本須鬢之須。頁，首也。彡，毛飾也。借爲所須之須。俗書从水，非是。"相俞切。

頿 口上須也。从須，此聲。臣鉉等曰："今俗别作髭，非是。"即移切。

𩓨 頰須也。从須，从冄，冄亦聲。臣鉉等曰："今俗别作髯，非是。"汝鹽切。

𩕳 須髮半白也。从須，卑聲。府移切。

𩕧 短須髮皃。从須，否聲。敷悲切。

文五

彡　部

彡 毛飾畫文也。象形。凡彡之屬皆从彡。所銜切。

形 象形也。从彡，幵聲。户經切。

㐱 稠髮也。从彡，从人。《詩》曰："㐱髮如雲。"之忍切。鬒，㐱或从髟，真聲。

修 飾也。从彡，攸聲。息流切。

彰 文彰也。从彡，从章，章亦聲。諸良切。

彫 琢文也。从彡，周聲。都僚切。

彰 清飾也。从彡，青聲。疾郢切。

㣊 細文也。从彡，㣊省聲。莫卜切。

弱 橈也。上象橈曲，彡象毛氂橈弱也。弱物并，故从二弓。而勺切。

文九　重一

彩 文章也。从彡，采聲。倉宰切。

文一新附

彣　部

彣 䘮也。从彡，从文。凡彣之屬皆从彣。無分切。

彥 美士有文，人所言也。从彣，厂聲。魚變切。

文二

文　部

文 錯畫也。象交文。凡文之屬皆从文。無分切。

斐 分别文也。从文，非聲。《易》曰："君子豹變，其文斐也。"敷尾切。

辬 駁文也。从文，辡聲。布還切。

嫠 微畫也。从文，𠩺聲。里之切。

文四

髟　部

髟 長髮猋猋也。从長，从彡。凡髟之屬皆从髟。必凋切，又所銜切。

髮 根也。从髟，犮聲。方伐切。𩠐，髮或从首。𩕣，古文。

鬢 頰髮也。从髟，賓聲。必刃切。

鬗 髮長也。从髟，㒼聲。讀若蔓。母官切。

鬛 髮長也。从髟，監聲。讀若《春秋》"黑肱以濫來奔"。魯甘切。

𩭪 髮好也。从髟、差。千可切。
鬈 髮好也。从髟，卷聲。《詩》曰：“其人美且鬈。”衢員切。
髦 髮也。从髟，从毛。莫袍切。
𩯁 髮皃。从髟，臱聲。讀若宀。莫賢切。
𩭼 髮多也。从髟，周聲。直由切。
𩯭 髮皃。从髟，爾聲。讀若江南謂酢母爲𩯭。奴礼切。
𩭾 髮皃。从髟，音聲。步矛切。
𩯨 髮至眉也。从髟，敄聲。《詩》曰：“紞彼兩𩯨。”亡牢切。，𩯨或省。漢令有髳長。
鬋 女鬢垂皃。从髟，前聲。作踐切。
鬑 鬋也。一曰：長皃。从髟，兼聲。讀若慊。力鹽切。
𩮜 束髮少也。从髟，截聲。子結切。
鬄 髮也。从髟，易聲。先彳切，又大計切。，鬄或从也聲。
髲 鬄也。从髟，皮聲。平義切。
𩬿 用梳比也。从髟，次聲。七四切。
𩭹 潔髮也。从髟，昏聲。古涽切。
𩮟 臥結也。从髟，般聲。讀若槃。薄官切。
𩬽 結也。从髟，付聲。方遇切。
鬕 帶結飾也。从髟，莫聲。莫駕切。
𩯍 屈髮也。从髟，貴聲。丘媿切。
𩬸 簪結也。从髟，介聲。古拜切。
鬣 髮鬣鬣也。从髟，巤聲。良涉切。，鬣或从毛。，或从豕。
𩯊 鬣也。从髟，盧聲。洛乎切。
髴 髴，若似也。从髟，弗聲。敷勿切。
髶 亂髮也。从髟，茸省聲。而容切。
鬌 髮隋也。从髟，隋省。直追切。
鬊 鬢髮也。从髟，春聲。舒閏切。
鬝 鬢禿也。从髟，閒聲。苦閑切。

鬄 鬀髮也。从髟，从刀，易聲。他歷切。

髡 鬄髮也。从髟，兀聲。苦昆切。髨，或从元。

鬀 鬄髮也。从髟，弟聲。大人曰髡，小人曰鬀，盡及身毛曰鬄。

臣鉉等曰：“今俗别作剃，非是。”他計切。

𩭾 鬃也。从髟，並聲。蒲浪切。

鬽 𩭾也。忽見也。从髟，录聲。录，籀文魅，亦忽見意。芳未切。

髽 喪結。禮：女子髽衰，弔則不髽。魯臧武仲與齊戰于狐鮐，魯人迎喪者，始髽。从髟，坐聲。莊華切。

文三十八　重六

鬐 馬鬣也。从髟，耆聲。渠脂切。

髫 小兒垂結也。从髟，召聲。徒聊切。

髻 總髮也。从髟，吉聲。古通用結。古詣切。

鬟 總髮也。从髟，睘聲。案：古婦人首飾，琢玉爲兩環。此二字皆後人所加。户關切。

文四新附

后　部

后 繼體君也。象人之形，施令以告四方，故厂之。从一、口。發號者，君后也。凡后之屬皆从后。胡口切。

㖃 厚怒聲。从口、后，后亦聲。呼后切。

文二

司　部

司 臣司事於外者。从反后。凡司之屬皆从司。息茲切。

詞 意内而言外也。从司，从言。似兹切。

文二

巵　部

巵　圜器也。一名觛。所以節飲食。象人，卪在其下也。《易》曰：“君子節飲食。”凡巵之屬皆从巵。章移切。

䏙　小巵有耳蓋者。从巵，專聲。市沇切。

䑍　小巵也。从巵，耑聲。讀若捶擊之捶。旨沇切。

文三

卪　部

卪　瑞信也。守國者用玉卪，守都鄙者用角卪，使山邦者用虎卪，土邦者用人卪，澤邦者用龍卪，門關者用符卪，貨賄用璽卪，道路用旌卪。象相合之形。凡卪之屬皆从卪。子結切。

令　發號也。从亼、卪。徐鍇曰：“號令者，集而爲之。卪，制也。”力正切。

𠨘　輔信也。从卪，比聲。《虞書》曰：“𠨘成五服。”毗必切。

㢠　有大度也。从卪，多聲。讀若侈。充豉切。

𠨲　宰之也。从卪，必聲。兵媚切。

卲　高也。从卪，召聲。寔照切。

厄　科厄，木節也。从卪，厂聲。賈侍中説以爲：厄，裹也。一曰：厄，蓋也。臣鉉等曰：“厂非聲，未詳。”五果切。

厀　脛頭卪也。从卪，桼聲。臣鉉等曰：“今俗作膝，非是。”息七切。

卷　厀曲也。从卪，𠔉聲。居轉切。

卻　節欲也。从卪，谷聲。去約切。

卸　舍車解馬也。从卪、止、午。讀若汝南人寫書之寫。臣鉉等曰：“午，馬也，故从午。”司夜切。

㔾　二卪也。巽从此。闕。士戀切。

𠀁　卪也。闕。則候切。

文十三

印　部

印　執政所持信也。从爪，从卩。凡印之屬皆从印。於刃切。

归　按也。从反印。於棘切。抑，俗从手。

文二　重一

色　部

色　顏气也。从人，从卩。凡色之屬皆从色。所力切。，古文。

艴　色艴如也。从色，弗聲。《論語》曰："色艴如也。"蒲没切。

艵　縹色也。从色，并聲。普丁切。

文三　重一

卯　部

卯　事之制也。从卩、𠂎。凡卯之屬皆从卯。闕。去京切。

卿　章也。六卿：天官冢宰、地官司徒、春官宗伯、夏官司馬、秋官司寇、冬官司空。从卯，皀聲。去京切。

文二

辟　部

辟　法也。从卩，从辛，節制其辠也；从口，用法者也。凡辟之屬皆从辟。必益切。

擘　治也。从辟，从井。《周書》曰："我之不擘。"必益切。

嬖　治也。从辟，乂聲。《虞書》曰："有能俾嬖。"魚廢切。

文三

勹　部

勹　裹也。象人曲形，有所包裹。凡勹之屬皆从勹。布交切。

匊 曲脊也。从勹，𥳑省聲。巨六切。

匍 手行也。从勹，甫聲。簿乎切。

匐 伏地也。从勹，畐聲。蒲北切。

匊 在手曰匊。从勹、米。臣鉉等曰："今俗作掬，非是。"居六切。

匀 少也。从勹、二。羊倫切。

勼 聚也。从勹，九聲。讀若鳩。居求切。

旬 徧也。十日爲旬，从勹、日。詳遵切。，古文。

勹 覆也。从勹覆人。薄皓切。

匈 聲也。从勹，凶聲。許容切。，匈或从肉。

舟 帀徧也。从勹，舟聲。職流切。

匌 帀也。从勹，从合，合亦聲。侯閤切。

𩰲 飽也。从勹，𣪊聲。民祭祝曰厭𩰲。己又切，又乙庶切。

復 重也。从勹，復聲。扶富切。，或省彳。

冢 高墳也。从勹，豖聲。知隴切。

文十五　重三

包　部

包 象人裹妊，巳在中，象子未成形也。元气起於子。子，人所生也。男左行三十，女右行二十，俱立於巳，爲夫婦。裹妊於巳，巳爲子，十月而生。男起巳至寅，女起巳至申。故男年始寅，女年始申也。凡包之屬皆从包。布交切。

胞 兒生裹也。从肉，从包。匹交切。

匏 瓠也。从包，从夸聲。包，取其可包藏物也。薄交切。

文三

茍　部

茍 自急敕也。从羊省，从包省，从口。口猶慎言也。从羊，羊與義、善、美同意。凡茍之屬皆从茍。己力切。，古文羊不省。

敬　肅也。从攴、苟。居慶切。

文二　重一

鬼　部

鬼　人所歸爲鬼。从人，象鬼頭。鬼陰气賊害，从厶。凡鬼之屬皆从鬼。居偉切。，古文从示。

魋　神也。从鬼，申聲。食鄰切。

魂　陽气也。从鬼，云聲。户昆切。

魄　陰神也。从鬼，白聲。普百切。

鬽　厲鬼也。从鬼，失聲。丑利切。

魖　耗神也。从鬼，虛聲。朽居切。

魃　旱鬼也。从鬼，犮聲。《周禮》有赤魃氏，除牆屋之物也。《詩》曰："旱魃爲虐。"薄撥切。

鬽　老精物也。从鬼、彡。彡，鬼毛。密祕切。，或从未聲。，古文。，籀文从彖首，从尾省聲。

鬾　鬼服也。一曰：小兒鬼。从鬼，支聲。《韓詩傳》曰："鄭交甫逢二女鬾服。"奇寄切。

虩　鬼皃。从鬼，虎聲。虎烏切。

鬿　鬼俗也。从鬼，幾聲。《淮南傳》曰："吴人鬼，越人鬿。"居衣切。

魗　鬼彪聲，魗魗不止也。从鬼，需聲。奴豆切。

傀　鬼變也。从鬼，化聲。呼駕切。

魌　見鬼驚詞。从鬼，難省聲。讀若《詩》"受福不儺。"諾何切。

䰡　鬼皃。从鬼，賓聲。符真切。

醜　可惡也。从鬼，酉聲。昌九切。

魋　神獸也。从鬼，隹聲。杜回切。

文十七　重四

魑　鬼屬。从鬼，从离，离亦聲。丑知切。

魔　鬼也。从鬼，麻聲。莫波切。

魘　寱驚也。从鬼，厭聲。於琰切。

文三新附

甶　部

甶　鬼頭也。象形。凡甶之屬皆从甶。敷勿切。

畏　惡也。从甶，虎省。鬼頭而虎爪，可畏也。於胃切。，古文省。

禺　母猴屬。頭似鬼。从甶，从内。牛具切。

文三　重一

厶　部

厶　姦衺也。韓非曰："蒼頡作字，自營爲厶。"凡厶之屬皆从厶。息夷切。

篡　屰而奪取曰篡。从厶，算聲。初官切。

羑　相詠呼也。从厶，从羑。與久切。，或从言、秀。，或如此。，古文。臣鉉等案："羊部有羑。羑，進善也。此古文重出。"

文三　重三

嵬　部

嵬　高不平也。从山，鬼聲。凡嵬之屬皆从嵬。五灰切。

巍　高也。从嵬，委聲。牛威切。　臣鉉等曰："今人省山以爲魏國之魏。"語韋切。

文二

説文解字弟九　上

説文解字弟九下

漢太尉祭酒　許慎 記
宋右散騎常侍　徐鉉等 校定

山　部

山　宣也。宣气散，生萬物，有石而高。象形。凡山之屬皆从山。所閒切。

嶽　東，岱；南，靃；西，華；北，恆；中，泰室。王者之所以巡狩所至。从山，獄聲。五角切。，古文，象高形。

岱　太山也。从山，代聲。徒耐切。

島　海中往往有山可依止，曰島。从山，鳥聲。讀若《詩》曰“蔦與女蘿”。都皓切。

峱　山。在齊地。从山，狃聲。《詩》曰：“遭我于峱之閒兮。”奴刀切。

嶧　葛嶧山，在東海下邳。从山，睪聲。《夏書》曰：“嶧陽孤桐。”羊益切。

嵎　封嵎之山，在吳楚之閒，汪芒之國。从山，禺聲。噳俱切。

嶷　九嶷山，舜所葬，在零陵營道。从山，疑聲。語其切。

嶅　山。在蜀湔氐西徼外。从山，敄聲。武巾切。

屼　山也。或曰：弱水之所出。从山，几聲。居履切。

巀　巀嶭山，在馮翊池陽。从山，𢧵聲。才葛切。

嶭　巀嶭山也。从山，辥聲。五葛切。

崋　山，在弘農華陰。从山，華省聲。胡化切。

𡾞　山，在鴈門。从山，𦎫聲。古博切。

崵　崵山，在遼西。从山，昜聲。一曰：嵎鐵，崵谷也。與章切。

岵　山有草木也。从山，古聲。《詩》曰：“陟彼岵兮。”侯古切。

屺 山無草木也。从山，己聲。《詩》曰："陟彼屺兮。"墟里切。

嶨 山多大石也。从山，學省聲。胡角切。

嶅 山多小石也。从山，敖聲。五交切。

岨 石戴土也。从山，且聲。《詩》曰："陟彼岨矣。"七余切。

岡 山骨也。从山，网聲。古郎切。

岑 山小而高。从山，今聲。鉏箴切。

崟 山之岑崟也。从山，金聲。魚音切。

崒 崒危，高也。从山，卒聲。醉綏切。

巒 山小而鋭。从山，䜌聲。洛官切。

密 山如堂者。从山，宓聲。美畢切。

岫 山穴也。从山，由聲。似又切。，籒文从穴。

陖 高也。从山，陖聲。私閏切。，陖或省。

嶞 山之墮墮者。从山，从憜省聲。讀若相推落之憜。徒果切。

嶘 尤高也。从山，棧聲。士限切。

崛 山短高也。从山，屈聲。衢勿切。

巁 巍高也。从山，蠆聲。讀若厲。力制切。

峯 山耑也。从山，夆聲。敷容切。

巖 岸也。从山，嚴聲。五緘切。

嵒 山巖也。从山、品。讀若吟。臣鉉等曰："从品，象巖厓連屬之形。"五咸切。

㟴 嶵也。从山，絫聲。落猥切。

嶵 山皃。从山，辠聲。徂賄切。

峼 山皃。一曰：山名。从山，告聲。古到切。

隓 山皃。从山，隓聲。徒果切。 臣鉉等案："隓與墯同，墯今亦音徒果切，則是隓兼有此音。"

嵯 山皃。从山，差聲。昨何切。

峨 嵯峨也。从山，我聲。五何切。

崝 嶸也。从山，青聲。臣鉉等曰："今俗别作崢，非是。"七耕切。

嶸 崝嶸也。从山，榮聲。户萌切。

巠 谷也。从山，巠聲。户經切。

崩 山壞也。从山，朋聲。北滕切。□，古文从𨸏。

䢪 山脅道也。从山，弗聲。敷勿切。

嵍 山名。从山，敄聲。亡遇切。

嶢 焦嶢，山高皃。从山，堯聲。古僚切。

巀 山陖也。从山，戩聲。慈良切。

嵏 九嵏山，在馮翊谷口。从山，嵏聲。子紅切。

岊 陬隅，高山之節。从山，从卪。子結切。

崇 嵬高也。从山，宗聲。鉏弓切。

崔 大高也。从山，隹聲。胙回切。

文五十三　重四

嶙 嶙峋，深崖皃。从山，粦聲。力珍切。

峋 嶙峋也。从山，旬聲。相倫切。

岌 山高皃。从山，及聲。魚汲切。

嶠 山鋭而高也。从山，喬聲。古通用喬。渠廟切。

嵌 山深皃。从山，欺省聲。口銜切。

嶼 島也。从山，與聲。徐吕切。

嶺 山道也。从山，領聲。良郢切。

嵐 山名。从山，葻省聲。盧含切。

嵩 中岳嵩高山也。从山，从高，亦从松。韋昭《國語注》云："古通用崇字。" 息弓切。

崑 崑崙，山名。从山，昆聲。《漢書》楊雄文通用昆侖。古渾切。

崙 崑崙也。从山，侖聲。盧昆切。

嵇 山名。从山，稽省聲。奚氏避難，特造此字，非古。胡雞切。

文十二新附

屾　部

屾 二山也。凡屾之屬皆从屾。所臻切。

嵞 會稽山。一曰：九江當嵞也。民以辛壬癸甲之日嫁娶。从屾，余聲。《虞書》曰："予娶嵞山。"同都切。

文二

屵　部

屵 岸高也。从山、厂，厂亦聲。凡屵之屬皆从屵。五葛切。

岸 水厓而高者。从屵，干聲。五旰切。

崖 高邊也。从屵，圭聲。五佳切。

嶉 高也。从屵，隹聲。都回切。

嶏 崩也。从屵，肥聲。符鄙切。

𡾏 崩聲。从屵，配聲。讀若費。蒲没切。

文六

广　部

广 因广爲屋，象對刺高屋之形。凡广之屬皆从广。讀若儼然之儼。魚儉切。

府 文書藏也。从广，付聲。臣鉉等曰："今藏腑字，俗書从肉，非是。"方矩切。

廱 天子饗飲辟廱。从广，雝聲。於容切。

庠 禮官養老。夏曰校，殷曰庠，周曰序。从广，羊聲。似陽切。

廬 寄也。秋冬去，春夏居。从广，盧聲。力居切。

庭 宮中也。从广，廷聲。特丁切。

廇 中庭也。从广，留聲。力救切。

庉 樓牆也。从广，屯聲。徒損切。

庌 廡也。从广，牙聲。《周禮》曰："夏庌馬。"五下切。

廡 堂下周屋。从广，無聲。文甫切。，籀文从舞。

廬 廡也。从广，盧聲。讀若鹵。郎古切。

庖 廚也。从广，包聲。薄交切。

廚 庖屋也。从广，尌聲。直株切。

庫 兵車藏也。从車在广下。苦故切。

廄 馬舍也。从广，𣪘聲。《周禮》曰："馬有二百十四匹爲廄，廄有僕夫。"居又切。，古文从九。

序 東西牆也。从广，予聲。徐吕切。

廦 牆也。从广，辟聲。比激切。

廣 殿之大屋也。从广，黄聲。古晃切。

廥 芻藁之藏。从广，會聲。古外切。

庾 水槽倉也。从广，臾聲。一曰：倉無屋者。以主切。

屏 蔽也。从广，并聲。必郢切。

廁 清也。从广，則聲。初吏切。

廛 一畝半，一家之居。从广、里、八、土。直連切。

𢇛 屋牝瓦下。一曰：維綱也。从广，閔省聲。讀若環。户關切。

廖 屋階中會也。从广，悤聲。倉紅切。

廖 廣也。从广，侈聲。《春秋國語》曰："俠溝而廖我。"尺氏切。

廉 仄也。从广，兼聲。力兼切。

庛 開張屋也。从广，秅聲。濟陰有庛縣。宅加切。

龐 高屋也。从广，龍聲。薄江切。

底 山居也。一曰：下也。从广，氐聲。都礼切。

庢 礙止也。从广，至聲。陟栗切。

廮 安止也。从广，嬰聲。鉅鹿有廮陶縣。於郢切。

废 舍也。从广，犮聲。《詩》曰："召伯所废。"蒲撥切。

庳 中伏舍。从广，卑聲。一曰：屋庳。或讀若逋。便俾切。

庇 蔭也。从广，比聲。必至切。

庶 屋下衆也。从广、炗。炗，古文光字。臣鉉等曰："光，亦衆盛也。"商署切。

庤 儲置屋下也。从广，寺聲。直里切。

廙 行屋也。从广，異聲。與職切。

廔 屋麗廔也。从广，婁聲。一曰：穜也。洛侯切。

雇 屋从上傾下也。从广，隹聲。都回切。

廢 屋頓也。从广，發聲。方肺切。

庮 久屋朽木。从广，酉聲。《周禮》曰："牛夜鳴則庮。"臭如朽木。與久切。

廑 少劣之居。从广，堇聲。巨斤切。

廟 尊先祖皃也。从广，朝聲。眉召切。庿，古文。

㡯 人相依㡯也。从广，且聲。子余切。

廅 屋迫也。从广，曷聲。於歇切。

㡿 郤屋也。从广，屰聲。昌石切。

廞 陳輿服於庭也。从广，欽聲。讀若歆。許今切。

廫 空虛也。从广，膠聲。臣鉉等曰："今別作寥，非是。"洛蕭切。

文四十九　重三

廈 屋也。从广，夏聲。胡雅切。

廊 東西序也。从广，郎聲。《漢書》通用郎。魯當切。

廂 廊也。从广，相聲。息良切。

庪 祭山曰庪縣。从广，技聲。過委切。

庱 地名。从广，未詳。丑抍切。

廖 人姓。从广，未詳。當是省廫字爾。力救切。

文六新附

厂　　部

厂 山石之厓巖，人可居。象形。凡厂之屬皆从厂。呼旱切。𠩺，籀文从干。

厓　山邊也。从厂，圭聲。五佳切。

厜　厜㕒，山顛也。从厂，垂聲。姊宜切。

㕒　厜㕒也。从厂，義聲。魚爲切。

厰　崟也。一曰：地名。从厂，敢聲。魚音切。

厬　仄出泉也。从厂，晷聲。讀若軌。居洧切。

厎　柔石也。从厂，氐聲。職雉切。砥，厎或从石。

厥　發石也。从厂，欮聲。俱月切。

厲　旱石也。从厂，蠆省聲。力制切。𠪚，或不省。

厱　厱諸，治玉石也。从厂，僉聲。讀若藍。魯甘切。

厤　治也。从厂，秝聲。郎擊切。

厙　石利也。从厂，異聲。讀若枲。胥里切。

厝　美石也。从厂，古聲。侯古切。

厗　唐厗，石也。从厂，屖省聲。杜兮切。

厂　石聲也。从厂，立聲。盧荅切。

厑　石地惡也。从厂，兒聲。五歷切。

厰　石地也。从厂，金聲。讀若紟。巨今切。

㾮　石閒見。从厂，甫聲。讀若敷。芳無切。

厝　厲石也。从厂，昔聲。《詩》曰："他山之石，可以爲厝。"倉各切，又七互切。

厖　石大也。从厂，尨聲。莫江切。

屵　岸上見也。从厂，从之省。讀若躍。以灼切。

㡿　辟也。从厂，夾聲。胡甲切。

仄　側傾也。从人在厂下。阻力切。𡗕，籀文从夨，夨亦聲。

辟　仄也。从厂，辟聲。普擊切。

厞　隱也。从厂，非聲。扶沸切。

厭　笮也。从厂，猒聲。一曰：合也。於輒切，又一琰切。

产　仰也。从人在厂上。一曰：屋梠也。秦謂之桷，齊謂之产。魚毁切。

文二十七　重四

丸　　部

丸　圜，傾側而轉者。从反仄。凡丸之屬皆从丸。胡官切。
檛　鷙鳥食已，吐其皮毛如丸。从丸，咼聲。讀若骫。於跪切。
㮝　丸之孰也。从丸，而聲。奴禾切。
𠃷　闕。芳萬切。

文四

危　　部

危　在高而懼也。从厃，自卪止之。凡危之屬皆从危。魚爲切。
䧘　䧘隔也。从危，支聲。去其切。

文二

石　　部

石　山石也。在厂之下；口，象形。凡石之屬皆从石。常隻切。
磺　銅鐵樸石也。从石，黄聲。讀若穬。古猛切。卝，古文礦。《周禮》有卝人。
碭　文石也。从石，昜聲。徒浪切。
碝　石次玉者。从石，耎聲。而沇切。
砮　石。可以爲矢鏃。从石。奴聲。《夏書》曰："梁州貢砮丹。"《春秋國語》曰："肅慎氏貢楛矢、石砮。"乃都切。
礜　毒石也。出漢中。从石，與聲。羊茹切。
碣　特立之石。東海有碣石山。从石，曷聲。渠列切。𥓓，古文。
磏　厲石也。一曰：赤色。从石，兼聲。讀若鎌。力鹽切。
碫　厲石也。从石，叚聲。《春秋傳》曰：鄭公孫碫字子石。乎加切。
礫　小石也。从石，樂聲。郎擊切。
碧　水邊石。从石，巩聲。《春秋傳》曰："闕碧之甲。"居竦切。

磧 水陼有石者。从石，責聲。七迹切。

碑 豎石也。从石，卑聲。府眉切。

䃍 陊也。从石，㒸聲。徒對切。

磒 落也。从石，員聲。《春秋傳》曰："磒石于宋，五。"于敏切。

𥓾 碎石隕聲。从石，炙聲。所責切。

硞 石聲。从石，告聲。苦角切。

硠 石聲。从石，良聲。魯當切。

礐 石聲。从石，學省聲。胡角切。

硈 石堅也。从石，吉聲。一曰：突也。格八切。

磕 石聲。从石，盇聲。口太切，又苦盇切。

硻 餘堅者。从石，堅省。口莖切。

磿 石聲也。从石，厤聲。郎擊切。

磛 礹，石也。从石，斬聲。鉏銜切。

礹 石山也。从石，嚴聲。五銜切。

礊 堅也。从石，毄聲。楷革切。

确 礊石也。从石，角聲。臣鉉等曰："今俗作確，非是。"胡角切。㱿，确或从㱿。

磽 礊石也。从石，堯聲。口交切。

硪 石巖也。从石，我聲。五何切。

碞 磛嵒也。从石，品。《周書》曰："畏于民碞。"讀與巖同。臣鉉等曰："从品與嵒同意。"五銜切。

磬 樂石也。从石，殸。象縣虡之形。殳，擊之也。古者毋句氏作磬。苦定切。殸，籀文省。硜，古文从巠。

礙 止也。从石，疑聲。五漑切。

硩 上摘巖空青、珊瑚墮之。从石，折聲。《周禮》有硩蔟氏。丑列切。

硟 以石扞繒也。从石，延聲。尺戰切。

碎 䃺也。从石，卒聲。蘇對切。

破 石碎也。从石，皮聲。普過切。

礱 確也。从石，龍聲。天子之桷，椓而礱之。盧紅切。

研 確也。从石，幵聲。五堅切。

確 石磑也。从石，靡聲。模臥切。

磑 確也。从石，豈聲。古者公輸班作磑。五對切。

碓 舂也。从石，隹聲。都隊切。

䃰 舂已，復擣之，曰䃰。从石，沓聲。徒合切。

磻 以石箸惟繁也。从石，番聲。博禾切。

䃒 斫也。从石，箸聲。張略切。

硯 石滑也。从石，見聲。五甸切。

砭 以石刺病也。从石，乏聲。方影切，又方驗切。

䃂 石也惡也。从石，鬲聲。下革切。

砢 磊砢也。从石，可聲。來可切。

磊 衆石也。从三石。落猥切。

文四十九　重五

礪 確也。从石，厲聲。經典通用厲。力制切。

碏 《左氏傳》，衛大夫石碏。《唐韻》云：敬也。从石，未詳；昔聲。七削切。

磯 大石激水也。从石，幾聲。居衣切。

碌 石皃。从石，录聲。盧谷切。

砧 石柎也。从石，占聲。知林切。

砌 階甃也。从石，切聲。千計切。

礩 柱下石也。从石，質聲。之日切。

礎 礩也。从石，楚聲。創舉切。

硾 擣也。从石，垂聲。直類切。

文九新附

長　　部

長 久遠也。从兀，从匕。兀者，高遠意也。久則變化。亾聲。𠂆者，倒亾也。凡長之屬皆从長。臣鉉等曰："倒亡，不亡也，长久之義也。"直良切。𠑷，古文長。𠑻，亦古文長。

肆 極、陳也。从長，隶聲。息利切。𩬯，或从髟。

镾 久長也。从長，爾聲。武夷切。

镻 蛇惡毒長也。从長，失聲。徒結切。

文四　重三

勿　部

勿 州里所建旗。象其柄，有三游。雜帛，幅半異。所以趣民，故遽，稱勿勿。凡勿之屬皆从勿。文弗切。𣃦，勿或从㫃。

昜 開也。从日、一、勿。一曰：飛揚。一曰：長也。一曰：彊者衆皃。與章切。

文二　重一

冄　部

冄 毛冄冄也。象形。凡冄之屬皆从冄。而琰切。

文一

而　部

而 頰毛也。象毛之形。《周禮》曰："作其鱗之而。"凡而之屬皆从而。臣鉉等曰："今俗别作髵，非是。"如之切。

耏 罪不至髡也。从而，从彡。奴代切。耐，或从寸。諸法度字从寸。

文二　重一

豕　部

豕 彘也。竭其尾，故謂之豕。象毛足而後有尾。讀與豨同。按：今世字，誤以豕爲彘，以彘爲豕，何以明之？爲啄、琢从豕，蠡从彖。皆取其聲，以是明之。臣鉉等曰："此語未詳，或後人所加。"凡豕之屬皆从豕。式視切。，古文。

豬 豕而三毛叢居者。从豕，者聲。陟魚切。

豰 小豚也。从豕，㱿聲。步角切。

豯 生三月豚，腹豯豯皃也。从豕，奚聲。胡雞切。

豵 生六月豚。从豕，從聲。一曰：一歲豵，尚叢聚也。子紅切。

豝 牝豕也。从豕，巴聲。一曰：一歲能相把拏也。《詩》曰："一發五豝。"伯加切。

豜 三歲豕，肩相及者。从豕，幵聲。《詩》曰："並驅从兩豜兮。"古賢切。

豶 羠豕也。从豕，賁聲。符分切。

豭 牡豕也。从豕，叚聲。古牙切。

豛 上谷名豬豭。从豕，役省聲。營隻切。

㺾 豶也。从豕，隋聲。臣鉉等曰："當从隨省。"以水切。

豤 齧也。从豕，豤聲。康很切。

豷 豕息也。从豕，壹聲。《春秋傳》曰："生敖及豷。"許利切。

豧 豕息也。从豕，甫聲。芳無切。

豢 以穀圈養豕也。从豕，𠔉聲。胡慣切。

豠 豕屬。从豕，且聲。疾余切。

豲 逸也。从豕，原聲。《周書》曰："豲有爪而不敢以撅。"讀若桓。胡官切。

豨 豕走豨豨。从豕，希聲。古有封豨脩虵之害。虛豈切。

豖 豕絆足行豖豖。从豕繫二足。丑六切。

豦 鬭相丮不解也。从豕、虍。豕、虍之鬭，不解也。讀若蘮蒘草之蘮。司馬相如說：豦，封豕之屬。一曰：虎兩足舉。强魚切。

豙 豕怒毛豎。一曰：殘艾也。从豕、辛。臣鉉等曰："从辛，未詳。"魚既切。

豩 二豕也。豳从此。闕。伯貧切。又，呼關切。

文二十二　重一

㣇　部

㣇　脩豪獸。一曰：河内名豕也。从彑，下象毛足。凡㣇之屬皆从㣇。讀若弟。羊至切。，籀文。，古文。

𩫛　豕屬。从㣇，㬰聲。呼骨切。

𧰲　豕，鬣如筆管者。出南郡。从㣇，高聲。乎刀切。，籀文从豕。

臣鉉等曰："今俗别作毫，非是。"

㲋　蟲，似豪豬者。从㣇，胃省聲。于貴切。，或从虫。

𤠪　㣇屬。从二㣇。息利切。，古文𤠪。《虞書》曰："𤠪類于上帝。"

文五　重五

彑　部

彑　豕之頭，象其鋭，而上見也。凡彑之屬皆从彑。讀若罽。居例切。

彘　豕也。後蹏發謂之彘。从彑，矢聲；从二匕，彘足與鹿足同。直例切。

彖　豕也。从彑，从豕。讀若弛。式視切。

𢑚　豕也。从彑，下象其足。讀若瑕。乎加切。

彖　豕走也。从彑，从豕省。通貫切。

文五

豚　部

豚　小豕也。从彖省，象形；从又持肉，以給祠祀。凡豚之屬皆从豚。徒魂切。，篆文从肉、豕。

䝜　豚屬。从豚，衞聲。讀若罽。于歲切。

文二　重一

豸　部

豸　獸長脊，行豸豸然，欲有所司殺形。凡豸之屬皆从豸。池爾切。司殺讀若伺候之伺。

豹　似虎，圜文。从豸，勺聲。北教切。

貙　貙獌，似貍者。从豸，區聲。敕俱切。

貚　貙屬也。从豸，單聲。徒干切。

貔　豹屬，出貉國。从豸，毘聲。《詩》曰：“獻其貔皮。”《周書》曰：“如虎如貔。”貔，猛獸。房脂切。豼，或从比。

豺　狼屬，狗聲。从豸，才聲。士皆切。

貐　猰貐，似貙，虎爪，食人，迅走。从豸，俞聲。以主切。

貘　似熊而黄黑色，出蜀中。从豸，莫聲。莫白切。

貗　猛獸也。从豸，庸聲。余封切。

貜　㙛貜也。从豸，矍聲。王縛切。

貀　獸，無前足。从豸，出聲。漢律：能捕豺貀，購百錢。女滑切。

貈　似狐，善睡獸。从豸，舟聲。《論語》曰：“狐貈之厚以居。”臣鉉等曰：“舟非聲，未詳。”下各切。

豻　胡地野狗。从豸，干聲。五旰切。犴，豻或从犬。《詩》曰：“宜犴宜獄。”

貂　鼠屬。大而黄黑，出胡丁零國。从豸，召聲。都僚切。

貉　北方豸穜。从豸，各聲。孔子曰：“貉之爲言惡也。”莫白切。

貆　貉之類。从豸，亘聲。胡官切。

貍　伏獸，似貙。从豸，里聲。里之切。

貒　獸也。从豸，耑聲。讀若湍。他耑切。

貛　野豕也。从豸，雚聲。呼官切。

貁　鼠屬。善旋。从豸，穴聲。余救切。

文二十　重二

貓　貍屬。从豸，苗聲。莫交切。

文一新附

𤉡　部

𤉡　如野牛而青。象形。與禽、离頭同。凡𤉡之屬皆从𤉡。徐姊切。，古文从几。

文一　重一

易　部

易　蜥易，蝘蜓，守宫也。象形。《祕書》説：日月爲易，象陰陽也。一曰：从勿。凡易之屬皆从易。羊益切。

文一

象　部

象　長鼻牙，南越大獸，三年一乳。象耳牙四足之形。凡象之屬皆从象。徐兩切。

豫　象之大者。賈侍中説：不害於物。从象，予聲。羊茹切。，古文。

文二　重一

説文解字弟九　下

説文解字弟十上

漢太尉祭酒　許慎 記
宋右散騎常侍　徐鉉等 校定

四十部　八百一十文　重八十七　凡萬四字
文三十一新附

馬　部

馬 怒也。武也。象馬頭髦尾四足之形。凡馬之屬皆从馬。莫下切。，古文。，籀文馬與影同，有髦。

騭 牡馬也。从馬，陟聲。讀若郅。之日切。

馵 馬一歲也。从馬；一，絆其足。讀若弦。一曰：若環。户關切。

駒 馬二歲曰駒，三歲曰駣。从馬，句聲。舉朱切。

馬八 馬八歲也。从馬，从八。博拔切。

驧 馬一目白曰驧，二目白曰魚。从馬，閒聲。户閒切。

騏 馬青驪，文如博綦也。从馬，其聲。渠之切。

驪 馬深黑色。从馬，麗聲。吕支切。

駽 青驪馬。从馬，肙聲。《詩》曰："駜彼乘駽。"火玄切。

騩 馬淺黑色。从馬，鬼聲。俱位切。

騮 赤馬黑毛尾也。从馬，留聲。力求切。

騢 馬赤白雜毛。从馬，叚聲。謂色似鰕魚也。乎加切。

騅 馬蒼黑雜毛。从馬，隹聲。職追切。

駱 馬白色，黑鬛尾也。从馬，各聲。盧各切。

駰 馬陰白雜毛。黑。从馬，因聲。《詩》曰："有駰有騢。"於真切。

驄 馬青白雜毛也。从馬，悤聲。倉紅切。

驈 驪馬白胯也。从馬，矞聲。《詩》曰：“有驈有騜。”食聿切。

駹 馬面顙皆白也。从馬，尨聲。莫江切。

騧 黄馬，黑喙。从馬，咼聲。古華切。，籀文騧。

驃 黄馬發白色。一曰：白髦尾也。从馬，票聲。毗召切。

駓 黄馬白毛也。从馬，丕聲。敷悲切。

驖 馬赤黑色。从馬，戴聲。《詩》曰：“四驖孔阜。”他結切。

駻 馬頭有發赤色者。从馬，岸聲。五旰切。

馰 馬白頟也。从馬，的省聲。一曰：駿也。《易》曰：“爲的顙。”都歷切。

駁 馬色不純。从馬，爻聲。臣鉉等曰：“爻非聲。疑象駁文。”北角切。

馵 馬後左足白也。从馬，二其足。讀若注。之戍切。

驔 驪馬黄脊。从馬，覃聲。讀若簟。徒玷切。

驠 馬白州也。从馬，燕聲。於甸切。

騽 馬豪骭也。从馬，習聲。似入切。

騅 馬毛長也。从馬，倝聲。侯旰切。

騑 馬逸足也。从馬，从飛。《司馬法》曰：“飛衞斯輿。”甫微切。

驁 駿馬。以壬申日死，乘馬忌之。从馬，敖聲。五到切。

驥 千里馬也，孫陽所相者。从馬，冀聲。天水有驥縣。几利切。

駿 馬之良材者。从馬，夋聲。子峻切。

驍 良馬也。从馬，堯聲。古堯切。

騒 馬小皃。从馬，垂聲。讀若箠。之壘切。，籀文从𠂢。

驕 馬高六尺爲驕。从馬，喬聲。《詩》曰：“我馬唯驕。”一曰：野馬。舉喬切。

騋 馬七尺爲騋，八尺爲龍。从馬，來聲。《詩》曰：“騋牝驪牡。”洛哀切。

驩 馬名。从馬，雚聲。呼官切。

驗 馬名。从馬，僉聲。魚窆切。

骴 馬名。从馬，此聲。雌氏切。

貅 馬名。从馬，休聲。許尤切。

駁 馬赤鬣縞身，目若黄金，名曰媽。吉皇之乘。周文王時，犬戎獻之。从馬，从文，文亦聲。《春秋傳》曰："媽馬百駟。"畫馬也。西伯獻紂，以全其身。無分切。

馶 馬彊也。从馬，支聲。章移切。

駜 馬飽也。从馬，必聲。《詩》云："有駜有駜。"毗必切。

駫 馬盛肥也。从馬，光聲。《詩》曰："四牡駫駫。"古熒切。

騯 馬盛也。从馬，旁聲。《詩》曰："四牡騯騯。"薄庚切。

駒 駒駒，馬怒皃。从馬，印聲。吾浪切。

驤 馬之低仰也。从馬，襄聲。息良切。

驀 上馬也。从馬，莫聲。莫白切。

騎 跨馬也。从馬，奇聲。渠羈切。

駕 馬在軛中。从馬，加聲。古訝切。，籀文駕。

騑 驂，旁馬。从馬，非聲。甫微切。

駢 駕二馬也。从馬，并聲。部田切。

驂 駕三馬也。从馬，參聲。倉含切。

駟 一乘也。从馬，四聲。息利切。

駙 副馬也。从馬，付聲。一曰：近也。一曰：疾也。符遇切。

騝 馬和也。从馬，皆聲。户皆切。

騀 馬搖頭也。从馬，我聲。五可切。

駊 駊騀也。从馬，皮聲。普火切。

騊 馬行皃。从馬，舀聲。土刀切。

篤 馬行頓遲。从馬，竹聲。冬毒切。

騤 馬行威儀也。从馬，癸聲。《詩》曰："四牡騤騤。"渠追切。

鷽 馬行徐而疾也。从馬，學省聲。於角切。

駸 馬行疾也。从馬，侵省聲。《詩》曰："載驟駸駸。"子林切。

馺 馬行相及也。从馬，从及。讀若《爾雅》"小山馺大山，峘"。穌答切。

馮 馬行疾也。从馬，仌聲。臣鉉等曰：“本音皮冰切，經典通用爲依馮之馮，今别作憑，非是。”房戎切。

䮂 馬步疾也。从馬，耴聲。尼輒切。

騃 馬行仡仡也。从馬，矣聲。五駭切。

驟 馬疾步也。从馬，聚聲。鉏又切。

駒 馬疾走也。从馬，匃聲。古達切。

颿 馬疾步也。从馬，風聲。臣鉉等曰：“舟船之颿，本用此字，今别作帆，非是。”符嚴切。

驅 馬馳也。从馬，區聲。豈俱切。敺，古文驅，从攴。

馳 大驅也。从馬，也聲。直离切。

騖 亂馳也。从馬，敄聲。亡遇切。

駕 次弟馳也。从馬，列聲。力制切。

騁 直馳也。从馬，甹聲。丑郢切。

駾 馬行疾來皃。从馬，兑聲。《詩》曰：“昆夷駾矣。”他外切。

駃 馬有疾足。从馬，失聲。大結切。

駻 馬突也。从馬，旱聲。侯旰切。

駧 馳馬洞去也。从馬，同聲。徒弄切。

驚 馬駭也。从馬，敬聲。舉卿切。

駭 驚也。从馬，亥聲。侯楷切。

駫 馬奔也。从馬，巟聲。呼光切。

騫 馬腹縶也。从馬，寒省聲。去虔切。

駐 馬立也。从馬，主聲。中句切。

馴 馬順也。从馬，川聲。詳遵切。

駗 馬載重難也。从馬，㐱聲。張人切。

驙 駗驙也。从馬，亶聲。《易》曰：“乘馬驙如。”張連切。

騺 馬重皃。从馬，執聲。陟利切。

驧 馬曲脊也。从馬，鞠聲。巨六切。

騬 犗馬也。从馬，乘聲。食陵切。

騳 系馬尾也。从馬，介聲。古拜切。

騷 擾也。一曰：摩馬。从馬，蚤聲。穌遭切。

馽 絆馬也。从馬，囗其足。《春秋傳》曰："韓厥執馽前。"讀若輒。陟立切。縶，馽或从糸，執聲。

駘 馬銜脱也。从馬，台聲。徒哀切。

駔 牡馬也。从馬，且聲。一曰：馬蹲駔也。子朗切。

騶 廏御也。从馬，芻聲。側鳩切。

驛 置騎也。从馬，睪聲。羊益切。

馹 驛傳也。从馬，日聲。人質切。

騰 傳也。从馬，朕聲。一曰：騰，犗馬也。徒登切。

騅 苑名。一曰：馬白頟。从馬，隺聲。下各切。

駉 牧馬苑也。从馬，冋聲。《詩》曰："在駉之野。"古熒切。

駪 馬衆多皃。从馬，先聲。所臻切。

駮 獸，如馬，倨牙，食虎豹。从馬，交聲。北角切。

駃 駃騠，馬父羸子也。从馬，夬聲。臣鉉等曰："今俗與快同用。"古穴切。

騠 駃騠也。从馬，是聲。杜兮切。

驘 驢父馬母。从馬，𣎆聲。洛戈切。騾，或从𣎆。

驢 似馬，長耳。从馬，盧聲。力居切。

驝 驢子也。从馬，冡聲。莫紅切。

驒 驒騱，野馬也。从馬，單聲。一曰：青驪白鱗，文如鼉魚。代何切。

騱 驒騱馬也。从馬，奚聲。胡雞切。

騊 騊駼，北野之良馬。从馬，匋聲。徒刀切。

駼 騊駼也。从馬，余聲。同都切。

驫 衆馬也。从三馬。甫虯切。

文一百一十五　重八

駛 疾也。从馬，吏聲。疏吏切。

駥 馬高八尺。从馬，戎聲。如融切。

騣 馬鬣也。从馬，㚇聲。子紅切。

馱 負物也。从馬，大聲。此俗語也。唐佐切。

騂 馬赤色也。从馬，觲省聲。息營切。

文五新附

廌部

廌 解廌獸也。似山牛，一角。古者決訟，令觸不直。象形，从豸省。凡廌之屬皆从廌。宅買切。

𢊁 解廌屬。从廌、孝聲。闕。古孝切。

薦 獸之所食艸。从廌、从艸。古者神人以廌遺黄帝。帝曰："何食？何處？"曰："食薦；夏處水澤，冬處松柏。"作甸切。

灋 刑也。平之如水，从水；廌，所以觸不直者，去之，从去。方乏切。法，今文省。佱，古文。

文四　重二

鹿部

鹿 獸也。象頭角四足之形。鳥鹿足相似，从匕。凡鹿之屬皆从鹿。盧谷切。

麚 牡鹿。从鹿，叚聲。以夏至解角。古牙切。

麟 大牝鹿也。从鹿，粦聲。力珍切。

䴮 鹿麛也。从鹿，耎聲。讀若偄弱之偄。奴亂切。

𪋻 鹿迹也。从鹿，速聲。桑谷切。

麛 鹿子也。从鹿，弭聲。莫兮切。

麉 鹿之絶有力者。从鹿，幵聲。古賢切。

麒 仁獸也。麇身，牛尾，一角。从鹿，其聲。渠之切。

麐 牝麒也。从鹿，吝聲。力珍切。

麋 鹿屬。从鹿，米聲。麋冬至解其角。武悲切。

麎　牝麋也。从鹿，辰聲。植鄰切。

麐　大麋也。狗足。从鹿，旨聲。居履切。，或从几。

麇　麞也。从鹿，囷省聲。居筠切。，籀文不省。

麞　麋屬。从鹿，章聲。諸良切。

麔　麋牝者。从鹿，咎聲。其久切。

麠　大鹿也。牛尾、一角。从鹿，畺聲。舉卿切。，或从京。

麃　麠屬。从鹿，票省聲。薄交切。

麈　麋屬。从鹿，主聲。之庾切。

麑　狻麑，獸也。从鹿，兒聲。五雞切。

麙　山羊而大者，細角。从鹿，咸聲。胡毚切。

麢　大羊而細角。从鹿，霝聲。郎丁切。

麈　鹿屬。从鹿，圭聲。古攜切。

麝　如小麋，臍有香。从鹿，䠶聲。神夜切。

麜　似鹿而大也。从鹿，與聲。羊茹切。

麗　旅行也。鹿之性，見食急則必旅行。从鹿，丽聲。禮：麗皮納聘。蓋鹿皮也。郎計切。，古文。，篆文麗字。

麀　牝鹿也。从鹿，从牝省。於虯切。，或从幽聲。

文二十六　重六

麤　部

麤　行超遠也。从三鹿。凡麤之屬皆从麤。倉胡切。

䴂　鹿行揚土也。从麤，从土。直珍切。，籀文。

文二　重一

㲋　部

㲋　獸也。似兔，青色而大，象形。頭與兔同，足與鹿同。凡㲋之屬皆从㲋。丑略切。，篆文。

毚　狡兔也。兔之駿者。从㲋、兔。士咸切。

⿱㲋吾 獸名。从㲋，吾聲。讀若寫。司夜切。

⿱㲋夬 獸也。似牲牲。从㲋，夬聲。古穴切。

文四　重一

兔　部

兔 獸名。象踞，後其尾形。兔頭與㲋頭同。凡兔之屬皆从兔。湯故切。

逸 失也。从辵、兔。兔謾訑善逃也。夷質切。

冤 屈也。从兔，从冖。兔在冖下，不得走，益屈折也。於袁切。

娩 兔子也。娩，疾也。从女、兔。芳萬切。

⿱兔⿰兔兔 疾也。从三兔。闕。芳遇切。

文五

⿰夋兔 狡兔也。从兔，夋聲。七旬切。

文一新附

萈　部

萈 山羊細角者。从兔足，苜聲。凡萈之屬皆从萈。讀若丸。寬字从此。臣鉉等曰："苜，徒結切，非聲，疑象形。"胡官切。

文一

犬　部

犬 狗之有縣蹏者也。象形。孔子曰："視犬之字如畫狗也。"凡犬之屬皆从犬。苦泫切。

狗 孔子曰："狗，叩也。叩气吠以守。"从犬，句聲。古厚切。

獀 南趙名犬獿獀。从犬，叜聲。所鳩切。

尨 犬之多毛者。从犬，从彡。《詩》曰："無使尨也吠。"莫江切。

狡 少狗也。从犬，交聲。匈奴地有狡犬，巨口而黑身。古巧切。

獪 狡獪也。从犬，會聲。古外切。

獿　犬惡毛也。从犬，農聲。奴刀切。

猲　短喙犬也。从犬，曷聲。《詩》曰：“載獫猲獢。”《爾雅》曰：“短喙犬謂之猲獢。”許謁切。

獢　猲獢也。从犬，喬聲。許喬切。

獫　長喙犬。一曰：黑犬，黄頭。从犬，僉聲。虚檢切。

狂　黄犬，黑頭。从犬，主聲。讀若注。之戍切。

猈　短脛狗。从犬，卑聲。薄蟹切。

猗　犗犬也。从犬，奇聲。於离切。

狊　犬視皃。从犬、目。古闃切。

猎　竇中犬聲。从犬，从音，音亦聲。乙咸切。

默　犬暫逐人也。从犬，黑聲。讀若墨。莫北切。

猝　犬从艸暴出逐人也。从犬，卒聲。麤没切。

猩　猩猩，犬吠聲。从犬，星聲。桑經切。

獫　犬吠不止也。从犬，兼聲。讀若檻。一曰：兩犬爭也。胡黯切。

獥　小犬吠。从犬，敢聲。南陽新亭有獥鄉。荒檻切。

猥　犬吠聲。从犬，畏聲。烏賄切。

獶　獶獿也。从犬、夒。女交切。

㺜　犬獶獶咳吠也。从犬，翏聲。火包切。

㣻　犬容頭進也。从犬，參聲。一曰：賊疾也。山檻切。

獎　嗾犬厲之也。从犬，將省聲。即兩切。

㹽　齧也。从犬，戔聲。初版切。

狦　惡健犬也。从犬，删省聲。所晏切。

狠　吠鬭聲。从犬，艮聲。五還切。

獖　犬鬭聲。从犬，番聲。附袁切。

狋　犬怒皃。从犬，示聲。一曰：犬難得。代郡有狋氏縣。讀又若銀。語其切。

犷　犬吠聲。从犬，斤聲。語斤切。

獡　犬獡獡不附人也。从犬，舄聲。南楚謂相驚曰獡。讀若愬。式略切。

獷 犬獷獷不可附也。从犬，廣聲。漁陽有獷平縣。古猛切。

狀 犬形也。从犬，爿聲。盈亮切。

奘 妄彊犬也。从犬，从壯，壯亦聲。徂朗切。

獒 犬如人心可使者。从犬，敖聲。《春秋傳》曰："公嗾夫獒。"五牢切。

獳 怒犬皃。从犬，需聲。讀若耨。奴豆切，又乃侯切。

狧 犬食也。从犬，从舌。讀若比目魚鰈之鰈。他合切。

狎 犬可習也。从犬，甲聲。胡甲切。

狃 犬性驕也。从犬，丑聲。女久切。

犯 侵也。从犬，㔾聲。防險切。

猜 恨賊也。从犬，青聲。倉才切。

猛 健犬也。从犬，孟聲。莫杏切。

犺 健犬也。从犬，亢聲。苦浪切。

㹤 多畏也。从犬，去聲。去劫切。，杜林説：㹤从心。

獜 健也。从犬，粦聲。《詩》曰："盧獜獜。"力珍切。

獧 疾跳也。一曰：急也。从犬，睘聲。古縣切。

倏 走也。从犬，攸聲。讀若叔。式竹切。

狟 犬行也。从犬，亘聲。《周書》曰："尚狟狟。"胡官切。

㹃 過弗取也。从犬，市聲。讀若孛。蒲没切。

㹭 犬張耳皃。从犬，易聲。陟革切。

猌 犬張齗怒也。从犬，來聲。讀又若銀。魚僅切。

犮 走犬皃。从犬而丿之，曳其足，則剌犮也。蒲撥切。

戾 曲也。从犬出户下。戾者，身曲戾也。郎計切。

獨 犬相得而鬭也。从犬，蜀聲。羊爲羣，犬爲獨也。一曰：北嚻山有獨狢獸，如虎，白身，豕鬣，尾如馬。徒谷切。

狢 獨狢獸也。从犬，谷聲。余蜀切。

獮 秋田也。从犬，璽聲。息淺切。，獮或从豕。宗廟之田也，故从豕、示。

獵 放獵逐禽也。从犬，巤聲。良涉切。

獠 獵也。从犬，尞聲。力昭切。

狩 犬田也。从犬，守聲。《易》曰："明夷于南狩。"書究切。

臭 禽走，臭而知其迹者，犬也。从犬，从自。臣鉉等曰："自，古鼻字。犬走以鼻知臭，故从自。"尺救切。

獲 獵所獲也。从犬，蒦聲。胡伯切。

獘 頓仆也。从犬，敝聲。《春秋傳》曰："與犬，犬獘。"毗祭切。斃，獘或从死。

獻 宗廟犬名羹獻。犬肥者以獻之。从犬，鬳聲。許建切。

豣 獟犬也。从犬，开聲。一曰：逐虎犬也。五甸切。

獟 豣犬也。从犬，堯聲。五弔切。

狾 狂犬也。从犬，折聲。《春秋傳》曰："狾犬入華臣氏之門。"征例切。

狂 狾犬也。从犬，㞷聲。巨王切。㤮，古文从心。

類 種類相似，唯犬爲甚。从犬，頪聲。力遂切。

狄 赤狄，本犬種。狄之爲言淫辟也。从犬，亦省聲。徒歷切。

狻 狻麑，如虦貓，食虎豹者。从犬，夋聲。見《爾雅》。素官切。

玃 母猴也。从犬，矍聲。《爾雅》云："玃父善顧。"攫持人也。俱縛切。

猶 玃屬。从犬，酋聲。一曰：隴西謂犬子爲猷。以周切。

狙 玃屬。从犬，且聲。一曰狙，犬也，暫齧人者。一曰：犬不齧人也。親去切。

猴 夒也。从犬，侯聲。乎溝切。

㺅 犬屬。胷已上黄，胷已下黑，食母猴。从犬，𣪊聲。讀若構。或曰：㺅似牂羊，出蜀北囂山中，犬首而馬尾。火屋切。

狼 似犬，鋭頭，白頰，高前，廣後。从犬，良聲。魯當切。

狛 如狼，善驅羊。从犬，白聲。讀若檗。甯嚴讀之若淺泊。匹各切。

獌 狼屬。从犬，曼聲。《爾雅》曰：“貙獌似貍。”舞販切。

狐 祥獸也。鬼所乘之，有三德，其色中和，小前大後，死則丘首。从犬，瓜聲。户吴切。

獺 如小狗也。水居，食魚。从犬，賴聲。他達切。

猵 獺屬。从犬，扁聲。布兹切。獱，或从賓。

猋 犬走皃。从三犬。甫遙切。

文八十三　重五

狘 獸走皃。从犬，戉聲。許月切。

猑 獸名。从犬，軍聲。許韋切。

狷 褊急也。从犬，肙聲。古縣切。

猰 猰貐，獸名。从犬，契聲。烏黠切。

文四新附

㹜　部

㹜 兩犬相齧也。从二犬。凡㹜之屬皆从㹜。語斤切。

獄 司空也。从㹜，𦣞聲。復説：獄司空。息兹切。

獄 确也。从㹜，从言。二犬，所以守也。魚欲切。

文三

鼠　部

鼠 穴蟲之總名也。象形。凡鼠之屬皆从鼠。書吕切。

鼶 鼠也。从鼠，番聲。讀若樊。或曰：鼠婦。附袁切。

鼨 鼠，出胡地，皮可作裘。从鼠，各聲。下各切。

鼢 地行鼠，伯勞所作也。一曰：偃鼠。从鼠，分聲。芳吻切。蚡，或从虫、分。

鼮 鼮令鼠。从鼠，平聲。薄經切。

鼷 鼠也。从鼠，虒聲。息移切。

鼬 竹鼠也。如犬。从鼠，留省聲。力求切。

鼫 五技鼠也。能飛，不能過屋；能緣，不能窮木；能游；不能渡谷；能穴，不能掩身；能走，不能先人。从鼠，石聲。常隻切。

鼨 豹文鼠也。从鼠，冬聲。職戎切。，籀文省。

鼶 鼠屬。从鼠，益聲。於革切。，或从豸。

鼷 小鼠也。从鼠，奚聲。胡雞切。

鼩 精鼩鼠也。从鼠，句聲。其俱切。

鼸 鼢也。从鼠，兼聲。丘檢切。

鼢 鼠屬。从鼠，今聲。讀若含。胡男切。

鼬 如鼠，赤黄而大，食鼠者。从鼠，由聲。余救切。

鼩 胡地風鼠。从鼠，勺聲。之若切。

鼧 鼠屬。从鼠，穴聲。而隴切。

鼒 鼠，似雞，鼠尾。从鼠，此聲。即移切。

鼲 鼠，出丁零胡，皮可作裘。从鼠，軍聲。乎昆切。

鼹 斬鼹鼠。黑身，白腰若帶，手有長白毛，似握版之狀，類蝯蜼之屬。从鼠，胡聲。户吴切。

文二十　重三

能　部

能 熊屬。足似鹿。从肉，㠯聲。能獸堅中，故稱賢能。而彊壯，稱能傑也。凡能之屬皆从能。臣鉉等曰："㠯非聲，疑皆象形。"奴登切。

文一

熊　部

熊 獸。似豕，山居，冬蟄。从能，炎省聲。凡熊之屬皆从熊。羽弓切。

羆 如熊，黄白文。从熊，罷省聲。彼爲切。，古文从皮。

文二　重一

火　部

火　燬也。南方之行，炎而上。象形。凡火之屬皆从火。呼果切。

炟　上諱。臣鉉等曰：“漢章帝名也。《唐韻》曰：火起也。从火，旦聲。”當割切。

焜　火也。从火，尾聲。《詩》曰：“王室如焜。”許偉切。

燬　火也。从火，毀聲。《春秋傳》曰：“衞侯燬。”許偉切。

燹　火也。从火，豩聲。穌典切。

焌　然火也。从火，夋聲。《周禮》曰：“遂龡其焌。”焌火在前，以焞焯龜。子寸切又倉聿切。

尞　柴祭天也。从火，从昚。昚，古文慎字。祭天所以慎也。力照切。

然　燒也。从火，肰聲。臣鉉等曰：“今俗别作燃，蓋後人增加。”如延切。

𦳝，或从艸、難。臣鉉等案：“艸部有蘳，注云艸也。此重出。”

爇　燒也。从火，蓺聲。《春秋傳》曰：“爇僖負羈。”臣鉉等曰：“《説文》無蓺字，當从火，从艸，熱省聲。”如劣切。

燔　爇也。从火，番聲。附袁切。

燒　爇也。从火，堯聲。式昭切。

烈　火猛也。从火，列聲。良辪切。

炪　火光也。从火，出聲。《商書》曰：“予亦炪謀。”讀若巧拙之拙。職悦切。

熚　熚𤇾，火皃。从火，畢聲。卑吉切。

𤇾　熚𤇾也。从火，𩰲聲。𩰲，籒文悖字。敷勿切。

烝　火气上行也。从火，丞聲。煮仍切。

烰　烝也。从火，孚聲。《詩》曰：“烝之烰烰。”縛牟切。

煦　烝也。一曰：赤皃。一曰：温潤也。从火，昫聲。香句切。

熯　乾皃。从火，漢省聲。《詩》曰：“我孔熯矣。”人善切。

炥　火皃。从火，弗聲。普活切。

熮　火皃。从火，翏聲。《逸周書》曰：“味辛而不熮。”洛蕭切。

閄　火皃。从火，㒼省聲。讀若粦。良刃切。

⿸厂⿰亻⿱隹火　火色也。从火，雁聲。讀若鴈。五旻切。

熲　火光也。从火，頃聲。古迥切。

爚　火飛也。从火，龠聲。一曰：爇也。以灼切。

熛　火飛也。从火，票聲。讀若摽。甫遙切。

熇　火熱也。从火，高聲。《詩》曰：“多將熇熇。”臣鉉等曰：“高非聲，當从嗃省。”火屋切。

烄　交木然也。从火，交聲。古巧切。

⿱干火　小熱也。从火，干聲。《詩》曰：“憂心⿱干火⿱干火。”臣鉉等曰：“干非聲，未詳。”直廉切。

燋　所以然持火也。从火，焦聲。《周禮》曰：“以明火爇燋也。”即消切。

炭　燒木餘也。从火，岸省聲。他案切。

⿱𦍌⿸厂火　束炭也。从火，差省聲。讀若齹。楚宜切。

⿰⿱爻火攵　交灼木也。从火，教省聲。讀若狡。古巧切。

炦　火气也。从火，犮聲。蒲撥切。

灰　死火餘㶳也。从火，从又。又，手也。火既滅，可以執持。呼恢切。

炱　灰，炱煤也。从火，台聲。徒哀切。

煨　盆中火。从火，畏聲。烏灰切。

熄　畜火也。从火，息聲。亦曰：滅火。相即切。

烓　行竈也。从火，圭聲。讀若冋。口迥切。

煁　烓也。从火，甚聲。氏任切。

燀　炊也。从火，單聲。《春秋傳》曰：“燀之以薪。”充善切。

炊　爨也。从火，吹省聲。昌垂切。

烘　尞也。从火，共聲。《詩》曰：“卬烘于煁。”呼東切。

𤒅 炊餔疾也。从火，齊聲。在詣切。

熹 炙也。从火，喜聲。許其切。

煎 熬也。从火，前聲。子仙切。

熬 乾煎也。从火，敖聲。五牢切。，熬或从麥。

炮 毛炙肉也。从火，包聲。薄交切。

㶾 炮肉，以微火温肉也。从火，衣聲。烏痕切。

䰝 置魚箽中炙也。从火，曾聲。作滕切。

煏 以火乾肉。从火，福聲。臣鉉等案："《說文》無稫字，當从䵳省，疑傳寫之誤。"符逼切。，籒文不省。

爆 灼也。从火，暴聲。蒲木切。 臣鉉等曰："今俗音豹，火裂也。"

煬 炙燥也。从火，昜聲。余亮切。

爝 灼也。从火，隺聲。胡沃切。

爛 孰也。从火，蘭聲。郎旰切。，或从閒。

爢 爛也。从火，靡聲。靡爲切。

尉 从上案下也。从𡰥；又持火，以尉申繒也。臣鉉等曰："今俗別作熨，非是。"於胃切。

𤓰 灼龜不兆也。从火，从龜。《春秋傳》曰："龜𤓰不兆。"讀若焦。即消切。

灸 灼也。从火，久聲。舉友切。

灼 炙也。从火，勺聲。之若切。

煉 鑠治金也。从火，柬聲。郎電切。

燭 庭燎，火燭也。从火，蜀聲。之欲切。

熜 然麻蒸也。从火，悤聲。作孔切。

灺 燭㶳也。从火，也聲。徐野切。

㶳 火餘也。从火，聿聲。一曰：薪也。臣鉉等曰："聿非聲，疑从𦘔省。今俗別作燼，非是。"徐刃切。

焠 堅刀刃也。从火，卒聲。七内切。

煣 屈申木也。从火、柔，柔亦聲。人久切。

樊 燓 燒田也。从火、棥，棥亦聲。附袁切。

燫 燫 火煣車網絶也。从火，兼聲。《周禮》曰：“煣牙，外不燫。”力鹽切。

燎 燎 放火也。从火，尞聲。力小切。

㶾 㶾（票） 火飛也。从火、𡿺，與䙴同意。方昭切。

𪸮 𪸮 焦也。从火，曹聲。作曹切。

𤓯 𤓯 火所傷也。从火，雥聲。即消切。焦，或省。

烖 烖 天火曰烖。从火，𢦏聲。祖才切。灾，或从宀、火。𤆎，古文从才。災，籀文从巛。

煙 煙 火气也。从火，垔聲。烏前切。烟，或从因。𡏁，古文。𡩳，籀文从宀。

焆 焆 焆焆，煙皃。从火，肙聲。因悅切。

熅 熅 鬱煙也。从火，𥁕聲。於云切。

𤆍 𤆍 望火皃。从火，皀聲。讀若馰顙之馰。都歷切。

燂 燂 火熱也。从火，覃聲。火甘切，又徐鹽切。

焞 焞 明也。从火，𦎫聲。《春秋傳》曰：“焞燿天地。”他昆切。

炳 炳 明也。从火，丙聲。兵永切。

焯 焯 明也。从火，卓聲。《周書》曰：“焯見三有俊心。”之若切。

照 照 明也。从火，昭聲。之少切。

煒 煒 盛赤也。从火，韋聲。《詩》曰：“彤管有煒。”于鬼切。

炵 炵 盛火也。从火，从多。昌氏切。

熠 熠 盛光也。从火，習聲。《詩》曰：“熠熠宵行。”羊入切。

煜 煜 熠也。从火，昱聲。余六切。

燿 燿 照也。从火，翟聲。弋笑切。

煇 煇 光也。从火，軍聲。況韋切。

煌 煌 煌，煇也。从火，皇聲。胡光切。

焜 焜 煌也。从火，昆聲。孤本切。

炯 炯 光也。从火，同聲。古迥切。

燁　盛也。从火，曅聲。《詩》曰：“燁燁震電。”筠輒切。

爓　火門也。从火，閻聲。余廉切。

炫　爓燿也。从火，玄聲。胡畎切。

光　明也。从火在人上，光明意也。古皇切。炗，古文。灮，古文。

熱　温也。从火，埶聲。如列切。

熾　盛也。从火，戠聲。昌志切。㷉，古文熾。

燠　熱在中也。从火，奧聲。烏到切。

煖　温也。从火，爰聲。況袁切。

煗　温也。从火，耎聲。乃管切。

炅　見也。从火、日。古迥切。

炕　乾也。从火，亢聲。苦浪切。

燥　乾也。从火，喿聲。穌到切。

威　滅也。从火、戌。火死於戌，陽氣至戌而盡。《詩》曰：“赫赫宗周，褒似威之。”許劣切。

焅　旱气也。从火，告聲。苦沃切。

燾　溥覆照也。从火，壽聲。徒到切。

爟　取火於日官名。舉火曰爟。《周禮》曰：“司爟，掌行火之政令。”从火，雚聲。古玩切。烜，或从亘。

㷭　燧，候表也。邊有警則舉火。从火，逢聲。敷容切。

爝　苣火，祓也。从火，爵聲。吕不韋曰：“湯得伊尹，爝以爟火，釁以犧猳。”子肖切。

熭　暴乾火也。从火，彗聲。于歲切。

熙　燥也。从火，巸聲。許其切。

文一百一十二　重十五

爞　旱气也。从火，蟲聲。直弓切。

煽　熾盛也。从火，扇聲。式戰切。

烙　灼也。从火，各聲。盧各切。

爍　灼爍，光也。从火，樂聲。書藥切。

燦 燦 燦爛，明瀞皃。从火，粲聲。倉案切。
煥 煥 火光也。从火，奐聲。呼貫切。

文六新附

炎　部

炎 炎 火光上也。从重火。凡炎之屬皆从炎。于廉切。
燄 燄 火行微燄燄也。从炎，臽聲。以冉切。
㶣 㶣 火光也。从炎，舌聲。臣鉉等曰：舌非聲，當从甛省。以冉切。
燅 燅 侵火也。从炎，㐭聲。讀若桑葚之葚。力荏切。
𦦏 𦦏 火行也。从炎，占聲。舒贍切。
燅 燅 於湯中爚肉。从炎，从熱省。徐鹽切。䙿，或从炙。
燮 燮 大孰也。从又持炎辛。辛者，物孰味也。蘇俠切。
粦 粦 兵死及牛馬之血爲粦。粦，鬼火也。从炎、舛。良刃切。　徐鍇曰："案《博物志》：戰鬬死亡之處，有人馬血積中爲粦，著地入艸木，如霜露不可見，有觸者，著人體，後有光，拂拭即散無數，又有吒聲如鬻豆。舛者，人足也，言光行著人。"

文八　重一

黑　部

黑 黑 火所熏之色也。从炎，上出囪。囪，古窻字。凡黑之屬皆从黑。呼北切。
黸 黸 齊謂黑爲黸。从黑，盧聲。洛乎切。
黵 黵 沃黑色。从黑，會聲。惡外切。
黯 黯 深黑也。从黑，音聲。乙減切。
黶 黶 申黑也。从黑，厭聲。於琰切。
黳 黳 小黑子。从黑，殹聲。烏雞切。
黗 黗 白而有黑也。从黑，旦聲。五原有莫黗縣。當割切。
黬 黬 雖皙而黑也。从黑，箴聲。古人名黬字皙。古咸切。

䵮 赤黑也。从黑，昜聲。讀若煬。餘亮切。
黲 淺青黑也。从黑，參聲。七感切。
黤 青黑也。从黑，奄聲。於檻切。
黝 微青黑色。从黑，幼聲。《爾雅》曰："地謂之黝。"於糾切。
黗 黃濁黑。从黑，屯聲。他衮切。
點 小黑也。从黑，占聲。多忝切。
黚 淺黃黑也。从黑，甘聲。讀若染繒中束緅黚。巨淹切。
黅 黃黑也。从黑，金聲。古咸切。
黦 黑有文也。从黑，冤聲。讀若飴盌字。於月切。
䵵 黃黑而白也。从黑，算聲。一曰：短黑。讀若以芥爲齏，名曰芥荃也。初刮切。
䵎 黑皴也。从黑，幵聲。古典切。
黠 堅黑也。从黑，吉聲。胡八切。
黔 黎也。从黑，今聲。秦謂民爲黔首，謂黑色也。周謂之黎民。《易》曰："爲黔喙。"巨淹切。
黕 滓垢也。从黑，冘聲。都感切。
黨 不鮮也。从黑，尚聲。多朗切。
黷 握持垢也。从黑，賣聲。《易》曰："再三黷。"徒谷切。
黵 大污也。从黑，詹聲。當敢切。
黴 中久雨青黑。从黑，微省聲。武悲切。
黜 貶下也。从黑，出聲。丑律切。
𪒠 𪒠姍，下哂。从黑，般聲。薄官切。
黱 畫眉也。从黑，朕聲。徒耐切。
儵 青黑繒縫白色也。从黑，攸聲。式竹切。
黬 羔裘之縫。从黑，或聲。于逼切。
䵒 䵒謂之垽。垽，滓也。从黑，殿省聲。堂練切。
黮 桑葚之黑也。从黑，甚聲。他感切。
黭 果實黭黯黑也。从黑，弇聲。烏感切。

 黥 墨刑在面也。从黑，京聲。渠京切。，黥或从刀。

 黝 黝者忘而息也。从黑，敢聲。於檻切。

 黟 黑木也。从黑，多聲。丹陽有黟縣。烏雞切。

文三十七　重一

説文解字弟十　上

說文解字第十下

漢太尉祭酒　許慎 記

宋右散騎常侍　徐鉉等 校定

囱　部

囱 在牆曰牖，在屋曰囱。象形。凡囱之屬皆从囱。楚江切。，或从穴。，古文。

悤 多遽悤悤也。从心、囱，囱亦聲。倉紅切。

文二　重二

焱　部

焱 火華也。从三火。凡焱之屬皆从焱。以冉切。

熒 屋下鐙燭之光。从焱、冂。户扃切。

燊 盛皃。从焱在木上。讀若《詩》："莘莘征夫。"一曰：役也。所臻切。

文三

炙　部

炙 炮肉也。从肉在火上。凡炙之屬皆从炙。之石切。，籀文。

繙 宗廟火孰肉。从炙，番聲。《春秋傳》曰："天子有事繙焉，以饋同姓諸侯。"附袁切。

𤎭 炙也。从炙，尞聲。讀若䉶燎。力照切。

文三　重一

赤　部

赤 南方色也。从大，从火。凡赤之屬皆从赤。昌石切。，古文从炎、土。

赨 赤色也。从赤，蟲省聲。徒冬切。

𧹞 日出之赤。从赤，穀省聲。火沃切。

赧 面慙赤也。从赤，𠬝聲。周失天下於赧王。女版切。

䞓 赤色也。从赤，巠聲。《詩》曰："魴魚䞓尾。"敕貞切。赬，䞓或从貞。𧹈，或从丁。

浾 䞓，棠棗之汁，或从水。泟，浾或从正。

赭 赤土也。从赤，者聲。之也切。

䞈 赤色也。从赤，倝聲。讀若浣。胡玩切。

赫 火赤皃。从二赤。呼格切。

文八　重五

赩 大赤也。从赤、色，色亦聲。許力切。

赮 赤色也。从赤，叚聲。乎加切。

文二新附

大　　部

大 天大，地大，人亦大。故大象人形。古文大他達切。也。凡大之屬皆从大。徒蓋切。

奎 兩髀之閒。从大，圭聲。苦圭切。

夾 持也。从大、俠二人。古狎切。

奄 覆也。大有餘也。又，欠也。从大，从申。申，展也。依檢切。

夸 奢也。从大，于聲。苦瓜切。

𡘋 奢𡘋也。从大，亘聲。胡官切。

㚈 㚈，大也。从大，瓜聲。烏瓜切。

奯 空大也。从大，歲聲。讀若《詩》"施罛濊濊"。呼括切。

㦸 大也。从大，𢦏聲。讀若《詩》"㦸㦸大猷"。直質切。

奅 大也。从大，卯聲。匹貌切。

𡘇 大也。从大，云聲。魚吻切。

奃 大也。从大，氐聲。讀若氐。都兮切。
夰 大也。从大，介聲。讀若蓋。古拜切。
奆 瞋大也。从大，此聲。火戒切。
𡘋 大也。从大，弗聲。讀若“予違，汝弼”。房密切。
奄 大也。从大，屯聲。讀若鶉。常倫切。
契 大約也。从大，从㓞。《易》曰：“後代聖人易之以書契。”苦計切。
夷 平也。从大，从弓。東方之人也。以脂切。

文十八

亦部

亦 人之臂亦也。从大，象兩亦之形。凡亦之屬皆从亦。臣鉉等曰：“今别作腋，非是。”羊益切。
夾 盜竊褱物也。从亦，有所持。俗謂蔽人俾夾是也。弘農陝字从此。失冉切。

文二

夨部

夨 傾頭也。从大。象形。凡夨之屬皆从夨。阻力切。
㚎 頭傾也。从夨，吉聲。讀若孑。古屑切。
奊 頭衺，骫奊態也。从夨，圭聲。胡結切。
吳 姓也。亦郡也。一曰：吳，大言也。从夨、口。五乎切。徐鍇曰：“大言，故夨口以出聲。《詩》曰：‘不吳不揚。’今寫《詩》者改吳作吴，又音乎化切，其謬甚矣。”[illegible]，古文如此。

文四　重一

夭部

夭 屈也。从大。象形。凡夭之屬皆从夭。於兆切。

喬　高而曲也。从夭，从高省。《詩》曰：“南有喬木。”巨嬌切。

㚔　吉而免凶也。从屰，从夭。夭，死之事，故死謂之不㚔。胡耿切。

奔　走也。从夭，賁省聲。與走同意，俱从夭。博昆切。

文四

交　部

交　交脛也。从大，象交形。凡交之屬皆从交。古爻切。

𩏂　衺也。从交，韋聲。羽非切。

絞　縊也。从交，从糸。古巧切。

文三

尢　部

尢　尲，曲脛也。从大，象偏曲之形。凡尢之屬皆从尢。烏光切。尪，古文从㞷。

尳　厀病也。从尢，从骨，骨亦聲。户骨切。

𡯌　蹇也。从尢，皮聲。布火切。

𡯂　𡯂𡯂，行不正。从尢，左聲。則箇切。

𡯎　行不正也。从尢，皀聲。讀若燿。弋笑切。

尲　不正也。从尢，兼聲。古咸切。

尬　尲尬也。从尢，介聲。公八切，又古拜切。

尥　行脛相交也。从尢，勺聲。牛行脚相交爲尥。力弔切。

𡰅　尲不能行，爲人所引，曰𡰅𡰝。从尢，从爪，是聲。都兮切。

𡰝　𡰅𡰝也。从尢，从爪，巂聲。户圭切。

𡯃　股𡯃也。从尢，于聲。乙于切。

𡰠　厀中病也。从尢，从羸。郎果切。

文十二　重一

壺　部

壺　昆吾，圜器也。象形。从大，象其蓋也。凡壺之屬皆从壺。户吴切。

壼　壹壼也。从凶，从壺，不得泄，凶也。《易》曰："天地壹壼。"於云切。

文二

壹　部

壹　專壹也。从壺，吉聲。凡壹之屬皆从壹。於悉切。

懿　專久而美也。从壹，从恣省聲。乙冀切。

文二

㚔　部

㚔　所以驚人也。从大，从羊。一曰：大聲也。凡㚔之屬皆从㚔。一曰：讀若瓠。一曰：俗語以盜不止爲㚔。㚔讀若籋。尼輒切。

睪　目視也。从横目，从㚔。令吏將目捕罪人也。羊益切。

執　捕罪人也。从丮，从㚔，㚔亦聲。之入切。

圉　囹圄，所以拘罪人。从㚔，从囗。一曰：圉，垂也。一曰：圉人，掌馬者。魚舉切。

盩　引擊也。从㚔、攴，見血也。扶風有盩厔縣。張流切。

報　當罪人也。从㚔，从𠬝。𠬝，服罪也。博号切。

籍　窮理罪人也。从㚔，从人，从言，竹聲。居六切。[illegible]，或省言。

文七　重一

奢　部

奢　張也。从大，者聲。凡奢之屬皆从奢。式車切。奓，籀文。臣鉉等曰："今俗作陟加切，以爲䆗厚之䆗，非是。"

嚲 富嚲嚲皃。从奢，單聲。丁可切。

文二　重一

亢　　部

亢 人頸也。从大省，象頸脈形。凡亢之屬皆从亢。古郎切。，亢或从頁。

䢚 直項莽䢚皃。从亢，从夋。夋，倨也。亢亦聲。岡朗切，又胡朗切。

文二　重一

夲　　部

夲 進趣也。从大，从十。大、十，猶兼十人也。凡夲之屬皆从夲。讀若滔。土刀切。

𠦪 疾也。从夲，卉聲。拜从此。呼骨切。

暴 疾有所趣也。从日、出、夲、収、之。薄報切。

𡚁 進也。从夲，从屮，允聲。《易》曰："𡚁升大吉。"余準切。

奏 奏進也。从夲，从収，从屮。屮，上進之義。則候切。，古文。，亦古文。

皋 气皋白之進也。从夲，从白。《禮》：祝曰皋，登謌曰奏。故皋、奏皆从夲。《周禮》曰："詔來鼓皋舞。"皋，告之也。古勞切。

文六　重二

夰　　部

夰 放也。从大而八分也。凡夰之屬皆从夰。古老切。

界 舉目驚界然也。从夰，从眀，眀亦聲。九遇切。

臩 嫚也。从百，从夰，夰亦聲。《虞書》曰："若丹朱臩。"讀若傲。《論語》："臩湯舟。"五到切。

昦 春爲昦天，元气昦昦。从日、夰，夰亦聲。胡老切。

界 驚走也。一曰：往來也。从夰、𠬞。《周書》曰"伯界"。古文𠬞，古文囧字。臣鉉等曰："𠬞，居況切。𠬞，猶乖也。𠬞亦聲。言古囧字，未詳。"具往切。

文五

亣　　部

亣 籒文大，改古文。亦象人形。凡大之屬皆从大。他達切。

奕 大也。从大，亦聲。《詩》曰："奕奕梁山。"羊益切。

奘 駔大也。从大，从壯，壯亦聲。徂朗切。

臭 大白，澤也。从大，从白。古文以爲澤字。古老切。

奚 大腹也。从大，𦃃省聲。𦃃，籒文系字。胡雞切。

耎 稍前大也。从大，而聲。讀若畏偄。而沇切。

奰 大皃。从大，𥆞聲。或曰：拳勇字。一曰：讀若傿。乙獻切。

奰 壯大也。从三大、三目。二目爲𥆞，三目爲奰，益大也。一曰：迫也。讀若《易》虙羲氏。《詩》曰："不醉而怒謂之奰。"平祕切。

文八

夫　　部

夫 丈夫也。从大，一以象簪也。周制以八寸爲尺，十尺爲丈。人長八尺，故曰丈夫。凡夫之屬皆从夫。甫無切。

規 有法度也。从夫，从見。居隨切。

扶 竝行也。从二夫。輦字从此。讀若伴侶之伴。薄旱切。

文三

立　部

立　住也。从大立一之上。臣鉉等曰："大，人也。一，地也。會意。"凡立之屬皆从立。力入切。

竦　臨也。从立，从隶。力至切。

竨　磊竨，重聚也。从立，𦎧聲。丁罪切。

端　直也。从立，耑聲。多官切。

竱　等也。从立，專聲。《春秋國語》曰："竱本肇末。"旨兖切。

竦　敬也。从立，从束。束，自申束也。息拱切。

竫　亭安也。从立，爭聲。疾郢切。

靖　立竫也。从立，青聲。一曰：細皃。疾郢切。

竢　待也。从立，矣聲。牀史切。，或从巳。

竘　健也。一曰：匠也。从立，句聲。讀若齲。《逸周書》有竘匠。丘羽切。

竵　不正也。从立，咼聲。火鼃切。

竭　負舉也。从立，曷聲。渠列切。

嬃　待也。从立，須聲。相俞切。，或从芻聲。

𥏼　痿也。从立，㐭聲。力臥切。

竣　偓竣也。从立，夋聲。《國語》曰："有司已事而竣。"七倫切。

𥩟　見鬼魅皃。从立，从录。录，籒文魅字。讀若虙羲氏之虙。房六切。

䇌　驚皃。从立，昔聲。七雀切。

𥪕　短人立𥪕𥪕皃。从立，卑聲。傍下切。

竲　北地高樓無屋者。从立，曾聲。七耕切。

文十九　重二

竝　部

竝　併也。从二立。凡竝之屬皆从竝。蒲迥切。

暜　廢，一偏下也。从竝，白聲。他計切。暜，或从曰。[illegible]，或从兟，从曰。臣鉉等曰：“今俗作替，非是。”

文二　重二

囟　部

囟　頭會，𡿺蓋也。象形。凡囟之屬皆从囟。息進切。[illegible]，或从肉、宰。𠕒，古文囟字。

巤　毛巤也。象髮在囟上及毛髮巤巤之形。此與籒文子字同。良涉切。

𦙶　人臍也。从囟；囟，取气通也；从比聲。房脂切。

文三　重二

思　部

思　容也。从心，囟聲。凡思之屬皆从思。息兹切。

慮　謀思也。从思，虍聲。良據切。

文二

心　部

心　人心，土藏，在身之中。象形。博士説，以爲火藏。凡心之屬皆从心。息林切。

息　喘也。从心，从自，自亦聲。相即切。

情　人之陰气有欲者。从心，青聲。疾盈切。

性　人之陽气性善者也。从心，生聲。息正切。

志　意也。从心，之聲。職吏切。

意　志也。从心，察言而知意也。从心，从音。於記切。

恉　意也。从心，旨聲。職雉切。

悳　外得於人，内得於己也。从直，从心。多則切。𢛳，古文。

應　當也。从心，䧹聲。於陵切。

慎　謹也。从心，真聲。時刃切。昚，古文。

忠　敬也。从心，中聲。陟弓切。

愨　謹也。从心，㱿聲。苦角切。

𢡱　美也。从心，䫉聲。莫角切。

快　喜也。从心，夬聲。苦夬切。

愷　樂也。从心，豈聲。臣鉉等曰："豈部已有，此重出。"苦亥切。

㥦　快心。从心，匧聲。苦叶切。

念　常思也。从心，今聲。奴店切。

怤　思也。从心，付聲。甫無切。

憲　敏也。从心，从目，害省聲。許建切。

憕　平也。从心，登聲。直陵切。

戁　敬也。从心，難聲。女版切。

忻　闓也。从心，斤聲。《司馬法》曰："善者，忻民之善，閉民之惡。"許斤切。

𢖲　遲也。从心，重聲。直隴切。

惲　重厚也。从心，軍聲。於粉切。

惇　厚也。从心，𦎫聲。都昆切。

忼　慨也。从心，亢聲。一曰：《易》："忼龍有悔。"臣鉉等曰："今俗别作慷，非是。"苦浪切，又口朗切。

慨　忼慨，壯士不得志也。从心，既聲。古溉切。

悃　愊也。从心，困聲。苦本切。

愊　誠志也。从心，畐聲。芳逼切。

愿　謹也。从心，原聲。魚怨切。

慧　儇也。从心，彗聲。胡桂切。

憭 慧也。从心，尞聲。力小切。
恔 憭也。从心，交聲。下交切，又古了切。
瘱 静也。从心，疢聲。臣鉉等曰：“疢非聲，未詳。”於計切。
悊 敬也。从心，折聲。陟列切。
悰 樂也。从心，宗聲。藏宗切。
恬 安也。从心，甜省聲。徒兼切。
恢 大也。从心，灰聲。苦回切。
恭 肅也。从心，共聲。俱容切。
憼 敬也。从心，从敬，敬亦聲。居影切。
恕 仁也。从心，如聲。商署切。，古文省。
怡 和也。从心，台聲。與之切。
慈 愛也。从心，兹聲。疾之切。
忯 愛也。从心，氏聲。巨支切。
褫 忯褫，不憂事也。从心，虒聲。讀若移。移尔切。
恮 謹也。从心，全聲。此緣切。
恩 惠也。从心，因聲。烏痕切。
慸 高也。一曰：極也。一曰：困劣也。从心，帶聲。特計切。
憖 問也。謹敬也。从心，猌聲。一曰：説也。一曰：甘也。《春秋傳》曰：“昊天不憖。”又曰：“兩君之士皆未憖。”魚覲切。
懬 闊也。一曰：廣也，大也。一曰：寬也。从心，从廣，廣亦聲。苦謗切。
悈 飾也。从心，戒聲。《司馬法》曰：“有虞氏悈於中國。”古拜切。
㥷 謹也。从心，㝅聲。於靳切。
慶 行賀人也。从心，从夊。吉禮以鹿皮爲贄，故从鹿省。丘竟切。
愃 寬嫺心腹皃。从心，宣聲。《詩》曰：“赫兮愃兮。”况晚切。
愻 順也。从心，孫聲。《唐書》曰：“五品不愻。”蘇困切。
𢡆 實也。从心，塞省聲。《虞書》曰：“剛而𢡆。”先則切。

恂 信心也。从心，旬聲。相倫切。

忱 誠也。从心，冘聲。《詩》曰：“天命匪忱。”氏任切。

惟 凡思也。从心，隹聲。以追切。

懷 念思也。从心，褱聲。户乖切。

惀 欲知之皃。从心，侖聲。盧昆切。

想 冀思也。从心，相聲。息兩切。

憿 深也。从心，㒸聲。徐醉切。

慉 起也。从心，畜聲。《詩》曰：“能不我慉。”許六切。

意 滿也。从心，啻聲。一曰：十萬曰意。於力切。，籒文省。

悹 憂也。从心，官聲。古玩切。

憀 憀然也。从心，翏聲。洛蕭切。

愙 敬也。从心，客聲。《春秋傳》曰：“以陳備三愙。”臣鉉等曰：“今俗作恪。”苦各切。

㦗 懼也。从心，雙省聲。《春秋傳》曰：“駟氏㦗。”息拱切。

懼 恐也。从心，瞿聲。其遇切。，古文。

怙 恃也。从心，古聲。侯古切。

恃 賴也。从心，寺聲。時止切。

慒 慮也。从心，曹聲。藏宗切。

悟 覺也。从心，吾聲。五故切。，古文悟。

憮 愛也，韓鄭曰憮。一曰：不動。从心，無聲。文甫切。

㤅 惠也。从心，旡聲。烏代切。，古文。

慉 知也。从心，胥聲。私吕切。

慰 安也。从心，尉聲。一曰：恚怒也。於胃切。

𢡱 謹也。从心，㪉聲。讀若毳。此芮切。

𢝊 𢝊箸也。从心，篁聲。直由切。

怞 朗也。从心，由聲。《詩》曰：“憂心且怞。”直又切。

㖼 煤撫也。从心，某聲。讀若侮。亡甫切。

忞 彊也。从心，文聲。《周書》曰：“在受德忞。”讀若旻。武巾切。

慔　勉也。从心，莫聲。莫故切。

愐　勉也。从心，面聲。彌殄切。

愧　習也。从心，曳聲。余制切。

懋　勉也。从心，楙聲。《虞書》曰："時惟懋哉。"莫候切。，或省。

慕　習也。从心，莫聲。莫故切。

悛　止也。从心，夋聲。此緣切。

悚　肆也。从心，隶聲。他骨切。

懙　趣步懙懙也。从心，與聲。余吕切。

慆　説也。从心，舀聲。土刀切。

懕　安也。从心，猒聲。《詩》曰："懕懕夜飲。"於鹽切。

憺　安也。从心，詹聲。徒敢切。

怕　無爲也。从心，白聲。匹白切，又葩亞切。

恤　憂也。收也。从心，血聲。辛聿切。

忓　極也。从心，干聲。古寒切。

懽　喜款也。从心，雚聲。《爾雅》曰："懽懽愮愮，憂無告也。"古玩切。

愒　懽也。琅邪朱虚有愒亭。从心，禺聲。噳俱切。

惄　飢餓也。一曰：憂也。从心，叔聲。《詩》曰："惄如朝飢。"奴歷切。

㤉　勞也。从心，卻聲。其虐切。

憸　憸詖也。憸利於上，佞人也。从心，僉聲。息廉切。

愒　息也。从心，曷聲。臣鉉等曰："今别作憩，非是。"去例切。

㥶　精戇也。从心，毳聲。千短切。

悘　疾利口也。从心，从册。《詩》曰："相時悘民。"徐鍇曰："册言衆也。"息廉切。

急　褊也。从心，及聲。居立切。

辡　憂也。从心，辡聲。一曰：急也。方沔切。

惑 疾也。从心，亟聲。一曰：謹重皃。己力切。

𢤱 急也。从心，瞏聲。讀若絹。古縣切。

悻 恨也。从心，巠聲。胡頂切。

慈 急也。从心，从弦，弦亦聲。河南密縣有慈亭。胡田切。

慓 疾也。从心，票聲。敷沼切。

懦 駑弱者也。从心，需聲。人朱切。

恁 下齎也。从心，任聲。如甚切。

忒 失常也。从心，代聲。他得切。

怚 驕也。从心，且聲。子去切。

悒 不安也。从心，邑聲。於汲切。

悆 忘也。嘾也。从心，余聲。《周書》曰："有疾不悆。"悆，喜也。羊茹切。

忒 更也。从心，弋聲。他得切。

憪 愉也。从心，閒聲。户閒切。

愉 薄也。从心，俞聲。《論語》曰："私覿，愉愉如也。"羊朱切。

懱 輕易也。从心，蔑聲。《商書》曰："以相陵懱。"莫結切。

愚 戇也。从心，从禺。禺，猴屬，獸之愚者。麌俱切。

戇 愚也。从心，贛聲。陟絳切。

𢙬 姦也。从心，采聲。倉宰切。

惷 愚也。从心，春聲。丑江切。

懝 騃也。从心，从疑，疑亦聲。一曰：惶也。五溉切。

忮 很也。从心，支聲。之義切。

悍 勇也。从心，旱聲。侯旰切。

態 意也。从心，从能。徐鍇曰："心能其事，然後有態度也。"他代切。㑷，或从人。

怪 異也。从心，圣聲。古壞切。

像 放也。从心，象聲。徒朗切。

慢 惰也。从心，曼聲。一曰：慢，不畏也。謀晏切。

怠 慢也。从心，台聲。徒亥切。

懈 怠也。从心，解聲。古隘切。

憜 不敬也。从心，嫷省。《春秋傳》曰："執玉憜。"徒果切。惰，憜或省𠂤。媠，古文。

愯 驚也。从心，從聲。讀若悚。息拱切。

怫 鬱也。从心，弗聲。符弗切。

忦 忽也。从心，介聲。《孟子》曰："孝子之心，不若是忦。"呼介切。

忽 忘也。从心，勿聲。呼骨切。

忘 不識也。从心，从亡，亡亦聲。武方切。

㒼 忘也。㒼兜也。从心，㒼聲。母官切。

恣 縱也。从心，次聲。資四切。

惕 放也。从心，昜聲。一曰：平也。徒朗切。

憧 意不定也。从心，童聲。尺容切。

悝 啁也。从心，里聲。《春秋傳》有孔悝。一曰：病也。苦回切。

憰 權詐也。从心，矞聲。古穴切。

怳 誤也。从心，狂聲。居況切。

怳 狂之皃。从心，況省聲。許往切。

恑 變也。从心，危聲。過委切。

憰 有二心也。从心，巂聲。户圭切。

悸 心動也。从心，季聲。其季切。

憿 幸也。从心，敫聲。古堯切。

懖 善自用之意也。从心，銛聲。《商書》曰："今汝懖懖。"古活切。[illegible]，古文从耳。

忨 貪也。从心，元聲。《春秋傳》曰："忨歲而漱日。"五换切。

惏 河内之北謂貪曰惏。从心，林聲。盧含切。

懜 不明也。从心，夢聲。武亘切。

愆 過也。从心，衍聲。去虔切。𡨦，或从寒省。諐，籀文。

慊 疑也。从心，兼聲。户兼切。
惑 亂也。从心，或聲。胡國切。
怋 怓也。从心，民聲。呼昆切。
怓 亂也。从心，奴聲。《詩》曰："以謹惛怓。"女交切。
惷 亂也。从心，舂聲。《春秋傳》曰："王室日惷惷焉。"一曰：厚也。尺允切。
惛 不憭也。从心，昏聲。呼昆切。
忥 癡皃。从心，气聲。許既切。
𢡆 寱言不慧也。从心，衛聲。于歲切。
憒 亂也。从心，貴聲。胡對切。
忌 憎惡也。从心，己聲。渠記切。
忿 悁也。从心，分聲。敷粉切。
悁 忿也。从心，肙聲。一曰：憂也。於緣切。，籒文。
㦒 恨也。从心，黎聲。一曰：怠也。郎尸切。
恚 恨也。从心，圭聲。於避切。
怨 恚也。从心，夗聲。於願切。，古文。
怒 恚也。从心，奴聲。乃故切。
憝 怨也。从心，敦聲。《周書》曰："凡民罔不憝。"徒對切。
慍 怒也。从心，昷聲。於問切。
惡 過也。从心，亞聲。烏各切。
憎 惡也。从心，曾聲。作滕切。
𢘋 恨怒也。从心，市聲。《詩》曰："視我𢘋𢘋。"蒲昧切。
㣻 怒也。从心，刀聲。讀若顡。李陽冰曰："刀非聲，當从刈省。"魚既切。
㥦 怨恨也。从心，彖聲。讀若膎。臣鉉等曰："彖非聲，未詳。"户佳切。
恨 怨也。从心，皀聲。胡艮切。
懟 怨也。从心，對聲。丈淚切。
悔 悔恨也。从心，每聲。荒内切。

𢢔 小怒也。从心，壴聲。充世切。
怏 不服懟也。从心，央聲。於亮切。
懣 煩也。从心，从滿。莫困切。
憤 懣也。从心，賁聲。房吻切。
悶 懣也。从心，門聲。莫困切。
惆 失意也。从心，周聲。敕鳩切。
悵 望恨也。从心，長聲。丑亮切。
愾 大息也。从心，从氣，氣亦聲。《詩》曰：“愾我寤歎。”許既切。
懆 愁不安也。从心，喿聲。《詩》曰：“念子懆懆。”七早切。
愴 傷也。从心，倉聲。初亮切。
怛 憯也。从心，旦聲。得案切。又，當割切。㥁，或从心在旦下。《詩》曰：“信誓㥁㥁。”
憯 痛也。从心，朁聲。七感切。
慘 毒也。从心，參聲。七感切。
悽 痛也。从心，妻聲。七稽切。
恫 痛也。一曰：呻吟也。从心，同聲。他紅切。
悲 痛也。从心，非聲。府眉切。
惻 痛也。从心，則聲。初力切。
惜 痛也。从心，昔聲。思積切。
愍 痛也。从心，敃聲。眉殞切。
慇 痛也。从心，殷聲。於巾切。
㥐 痛聲也。从心，依聲。《孝經》曰：“哭不㥐。”於豈切。
𥶍 𥶍，存也。从心，簡省聲。讀若簡。古限切。
慅 動也。从心，蚤聲。一曰：起也。穌遭切。
感 動人心也。从心，咸聲。古禫切。
怣 不動也。从心，尤聲。讀若祐。于救切。
㤛 怨仇也。从心，咎聲。其久切。

惧 憂皃。从心，員聲。王分切。
怮 憂皃。从心，幼聲。於虯切。
忦 憂也。从心，介聲。五介切。
恙 憂也。从心，羊聲。余亮切。
惴 憂懼也。从心，耑聲。《詩》曰："惴惴其慄。"之瑞切。
𢡹 憂也。从心，鈞聲。常倫切。
怲 憂也。从心，丙聲。《詩》曰："憂心怲怲。"兵永切。
惔 憂也。从心，炎聲。《詩》曰："憂心如惔。"徒甘切。
惙 憂也。从心，叕聲。《詩》曰："憂心惙惙。"一曰：意不定也。陟劣切。
慯 憂也。从心，殤省聲。式亮切。
愁 憂也。从心，秋聲。士尤切。
愵 憂皃。从心，弱聲。讀與惄同。奴歷切。
惂 憂困也。从心，臽聲。苦感切。
悠 憂也。从心，攸聲。以周切。
悴 憂也。从心，卒聲。讀與《易》萃卦同。秦醉切。
慁 憂也。从心，圂聲。一曰：擾也。胡困切。
憖 楚潁之閒謂憂曰憖。从心，𣀩聲。力至切。
忬 憂也。从心，于聲。讀若吁。况于切。
忡 憂也。从心，中聲。《詩》曰："憂心忡忡。"敕中切。
悄 憂也。从心，肖聲。《詩》曰："憂心悄悄。"親小切。
慼 憂也。从心，戚聲。倉歷切。
𢡦 愁也。从心，从頁。徐鍇曰："𢡦形於顏面，故从頁。"於求切。
患 憂也。从心上貫吅，吅亦聲。胡丱切。，古文从關省。，亦古文患。
恇 怯也。从心、匡，匡亦聲。去王切。
㤲 思皃。从心，夾聲。苦叶切。
懾 失气也。从心，聶聲。一曰：服也。之涉切。

憚 忌難也。从心，單聲。一曰：難也。徒案切。

悼 懼也。陳楚謂懼曰悼。从心，卓聲。臣鉉等曰："卓非聲，當从罩省。"徒到切。

恐 懼也。从心，巩聲。丘隴切。，古文。

慴 懼也。从心，習聲。讀若疊。之涉切。

怵 恐也。从心，术聲。丑律切。

惕 敬也。从心，易聲。他歷切。，或从狄。

供 戰慄也。从心，共聲。户工切，又工恐切。

恗 苦也。从心，亥聲。胡概切。

惶 恐也。从心，皇聲。胡光切。

悑 惶也。从心，甫聲。普故切。，或从布聲。

慹 悑也。从心，執聲。之入切。

𢡢 憊也。从心，𣪠聲。苦計切。

憊 𢡢也。从心，葡聲。蒲拜切。，或从疒。

惎 毒也。从心，其聲。《周書》曰："來就惎惎。"渠記切。

恥 辱也。从心，耳聲。敕里切。

㥏 青徐謂慙曰㥏。从心，典聲。他典切。

忝 辱也。从心，天聲。他點切。

慙 媿也。从心，斬聲。昨甘切。

恧 慙也。从心，而聲。女六切。

怍 慙也。从心，作省聲。在各切。

憐 哀也。从心，粦聲。落賢切。

㦁 泣下也。从心，連聲。《易》曰："泣涕㦁如。"力延切。

忍 能也。从心，刃聲。而軫切。

㥿 厲也。一曰：止也。从心，弭聲。讀若沔。弥兖切。

忞 懲也。从心，乂聲。魚肺切。

懲 忞也。从心，徵聲。直陵切。

憬 覺寤也。从心，景聲。《詩》曰："憬彼淮夷。"俱永切。

文二百六十三　重二十二

慵 嬾也。从心，庸聲。蜀容切。

悱 口悱悱也。从心，非聲。敷尾切。

怩 忸怩，慙也。从心，尼聲。女夷切。

惉 惉懘，煩聲也。从心，沾聲。尺詹切。

懘 惉懘也。从心，滯聲。尺制切。

懇 悃也。从心，豤聲。康狠切。

忖 度也。从心，寸聲。倉本切。

怊 悲也。从心，召聲。敕宵切。

慟 大哭也。从心，動聲。徒弄切。

惹 亂也。从心，若聲。人者切。

恰 用心也。从心，合聲。苦狹切。

悌 善兄弟也。从心，弟聲。經典通用弟。特計切。

懌 説也。从心，睪聲。經典通用釋。羊益切。

文十三新附

惢　部

惢 心疑也。从三心。凡惢之屬皆从惢。讀若《易》“旅瑣瑣”。又才規、才累二切。

縈 垂也。从惢，糸聲。如壘切。

文二

説文解字弟十　下

説文解字弟十一上

漢太尉祭酒　許慎 記
宋右散騎常侍　徐鉉等 校定

二十一部　六百八十五文　重六十二　凡九千七百六十九字
文三十一新附

水　部

水 準也。北方之行。象衆水並流，中有微陽之气也。凡水之屬皆从水。式軌切。

汃 西極之水也。从水，八聲。《爾雅》曰："西至汃國，謂四極。"府巾切。

河 水。出焞煌塞外昆侖山，發原注海。从水，可聲。乎哥切。

泑 澤。在昆侖下。从水，幼聲。讀與妳同。於糾切。

涷 水。出發鳩山，入於河。从水，東聲。德紅切。

涪 水。出廣漢剛邑道徼外，南入漢。从水，音聲。縛牟切。

潼 水。出廣漢梓潼北界，南入墊江。从水，童聲。徒紅切。

江 水。出蜀湔氐徼外崏山，入海。从水，工聲。古雙切。

沱 江別流也。出崏山東，别爲沱。从水，它聲。臣鉉等曰："沱沼之'沱'，通用此字。今别作池，非是。"徒何切。

浙 江。水東至會稽山陰爲浙江。从水，折聲。旨熱切。

涐 水。出蜀汶江徼外，東南入江。从水，我聲。五何切。

湔 水。出蜀郡緜虒玉壘山，東南入江。从水，前聲。一曰：手瀚之。子仙切。

沫 水。出蜀西徼外，東南入江。从水，末聲。莫割切。

温 水。出犍爲涪，南入黔水。从水，𥁕聲。烏魂切。

灊　水。出巴郡宕渠，西南入江。从水，鬵聲。昨鹽切。

沮　水。出漢中房陵，東入江。从水，且聲。子余切。

滇　益州池名。从水，真聲。都年切。

涂　水。出益州牧靡南山，西北入澠。从水，余聲。同都切。

沅　水。出牂牁故且蘭，東北入江。从水，元聲。愚袁切。

淹　水。出越嶲徼外，東入若水。从水，奄聲。英廉切。

溺　水。自張掖删丹，西至酒泉，合黎，餘波入于流沙。从水，弱聲。桑欽所説。而灼切。

洮　水。出隴西臨洮，東北入河。从水，兆聲。土刀切。

涇　水。出安定涇陽幵頭山，東南入渭，雝州之川也。从水，巠聲。古靈切。

渭　水。出隴西首陽渭首亭南谷，東入河。从水，胃聲。杜林説。《夏書》以爲出鳥鼠山。雝州浸也。云貴切。

漾　水。出隴西相道，東至武都爲漢。从水，羕聲。余亮切。□，古文从養。

漢　漾也。東爲滄浪水。从水，難省聲。臣鉉等曰：“从難省，當作堇，而前作相承去土从大，疑兼从古文省。”呼旰切。□，古文。

浪　滄浪水也。南入江。从水，良聲。來宕切。

沔　水。出武都沮縣東狼谷，東南入江。或曰：入夏水。从水，丏聲。彌兖切。

湟　水。出金城臨羌塞外，東入河。从水，皇聲。乎光切。

汧　水。出扶風汧縣，西北入渭。从水，幵聲。苦堅切。

澇　水。出扶風鄠，北入渭。从水，勞聲。魯刀切。

漆　水。出右扶風杜陵岐山，東入渭。一曰：入洛。从水，桼聲。親吉切。

滻　水。出京兆藍田谷，入霸。从水，產聲。所簡切。

洛　水。出左馮翊歸德北夷界中，東南入渭。从水，各聲。盧各切。

淯　水。出弘農盧氏山，東南入海。从水，育聲。或曰：出酈山西。余六切。

汝 水。出弘農盧氏還歸山，東入淮。从水，女聲。人渚切。

潩 水。出河南密縣大隗山，南入潁。从水，異聲。與職切。

汾 水。出太原晉陽山，西南入河。从水，分聲。或曰：出汾陽北山。冀州浸。符分切。

澮 水。出霍山，西南入汾。从水，會聲。古外切。

沁 水。出上黨羊頭山，東南入河。从水，心聲。七鴆切。

沾 水。出壺關，東入淇。一曰：沾，益也。从水，占聲。臣鉉等曰："今别作添，非是。"他兼切。

潞 冀州浸也。上黨有潞縣。从水，路聲。洛故切。

漳 濁漳，出上黨長子鹿谷山，東入清漳。清漳，出沾山大要谷，北入河。南漳，出南郡臨沮。从水，章聲。諸良切。

淇 水。出河内共北山，東入河。或曰：出隆慮西山。从水，其聲。渠之切。

蕩 水。出河内蕩陰，東入黄澤。从水，蓩聲。徒朗切。

沇 水。出河東東垣王屋山，東爲泲。从水，允聲。以轉切。㕣，古文沇。臣鉉等曰："口部已有，此重出。"

泲 沇也，東入于海。从水，𠂔聲。子禮切。

洈 水。出南郡高城洈山，東入繇。从水，危聲。過委切。

溠 水。在漢南。从水，差聲。荆州浸也。《春秋傳》曰："修涂梁溠。"側駕切。

洭 水。出桂陽縣盧聚山，洭浦關爲桂水。从水，匡聲。去王切。

潓 水。出廬江，入淮。从水，惠聲。胡計切。

灌 水。出廬江雩婁，北入淮。从水，雚聲。古玩切。

漸 水。出丹陽黟南蠻中，東入海。从水，斬聲。慈冉切。

泠 水。出丹陽宛陵，西北入江。从水，令聲。郎丁切。

滭 水。在丹陽。从水，箄聲。匹卦切。

溧 水。出丹陽溧陽縣。从水，栗聲。力質切。

湘 水。出零陵陽海山。北入江。从水，相聲。息良切。
汨 長沙汨羅淵，屈原所沈之水。从水，冥省聲。莫狄切。
溱 水。出桂陽臨武，入匯。从水，秦聲。側詵切。
深 水。出桂陽南平，西入營道。从水，罙聲。式針切。
潭 水。出武陵鐔成玉山，東入鬱林。从水，覃聲。徒含切。
油 水。出武陵孱陵西，東南入江。从水，由聲。以周切。
⿰氵買 水。出豫章艾縣，西入湘。从水，買聲。莫蟹切。
湞 水。出南海龍川，西入溱。从水，貞聲。陟盈切。
溜 水。出鬱林郡。从水，留聲。力救切。
瀷 水。出河南密縣，東入潁。从水，翼聲。與職切。
潕 水。出南陽舞陽，東入潁。从水，無聲。文甫切。
滶 水。出南陽魯陽，入城父。从水，敖聲。五勞切。
瀙 水。出南陽舞陽中陽山，入潁。从水，親聲。七吝切。
淮 水。出南陽平氏桐柏大復山，東南入海。从水，隹聲。户乖切。
滍 水。出南陽魯陽堯山，東北入汝。从水，蚩聲。直几切。
澧 水。出南陽雉衡山，東入汝。从水，豊聲。盧啓切。
溳 水。出南陽蔡陽，東入夏水。从水，員聲。王分切。
淠 水。出汝南弋陽垂山，東入淮。从水，畀聲。匹備切，又匹制切。
澺 水。出汝南上蔡黑閭澗，入汝。从水，意聲。於力切。
⿰氵囟 水。出汝南新郪，入潁。从水，囟聲。穌計切。
灈 水。出汝南吴房，入瀙。从水，瞿聲。其俱切。
潁 水。出潁川陽城乾山，東入淮。从水，頃聲。豫州浸。余頃切。
洧 水。出潁川陽城山，東南入潁。从水，有聲。榮美切。
濦 水。出潁川陽城少室山，東入潁。从水，㥯聲。於謹切。
濄 水。受淮陽扶溝浪湯渠，東入淮。从水，過聲。古禾切。
泄 水。受九江博安洵波，北入氐。从水，世聲。余制切。
汳 水。受陳留浚儀陰溝，至蒙爲雝水，東入于泗。从水，反聲。
臣鉉等曰："今作汴，非是。"皮變切。

潧 水。出鄭國。从水，曾聲。《詩》曰：“潧與洧，方渙渙兮。”側詵切。

淩 水。在臨淮。从水，夌聲。力膺切。

濮 水。出東郡濮陽，南入鉅野。从水，僕聲。博木切。

濼 齊魯閒水也。从水，樂聲。《春秋傳》曰：“公會齊侯于濼。”盧谷切。

漷 水。在魯。从水，郭聲。苦郭切。

淨 魯北城門池也。从水，爭聲。士耕切，又才性切。

濕 水。出東郡東武陽，入海。从水，㬎聲。桑欽云：“出平原高唐。”他合切。

泡 水。出山陽平樂，東北入泗。从水，包聲。匹交切。

菏 菏澤水。在山陽胡陵。《禹貢》：“浮于淮泗，達于菏。”从水，苛聲。古俄切。

泗 受泲水，東入淮。从水，四聲。息利切。

洹 水。在齊魯閒。从水，亘聲。羽元切。

灉（澭） 河灉水。在宋。从水，雝聲。於容切。

澶 澶淵水。在宋。从水，亶聲。市連切。

洙 水。出泰山蓋臨樂山，北入泗。从水，朱聲。市朱切。

沭 水。出青州浸。从水，术聲。食聿切。

沂 水。出東海費東，西入泗。从水，斤聲。一曰：沂水，出泰山蓋，青州浸。魚衣切。

洋 水。出齊臨朐高山，東北入鉅定。从水，羊聲。似羊切。

濁 水。出齊郡厲嬀山，東北入鉅定。从水，蜀聲。直角切。

溉 水。出東海桑瀆覆甑山，東北入海。一曰：灌注也。从水，既聲。古代切。

濰 水。出琅邪箕屋山，東入海。徐州浸。《夏書》曰：“濰淄其道。”从水，維聲。以追切。

浯 水。出琅邪靈門壺山，東北入濰。从水，吾聲。五乎切。

汶 水。出琅琊朱虚東泰山，東入濰。从水，文聲。桑欽説：汶水出泰山萊蕪，西南入沛。亡運切。

治 水。出東萊曲城陽丘山，南入海。从水，台聲。直之切。

寖 水。出魏郡武安，東北入呼沱水。从水，𡨋聲。𡨋，籀文寑字。子鴆切。

湡 水。出趙國襄國之西山，東北入寖。从水，禺聲。噳俱切。

㴲 水。出趙國襄國，東入湡。从水，虒聲。息移切。

渚 水。在常山中丘逢山，東入湡。从水，者聲。《爾雅》曰：“小洲曰渚。”章与切。

洨 水。出常山石邑井陘，東南入于泜。从水，交聲。祁國有洨縣。下交反。

濟 水。出常山房子贊皇山，東入泜。从水，齊聲。子禮切。

泜 水。在常山。从水，氐聲。直尼切。

濡 水。出涿郡故安，東入漆涑。从水，需聲。人朱切。

灅 水。出右北平浚靡，東南入庚。从水，壘聲。力軌切。

沽 水。出漁陽塞外，東入海。从水，古聲。古胡切。

沛 水。出遼東番汗塞外，西南入海。从水，市聲。普蓋切。

浿 水。出樂浪鏤方，東入海。从水，貝聲。一曰：出浿水縣。普拜切。

瀤 北方水也。从水，褱聲。户乖切。

㶟 水。出鴈門陰館累頭山，東入海。或曰：治水也。从水，纍聲。力追切。

溠 水。出北地直路西，東入洛。从水，虘聲。側加切。

派 水。起鴈門葰人戍夫山，東北入海。从水，瓜聲。古胡切。

滱 水。起北地靈丘，東入河。从水，寇聲。滱水即漚夷水，并州川也。苦候切。

淶 水。起北地廣昌，東入河。从水，來聲。并州浸。洛哀切。

泥 水。出北地郁郅北蠻中。从水，尼聲。奴低切。

湳 西河美稷保東北水。从水，南聲。乃感切。

溤 水。出西河中陽北沙，南入河。从水，焉聲。乙乾切。

涶 河津也。在西河西。从水，垂聲。土禾切。

旟 水也。从水，旟聲。以諸切。

洵 過水中也。从水，旬聲。相倫切。

涻 水。出北嚻山，入邙澤。从水，舍聲。始夜切。

汈 水也。从水，刃聲。乃見切。

湨 水也。从水，直聲。恥力切。

淁 水也。从水，妾聲。七接切。

涺 水也。从水，居聲。九魚切。

濞 水也。从水，臮聲。其冀切。

沋 水也。从水，尤聲。羽求切。

洇 水也。从水，因聲。於真切。

淉 水也。从水，果聲。古火切。

湏 水也。从水，肖聲。讀若瑣。穌果切。

浝 水也。从水，尨聲。莫江切。

洌 水也。从水，乳聲。乃后切。

汷 水也。从水，夂聲。夂，古文終。職戎切。

洦 淺水也。从水，百聲。匹白切。

汘 水也。从水，千聲。倉先切。

洍 水也。从水，㔯聲。《詩》曰："江有洍。"詳里切。

澥 郣澥，海之别也。从水，解聲。一説：澥即澥谷也。胡買切。

漠 北方流沙也。一曰：清也。从水，莫聲。慕各切。

海 天池也。以納百川者。从水，每聲。呼改切。

溥 大也。从水，尃聲。滂古切。

濶 水大至也。从水，闇聲。乙感切。

洪 洚水也。从水，共聲。户工切。

洚 水不遵道。一曰：下也。从水，夅聲。户工切，又下江切。

衍 水朝宗于海也。从水，从行。以淺切。

淖 水朝宗于海。从水，朝省。臣鉉等曰：“隸書不省。”直遥切。
濥 水脈行地中濥濥也。从水，夤聲。弋刃切。
滔 水漫漫大皃。从水，舀聲。土刀切。
涓 小流也。从水，肙聲。《爾雅》曰：“汝爲涓。”古玄切。
混 豐流也。从水，昆聲。胡本切。
潒 水潒瀁也。从水，象聲。讀若蕩。徒朗切。
漦 順流也。一曰：水名。从水，𠩺聲。俟甾切。
汭 水相入也。从水，从内，内亦聲。而鋭切。
潚 深清也。从水，肅聲。子叔切。
演 長流也。一曰：水名。从水，寅聲。以淺切。
渙 流散也。从水，奐聲。呼貫切。
泌 俠流也。从水，必聲。兵媚切。
活 水流聲。从水，𠯑聲。古活切。，活或从聒 。
湝 水流湝湝也。从水，皆聲。一曰：湝湝，寒也。《詩》曰：“風雨湝湝。”古諧切。
泫 湝流也。从水，玄聲。上黨有泫氏縣。胡畎切。
淲 水流皃。从水，彪省聲。《詩》曰：“淲沱北流。”皮彪切。
淢 疾流也。从水，或聲。于逼切。
瀏 流清皃。从水，劉聲。《詩》曰：“瀏其清矣。”力久切。
濊 礙流也。从水，薉聲。《詩》云：施罟濊濊。呼括切。
滂 沛也。从水，旁聲。臣鉉等曰：“今俗别作雱霈，非是。”普郎切。
汪 深廣也。从水，㞷聲。一曰：汪，池也。烏光切。
漻 清深也。从水，翏聲。洛蕭切。
泚 清也。从水，此聲。千禮切。
況 寒水也。从水，兄聲。許訪切。
沖 涌搖也。从水、中。讀若動。直弓切。
汎 浮皃。从水，凡聲。孚梵切。
沄 轉流也。从水，云聲。讀若混。王分切。

浩 澆也。从水，告聲。《虞書》曰："洪水浩浩。"胡老切。

沆 莽沆，大水也。从水，亢聲。一曰：大澤皃。胡朗切。

泬 水从孔穴疾出也。从水，从穴，穴亦聲。呼穴切。

濞 水暴至聲。从水，鼻聲。匹備切。

灂 水小聲。从水，爵聲。士角切。

潝 水疾聲。从水，翕聲。許及切。

滕 水超涌也。从水，朕聲。徒登切。

潏 涌出也。一曰：水中坻，人所爲，爲潏。一曰：潏，水名，在京兆杜陵。从水，矞聲。古穴切。

洸 水涌光也。从水，从光，光亦聲。《詩》曰："有洸有潰。"古黄切。

波 水涌流也。从水，皮聲。博禾切。

澐 江水大波謂之澐。从水，雲聲。王分切。

瀾 大波爲瀾。从水，闌聲。洛干切。漣，瀾或从連。臣鉉等曰："今俗音力延切。"

淪 小波爲淪。从水，侖聲。《詩》曰："河水清且淪漪。"一曰：没也。力迍切。

漂 浮也。从水，票聲。匹消切，又匹妙切。

浮 氾也。从水，孚聲。縛牟切。

濫 氾也。从水，監聲。一曰：濡上及下也。《詩》曰："觱沸濫泉。"一曰，清也。盧瞰切。

氾 濫也。从水，㔾聲。孚梵切。

泓 下深皃。从水，弘聲。烏宏切。

湋 回也。从水，韋聲。羽非切。

測 深所至也。从水，則聲。初側切。

湍 疾瀨也。从水，耑聲。他耑切。

淙 水聲也。从水，宗聲。藏宗切。

激 水礙衺疾波也。从水，敫聲。一曰：半遮也。古歷切。

洞 疾流也。从水，同聲。徒弄切。

瀿 大波也。从水，緐聲。孚袁切。

汹 涌也。从水，匈聲。許拱切。

涌 滕也。从水，甬聲。一曰：涌水，在楚國。余隴切。

湁 湁湒，鬻也。从水，拾聲。丑入切。

涳 直流也。从水，空聲。苦江切，又哭工切。

汋 激水聲也。从水，勺聲。井一有水，一無水，謂之瀱汋。市若切。

瀱 井一有水，一無水，謂之瀱汋。从水，罽聲。居例切。

渾 混流聲也。从水，軍聲。一曰：洿下皃。户昆切。

洌 水清也。从水，列聲。《易》曰："井洌，寒泉，食。"良辥切。

淑 清湛也。从水，叔聲。殊六切。

溶 水盛也。从水，容聲。余隴切，又音容。

澂 清也。从水，徵省聲。臣鉉等曰："今俗作澄，非是。"直陵切。

清 腺也。澂水之皃。从水，青聲。七情切。

湜 水清底見也。从水，是聲。《詩》曰："湜湜其止。"常職切。

潣 水流浼浼皃。从水，閔聲。眉殞切。

滲 下漉也。从水，參聲。所禁切。

潿 不流濁也。从水，圍聲。羽非切。

溷 亂也。一曰：水濁皃。从水，圂聲。胡困切。

淈 濁也。从水，屈聲。一曰：滒泥。一曰：水出皃。古忽切。

漩 回泉也。从水，旋省聲。似沿切。

漼 深也。从水，崔聲。《詩》曰："有漼者淵。"七罪切。

淵 回水也。从水，象形。左右，岸也。中象水皃。烏玄切。𣶒，淵或省水。[illegible]，古文从口、水。

濔 滿也。从水，爾聲。奴礼切。

澹 水搖也。从水，詹聲。徒濫切。

潯 旁深也。从水，尋聲。徐林切。

泙　谷也。从水，平聲。符兵切。

泏　水皃。从水，出聲。讀若窋。竹律切，又口兀切。

瀳　水至也。从水，薦聲。讀若尊。又在甸切。

㵎　土得水沮也。从水，㪿聲。讀若麱。竹隻切。

滿　盈溢也。从水，㒼聲。莫旱切。

滑　利也。从水，骨聲。户八切。

澀　不滑也。从水，嗇聲。色立切。

澤　光潤也。从水，睪聲。丈伯切。

淫　侵淫隨理也。从水，㸒聲。一曰：久雨爲淫。余箴切。

瀸　漬也。从水，韱聲。《爾雅》曰："泉一見一否爲瀸。"子廉切。

泆　水所蕩泆也。从水，失聲。夷質切。

潰　漏也。从水，貴聲。胡對切。

沴　水不利也。从水，㐱聲。《五行傳》曰："若其沴作。"郎計切。

淺　不深也。从水，戔聲。七衍切。

洔　水暫益，且止，未減也。从水，寺聲。直里切。

渻　少減也。一曰：水門。又：水出丘前謂之渻丘。从水，省聲。息并切。

淖　泥也。从水，卓聲。奴教切。

濢　小溼也。从水，翠聲。遵誄切。

溽　溼暑也。从水，辱聲。而蜀切。

涅　黑土在水中也。从水，从土，日聲。奴結切。

滋　益也。从水，兹聲。一曰：滋水出牛飲山白陘谷，東入呼沱。子之切。

㴧　青黑色。从水，曶聲。呼骨切。

浥　溼也。从水，邑聲。於及切。

沙　水散石也。从水，从少。水少沙見。楚東有沙水。所加切。，譚長説：沙或从尐。尐，子結切。

瀨　水流沙上也。从水，賴聲。洛帶切。

濆　水厓也。从水，賁聲。《詩》曰："敦彼淮濆。"符分切。

涘　水厓也。从水，矣聲。《周書》曰："王出涘。"牀史切。

汻　水厓也。从水，午聲。臣鉉等曰："今作滸，非是。"呼古切。

氿　水厓枯土也。从水，九聲。《爾雅》曰："水醮曰氿。"居洧切。

漘　水厓也。从水，脣聲。《詩》曰："寘河之漘。"常倫切。

浦　瀕也。从水，甫聲。滂古切。

沚　小渚曰沚。从水，止聲。《詩》曰："于沼于沚。"諸市切。

沸　滭沸，濫泉。从水，弗聲。分勿切，又方未切。

潨　小水入大水曰潨。从水，从眾。《詩》曰："鳧鷖在潨。"徂紅切。

派　別水也。从水，从𠂢，𠂢亦聲。匹賣切。

汜　水別復入水也。一曰：汜，窮瀆也。从水，巳聲。《詩》曰："江有汜。"詳里切。臣鉉等案："前洍字音義同，蓋或體也。"

湀　湀辟，深水處也。从水，癸聲。求癸切。

濘　滎濘也。从水，寧聲。乃定切。

滎　絶小水也。从水，熒省聲。户扃切。

洼　深池也。从水，圭聲。一佳切，又於瓜切。

漥　清水也。一曰：窊也。从水，窐聲。一穎切，又屋瓜切。

潢　積水池。从水，黃聲。乎光切。

沼　池水。从水，召聲。之少切。

湖　大陂也。从水，胡聲。揚州浸，有五湖。浸，川澤所仰以灌漑也。户吴切。

汥　水都也。从水，支聲。章移切。

洫　十里爲成。成閒廣八尺，深八尺，謂之洫。从水，血聲。《論語》曰："盡力于溝洫。"況逼切。

溝　水瀆。廣四尺，深四尺。从水，冓聲。古侯切。

瀆　溝也。从水，𧶠聲。一曰：邑中溝。徒谷切。

渠　水所居。从水，桀省聲。彊魚切。

瀶 谷也。从水，臨聲。讀若林。一曰：寒也。力尋切。

湄 水艸交爲湄。从水，眉聲。武悲切。

洐 溝水行也。从水，从行。户庚切。

澗 山夾水也。从水，閒聲。一曰：澗水，出弘農新安，東南入洛。古莧切。

澳 隈，厓也。其内曰澳，其外曰隈。从水，奥聲。於六切。

澩 夏有水，冬無水，曰澩。从水，學省聲。讀若學。胡角切。，澩或不省。

灘 水濡而乾也。从水，𪇰聲。《詩》曰："灘其乾矣。"呼旰切，又他干切。，俗灘，从隹。

汕 魚游水皃。从水，山聲。《詩》曰："蒸然汕汕。"所晏切。

决 行流也。从水，从夬。廬江有决水，出於大别山。古穴切。

灓 漏流也。从水，䜌聲。洛官切。

滴 水注也。从水，啻聲。都歷切。

注 灌也。从水，主聲。之戍切。

沃 溉灌也。从水，芺聲。烏鵠切。

浩 所以攤水也。从水，昔聲。《漢律》曰：及其門首洒浩。所責切。

澨 埤增水邊土。人所止者。从水，筮聲。《夏書》曰："過三澨。"時制切。

津 水渡也。从水，𦘔聲。將鄰切。，古文津，从舟，从淮。

淜 無舟渡河也。从水，朋聲。皮冰切。

潢 小津也。从水，横聲。一曰：以船渡也。户孟切。

泭 編木以渡也。从水，付聲。芳無切。

渡 濟也。从水，度聲。徒故切。

沿 緣水而下也。从水，㕣聲。《春秋傳》曰："王沿夏。"与專切。

㴑 逆流而上曰㴑洄。㴑，向也，水欲下，違之而上也。从水，㡿聲。桑故切。，㴑或从朔。

洄　洄洄也。从水，从回。户灰切。

泳　潛行水中也。从水，永聲。爲命切。

潛　涉水也。一曰：藏也。一曰：漢水爲潛。从水，朁聲。昨鹽切。

淦　水入船中也。一曰：泥也。从水，金聲。古暗切。，淦或从今。

泛　浮也，从水，乏聲。孚梵切。

汓　浮行水上也。从水，从子。古或以汓爲没。似由切。，汓或从囚聲。

砅　履石渡水也。从水，从石。《詩》曰："深則砅。"力制切。，砅或从厲。

湊　水上人所會也。从水，奏聲。倉奏切。

湛　没也。从水，甚聲。一曰：湛水，豫章浸。宅減切。，古文。

湮　没也。从水，垔聲。於真切。

休　没也。从水，从人。奴歷切。

没　沈也。从水，从𠬛。莫勃切。

渨　没也。从水，畏聲。烏恢切。

滃　雲气起也。从水，翁聲。烏孔切。

泱　滃也。从水，央聲。於良切。

淒　雲雨起也。从水，妻聲。《詩》曰："有渰淒淒。"七稽切。

渰　雲雨皃。从水，弇聲。衣檢切。

溟　小雨溟溟也。从水，冥聲。莫經切。

涑　小雨零皃。从水，束聲。所責切。

瀑　疾雨也。一曰：沫也。一曰：瀑，資也。从水，暴聲。《詩》曰："終風且瀑。"平到切。

澍　時雨，澍生萬物。从水，尌聲。常句切。

湒　雨下也。从水，咠聲。一曰：沸涌皃。姊入切。

澬　久雨涔資也。一曰：水名。从水，資聲。才私切，又即夷切。

潦　雨水大皃。从水，尞聲。盧皓切。

濩 雨流霤下。从水，蒦聲。胡郭切。

涿 流下滴也。从水，豖聲。上谷有涿縣。竹角切。𣅜，奇字涿，从日、乙。

瀧 雨瀧瀧皃。从水，龍聲。力公切。

渿 沛之也。从水，柰聲。奴帶切。

滈 久雨也。从水，高聲。乎老切。

漊 雨漊漊也。从水，婁聲。一曰：汝南謂飲酒習之不醉爲漊。力主切。

溦 小雨也。从水，微省聲。無非切。

濛 微雨也。从水，蒙聲。莫紅切。

沈 陵上滈水也。从水，冘聲。一曰：濁黕也。臣鉉等曰："今俗别作沉，冗不成字，非是。"直深切，又尸甚切。

洅 雷震洅洅也。从水，再聲。作代切。

淊 泥水淊淊也。一曰：繅絲湯也。从水，臽聲。胡感切。

涵 水澤多也。从水，函聲。《詩》曰："僭始既涵。"胡男切。

𣹢 漸溼也。从水，挐聲。人庶切。

瀀 澤多也。从水，憂聲。《詩》曰："既瀀既渥。"於求切。

涔 漬也。一曰：涔陽渚，在郢中。从水，岑聲。鉏箴切。

漬 漚也。从水，責聲。前智切。

漚 久漬也。从水，區聲。烏候切。

浞 濡也。从水，足聲。士角切。

渥 霑也。从水，屋聲。於角切。

潅 灌也。从水，隺聲。口角切，又公沃切。

洽 霑也。从水，合聲。侯夾切。

濃 露多也。从水，農聲。《詩》曰："零露濃濃。"女容切。

瀌 雨雪瀌瀌。从水，麃聲。甫嬌切。

濂 薄水也。一曰：中絶小水。从水，兼聲。力鹽切。

泐 水石之理也。从水，从阞。《周禮》曰："石有時而泐。"徐鍇曰："言石因其脈理而解裂也。"盧則切。

滯 凝也。从水，帶聲。直例切。

泜 著止也。从水，氐聲。直尼切。

滮 水裂去也。从水，虢聲。古伯切。

澌 水索也。从水，斯聲。息移切。

汽 水涸也。或曰：泣下。从水，气聲。《詩》曰："汽可小康。"許訖切。

涸 渴也。从水，固聲。讀若狐貈之貈。下各切。，涸亦从水，鹵、舟。

消 盡也。从水，肖聲。相幺切。

潐 盡也。从水，焦聲。子肖切。

渴 盡也。从水，曷聲。苦葛切。

漮 水虛也。从水，康聲。苦岡切。

溼 幽溼也。从水；一，所以覆也，覆而有土，故溼也。㬎省聲。失入切。

湆 幽溼也。从水，音聲。去急切。

洿 濁水不流也。一曰：窳下也。从水，夸聲。哀都切。

浼 汙也。从水，免聲。《詩》曰："河水浼浼。"《孟子》曰："汝安能浼我？"武辠切。

汙 薉也。一曰：小池爲汙。一曰：涂也。从水，于聲。烏故切。

湫 隘下也。一曰：有湫水，在周地。《春秋傳》曰："晏子之宅湫隘。"安定朝那有湫泉。从水，秋聲。子了切，又即由切。

潤 水曰潤下。从水，閏聲。如順切。

準 平也。从水，隼聲。之允切。

汀 平也。从水，丁聲。他丁切。，汀或从平。

沑 水吏也。又，温也。从水，丑聲。人九切。

瀵 水浸也。从水，糞聲。《爾雅》曰："瀵，大出尾下。"方問切。

淖 新也。从水，辠聲。七辠切。

瀞　無垢薉也。从水，靜聲。疾正切。

瀎　拭滅皃。从水，蔑聲。莫達切。

泧　瀎泧也。从水，戉聲。讀若椒椴之椴。又火活切。

洎　灌釜也。从水，自聲。其冀切。

湯　熱水也。从水，昜聲。土郎切。

渜　湯也。从水，耎聲。乃管切。

洝　渜水也。从水，安聲。烏旰切。

洏　洝也。一曰：煮孰也。从水，而聲。如之切。

涗　財温水也。从水，兑聲。《周禮》曰："以涗漚其絲。"輸芮切。

涫　鬻也。从水，官聲。酒泉有樂涫縣。古丸切。

涾　涫溢也。今河朔方言謂沸溢爲涾。从水，沓聲。徒合切。

汏　淅瀾也。从水，大聲。代何切，又徒蓋切。

瀾　淅也。从水，簡聲。古限切。

淅　汏米也。从水，析聲。先擊切。

滰　浚乾漬米也。从水，竟聲。《孟子》曰："夫子去齊，滰淅而行。"其兩切。

溲　浸沃也。从水，叜聲。疏有切。

浚　杼也。从水，夋聲。私閏切。

瀝　浚也。从水，歷聲。一曰：水下滴瀝。郎擊切。

漉　浚也。从水，鹿聲。盧谷切。渌，漉或从录。

潘　淅米汁也。一曰：水名，在河南滎陽。从水，番聲。普官切。

灡　潘也。从水，蘭聲。洛干切。

泔　周謂潘曰泔。从水，甘聲。古三切。

滫　久泔也。从水，脩聲。息流切，又思酒切。

澱　滓滋也。从水，殿聲。堂練切。

淤　澱滓；濁泥。从水，於聲。依據切。

滓　澱也。从水，宰聲。阻史切。

淰　濁也。从水，念聲。乃忝切。

瀹　漬也。从水，龠聲。以灼切。

潐　釃酒也。一曰：浚也。从网，从水，焦聲。讀若《夏書》"天用勦絶"。臣鉉等曰："以縑帛漉酒，故从网。"子小切。

漀　側出泉也。从水，殸聲。殸，籒文磬字。去挺切。

湑　莤酒也。一曰：浚也；一曰：露皃。从水，胥聲。《詩》曰："有酒湑我。"又曰："零露湑兮。"私吕切。

湎　沈於酒也。从水，面聲。《周書》曰："罔敢湎于酒。"彌兖切。

滰　酢滰也。从水，將省聲。即良切。𤀁，古文滰省。

涼　薄也。从水，京聲。吕張切。

淡　薄味也。从水，炎聲。徒敢切。

涒　食已而復吐之。从水，君聲。《爾雅》曰："太歲在申曰涒灘。"他昆切。

澆　渶也。从水，堯聲。古堯切。

液　盡也。从水，夜聲。羊益切。

汁　液也。从水，十聲。之入切。

滒　多汁也。从水，哥聲。讀若哥。古俄切。

灝　豆汁也。从水，顥聲。乎老切。

溢　器滿也。从水，益聲。夷質切。

洒　滌也。从水，西聲。古文爲灑埽字。先禮切。

滌　洒也。从水，條聲。徒歷切。

濈　和也。从水，戢聲。阻立切。

瀋　汁也。从水，審聲。《春秋傳》曰："猶拾瀋。"昌枕切。

渳　飲也。从水，弭聲。綿婢切。

漢　飲歃也。一曰：吮也。从水，算聲。衫洽切，又先活切。

漱　盪口也。从水，軟聲。所右切。

泂　滄也。从水，同聲。户褧切。

滄　寒也。从水，倉聲。七岡切。

瀞　冷寒也。从水，靚聲。七定切。

淬　滅火器也。从水，卒聲。七内切。

沐　濯髮也。从水，木聲。莫卜切。

沬　洒面也。从水，未聲。荒内切。，古文沬，从頁。

浴　洒身也。从水，谷聲。余蜀切。

澡　洒手也。从水，喿聲。子皓切。

洗　洒足也。从水，先聲。穌典切。

汲　引水於井也。从水，从及，及亦聲。居立切。

淳　渌也。从水，䡖聲。常倫切。

淋　以水沃也。从水，林聲。一曰：淋淋，山下水皃。力尋切。

渫　除去也。从水，枼聲。私列切。

澣　濯衣垢也。从水，榦聲。胡玩切。，澣或从完。

濯　澣也。从水，翟聲。直角切。

涑　澣也。从水，束聲。河東有涑水。速侯切。

潎　於水中擊絮也。从水，敝聲。匹蔽切。

浝　涂也。从水，从土，尨聲。讀若隴。又亡江切。

灑　汛也。从水，麗聲。山豉切。

汛　灑也。从水，卂聲。息晉切。

染　以繒染爲色。从水，杂聲。徐鍇曰："《説文》無杂字。裴光遠云：从木，木者，所以染梔茜之屬也；从九，九者，染之數也，未知其審。"而琰切。

泰　滑也。从収，从水，大聲。他蓋切。臣鉉等曰："本音他達切，今《左氏傳》作汏輨，非是。"，古文泰。

潣　海岱之閒謂相汙曰潣。从水，閻聲。余廉切。

濽　汙灑也。一曰：水中人。从水，贊聲。則旰切。

愁　腹中有水气也。从水，从愁，愁亦聲。士尤切。

湩　乳汁也。从水，重聲。多貢切。

洟　鼻液也。从水，夷聲。他計切。

潸　涕流皃。从水，散省聲。《詩》曰："潸焉出涕。"所姦切。

汗　人液也。从水，干聲。侯旰切。

泣 無聲出涕曰泣。从水，立聲。去急切。

涕 泣也。从水，弟聲。他禮切。

湅 𤅊也。从水，柬聲。郎甸切。

瀱 議辠也。从水，獻。與法同意。魚列切。

渝 變汙也。从水，俞聲。一曰："渝水在遼西臨俞，東出塞。"羊朱切。

減 損也。从水，咸聲。古斬切。

滅 盡也。从水，烕聲。亡列切。

漕 水轉轂也。一曰："人之所乘及船也。"从水，曹聲。在到切。

泮 諸侯鄉射之宫，西南爲水，東北爲牆。从水，从半，半亦聲。普半切。

漏 以銅受水，刻節，晝夜百刻。从水，屚聲。盧后切。

澒 丹沙所化，爲水銀也。从水，項聲。呼孔切。

萍 苹也，水艸也。从水、苹，苹亦聲。薄經切。

濊 水多皃。从水，歲聲。呼會切。

汩 治水也。从水，曰聲。于筆切。

文四百六十八　重二十二

瀼 露濃皃。从水，襄聲。汝羊切。

漙 露皃。从水，專聲。度官切。

汍 泣淚皃。从水，丸聲。胡官切。

泯 滅也。从水，民聲。武盡切。

瀣 沆瀣，气也。从水，䪥省聲。胡介切。

瀘 水名。从水，盧聲。洛乎切。

瀟 水名。从水，蕭聲。相邀切。

瀛 水名。从水，嬴聲。以成切。

滁 水名。从水，除聲。直魚切。

洺 水名。从水，名聲。武并切。

潺 水聲。从水，孱聲。昨閑切。

湲 潺湲，水聲。从水，爰聲。王權切。
濤 大波也。从水，壽聲。徒刀切。
漵 水浦也。从水，敘聲。徐吕切。
港 水派也。从水，巷聲。古項切。
瀦 水所亭也。从水，豬聲。陟魚切。
瀰 大水也。从水，彌聲。武移切。
淼 大水也。从三水。或作渺。亡沼切。
潔 瀞也。从水，絜聲。古屑切。
浹 洽也，从也。从水，夾聲。子協切。
溘 奄忽也。从水，盍聲。口荅切。
潠 含水噴也。从水，巽聲。穌困切。
涯 水邊也。从水，从厓，厓亦聲。魚羈切。

文二十三新附

説文解字弟十一　上

説文解字第十一下

漢太尉祭酒　許慎 記

宋右散騎常侍　徐鉉等 校定

㳅　　部

㳅　二水也。闕。凡㳅之屬皆从㳅。之壘切。

𣶒　水行也。从㳅、㐬。㐬，突忽也。力求切。流，篆文从水。

𣥠　徒行厲水也。从㳅，从步。時攝切。涉，篆文从水。

文三　重二

瀕　　部

瀕　水厓。人所賓附，頻蹙不前而止。从頁，从涉。凡頻之屬皆从頻。臣鉉等曰：“今俗別作水濱，非是。”符真切。

顰　涉水顰蹙。从頻，卑聲。符真切。

文二

く　　部

く　水小流也。《周禮》：“匠人爲溝洫，相廣五寸，二相爲耦，一耦之伐，廣尺深尺，謂之く。”倍く謂之遂，倍遂曰溝，倍溝曰洫，倍洫曰巜。凡く之屬皆从く。姑泫切。甽，古文く，从田，从川。畎，篆文く，从田，犬聲。六畎爲一畝。

文一　重二

巜　　部

巜　水流澮澮也。方百里爲巜，廣二尋，深二仞。凡巜之屬皆从巜。古外切。

粼 水生厓石閒粼粼也。从巜，粦聲。力珍切。

文二

川　部

川 貫穿通流水也。《虞書》曰：“濬く巜距川。”言深く巜之水會爲川也。凡川之屬皆从川。昌緣切。

巠 水脈也。从川在一下，一，地也；壬省聲。一曰：水冥巠也。古靈切。𢀛，古文巠不省。

巟 水廣也。从川，亡聲。《易》曰：“包巟用馮河。”呼光切。

𢏚 水流也。从川，或聲。于逼切。

𡿺 水流也。从川，曰聲。于筆切。

𡿪 水流𡿪𡿪也。从川，列省聲。臣鉉等曰：“列字从𡿪，此疑誤。當从歺省。”良辪切。

邕 四方有水，自邕城池者。从川，从邑。於容切。𨗿，籀文邕。

𡿧 害也。从一雝川。《春秋傳》曰：“川雝爲澤，凶。”祖才切。

侃 剛直也。从㐰，㐰，古文信；从川，取其不舍晝夜。《論語》曰：“子路侃侃如也。”空旱切。

州 水中可居曰州。周遶其旁，从重川。昔堯遭洪水，民居水中高土，或曰九州。《詩》曰：“在河之州。”一曰：州，疇也。各疇其土而生之。臣鉉等曰：“今別作洲，非是。”職流切。𡿧，古文州。

文十　重三

泉　部

泉 水原也。象水流出成川形。凡泉之屬皆从泉。疾緣切。

𩆜 泉水也。从泉，緐聲。讀若飯。符萬切。

文二

灥　部

灥 三泉也。闕。凡灥之屬皆从灥。詳遵切。

厵 水泉本也。从灥出厂下。愚袁切。，篆文从泉。臣鉉等曰："今别作源，非是。"

文二　重一

永　部

永 長也。象水巠理之長。《詩》曰："江之永矣。"凡永之屬皆从永。于憬切。

羕 水長也。从永，羊聲。《詩》曰："江之羕矣。"余亮切。

文二

𠂢　部

𠂢 水之衺流，别也。从反永。凡𠂢之屬皆从𠂢。讀若稗縣。徐鍇曰："永，長流也，反即分𠂢也。"匹卦切。

衇 血理分衺行體者。从𠂢，从血。莫獲切。，衇或从肉。，籒文。

覛 衺視也。从𠂢，从見。莫狄切。，籒文。

文三　重三

谷　部

谷 泉出通川爲谷。从水半見，出於口。凡谷之屬皆从谷。古禄切。

谿 山瀆無所通者。从谷，奚聲。苦兮切。

豁 通谷也。从谷，害聲。呼括切。

豂 空谷也。从谷，翏聲。洛蕭切。

䆍 大長谷也。从谷，龍聲。讀若聾。盧紅切。

谹 谷中響也。从谷，厷聲。户萌切。

睿 深通川也。从谷，从𣦵。𣦵，殘地。阬坎意也。《虞書》曰："睿畎澮距川。"私閏切。，睿或从水。，古文睿。

䜺 望山谷䜺䜺青也。从谷，千聲。倉絢切。

文八　重二

仌　部

仌 凍也。象水凝之形。凡仌之屬皆从仌。筆陵切。

冰 水堅也。从仌，从水。魚陵切。 臣鉉等曰："今作筆陵切，以爲冰凍之冰。"，俗冰从疑。

凜 寒也。从仌，㐭聲。力稔切。

凊 寒也。从仌，青聲。七正切。

凍 仌也。从仌，東聲。多貢切。

滕 仌出也。从仌，朕聲。《詩》曰："納于滕陰。"力膺切。，滕或从夌。

凘 流仌也。从仌，斯聲。息移切。

凋 半傷也。从仌，周聲。都僚切。

冬 四時盡也。从仌，从夂。夂，古文終字。都宗切。，古文冬，从日。

冶 銷也。从仌，台聲。羊者切。

滄 寒也。从仌，倉聲。初亮切。

冷 寒也。从仌，令聲。魯打切。

涵 寒也。从仌，函聲。胡男切。

滭 風寒也。从仌，畢聲。卑吉切。

冹 一之日滭冹。从仌，犮聲。分勿切。

凓 寒也。从仌，栗聲。力質切。

瀨 寒也。从仌，賴聲。洛帶切。

文十七　重三

雨　　部

雨　水从雲下也。一象天，冂象雲，水霝其閒也。凡雨之屬皆从雨。王矩切。，古文。

靁　陰陽薄動靁雨，生物者也。从雨，畾象回轉形。魯回切。，古文靁。，古文靁。，籀文靁，閒有回；回，靁聲也。

霣　雨也。齊人謂靁爲霣。从雨，員聲。一曰：雲轉起也。于敏切。，古文霣。

霆　雷餘聲也鈴鈴。所以挺出萬物。从雨，廷聲。特丁切。

雭　雭雭，震電皃。一曰：衆言也。从雨，聶省聲。丈甲切。

電　陰陽激燿也。从雨，从申。堂練切。，古文電。

震　劈歷，振物者。从雨，辰聲。《春秋傳》曰：“震夷伯之廟。”臣鉉等曰：“今俗别作霹靂，非是。”章刃切。，籀文震。

雪　凝雨，説物者。从雨，彗聲。相絶切。

霄　雨霓爲霄。从雨，肖聲。齊語也。相邀切。

霰　稷雪也。从雨，散聲。穌甸切。，霰或从見。

雹　雨冰也。从雨，包聲。蒲角切。，古文雹。

霝　雨零也。从雨，㗊象零形。《詩》曰：“霝雨其濛。”郎丁切。

零　雨零也。从雨，各聲。盧各切。

零　餘雨也。从雨，令聲。郎丁切。

霹　小雨財零也。从雨，鮮聲。讀若斯。息移切。

霢　霢霂，小雨也。从雨，脈聲。莫獲切。

霂　霢霂也。从雨，沐聲。莫卜切。

䨢　小雨也。从雨，酸聲。素官切。

𩂣　微雨也。从雨，𢦏聲。又讀若芟。子廉切。

䨟　小雨也。从雨，衆聲。《明堂月令》曰：“䨟雨。”職戎切。

霃　久陰也。从雨，沈聲。直深切。

䨓 久雨也。从雨，兼聲。力鹽切。
霠 久雨也。从雨，圅聲。胡男切。
霖 雨三日已往。从雨，林聲。力尋切。
𩁹 霖雨也。南陽謂霖，𩁹。从雨，㐺聲。銀箴切。
𩂣 雨聲。从雨，真聲。讀若資。即夷切。
𩃲 雨皃。方語也。从雨，禹聲。讀若禹。王矩切。
𩅰 小雨也。从雨，僉聲。子廉切。
霑 雨䨎也。从雨，沾聲。張廉切。
䨎 濡也。从雨，染聲。而琰切。
霤 屋水流也。从雨，留聲。力救切。
屚 屋穿水下也。从雨，在尸下。尸者，屋也。盧后切。
䨣 雨濡革也。从雨，从革。讀若膊。匹各切。
霽 雨止也。从雨，齊聲。子計切。
霋 霽謂之霋。从雨，妻聲。七稽切。
霩 雨止雲罷皃。从雨，郭聲。臣鉉等曰："今別作廓，非是。"苦郭切。
露 潤澤也。从雨，路聲。洛故切。
霜 喪也。成物者。从雨，相聲。所莊切。
霚 地气發，天不應。从雨，敄聲。臣鉉等曰："今俗从務。"亡遇切。雺，籀文省。
霾 風雨土也。从雨，貍聲。《詩》曰："終風且霾。"莫皆切。
霿 天气下，地不應，曰霿。霿，晦也。从雨，瞀聲。莫弄切。
霓 屈虹，青赤，或白色，陰气也。从雨，兒聲。五雞切。
𩆵 寒也。从雨，執聲。或曰：早霜。讀若《春秋傳》"墊阨"。都念切。
雩 夏祭，樂于赤帝，以祈甘雨也。从雨，于聲。羽俱切。𦐆，或从羽。雩，羽舞也。
需 頞也。遇雨不進，止頞也。从雨，而聲。《易》曰："雲上於天，需。"臣鉉等案：李陽冰據《易》"雲上於天"云，當从天。然諸本及前作所書皆从而，無有从天者。相俞切。

⿱雨羽 水音也。从雨，羽聲。王矩切。

文四十七　重十一

霞 赤雲气也。从雨，叚聲。胡加切。

霏 雨雪皃。从雨，非聲。芳非切。

霎 小雨也。从雨，妾聲。山洽切。

䨴 黮䨴，雲黑皃。从雨，對聲。徒對切。

靄 雲皃。从雨，藹省聲。於蓋切。

文五新附

雲　部

雲 山川气也。从雨，云象雲回轉形。凡雲之屬皆从雲。王分切。云，古文省雨。𠃶，亦古文雲。

霒 雲覆日也。从雲，今聲。於今切。侌，古文或省。𠊧，亦古文霒。

文二　重四

魚　部

魚 水蟲也。象形。魚尾與燕尾相似。凡魚之屬皆从魚。語居切。

鰖 魚子已生者。从魚，憜省聲。徒果切。𩻟，籒文。

鮞 魚子也。一曰：魚之美者，東海之鮞。从魚，而聲。讀若而。如之切。

魼 魚也。从魚，去聲。去魚切。

魶 魚似鼈，無甲，有尾，無足，口在腹下。从魚，納聲。奴答切。

鰨 虛鰨也。从魚，⿱日羽聲。土盍切。

鱒 赤目魚。从魚，尊聲。慈損切。

鱗 魚也。从魚，粦聲。力珍切。

鰫 魚也。从魚，容聲。余封切。

鮹 魚也。从魚，胥聲。相居切。
鮪 鮥也。《周禮》：“春獻王鮪。”从魚，有聲。榮美切。
䱴 䲛也。《周禮》謂之䱴。从魚，恒聲。古恒切。
䲛 䱴䲛也。从魚，巟聲。武登切。
鮥 叔鮪也。从魚，各聲。盧各切。
鯀 魚也。从魚，系聲。臣鉉等曰：“系非聲，疑从孫省。”古本切。
鰥 魚也。从魚，眔聲。李陽冰曰：“當从罤省。”古頑切。
鯉 鱣也。从魚，里聲。良止切。
鱣 鯉也。从魚，亶聲。張連切。，籀文鱣。
鱄 魚也。从魚，專聲。旨兖切。
鮦 魚名。从魚，同聲。一曰：鱶也。讀若絝襱。直隴切。
鱶 鮦也。从魚，蠡聲。盧啓切。
鰻 魚名。一名鯉。一名鰜。从魚，婁聲。洛侯切。
鰜 魚名。从魚，兼聲。古甜切。
鯈 魚名。从魚，攸聲。直由切。
鮀 魚名。从魚，豆聲。天口切。
鯾 魚名。从魚，便聲。房連切。，鯾又从扁。
魴 赤尾魚。从魚，方聲。符方切。，魴或从旁。
鱮 魚名。从魚，與聲。徐吕切。
鰱 魚名。从魚，連聲。力延切。
鮍 魚名。从魚，皮聲。敷羈切。
䱂 魚名。从魚，幼聲。讀若幽。於糾切。
鮒 魚名。从魚，付聲。符遇切。
鯉 魚名。从魚，巠聲。仇成切。
鰿 魚名。从魚，脊聲。資昔切。
鱺 魚名。从魚，麗聲。郎兮切。
鰻 魚名。从魚，曼聲。母官切。
鱯 魚名。从魚，蒦聲。胡化切。

魾 大鱯也。其小者名鮡。从魚，丕聲。敷悲切。
鱧 鱯也。从魚，豊聲。盧啓切。
⿰魚果 鱧也。从魚，果聲。胡瓦切。
鱨 揚也。从魚，嘗聲。市羊切。
鱏 魚名。从魚，覃聲。傳曰：“伯牙鼓琴，鱏魚出聽。”余箴切。
鯢 刺魚也。从魚，兒聲。五雞切。
鰼 鰌也。从魚，習聲。似入切。
鰌 鰼也。从魚，酋聲。七由切。
鯇 魚名。从魚，完聲。户版切。
魠 哆口魚也。从魚，乇聲。他各切。
鮆 飲而不食，刀魚也。九江有之。从魚，此聲。徂礼切。
鮀 鮎也。从魚，它聲。徒何切。
鮎 ⿰魚妟也。从魚，占聲。奴兼切。
⿰魚妟 鮀也。从魚，妟聲。於幰切。鰋，⿰魚妟或从匽。
鮷 大鮎也。从魚，弟聲。杜兮切。
⿰魚賴 魚名。从魚，賴聲。洛帶切。
⿰魚朁 魚名。从魚，朁聲。鉏箴切。
⿰魚翁 魚名。从魚，翁聲。烏紅切。
⿰魚臽 魚名。从魚，臽聲。尸賺切。
鱖 魚名。从魚，厥聲。居衛切。
鯫 白魚也。从魚，取聲。士垢切。
鱓 魚名。皮可爲鼓。从魚，單聲。常演切。
鮸 魚名。出薉邪頭國。从魚，免聲。亡辨切。
魵 魚名。出薉邪頭國。从魚，分聲。符分切。
⿰魚虜 魚名。出樂浪潘國。从魚，虜聲。郎古切。
鰸 魚名。狀似蝦，無足，長寸，大如叉股，出遼東。从魚，區聲。豈俱切。
鯜 魚名。出樂浪潘國。从魚，妾聲。七接切。

鮇 魚名。出樂浪潘國。从魚，市聲。博蓋切。

鰯 魚名。出樂浪潘國。从魚，匊聲。一曰：鰯魚，出江東，有兩乳。居六切。

魦 魚名。出樂浪潘國。从魚，沙省聲。所加切。

鱳 魚名。出樂浪潘國。从魚，樂聲。盧谷切。

鮮 魚名。出貉國。从魚，羴省聲。相然切。

鰅 魚名。皮有文，出樂浪東暆。神爵四年，初捕收輸考工。周成王時，揚州獻鰅。从魚，禺聲。魚容切。

鱅 魚名。从魚，庸聲。蜀容切。

鰂 烏鰂，魚名。从魚，則聲。昨則切。，鰂或从即。

鮐 海魚名。从魚，台聲。徒哀切。

鮊 海魚名。从魚，白聲。旁陌切。

鰒 海魚名。从魚，复聲。蒲角切。

鮫 海魚。皮可飾刀。从魚，交聲。古肴切。

鱷 海大魚也。从魚，畺聲。《春秋傳》曰："取其鱷鯢。"渠京切。，鱷或从京。

鯁 魚骨也。从魚，更聲。古杏切。

鱗 魚甲也。从魚，粦聲。力珍切。

鮏 魚臭也。从魚，生聲。臣鉉等曰："今俗作鯹。"桑經切。

鱢 鮏臭也。从魚，喿聲。《周禮》曰："膳膏鱢。"穌遭切。

鮨 魚䏿醬也。出蜀中。从魚，旨聲。一曰：鮪魚名。旨夷切。

䱹 藏魚也。南方謂之鯵，北方謂之䱹。从魚、差省聲。側下切。

鯵 䱹也。一曰：大魚爲䱹，小魚爲鯵。从魚，今聲。徂慘切。

鮑 饐魚也。从魚，包聲。薄巧切。

鯪 蟲連行紆行者。从魚，令聲。郎丁切。

鰕 鰕也。从魚，叚聲。乎加切。

鰝 大鰕也。从魚，高聲。胡到切。

鮂 當互也。从魚，咎聲。其久切。

魧　大貝也。一曰：魚膏。从魚，亢聲。讀若岡。古郎切。
鮩　蚌也。从魚，丙聲。兵永切。
鮚　蚌也。从魚，吉聲。漢律：會稽郡獻鮚醬。巨乙切。
鮅　魚名。从魚，必聲。毗必切。
鸜　魚名。从魚，瞿聲。九遇切。
鯸　魚名。从魚，侯聲。乎鉤切。
鯛　骨耑脃也。从魚，周聲。都僚切。
鯙　烝然鯙鯙。从魚，卓聲。都教切。
鮁　鱣鮪鮁鮁。从魚，犮聲。北末切。
鮇　魶魚。出東萊。从魚，夫聲。甫無切。
鯕　魚名。从魚，其聲。渠之切。
鮡　魚名。从魚，兆聲。治小切。
魤　魚名。从魚，匕聲。呼跨切。
鱻　新魚精也。从三魚。不變魚。徐鍇曰：“三，衆也。衆而不變，是鱻也。”相然切。

文一百三　重七

鰈　比目魚也。从魚，枼聲。土盍切。
魮　文魮，魚名。从魚，比聲。房脂切。
鰩　文鰩，魚名。从魚，䍃聲。余招切。

文三新附

𩺰　部

𩺰　二魚也。凡𩺰之屬皆从𩺰。語居切。
𤅩　捕魚也。从𩺰，从水。語居切。，篆文𤅩，从魚。

文二　重一

燕　部

燕　玄鳥也。籋口，布翄，枝尾。象形。凡燕之屬皆从燕。於甸切。

文一

龍　部

龍 鱗蟲之長，能幽能明，能細能巨，能短能長，春分而登天，秋分而潛淵。从肉飛之形，童省聲。臣鉉等曰：“象宛轉飛動之皃。”凡龍之屬皆从龍。力鍾切。

龗 龍也。从龍，霝聲。郎丁切。

龕 龍皃。从龍，合聲。口含切。

龓 龍耆脊上龓龓。从龍，幵聲。古賢切。

龖 飛龍也。从二龍。讀若沓。徒合切。

文五

飛　部

飛 鳥翥也。象形。凡飛之屬皆从飛。甫微切。

㢞 翄也。从飛，異聲。與職切。翼，篆文㢞，从羽。

文二　重一

非　部

非 違也。从飛下翄，取其相背。凡非之屬皆从非。甫微切。

𩇨 别也。从非，已聲。非尾切。

靡 披靡也。从非，麻聲。文彼切。

靠 相違也。从非，告聲。苦到切。

陛 牢也。所以拘非也。从非，陛省聲。邊兮切。

文五

卂　部

卂 疾飛也。从飛而羽不見。凡卂之屬皆从卂。息晉切。

煢 回疾也。从卂，營省聲。渠營切。

文二

說文解字弟十一　下

説文解字第十二上

漢太尉祭酒　許慎 記
宋右散騎常侍　徐鉉等 校定

三十六部　七百七十九文　重八十四　凡九千二百三字
文三十新附

乙　部

乙 玄鳥也。齊魯謂之乙，取其鳴自呼。象形。凡乙之屬皆从乙。徐鍇曰："此與甲乙之乙相類，其形舉首下曲，與甲乙字少異。"烏轄切。鳦，乙或从鳥。

孔 通也。从乙，从子。乙，請子之候鳥也。乙至而得子，嘉美之也。古人名嘉，字子孔。康董切。

乳 人及鳥生子曰乳，獸曰産。从孚，从乙。乙者，玄鳥也。《明堂月令》："玄鳥至之日，祠于高禖，以請子。"故乳从乙。請子必以乙至之日者，乙，春分來，秋分去，開生之候鳥，帝少昊司分之官也。而主切。

文三　重一

不　部

不 鳥飛上翔不下來也。从一，一猶天也。象形。凡不之屬皆从不。方久切。

否 不也。从口，从不，不亦聲。徐鍇曰："不可之意見於言，故从口。"方久切。

文二

至　部

至　鳥飛从高下至地也。从一，一猶地也。象形。不，上去；而至，下來也。凡至之屬皆从至。脂利切。，古文至。

到　至也。从至，刀聲。都悼切。

臻　至也。从至，秦聲。側詵切。

臸　忿戾也。从至，至而復遜。遜，遁也。《周書》曰："有夏氏之民叨臸。"臸，讀若摯。丑利切。

臺　觀，四方而高者。从至，从之，从高省。與室、屋同意。徒哀切。

𦥑　到也。从二至。人質切。

文六　重一

西　部

西　鳥在巢上。象形。日在西方而鳥棲，故因以爲東西之西。凡西之屬皆从西。先稽切。，西或从木、妻。，古文西。，籀文西。

𧟹　姓也。从西，圭聲。户圭切。

文二　重三

鹵　部

鹵　西方鹹地也。从西省，象鹽形。安定有鹵縣。東方謂之㡿，西方謂之鹵。凡鹵之屬皆从鹵。郎古切。

䰼　鹹也。从鹵，差省聲。河内謂之䰼，沛人言若虘。昨河切。

鹹　銜也。北方味也，从鹵，咸聲。胡毚切。

文三

鹽　　部

鹽　鹹也。从鹵，監聲。古者，宿沙初作煮海鹽。凡鹽之屬皆从鹽。余廉切。

盬　河東鹽池，袤五十一里，廣七里，周百十六里。从鹽省，古聲。公户切。

鹼　鹵也。从鹽省，僉聲。魚欠切。

文三

户　　部

户　護也。半門曰户。象形。凡户之屬皆从户。侯古切。𣍐，古文户，从木。

扉　户扇也。从户，非聲。甫微切。

扇　扉也。从户，从翄聲。式戰切。

房　室在旁也。从户，方聲。符方切。

戾　輜車旁推户也。从户，大聲。讀與釱同。徒蓋切。

戹　隘也。从户，乙聲。於革切。

肁　始開也。从户，从聿。臣鉉等曰：“聿者，始也。”治矯切。

扆　户牖之閒謂之扆。从户，衣聲。於豈切。

㞩　閉也。从户，劫省聲。口盍切。

扃　外閉之關也。从户，冋聲。古熒切。

文十　重一

門　　部

門　聞也。从二户。象形。凡門之屬皆从門。莫奔切。

閶　天門也。从門，昌聲。楚人名門曰閶闔。尺量切。

闈　宫中之門也。从門，韋聲。羽非切。

閻 閻謂之樀。樀，廟門也。从門，詹聲。余廉切。
閎 巷門也。从門，厷聲。户萌切。
閨 特立之户，上圜下方，有似圭。从門，圭聲。古攜切。
閤 門旁户也。从門，合聲。古沓切。
闒 樓上户也。从門，㬮聲。徒盍切。
閈 門也。从門，干聲。汝南平輿里門曰閈。侯旰切。
閭 里門也。从門，吕聲。《周禮》："五家爲比，五比爲閭。"閭，侣也，二十五家相羣侣也。力居切。
閻 里中門也。从門，臽聲。余廉切。壛，閻或从土。
闠 市外門也。从門，貴聲。胡對切。
闉 城内重門也。从門，垔聲。《詩》曰："出其闉闍。"於真切。
闍 闉闍也。从門，者聲。當孤切。
闕 門觀也。从門，欮聲。去月切。
閞 門欂櫨也。从門，弁聲。皮變切。
閉 門扇也。从門，介聲。胡介切。
闔 門扇也。一曰：閉也。从門，盍聲。胡臘切。
闑 門梱也。从門，臬聲。魚列切。
閾 門榍也。从門，或聲。《論語》曰："行不履閾。"于逼切。[illegible]，古文閾，从洫。
閬 門高也。从門，良聲。巴郡有閬中縣。來宕切。
闢 開也。从門，辟聲。房益切。𨷐，《虞書》曰："闢四門。"从門，从𢪒。
闖 闢門也。从門，爲聲。《國語》曰："闖門而與之言。"韋委切。
闡 開也。从門，單聲。《易》曰："闡幽。"昌善切。
開 張也。从門，从幵。苦哀切。𨳡，古文。
闓 開也。从門，豈聲。苦亥切。
閜 大開也。从門，可聲。大杯亦爲閜。火下切。
閘 開閉門也。从門，甲聲。烏甲切。

閟 閉門也。从門，必聲。《春秋傳》曰：“閟門而與之言。”兵媚切。

閣 所以止扉也。从門，各聲。古洛切。

閒 隙也。从門，从月。徐鍇曰：“夫門夜閉，閉而見月光，是有閒隙也。”古閑切。𨳡，古文閒。

閜 門傾也。从門，阿聲。烏可切。

閼 遮攤也。从門，於聲。烏割切。

䦨 開閉門利也。从門，緐聲。一曰：縷十紘也。臣鉉等曰：“緐非聲，未詳。”旨沇切。

閹 門聲也。从門，曷聲。乙鎋切。

闢 門響也。从門，鄉聲。許亮切。

闌 門遮也。从門，柬聲。洛干切。

閑 闌也。从門中有木。户閒切。

閉 闔門也。从門；才，所以歫門也。博計切。

閡 外閉也。从門，亥聲。五溉切。

闇 閉門也。从門，音聲。烏紺切。

關 以木横持門户也。从門，𢇍聲。古還切。

闟 關下牡也。从門，龠聲。以灼切。

闐 盛皃。从門，真聲。待年切。

闛 闛闛，盛皃。从門，堂聲。徒郎切。

閹 豎也。宫中奄，閽閉門者。从門，奄聲。英廉切。

閽 常以昏閉門隸也。从門，从昏，昏亦聲。呼昆切。

闚 閃也。从門，規聲。去隓切。

䦨 妄入宫掖也。从門，䜌聲。讀若闌。洛干切。

𨳿 登也。从門、二。二，古文下字。讀若軍敶之敶。臣鉉等曰：“下言自下而登上也，故从下。《商書》曰：‘若升高必自下。’”直刃切。

閃 闚頭門中也。从人在門中。失冉切。

閱 具數於門中也。从門，説省聲。弋雪切。

闋　事已閉門也。从門，癸聲。傾雪切。

闞　望也。从門，敢聲。苦濫切。

闊　疏也。从門，活聲。苦括切。

閔　弔者在門也。从門，文聲。臣鉉等曰："今别作憫，非是。"眉殞切。，古文閔。

闖　馬出門皃。从馬在門中。讀若郴。丑禁切。

文五十七　重六

闤　市垣也。从門，睘聲。户關切。

闥　門也。从門，達聲。他達切。

閌　閌閬，高門也。从門，亢聲。苦浪切。

閥　閥閲，自序也。从門，伐聲。義當通用伐。房越切。

闃　静也。从門，狊聲。臣鉉等案："《易》：'窺其户，闃其無人。'窺，小視也。狊，大張目也。言始小視之，雖大張目亦不見人也，義當只用狊字。"苦狊切。

文五新附

耳　　部

耳　主聽也。象形。凡耳之屬皆从耳。而止切。

耴　耳垂也。从耳下垂。象形。《春秋傳》曰："秦公子輒者，其耳下垂，故以爲名。"陟葉切。

貼　小垂耳也。从耳，占聲。丁兼切。

耽　耳大垂也。从耳，冘聲。《詩》曰："士之耽兮。"丁含切。

聃　耳曼也。从耳，冄聲。他甘切。，聃或从甘。

聸　垂耳也。从耳，詹聲。南方瞻耳之國。都甘切。

耿　耳箸頰也。从耳，烓省聲。杜林説：耿，光也，从光，聖省。凡字皆左形右聲，杜林非也。徐鍇曰："凡字多右形左聲，此説或後人所加，或傳寫之誤。"古杏切。

聯　連也。从耳，耳連於頰也；从絲，絲連不絶也。力延切。

聊　耳鳴也。从耳，卯聲。洛蕭切。

聖 通也。从耳，呈聲。式正切。

聰 察也。从耳，悤聲。倉紅切。

聽 聆也。从耳，㥁，壬聲。他定切。

聆 聽也。从耳，令聲。郎丁切。

職 記微也。从耳，戠聲。之弋切。

聒 讙語也。从耳，昏聲。古活切。

聥 張耳有所聞也。从耳，禹聲。王矩切。

聲 音也。从耳，殸聲。殸，籒文磬。書盈切。

聞 知聞也。从耳，門聲。無分切。，古文从昏。

聘 訪也。从耳，甹聲。匹正切。

聾 無聞也。从耳，龍聲。盧紅切。

聳 生而聾曰聳。从耳，從省聲。息拱切。

聹 益梁之州謂聾爲聹，秦晉聽而不聞、聞而不達，謂之聹。从耳，宰聲。作亥切。

聵 聾也。从耳，貴聲。五怪切。，聵或从叡。臣鉉等曰："當从蔽省，義見蔽字注。"

聉 無知意也。从耳，出聲。讀若孼。五滑切。

聠 吴楚之外，凡無耳者謂之聠。言若斷耳爲盟。从耳，闋聲。五滑切。

聅 軍法以矢貫耳也。从耳，从矢。《司馬法》曰："小罪，聅；中罪，刖；大罪，剄。"恥列切。

聝 軍戰斷耳也。《春秋傳》曰："以爲俘聝。"从耳，或聲。古獲切。，聝或从首。

䏐 䏐耳也。从耳，月聲。魚厥切。

䏔 乘輿金馬耳也。从耳，麻聲。讀若渳水。一曰：若《月令》靡草之靡。亡彼切。

聆 《國語》曰："回祿信於聆遂。"闕。巨今切。

聑 安也。从二耳。丁帖切。

聶 附耳私小語也。从三耳。尼輒切。

文三十二　重四

聱 不聽也。从耳，敖聲。五交切。

文一新附

𦣞　部

𦣞 顄也。象形。凡𦣞之屬皆从𦣞。與之切。，篆文𦣞。，籀文从首。

配 廣𦣞也。从𦣞，巳聲。與之切。，古文配，从户。臣鉉等曰："今俗作牀史切，以爲階戺之戺。"

文二　重三

手　部

手 拳也。象形。凡手之屬皆从手。書九切。，古文手。

掌 手中也。从手，尚聲。諸兩切。

拇 將指也。从手，母聲。莫厚切。

指 手指也。从手，旨聲。職雉切。

拳 手也。从手，𢍏聲。巨員切。

掔 手掔也。楊雄曰：掔，握也。从手，臤聲。烏貫切。

攕 好手皃。《詩》曰："攕攕女手。"从手，韱聲。所咸切。

揱 人臂皃。从手，削聲。《周禮》曰："輻欲其揱。"徐鍇曰："人臂梢長纖好也。所角切。"

摳 繑也。一曰：摳衣升堂。从手，區聲。口侯切。

攐 摳衣也。从手，褰聲。去虔切。

撎 舉手下手也。从手，壹聲。於計切。

揖 攘也。从手，咠聲。一曰：手箸胷曰揖。伊入切。

攘 推也。从手，襄聲。汝羊切。

拱 斂手也。从手，共聲。居竦切。

撿　拱也。从手，僉聲。良冉切。

㧯　首至地也。从手，𠦪。𠦪音忽。徐鍇曰：“𠦪，進趣之疾也，故拜从之。”博怪切。𢪘，楊雄説：拜从兩手下。𢷏，古文拜。

捾　搯捾也。从手，官聲。一曰：援也。烏括切。

搯　捾也。从手，舀聲。《周書》曰：“師乃搯。”搯者，拔兵刃以習擊刺。《詩》曰：“左旋右搯。”土刀切。

𢪍　𢷾也。从手，巩聲。居竦切。　臣鉉等案：“𠃨部有𢪍，與巩同，此重出。”

推　排也。从手，隹聲。他回切。

捘　推也。从手，夋聲。《春秋傳》曰：“捘衛侯之手。”子寸切。

排　擠也。从手，非聲。步皆切。

擠　排也。从手，齊聲。子計切。

抵　擠也。从手，氐聲。丁禮切。

摧　擠也。从手，崔聲。一曰：挏也。一曰：折也。昨回切。

拉　摧也。从手，立聲。盧合切。

挫　摧也。从手，坐聲。則臥切。

扶　左也。从手，夫聲。防無切。𢫬，古文扶。

𢪊　扶也。从手，爿聲。七良切。

持　握也。从手，寺聲。直之切。

挈　縣持也。从手，㓞聲。苦結切。

拑　脅持也。从手，甘聲。巨淹切。

揲　閱持也。从手，枼聲。今折切。

摯　握持也。从手，从執。脂利切。

操　把持也。从手，喿聲。七刀切。

擢　爪持也。从手，瞿聲。臣鉉等曰：“今俗别作掬，非是。”居玉切。

捦　急持衣裣也。从手，金聲。巨今切。㩒，捦或从禁。

搏　索持也。一曰：至也。从手，尃聲。補各切。

據　杖持也。从手，豦聲。居御切。

攝 引持也。从手，聶聲。書涉切。
拝 并持也。从手，冄聲。他含切。
捬 捫持也。从手，布聲。普胡切。
挾 俾持也。从手，夾聲。胡頰切。
捫 撫持也。从手，門聲。《詩》曰：“莫捫朕舌。”莫奔切。
擥 撮持也。从手，監聲。盧敢切。
擸 理持也。从手，巤聲。良涉切。
握 搤持也。从手，屋聲。於角切。，古文握。
撣 提持也。从手，單聲。讀若行遟驒驒。徒旱切。
把 握也。从手，巴聲。搏下切。
搹 把也。从手，鬲聲。於革切。，搹或从戹。
挐 牽引也。从手，奴聲。女加切。
攜 提也。从手，巂聲。户圭切。
提 挈也。从手，是聲。杜兮切。
耴 拈也。从手，耴聲。丁愜切。
拈 掫也。从手，占聲。奴兼切。
摛 舒也。从手，离聲。丑知切。
捨 釋也。从手，舍聲。書冶切。
擪 一指按也。从手，厭聲。於協切。
按 下也。从手，安聲。烏旰切。
控 引也。从手，空聲。《詩》曰：“控于大邦。”匈奴名引弓控弦。苦貢切。
揗 摩也。从手，盾聲。食尹切。
掾 緣也。从手，彖聲。以絹切。
拍 拊也。从手，百聲。普百切。
拊 揗也。从手，付聲。芳武切。
掊 把也。今鹽官入水取鹽爲掊。从手，音聲。父溝切。
捋 取易也。从手，寽聲。郎括切。

撩 理也。从手，尞聲。洛蕭切。

措 置也。从手，昔聲。倉故切。

插 刺肉也。从手，从臿。楚洽切。

掄 擇也。从手，侖聲。盧昆切。

擇 柬選也。从手，睪聲。丈伯切。

捉 搤也。从手，足聲。一曰：握也。側角切。

搤 捉也。从手，益聲。於革切。

挻 長也。从手，从延，延亦聲。式連切。

揃 搣也。从手，前聲。即淺切。

搣 批也。从手，威聲。亡列切。

批 捽也。从手，此聲。側氏切。

揤 捽也。从手，即聲。魏郡有揤裴，侯國。子力切。

捽 持頭髮也。从手，卒聲。昨没切。

撮 四圭也。一曰：兩指撮也。从手，最聲。倉括切。

𢴝 撮也。从手，𥳑省聲。居六切。

㨖 撮取也。从手，帶聲。讀若《詩》曰“螮蝀在東”。都計切。，㨖或从折，从示。兩手急持人也。

捊 引取也。从手，孚聲。步侯切。，捊或从包。臣鉉等曰：“今作薄報切，以爲褎裒字，非是。”

揜 自關以東謂取曰揜。一曰：覆也。从手，弇聲。衣檢切。

授 予也。从手，从受，受亦聲。殖酉切。

承 奉也，受也。从手，从卪，从収。臣鉉等曰：“謹節其事，承奉之義也，故从卪。”署陵切。

挋 給也。从手，臣聲。一曰：約也。章刃切。

撎 拭也。从手，堇聲。居焮切。

攩 朋羣也。从手，黨聲。多朗切。

接 交也。从手，妾聲。子葉切。

抪 撎也。从手，市聲。普活切。

挏 攤引也。漢有挏馬官，作馬酒。从手，同聲。徒總切。

招 手呼也。从手、召。止搖切。

撫 安也。从手，無聲。一曰：循也。芳武切。𢻥，古文从辵、亡。

捪 撫也。从手，昏聲。一曰：摹也。武巾切。

揣 量也。从手，耑聲。度高曰揣。一曰：捶之。徐鍇曰："此字與耑聲不相近，如喘、遄之類，皆當从瑞省。"初委切。

抧 開也。从手，只聲。讀若抵掌之抵。諸氏切。

摜 習也。从手，貫聲。《春秋傳》曰："摜瀆鬼神。"古患切。

投 擿也。从手，从殳。度侯切。

擿 搔也。从手，適聲。一曰：投也。直隻切。

搔 括也。从手，蚤聲。穌遭切。

扴 刮也。从手，介聲。古黠切。

摽 擊也。从手，票聲。一曰：挈門壯也。符少切。

挑 撓也。从手，兆聲。一曰：摷也。《國語》曰："郤至挑天。"土凋切。

抉 挑也。从手，夬聲。於説切。

撓 擾也。从手，堯聲。一曰：捄也。奴巧切。

擾 煩也。从手，夒聲。而沼切。

挶 戟持也。从手，局聲。居玉切。

据 戟挶也。从手，居聲。九魚切。

擖 刮也。从手，葛聲。一曰：撻也。口八切。

摘 拓果樹實也。从手，啻聲。一曰：指近之也。臣鉉等曰："當从適省乃得聲。"他歷切，又竹戹切。

搳 擖也。从手，害聲。胡秸切。

擊 暫也。从手，斬聲。昨甘切。

拹 摺也。从手，劦聲。一曰：拉也。虛業切。

摺 敗也。从手，習聲。之涉切。

揫 束也。从手，秋聲。《詩》曰："百祿是揫。"即由切。

摟 曳、聚也。从手，婁聲。洛侯切。

抎 有所失也。《春秋傳》曰：“抎子，辱矣。”从手，云聲。于敏切。

披 从旁持曰披。从手，皮聲。敷羈切。

𢱭 引縱曰𢱭。从手，瘛省聲。尺制切。

掌 積也。《詩》曰：“助我舉掌。搣頰旁也。从手，此聲。前智切。

掉 搖也。从手，卓聲。《春秋傳》曰：“尾大不掉。”徒弔切。

搖 動也。从手，䍃聲。余招切。

搈 動搈也。从手，容聲。余隴切。

擿 當也。从手，貳聲。直異切。

揂 聚也。从手，酋聲。即由切。

掔 固也。从手，臤聲。讀若《詩》“赤舄掔掔”。臣鉉等曰：“今别作慳，非是。”苦閑切。

搴 奉也。从手，夆聲。敷容切。

擧 對舉也。从手，與聲。以諸切。

揚 飛、舉也。从手，昜聲。與章切。敭，古文。

舉 對舉也。从手，與聲。居許切。

掀 舉出也。从手，欣聲。《春秋傳》曰：“掀公出於淖。”虚言切。

揭 高舉也。从手，曷聲。去例切，又基竭切。

抍 上舉也。从手，升聲。《易》曰：“抍馬，壯，吉。”蒸上聲。撜，抍或从登。臣鉉等曰：“今俗别作拯，非是。”

振 舉救也。从手，辰聲。一曰：奮也。章刃切。

扛 横關對舉也。从手，工聲。古雙切。

扮 握也。从手，分聲。讀若粉。房吻切。

撟 舉手也。从手，喬聲。一曰：撟，擅也。居少切。

捎 自關以西，凡取物之上者爲撟捎。从手，肖聲。所交切。

擁 抱也。从手，雝聲。於隴切。

擩 染也。从手，需聲。《周禮》：“六曰擩祭。”而主切。

揄 引也。从手，俞聲。羊朱切。

搫 搫擭，不正也。从手，般聲。薄官切。
擭 搫擭也。一曰：布擭也。一曰：握也。从手，蒦聲。一虢切。
拚 拊手也。从手，弁聲。皮變切。
擅 專也。从手，亶聲。時戰切。
揆 葵也。从手，癸聲。求癸切。
擬 度也。从手，疑聲。魚已切。
損 減也。从手，員聲。穌本切。
失 縱也。从手，乙聲。式質切。
挩 解挩也。从手，兑聲。他括切。
撥 治也。从手，發聲。北末切。
挹 抒也。从手，邑聲。於汲切。
抒 挹也。从手，予聲。神與切。
抯 挹也。从手，且聲。讀若樝梨之樝。側加切。
攫 扟也。从手，矍聲。居縛切。
扟 从上挹也。从手，卂聲。讀若莘。所臻切。
拓 拾也。陳宋語。从手，石聲。之石切。摭，拓或从庶。
攈 拾也。从手，麇聲。居運切。
拾 掇也。从手，合聲。是執切。
掇 拾取也。从手，叕聲。都括切。
擐 貫也。从手，睘聲。《春秋傳》曰：“擐甲執兵。”胡慣切。
揯 引急也。从手，恒聲。古恒切。
摍 蹴引也。从手，宿聲。所六切。
⿰扌虔 相援也。从手，虔聲。巨言切。
援 引也。从手，爰聲。雨元切。
㨨 引也。从手，留聲。敕鳩切。抽，㨨或从由。⿰扌秀，㨨或从秀。
擢 引也。从手，翟聲。直角切。
拔 擢也。从手，犮聲。蒲八切。
揠 拔也。从手，匽聲。烏黠切。

擣 手推也。一曰：築也。从手，𠷎聲。都皓切。

攣 係也。从手，䜌聲。吕員切。

挺 拔也。从手，廷聲。徒鼎切。

攓 拔取也。南楚語。从手，寒聲。《楚詞》曰：“朝攓批之木蘭。”九輦切。

探 遠取之也。从手，罙聲。他含切。

撢 探也。从手，覃聲。他紺切。

捼 推也。从手，委聲。一曰：兩手相切摩也。臣鉉等曰：“今俗作挼，非是。”奴禾切。

撆 別也。一曰：擊也。从手，敝聲。芳滅切。

撼 搖也。从手，咸聲。臣鉉等曰：“今別作撼，非是。”胡感切。

搦 按也。从手，弱聲。尼革切。

掎 偏引也。从手，奇聲。居綺切。

揮 奮也。从手，軍聲。許歸切。

摩 研也。从手，麻聲。莫婆切。

攙 反手擊也。从手，毚聲。匹齊切。

攪 亂也。从手，覺聲。《詩》曰：“祇攪我心。”古巧切。

搑 推擣也。从手，茸聲。而隴切。

撞 卂擣也。从手，童聲。宅江切。

捆 就也。从手，因聲。於真切。

扔 因也。从手，乃聲。如乘切。

括 絜也。从手，昏聲。古活切。

抲 抲撝也。从手，可聲。《周書》曰：“盡執抲。”虎何切。

擘 撝也。从手，辟聲。博戹切。

撝 裂也。从手，爲聲。一曰：手指也。許歸切。

捇 裂也。从手，赤聲。呼麥切。

扐 《易》筮，再扐而後卦。从手，力聲。盧則切。

技 巧也。从手，支聲。渠綺切。

摹 規也。从手，莫聲。莫胡切。

拙 不巧也。从手，出聲。職説切。

揩 縫指揩。一曰：韜也。从手，沓聲。讀若眔。徒合切。

摶 圜也。从手，專聲。度官切。

掴 手推之也。从手，圂聲。户骨切。

捄 盛土於梩中也。一曰：擾也。《詩》曰："捄之陾陾。"从手，求聲。舉朱切。

拮 手口共有所作也。从手，吉聲。《詩》曰："予手拮据。"古屑切。

搰 掘也。从手，骨聲。户骨切。

掘 搰也。从手，屈聲。衢勿切。

掩 斂也。小上曰掩。从手，奄聲。衣檢切。

摡 滌也。从手，既聲。《詩》曰："摡之釜鬵。"古代切。

揟 取水沮也。从手，胥聲。武威有揟次縣。相居切。

播 種也。一曰：布也。从手，番聲。補過切。，古文播。

挃 穫禾聲也。从手，至聲。《詩》曰："穫之挃挃。"陟栗切。

摯 刺也。从手，致聲。一曰：刺之財至也。陟利切。

抏 動也。从手，兀聲。五忽切。

抈 折也。从手，月聲。魚厥切。

摎 縛殺也。从手，翏聲。居求切。

撻 鄉飲酒，罰不敬，撻其背。从手，達聲。他達切。，古文撻。《周書》曰："遽以記之。"

捘 止馬也。从手，夌聲。里甑切。

抨 撣也。从手，平聲。普耕切。

捲 气勢也。从手，卷聲。《國語》曰："有捲勇。"一曰：捲，收也。臣鉉等曰："今俗作居轉切，以爲捲舒之捲。"巨員切。

扱 收也。从手，及聲。楚洽切。

摷 拘擊也。从手，巢聲。子小切。

挨 擊背也。从手，矣聲。於駭切。

撲 挨也。从手，菐聲。蒲角切。

擊 旁擊也。从手，敫聲。苦弔切。

扚 疾擊也。从手，勺聲。都了切。

抶 笞擊也。从手，失聲。敕栗切。

抵 側擊也。从手，氏聲。諸氏切。

抰 以車鞅擊也。从手，央聲。於兩切。

捊 衣上擊也。从手，保聲。方苟切。

捭 兩手擊也。从手，卑聲。北買切。

捶 以杖擊也。从手，垂聲。之壘切。

搉 敲擊也。从手，隺聲。苦角切。

摬 中擊也。从手，竟聲。一敬切。

拂 過擊也。从手，弗聲。徐鍇曰："擊而過之也。"敷物切。

摼 擣頭也。从手，堅聲。讀若鏗尔舍瑟而作。口莖切。

抌 深擊也。从手，冘聲。讀若告言不正曰抌。竹甚切。

擊 傷擊也。从手、毀，毀亦聲。許委切。

擊 攴也。从手，毄聲。古歷切。

扞 忮也。从手，干聲。侯旰切。

抗 扞也。从手，亢聲。苦浪切。杭，抗或从木。臣鉉等曰："今俗作胡郎切。"

捕 取也。从手，甫聲。薄故切。

簎 刺也。从手，籍省聲。《周禮》曰："簎魚鼈。"士革切。

撚 執也。从手，然聲。一曰：蹂也。乃殄切。

挂 畫也。从手，圭聲。古賣切。

拕 曳也。从手，它聲。託何切。

捈 臥引也。从手，余聲。同都切。

抴 捈也。从手，世聲。余制切。

揙 撫也。从手，扁聲。婢沔切。

撅 从手有所把也。从手，厥聲。居月切。
攎 挐持也。从手，盧聲。洛乎切。
挐 持也。从手，如聲。女加切。
搵 没也。从手，昷聲。烏困切。
搒 掩也。从手，旁聲。北孟切。
挌 擊也。从手，各聲。古覈切。
拲 兩手同械也。从手，从共，共亦聲。《周禮》：“上皋，梏拲而桎。”居竦切。，拲或从木。
掫 夜戒守，有所擊。从手，取聲。《春秋傳》曰：“賓將掫。”子侯切。
捐 棄也。从手，肙聲。與專切。
掤 所以覆矢也。从手，朋聲。《詩》曰：“抑釋掤忌。”筆陵切。
扜 指麾也。从手，于聲。億俱切。
㩧 旌旗所以指麾也。从手，靡聲。許爲切。
捷 獵也。軍獲得也。从手，疌聲。《春秋傳》曰：“齊人來獻戎捷。”疾葉切。
扣 牽馬也。从手，口聲。丘后切。
掍 同也。从手，昆聲。古本切。
搜 衆意也。一曰：求也。从手，叜聲。《詩》曰：“束矢其搜。”所鳩切。
換 易也。从手，奐聲。胡玩切。
掖 以手持人臂投地也。从手，夜聲。一曰：臂下也。羊益切。

文二百六十五　重十九

摦 横大也。从手，瓠聲。胡化切。
攙 刺也。从手，毚聲。楚銜切。
搢 插也。从手，晉聲。搢紳，前史皆作薦紳。即刃切。
掠 奪取也。从手，京聲。本音亮。《唐韻》或作擽。離灼切。
掐 爪刺也。从手，臽聲。苦洽切。

篆 捻 指捻也。从手，念聲。奴協切。

篆 拗 手拉也。从手，幼聲。於絞切。

篆 摵 捎也。从手，戚聲。沙劃切。

篆 捌 《方言》云：無齒杷。从手，別聲。百轄切。

篆 攤 開也。从手，難聲。他干切。

篆 抛 棄也。从手，从尤，从力。或从手，尥聲。案《左氏傳》通用摽；《詩》“摽有梅”，摽，落也，義亦同。匹交切。

篆 摴 舒也。又：摴蒱，戲也。从手，雩聲。丑居切。

篆 打 擊也。从手，丁聲。都挺切。

文十三新附

𠦬　部

篆 𠦬 背吕也。象脅肋也。凡𠦬之屬皆从𠦬。古懷切。

篆 脊 背吕也。从𠦬，从肉。資昔切。

文二

説文解字弟十二　上

説文解字第十二下

漢太尉祭酒　許慎 記
宋右散騎常侍　徐鉉等 校定

女　部

女 婦人也。象形。王育説。凡女之屬皆从女。尼吕切。

姓 人所生也。古之神聖，母感天而生子，故稱天子。从女，从生，生亦聲。《春秋傳》曰："天子因生以賜姓。"息正切。

姜 神農居姜水，以爲姓。从女，羊聲。居良切。

姬 黄帝居姬水，以爲姓。从女，𦣞聲。居之切。

姞 黄帝之後百鯈姓。后稷妃家也。从女，吉聲。巨乙切。

嬴 少昊氏之姓。从女，𣎆省聲。以成切。

姚 虞舜居姚虚，因以爲姓。从女，兆聲。或爲姚，嬈也。《史篇》以爲姚，易也。余招切。

嬀 虞舜居嬀汭，因以爲氏。从女，爲聲。居爲切。

妘 祝融之後姓也。从女，云聲。王分切。，籀文妘，从員。

㛤 殷諸侯爲亂，疑姓也。从女，先聲。《春秋傳》曰："商有㛤邳。"所臻切。

嬿 人姓也。从女，然聲。奴見切。

妞 人姓也。从女，丑聲。《商書》曰："無有作妞。"呼到切。

娸 人姓也。从女，其聲。杜林説：娸，醜也。去其切。

㚣 少女也。从女，乇聲。坼下切。

媒 謀也，謀合二姓。从女，某聲。莫桮切。

妁 酌也，斟酌二姓也。从女，勺聲。市勺切。

嫁 女適人也。从女，家聲。古訝切。

娶 取婦也。从女，从取，取亦聲。七句切。

婚　婦家也。禮：娶婦以昏時。婦人，陰也，故曰婚。从女，从昏，昏亦聲。呼昆切。，籀文婚。

姻　壻家也。女之所因，故曰姻。从女，从因，因亦聲。於真切。，籀文姻，从𣶒。

妻　婦，與夫齊者也。从女，从屮，从又。又，持事，妻職也。臣鉉等曰：“屮者，進也，齊之義也，故从屮。”七稽切。，古文妻，从肖、女。肖，古文貴字。

婦　服也。从女持帚，灑掃也。房九切。

妃　匹也。从女，己聲。芳非切。

媲　妃也。从女，𣬈聲。匹計切。

妊　孕也。从女，从壬，壬亦聲。如甚切。

娠　女妊身動也。从女，辰聲。《春秋傳》曰：“后緡方娠。”一曰：宮婢女隸謂之娠。失人切。

媰　婦人妊身也。从女，芻聲。《周書》曰：“至于媰婦。”側鳩切。

嬔　生子齊均也。从女，从生，免聲。芳萬切。

嫛　婗也。从女，殹聲。烏雞切。

婗　嫛婗也。从女，兒聲。一曰：婦人惡皃。五雞切。

母　牧也。从女，象褱子形。一曰：象乳子也。莫后切。

嫗　母也。从女，區聲。衣遇切。

媪　女老稱也。从女，𥁕聲。讀若奥。烏皓切。

姁　嫗也。从女，句聲。況羽切。

姐　蜀謂母曰姐，淮南謂之社。从女，且聲。兹也切。

姑　夫母也。从女，古聲。古胡切。

威　姑也。从女，从戌。漢律曰：“婦告威姑。”徐鍇曰：“土盛於戌，土，陰之主也，故从戌。”於非切。

妣　歿母也。从女，比聲。卑履切。，籀文妣省。

姊　女兄也。从女，𠂔聲。將几切。

妹　女弟也。从女，未聲。莫佩切。

娣 女弟也。从女，从弟，弟亦聲。徒禮切。

媦 楚人謂女弟曰媦。从女，胃聲。《公羊傳》曰："楚王之妻媦。"云貴切。

嫂 兄妻也。从女，叜聲。穌老切。

姪 兄之女也。从女，至聲。徒結切。

姨 妻之女弟，同出爲姨。从女，夷聲。以脂切。

妿 女師也。从女，加聲。杜林説：加教於女也。讀若阿。烏何切。

娒 女師也。从女，每聲。讀若母。莫后切。

媾 重婚也。从女，冓聲。《易》曰："匪寇，婚媾。"古候切。

姼 美女也。从女，多聲。尺氏切。，姼或从氏。

妭 婦人美也。从女，犮聲。蒲撥切。

㜎 女隸也。从女，奚聲。胡雞切。

婢 女之卑者也。从女，从卑，卑亦聲。便俾切。

奴 奴婢皆古之辠人也。《周禮》曰："其奴，男子入于辠隸，女子入于舂藁。"从女，从又。臣鉉等曰："又，手也，持事者也。"乃都切。，古文奴，从人。

妣 婦官也。从女，弋聲。與職切。

媊 甘氏《星經》曰："太白上公，妻曰女媊。女媊居南斗，食厲，天下祭之，曰明星。"从女，前聲。昨先切。

媧 古之神聖女，化萬物者也。从女，咼聲。古蛙切。，籒文媧，从㼌。

娀 帝高辛之妃，偰母號也。从女，戎聲。《詩》曰："有娀方將。"息弓切。

娥 帝堯之女，舜妻娥皇字也。秦晉謂好曰娙娥。从女，我聲。五何切。

嫄 台國之女，周棄母字也。从女，原聲。愚袁切。

嬿 女字也。从女，燕聲。於甸切。

妸 女字也。从女，可聲。讀若阿。烏何切。

𡛯 嬃 女字也。《楚詞》曰:“女嬃之嬋媛。”賈侍中說:楚人謂姊爲嬃。从女,須聲。相俞切。

婕 婕 女字也。从女,疌聲。子葉切。

嬩 嬩 女字也。从女,與聲。讀若余。以諸切。

孁 孁 女字也。从女,霝聲。郎丁切。

嫽 嫽 女字也。从女,尞聲。洛蕭切。

㛄 㛄 女字也。从女,衣聲。讀若衣。於稀切。

婤 婤 女字也。从女,周聲。職流切。

姶 姶 女字也。从女,合聲。《春秋傳》曰:“嬖人婤姶。”一曰:無聲。烏合切。

妀 妀 女字也。从女,己聲。居擬切。

㚶 㚶 女字也。从女,主聲。天口切。

奺 奺 女字也。从女,久聲。舉友切。

珥 娍 女號也。从女,耳聲。仍吏切。

始 始 女之初也。从女,台聲。詩止切。

媚 媚 説也。从女,眉聲。美祕切。

嫵 嫵 媚也。从女,無聲。文甫切。

媄 媄 色好也。从女、美,美亦聲。無鄙切。

嫡 嬸 媚也。从女,畜聲。丑六切。

嫷 嫷 南楚之外謂好曰嫷。从女,隋聲。臣鉉等曰:“今俗省作媠,《唐韻》作妥,非是。”徒果切。

姝 姝 好也。从女,朱聲。昌朱切。

好 好 美也。从女、子。徐鍇曰:“子者,男子之美稱,會意。”呼皓切。

嬹 嬹 説也。从女,興聲。許應切。

嬮 嬮 好也。从女,厭聲。於鹽切。

㚠 㚠 好也。从女,殳聲。《詩》曰:“靜女其㚠。”昌朱切。

姣 姣 好也。从女,交聲。胡茅切。

嬽 嬽 好也。从女,㬇聲。讀若蜀郡布名。委員切。

娧 好也。从女，兑聲。杜外切。
媌 目裹好也。从女，苗聲。莫交切。
嫿 靜好也。从女，畫聲。呼麥切。
婠 體德好也。从女，官聲。讀若楚郤宛。一完切。
娙 長好也。从女，巠聲。五莖切。
嬪 白好也。从女，贊聲。則旰切。
嫋 順也。从女，圞聲。《詩》曰：“婉兮嫋兮。”力沇切。，籀文嫋。
㛪 婉也。从女，夗聲。於阮切。
婉 順也。从女，宛聲。《春秋傳》曰：“太子痤婉。”於阮切。
㛚 直項皃。从女，同聲。他孔切。
嫣 長皃。从女，焉聲。於建切。
姌 弱長皃。从女，冄聲。而琰切。
嫋 姌也。从女，从弱。奴鳥切。
孅 鋭細也。从女，韱聲。息廉切。
嫇 嬰嫇也。从女，冥聲。一曰：嫇嫇，小人皃。莫經切。
媱 曲肩行皃。从女，䍃聲。余招切。
嬛 材緊也。从女，瞏聲。《春秋傳》曰：“嬛嬛在疚。”許緣切。
姽 閑體，行姽姽也。从女，危聲。過委切。
委 委隨也。从女，从禾。臣鉉等曰：“委曲也，取其禾穀垂穗委曲之皃，故从禾。”於詭切。
婐 婉也。一曰：女侍曰婐。讀若騧，或若委。从女，果聲。孟軻曰：“舜爲天子，二女婐。”烏果切。
婉 婐婉也。一曰：弱也。从女，厄聲。五果切。
姑 小弱也。一曰：女輕薄善走也。一曰：多技藝也。从女，占聲。或讀若占。齒懾切。
婆 妗也。从女，沾聲。丑廉切。
妗 婆妗也。一曰：善笑皃。从女，今聲。火占切。

嬐 竦身也。从女，僉聲。讀若《詩》“糾糾葛屨”。居夭切。

婧 竦立也。从女，青聲。一曰：有才也。讀若韭菁。七正切。

姘 靜也。从女，井聲。疾正切。

姂 婦人皃。从女，乏聲。房法切。

嫙 好也。从女，旋聲。似沿切。

嬪 材也。从女，齊聲。祖雞切。

婠 面醜也。从女，昏聲。古活切。

嬥 直好皃。一曰：嬈也。从女，翟聲。徒了切。

嫢 媞也。从女，規聲。讀若癸。秦晉謂細爲嫢。居隨切。

媞 諦也。一曰：妍黠也。一曰：江淮之閒謂母曰媞。从女，是聲。承旨切。

婺 不繇也。从女，敄聲。亡遇切。

嫺 雅也。从女，閒聲。户閒切。

嬰 説樂也。从女，巸聲。許其切。

娶 美也。从女，臤聲。苦閑切。

娛 樂也。从女，吳聲。噳俱切。

娭 戲也。从女，矣聲。一曰：卑賤名也。遏在切。

媅 樂也。从女，甚聲。丁含切。

娓 順也。从女，尾聲。讀若媚。無匪切。

嫡 孎也。从女，啻聲。都歷切。

孎 謹也。从女，屬聲。讀若人不孫爲孎。之欲切。

婉 宴婉也。从女，冤聲。於願切。

媕 女有心媕媕也。从女，弇聲。衣檢切。

媣 諟也。从女，染聲。而琰切。

嫥 壹也。从女，專聲。一曰：嫥嫥。職緣切。

如 从隨也。从女，从口。徐鍇曰：“女子从父之教，从夫之命，故从口。會意。”人諸切。

嫧 齊也。从女，責聲。側革切。

娕 謹也。从女，束聲。讀若謹敕數數。測角切。

嬐 敏疾也。一曰：莊敬皃。从女，僉聲。息廉切。

嬪 服也。从女，賓聲。符真切。

𡠗 至也。从女，執聲。《周書》曰："大命不𡠗。"讀若摯，同。一曰：《虞書》"雉𡠗"。脂利切。

婚 俛伏也。从女，沓聲。一曰：伏意。他合切。

晏 安也。从女、日。《詩》曰："以晏父母。"烏諫切。

嬗 緩也。从女，亶聲。一曰：傳也。時戰切。

嫴 保任也。从女，辜聲。古胡切。

媻 奢也。从女，般聲。臣鉉等曰："今俗作婆，非是。"薄波切。

娑 舞也。从女，沙聲。《詩》曰："市也媻娑。"素何切。

姷 耦也。从女，有聲。讀若祐。于救切。侑，姷或从人。

姰 鈞適也。男女併也。从女，旬聲。居匀切。

𡜟 婦人小物也。从女，此聲。《詩》曰："屢舞𡜟𡜟。"即移切。

妓 婦人小物也。从女，支聲。讀若跂行。渠綺切。

嬰 頸飾也。从女、賏。賏，其連也。於盈切。

𡚸 三女爲𡚸。𡚸，美也。从女，奴省聲。倉案切。

媛 美女也。人所援也。从女，从爰。爰，引也。《詩》曰："邦之媛兮。"玉眷切。

娉 問也。从女，甹聲。匹正切。

娽 隨從也。从女，录聲。力玉切。

妝 飾也。从女，牀省聲。側羊切。

孌 慕也。从女，䜌聲。力沇切。

媟 嬻也。从女，枼聲。私列切。

嬻 媟嬻也。从女，賣聲。徒谷切。

嬽 短面也。从女，竄聲。丁滑切。

嬖 便嬖，愛也。从女，辟聲。博計切。

嫛 難也。从女，殸聲。苦賣切。

妎 妒也。从女，介聲。胡蓋切。

妒 婦妒夫也。从女，户聲。當故切。

娼 夫妒婦也。从女，冒聲。一曰：相視也。莫報切。

媄 巧也。一曰：女子笑皃。《詩》曰："桃之媄媄。"从女，芺聲。於喬切。

佞 巧讇高材也。从女，信省。臣鉉等曰："女子之信近於佞也。"乃定切。

嫈 小心態也。从女，熒省聲。烏莖切。

嫪 婟也。从女，翏聲。郎到切。

婟 嫪也。从女，固聲。胡誤切。

姿 態也。从女，次聲。即夷切。

嫭 嬌也。从女，虘聲。將預切。

妨 害也。从女，方聲。敷方切。

妄 亂也。从女，亡聲。巫放切。

婾 巧黠也。从女，俞聲。託侯切。

嫮 嫮鹵，貪也。从女，汙聲。胡古切。

娋 小小侵也。从女，肖聲。息約切。

婇 量也。从女，朶聲。丁果切。

妯 動也。从女，由聲。徐鍇曰："當从胄省。"徒歷切。

嫌 不平於心也。一曰：疑也。从女，兼聲。户兼切。

婚 減也。从女，省聲。所景切。

婼 不順也。从女，若聲。《春秋傳》曰："叔孫婼。"丑略切。

婞 很也。从女，幸聲。《楚詞》曰："鮌婞直。"胡頂切。

嫳 易使怒也。从女，敝聲。讀若擊擎。匹滅切。

嫸 好枝格人語也。一曰：靳也。从女，善聲。旨善切。

娺 疾悍也。从女，叕聲。讀若唾。丁滑切。

嬒 含怒也。一曰：難知也。从女，酓聲。《詩》曰："碩大且嬒。"五感切。

娿 媕娿也。从女，阿聲。烏何切。

妍 技也。一曰：不省録事。一曰：難侵也。一曰：惠也。一曰：安也。从女，幵聲。讀若研。五堅切。

娃 圜深目皃。或曰：吴楚之閒謂好曰娃。从女，圭聲。於佳切。

㛍 不媚，前卻㛍㛍也。从女，陝聲。失冉切。

妜 鼻目閒皃。讀若煙火炔炔。从女，決省聲。於説切。

孈 愚戇多態也。从女，巂聲。讀若隓。式吹切。

㜒 不説也。从女，恚聲。於避切。

嫼 怒皃。从女，黑聲。呼北切。

𡛷 輕也。从女，戉聲。王伐切。

嫖 輕也。从女，票聲。匹招切。

㛗 訬疾也。从女，坐聲。昨禾切。

姎 女人自偁，我也。从女，央聲。烏浪切。

媁 不説皃。从女，韋聲。羽非切。

婎 姿婎，姿也。从女，隹聲。一曰：醜也。許惟切。

㜪 有守也。从女，弦聲。胡田切。

媥 輕皃。从女，扁聲。芳連切。

嫚 侮易也。从女，曼聲。謀患切。

㛼 疾言失次也。从女，臿聲。讀若懾。丑聶切。

嬬 弱也。一曰：下妻也。从女，需聲。相俞切。

娝 不肖也。从女，否聲。讀若竹皮箁。匹才切。

嬯 遲鈍也。从女，臺聲。闒嬯亦如之。徒哀切。

嫸 下志貪頑也。从女，覃聲。讀若深。乃忝切。

㜗 婪也。从女，參聲。七感切。

婪 貪也。从女，林聲。杜林説：卜者黨相詐驗爲婪。讀若潭。盧含切。

嬾 懈也，怠也。一曰：臥也。从女，賴聲。洛旱切。

婁 空也。从毋、中、女，空之意也。一曰：婁務也。洛侯切。，古文。

娎 娎婡也。从女，折聲。許列切。

婡 得志婡婡。一曰：婡，息也。一曰：少气也。从女，夾聲。呼帖切。

嬈 苛也。一曰：擾戲弄也。一曰：嬥也。从女，堯聲。奴鳥切。

嫛 惡也。一曰：人皃。从女，毀聲。許委切。

姍 誹也。一曰：翼便也。从女，删省聲。所晏切。

𡟭 醜也。一曰：老嫗也。从女，酋聲。讀若蹴。七宿切。

嫫 嫫母，都醜也。从女，莫聲。莫胡切。

婓 往來婓婓也。一曰：醜皃。从女，非聲。芳非切。

孃 煩擾也。一曰：肥大也。从女，襄聲。女良切。

嬒 女黑色也。从女，會聲。《詩》曰："嬒兮蔚兮。"古外切。

㜣 好皃。从女，耎聲。而沇切。 臣鉉等案："《切韻》又音奴困切。今俗作嫩，非是。"

婘 誣挐也。从女，奄聲。依劍切。

嬾 過差也。从女，監聲。《論語》曰："小人窮斯嬾矣。"盧瞰切。

嫯 侮易也。从女，敖聲。五到切。

婬 私逸也。从女，㸒聲。余箴切。

姘 除也。漢律：齊人予妻婢姦曰姘。从女，并聲。普耕切。

奸 犯婬也。从女，从干，干亦聲。古寒切。

姅 婦人汙也。从女，半聲。漢律曰："見姅變，不得侍祠。"博幔切。

娗 女出病也。从女，廷聲。徒鼎切。

婥 女病也。从女，卓聲。奴教切。

娷 諉也。从女，垂聲。竹恚切。

㛴 有所恨也。从女，𡿺聲。今汝南人有所恨曰㛴。臣鉉等曰："𡿺，古囟字，非聲，當从惱省。"奴皓切。

媿 慙也。从女，鬼聲。俱位切。愧，媿或从恥省。

奻 訟也。从二女。女還切。

姦 私也。从三女。古顏切。，古文姦，从心，旱聲。

文二百三十八　重十三

嫱 婦官也。从女，牆省聲。才良切。

妲 女字。妲己，紂妃。从女，旦聲。當割切。

嬌 姿也。从女，喬聲。舉喬切。

嬋 嬋娟，態也。从女，單聲。市連切。

娟 嬋娟也。从女，肙聲。於緣切。

嫠 無夫也。从女，𠩺聲。里之切。

姤 偶也。从女，后聲。古候切。

文七新附

毋　部

毋 止之也。从女，有奸之者。凡毋之屬皆从毋。武扶切。

毐 人無行也。从士，从毋。賈侍中說：秦始皇母與嫪毐淫，坐誅，故世罵淫曰嫪毐。讀若娭。遏在切。

文二

民　部

民 衆萌也。从古文之象。凡民之屬皆从民。彌鄰切。，古文民。

氓 民也。从民，亡聲。讀若盲。武庚切。

文二　重一

丿　部

丿 右戾也。象左引之形。凡丿之屬皆从丿。徐鍇曰："其爲文舉首而申體也。"房密切。

乂 芟艸也。从丿从乀相交。魚廢切。，乂或从刀。

弗 撟也。从丿，从乀，从韋省。分勿切。 臣鉉等曰："韋，所以束枉戾也。”

乀 左戾也。从反丿。讀與弗同。分勿切。

文四　重一

𠂆　部

𠂆 抴也。明也。象抴引之形。凡𠂆之屬皆从𠂆。虒字从此。徐鍇曰：“象𠂆而不舉首。”余制切。

弋 橜也。象折木衺鋭著形。从𠂆，象物挂之也。與職切。

文二

乁　部

乁 流也。从反𠂆。讀若移。凡乁之屬皆从乁。弋支切。

也 女陰也。象形。羊者切。𠃟，秦刻石也字。

文二　重一

氏　部

氏 巴蜀山名岸脅之旁箸欲落墮者，曰氏。氏崩，聞數百里。象形，乁聲。凡氏之屬皆从氏。楊雄賦：“響若氏隤。”承旨切。

氒 木本。从氏。大於末。讀若厥。居月切。

文二

氐　部

氐 至也。从氏下箸一。一，地也。凡氐之屬皆从氐。丁礼切。

⿰氐垔 卧也。从氐，垔聲。於進切。

⿰氐失 觸也。从氐，失聲。徒結切。

⿱𦥑氐 闕。臣鉉等案：今《篇》《韻》音皓，又音效。注云：誤也。

文四

戈　部

戈 平頭戟也。从弋，一横之。象形。凡戈之屬皆从戈。古禾切。

肈 上諱。臣鉉等曰："後漢和帝名也。案，李舟《切韻》云：擊也。从戈，肁聲。"直小切。

戎 兵也。从戈，从甲。如融切。

戣 周禮：侍臣執戣，立于東垂。兵也。从戈，癸聲。渠追切。

戰 盾也。从戈，旱聲。侯旰切。

戟 有枝兵也。从戈、倝。《周禮》："戟長丈六尺。"讀若棘。臣鉉等曰："倝非聲，義當从榦省。榦，枝也。"紀逆切。

戛 戟也。从戈，从百。讀若棘。古黠切。

賊 敗也。从戈，則聲。昨則切。

戍 守邊也。从人持戈。傷遇切。

戰 鬬也。从戈，單聲。之扇切。

戲 三軍之偏也。一曰：兵也。从戈，䖒聲。香義切。

戜 利也。一曰：剔也。从戈，呈聲。徒結切。

或 邦也。从囗，从戈，以守一。一，地也。于逼切。　臣鉉等曰："今俗作胡國切，以爲疑或不定之意。"域，或又从土。臣鉉等曰："今無復或音。"

截 斷也。从戈，雀聲。昨結切。

戡 殺也。从戈，今聲。《商書》曰："西伯既戡黎。"口含切。

戕 槍也。他國臣來弑君曰戕。从戈，爿聲。士良切。

戮 殺也。从戈，翏聲。力六切。

戡 刺也。从戈，甚聲。竹甚、口含二切。

戭 長槍也。从戈，寅聲。《春秋傳》有擣戭。弋刃、以淺二切。

𢦏 傷也。从戈，才聲。祖才切。

戩 滅也。从戈，晉聲。《詩》曰："實始戩商。"即淺切。

𢦔 絶也。一曰：田器。从从，持戈。古文讀若咸。讀若《詩》云"攕攕女手"。臣鉉等曰："𢦔，鋭意也，故从从。"子廉切。

武 楚莊王曰：夫武，定功戢兵。故止戈爲武。文甫切。

戢 藏兵也。从戈，咠聲。《詩》曰："載戢干戈。"阻立切。

戠 闕。从戈，从音。之弋切。

戔 賊也。从二戈。《周書》曰："戔戔巧言。"徐鍇曰："兵多則殘也，故从二戈。"昨千切。

文二十六　重一

戉　部

戉 斧也。从戈，𠃊聲。《司馬法》曰："夏執玄戉，殷執白戚，周左杖黄戉，右秉白髦。"凡戉之屬皆从戉。臣鉉等曰："今俗别作鉞，非是。"王伐切。

戚 戉也。从戉，尗聲。倉歷切。

文二

我　部

我 施身自謂也。或説：我，頃頓也。从戈，从𠂢。𠂢，或説：古垂字。一曰：古殺字。凡我之屬皆从我。徐鍇曰："从戈者，取戈自持也。五可切。"𢦐，古文我。

義 己之威儀也。从我、羊。臣鉉等曰："此與善同意，故从羊。"宜奇切。𦏲，墨翟書義从弗。魏郡有羛陽鄉。讀若錡。今屬鄴，本内黄北二十里。

文二　重二

亅　部

亅 鉤逆者謂之亅。象形。凡亅之屬皆从亅。讀若檿。衢月切。

𠃌 鉤識也。从反亅。讀若捕鳥罬。居月切。

文二

珡　部

琴　禁也。神農所作。洞越，練朱五弦，周加二弦。象形。凡珡之屬皆从珡。巨今切。，古文珡，从金。

瑟　庖犧所作弦樂也。从珡，必聲。所櫛切。，古文瑟。

文二　重二

琵　琵琶，樂器。从珡，比聲。房脂切。

琶　琵琶也。从珡，巴聲。義當用枇杷。蒲巴切。

文二新附

乚　部

乚　匿也。象迟曲隱蔽形。凡乚之屬皆从乚。讀若隱。於謹切。

直　正見也。从乚，从十，从目。徐鍇曰："乚，隱也。今十目所見，是直也。"除力切。，古文直。

文二　重一

亡　部

亡　逃也。从入，从乚。凡亡之屬皆从亡。武方切。

乍　止也。一曰：亡也。从亡，从一。徐鍇曰："出亡得一則止，暫止也。"鉏駕切。

望　出亡在外，望其還也。从亡，朢省聲。巫放切。

無　亡也。从亡，無聲。武扶切。，奇字无，通於元者。王育説：天屈西北爲无。

匄　气也。逯安説：亡人爲匄。古代切。

文五　重一

匸　部

匸　衺徯，有所俠藏也。从乚，上有一覆之。凡匸之屬皆从匸。讀與傒同。胡礼切。

區　踦區，藏匿也。从品在匸中。品，衆也。豈俱切。

匿　亡也。从匸，若聲。讀如羊騶箠。女力切。

丙　側逃也。从匸，丙聲。一曰：箕屬。臣鉉等曰："丙非聲，義當从内，會意。疑傳寫之誤。"盧候切。

匽　匿也。从匸，妟聲。於蹇切。

医　盛弓弩矢器也。从匸，从矢。《國語》曰："兵不解医。"於計切。

匹　四丈也。从八、匸。八揲一匹，八亦聲。普吉切。

文七

匚　部

匚　受物之器。象形。凡匚之屬皆从匚。讀若方。府良切。[illegible]，籀文匚。

匠　木工也。从匚，从斤。斤，所以作器也。疾亮切。

匧　藏也。从匚，夾聲。苦叶切。篋，匧或从竹。

匡　飲器，筥也。从匚，㞷聲。去王切。筐，匡或从竹。

匜　似羹魁，柄中有道，可以注水。从匚，也聲。移尔切。

匴　渌米籔也。从匚，算聲。稣管切。

匵　小栝也。从匚，賣聲。古送切。櫝，匵或从木。

匪　器。似竹筐。从匚，非聲。《逸周書》曰："實玄黄于匪。"非尾切。

𠤜　古器也。从匚，倉聲。七岡切。

𠤭　田器也。从匚，攸聲。徒聊切。

匴 田器也。从匚，異聲。與職切。

匫 古器也。从匚，智聲。呼骨切。

匬 甌器也。从匚，俞聲。度侯切。

匱 匣也。从匚，貴聲。求位切。

匵 匱也。从匚，賣聲。徒谷切。

匣 匱也。从匚，甲聲。胡甲切。

匯 器也。从匚，淮聲。胡罪切。

柩 棺也。从匚，从木，久聲。巨救切。，籀文柩。

匰 宗廟盛主器也。《周禮》曰："祭祀共匰主。"从匚，單聲。都寒切。

文十九　重五

曲　　部

曲 象器曲受物之形。或説：曲，蠶薄也。凡曲之屬皆从曲。丘玉切。，古文曲。

𠙺 骫曲也。从曲，玉聲。丘玉切。

𠚆 古器也。从曲，舀聲。土刀切。

文三　重一

甾　　部

甾 東楚名缶曰甾。象形。凡甾之屬皆从甾。側詞切。，古文。

疀 斛也。古田器也。从甾，疌聲。楚洽切。

畚 䩐屬，蒲器也。所以盛穜。从甾，弁聲。布忖切。

䩐 㽉也。从甾，并聲。杜林以爲竹筥，楊雄以爲蒲器。讀若軿。薄經切。

𠙴 㽉也。从甾，虍聲。讀若盧，同。洛乎切。，篆文𠙴。，籀文𠙴。

文五　重三

瓦　部

瓦 土器已燒之總名。象形。凡瓦之屬皆从瓦。五寡切。

瓬 周家摶埴之工也。从瓦，方聲。讀若抵破之抵。臣鉉等曰："抵音瓦，非聲，未詳。"分兩切。

甄 匋也。从瓦，垔聲。居延切。

甍 屋棟也。从瓦，夢省聲。徐鍇曰："所以承瓦，故从瓦。"莫耕切。

甑 甗也。从瓦，曾聲。子孕切。，籒文甑，从䰝。

甗 甑也。一曰穿也。从瓦，鬳聲。讀若言。魚蹇切。

瓵 甌瓿謂之瓵。从瓦，台聲。與之切。

甞 大盆也。从瓦，尚聲。丁浪切。

甌 小盆也。从瓦，區聲。烏侯切。

瓮 罌也。从瓦，公聲。烏貢切。

瓨 似罌，長頸，受十升。讀若洪。从瓦，工聲。古雙切。

甇 小盂也。从瓦，夗聲。臣鉉等曰："今俗别作椀，非是。"烏管切。

瓴 瓮似瓶也。从瓦，令聲。郎丁切。

甈 罌謂之甈。从瓦，卑聲。部迷切。

甂 似小瓿，大口而卑，用食。从瓦，扁聲。芳連切。

瓿 甂也。从瓦，咅聲。蒲口切。

㼱 器也。从瓦，容聲。與封切。

甓 瓴甓也。从瓦，辟聲。《詩》曰："中唐有甓。"扶歷切。

甃 井壁也。从瓦，𤆍聲。側救切。

甈 康瓠，破罌。从瓦，臬聲。魚例切。，甈或从埶。

㼼 瑳垢瓦石。从瓦，爽聲。初兩切。

㼩 蹈瓦聲。从瓦，耎聲。零帖切。

瓰 治橐榦也。从瓦，今聲。胡男切。

㼵 破也。从瓦，卒聲。穌對切。

瓪 敗也。从瓦，反聲。布綰切。

文二十五　重二

瓷 瓦器。从瓦，次聲。疾資切。

瓻 酒器。从瓦，稀省聲。丑脂切。

文二新附

弓　部

弓 以近窮遠。象形。古者揮作弓。《周禮》六弓：王弓、弧弓，以射甲革甚質；夾弓、庾弓，以射干侯鳥獸；唐弓、大弓，以授學射者。凡弓之屬皆从弓。居戎切。

弴 畫弓也。从弓，𦎫聲。都昆切。

弭 弓無緣，可以解轡紛者。从弓，耳聲。綿婢切。，弭或从兒。

弲 角弓也。洛陽名弩曰弲。从弓，肙聲。烏玄切。

弧 木弓也。从弓，瓜聲。一曰：往體寡、來體多曰弧。户吴切。

弨 弓反也。从弓，召聲。《詩》曰："彤弓弨兮。"尺招切。

彏 弓曲也。从弓，雚聲。九院切。

彄 弓弩耑，弦所居也。从弓，區聲。恪侯切。

彇 弓便利也。从弓，繇聲。讀若燒。火招切。

張 施弓弦也。从弓，長聲。陟良切。

彏 弓急張也。从弓，矍聲。許縛切。

弸 弓彊皃。从弓，朋聲。父耕切。

彊 弓有力也。从弓，畺聲。巨良切。

彎 持弓關矢也。从弓，䜌聲。烏關切。

引 開弓也。从弓、丨。臣鉉等曰："象引弓之形。"余忍切。

弙 滿弓有所鄉也。从弓，于聲。哀都切。

弘 弓聲也。从弓，厶聲。厶，古文肱字。胡肱切。

彃 弛弓也。从弓，璽聲。斯氏切。

弛 弓解也。从弓，从也。施氏切。，弛或从虒。

弢 弓衣也。从弓，从叏。叏，垂飾，與鼓同意。土刀切。

弩 弓有臂者。《周禮》四弩：夾弩，庾弩，唐弩，大弩。从弓，奴聲。奴古切。

彀 張弩也。从弓，𣪊聲。古候切。

彉 弩滿也。从弓，黃聲。讀若郭。苦郭切。

彃 䠶也。从弓，畢聲。《楚詞》曰：“芎焉彃日。”卑吉切。

彈 行丸也。从弓，單聲。徒案切。，彈或从弓持丸。

發 䠶發也。从弓，癹聲。方伐切。

芎 帝嚳䠶官，夏少康滅之。从弓，幵聲。《論語》曰：“芎善䠶。”五計切。

文二十七　重三

弜　部

弜 彊也。从二弓。凡弜之屬皆从弜。其兩切。

弼 輔也，重也。从弜，丙聲。徐鍇曰：“丙，舌也，非聲。舌柔而弜剛，以柔从剛，輔弼之意。”房密切。，弼或如此。、，並古文弼。

文二　重三

弦　部

弦 弓弦也。从弓，象絲軫之形。凡弦之屬皆从弦。臣鉉等曰：“今别作絃，非是。”胡田切。

盭 弼戾也。从弦省，从盩。讀若戾。臣鉉等曰：“盩者，擊皋人見血也，弼戾之意。”郎計切。

玅 急戾也。从弦省，少聲。於霄切。

竭 不成，遂急戾也。从弦省，曷聲。讀若瘞葬。於罽切。

文四

系　　部

系　繫也。从糸，丿聲。凡系之屬皆从系。胡計切。，系或从毄、處。，籀文系，从爪、絲。

孫　子之子曰孫。从子，从系。系，續也。思魂切。

緜　聯微也。从系，从帛。武延切。

繇　隨從也。从系，䍃聲。臣鉉等曰："今俗从䍃。"余招切。

文四　重二

説文解字弟十二　下

說文解字弟十三上

漢太尉祭酒　許慎 記

宋右散騎常侍　徐鉉等 校定

二十三部　六百九十九文　重一百二十三　凡八千三百九十八字

文三十七新附

糸　部

糸 細絲也。象束絲之形。凡糸之屬皆从糸。讀若覛。徐鍇曰："一蠶所吐爲忽，十忽爲絲。糸，五忽也。"莫狄切。，古文糸。

繭 蠶衣也。从糸，从虫，黹省。古典切。，古文繭，从糸、見。

繅 繹繭爲絲也。从糸，巢聲。穌遭切。

繹 抽絲也。从糸，睪聲。羊益切。

緒 絲耑也。从糸，者聲。徐吕切。

緬 微絲也。从糸，面聲。弭沇切。

純 絲也。从糸，屯聲。《論語》曰："今也純，儉。"常倫切。

綃 生絲也。从糸，肖聲。相幺切。

䋙 大絲也。从糸，皆聲。口皆切。

⿰糸巟 絲曼延也。从糸，巟聲。呼光切。

紇 絲下也。从糸，气聲。《春秋傳》："有臧孫紇。"下没切。

紙 絲滓也。从糸，氏聲。都兮切。

絓 繭滓絓頭也。一曰：以囊絮練也。从糸，圭聲。胡卦切。

纅 絲色也。从糸，樂聲。以灼切。

繀 著絲於筟車也。从糸，崔聲。穌對切。

經 織也。从糸，巠聲。九丁切。

織 作布帛之總名也。从糸，戠聲。之弋切。

𦁀 樂浪挈令織。从糸，从式。臣鉉等曰：“挈令，蓋律令之書也。”
紝 機縷也。从糸，壬聲。如甚切。䋕，紝或从任。
綜 機縷也。从糸，宗聲。子宋切。
綹 緯十縷爲綹。从糸，咎聲。讀若柳。力久切。
緯 織横絲也。从糸，韋聲。云貴切。
緷 緯也。从糸，軍聲。王問切。
繢 織餘也。从糸，貴聲。胡對切。
統 紀也。从糸，充聲。他綜切。
紀 絲别也。从糸，己聲。居擬切。
繈 觕纇也。从糸，强聲。居兩切。
纇 絲節也。从糸，頪聲。盧對切。
紿 絲勞即紿。从糸，台聲。徒亥切。
納 絲溼納納也。从糸，内聲。奴荅切。
紡 網絲也。从糸，方聲。妃兩切。
絶 斷絲也。从糸，从刀，从卩。情雪切。𢇍，古文絶，象不連體，絶二絲。
繼 續也。从糸、㡭。一曰：反𢇇爲繼。古詣切。
續 連也。从糸，賣聲。似足切。賡，古文續，从庚、貝。臣鉉等曰：“今俗作古行切。”
纘 繼也。从糸，贊聲。作管切。
紹 繼也。从糸，召聲。一曰：紹，緊糾也。市沼切。𦀔，古文紹，从邵。
繟 偏緩也。从糸，羨聲。昌善切。
縕 緩也。从糸，盈聲。讀與聽同。他丁切。[illegible]，縕或从呈。
縱 緩也。一曰：舍也。从糸，從聲。足用切。
紓 緩也。从糸，予聲。傷魚切。
繎 絲勞也。从糸，然聲。如延切。
紆 詘也。从糸，于聲。一曰：縈也。億俱切。

緈 直也。从糸，幸聲。讀若陘。胡頂切。
纖 細也。从糸，韱聲。息廉切。
細 微也。从糸，囟聲。穌計切。
緢 旄絲也。从糸，苗聲。《周書》曰："惟緢有稽。"武儦切。
縒 參縒也。从糸，差聲。楚宜切。
緐 冕也。从糸，番聲。附袁切。
縮 亂也。从糸，宿聲。一曰：蹴也。所六切。
紊 亂也。从糸，文聲。《商書》曰："有條而不紊。"亡運切。
級 絲次弟也。从糸，及聲。居立切。
總 聚束也。从糸，悤聲。臣鉉等曰："今俗作摠，非是。"作孔切。
䋴 約也。从糸，具聲。居玉切。
約 纏束也。从糸，勺聲。於略切。
繚 纏也。从糸，尞聲。盧鳥切。
纏 繞也。从糸，廛聲。直連切。
繞 纏也。从糸，堯聲。而沼切。
紾 轉也。从糸，㐱聲。之忍切。
繯 落也。从糸，瞏聲。胡畎切。
辮 交也。从糸，辡聲。頻犬切。
結 締也。从糸，吉聲。古屑切。
縎 結也。从糸，骨聲。古忽切。
締 結不解也。从糸，帝聲。特計切。
縛 束也。从糸，尃聲。符钁切。
繃 束也。从糸，崩聲。《墨子》曰："禹葬會稽，桐棺三寸，葛以繃之。"補盲切。
絿 急也。从糸，求聲。《詩》曰："不競不絿。"巨鳩切。
絅 急引也。从糸，冋聲。古熒切。
紙 散絲也。从糸，𠂢聲。匹卦切。
纝 不均也。从糸，羸聲。力臥切。

給 相足也。从糸，合聲。居立切。

綝 止也。从糸，林聲。讀若郴。丑林切。

縪 止也。从糸，畢聲。卑吉切。

紈 素也。从糸，丸聲。胡官切。

終 絿絲也。从糸，冬聲。職戎切。，古文終。

絭 合也。从糸，从集。讀若捷。姊入切。

繒 帛也。从糸，曾聲。疾陵切。，籀文繒。从宰省。楊雄以爲漢律祠宗廟丹書告。

緭 繒也。从糸，胃聲。云貴切。

絩 綺絲之數也。漢律曰：“綺絲數謂之絩，布謂之總，綬組謂之首。”从糸，兆聲。治小切。

綺 文繒也。从糸，奇聲。祛彼切。

縠 細縛也。从糸，㱿聲。胡谷切。

縳 白鮮色也。从糸，專聲。持沇切。

縑 并絲繒也。从糸，兼聲。古甜切。

綈 厚繒也。从糸，弟聲。杜兮切。

練 湅繒也。从糸，柬聲。郎甸切。

縞 鮮色也。从糸，高聲。古老切。

纚 粗緒也。从糸，璽聲。臣鉉等曰：“今俗別作絁，非是。”式支切。

紬 大絲繒也。从糸，由聲。直由切。

綮 㨮繒也。一曰：徽幟，信也，有齒。从糸，𢼄聲。康禮切。

綾 東齊謂布帛之細曰綾。从糸，夌聲。力膺切。

縵 繒無文也。从糸，曼聲。漢律曰：“賜衣者，縵表白裏。”莫半切。

繡 五采備也。从糸，肅聲。息救切。

絢 《詩》云：“素以爲絢兮。”从糸，旬聲。臣鉉等案：“《論語》注絢，文皃。”許掾切。

繪 會五采繡也。《虞書》曰：“山、龍、華蟲，作繪。”《論語》

曰：“繪事後素。”从糸，會聲。黄外切。

緀 白文皃。《詩》曰：“緀兮斐兮，成是貝錦。”从糸，妻聲。七稽切。

絲 絲文如聚細米也。从糸，从米，米亦聲。莫禮切。

絹 繒如麥稍。从糸，肙聲。吉掾切。

緑 帛青黄色也。从糸，录聲。力玉切。

縹 帛青白色也。从糸，票聲。敷沼切。

繢 帛青經縹緯。一曰：育陽染也。从糸，育聲。余六切。

絑 純赤也。《虞書》“丹朱”如此。从糸，朱聲。章俱切。

纁 淺絳也。从糸，熏聲。許云切。

絀 絳也。从糸，出聲。丑律切。

絳 大赤也。从糸，夅聲。古巷切。

綰 惡也，絳也。从糸，官聲。一曰：綃也。讀若雞卵。烏版切。

縉 帛赤色也。《春秋傳》“縉雲氏”。《禮》有“縉緣”。从糸，晉聲。即刃切。

綪 赤繒也。从茜染，故謂之綪。从糸，青聲。倉絢切。

緹 帛丹黄色。从糸，是聲。他禮切。紙，緹或从氏。

縓 帛赤黄色。一染謂之縓，再染謂之䞓，三染謂之纁。从糸，原聲。七絹切。

紫 帛青赤色。从糸，此聲。將此切。

紅 帛赤白色。从糸，工聲。户公切。

繱 帛青色。从糸，蔥聲。倉紅切。

紺 帛深青揚赤色。从糸，甘聲。古暗切。

綥 帛蒼艾色。从糸，畀聲。《詩》：“縞衣綥巾。”未嫁女所服。一曰：不借綥。渠之切。綦，綥或从其。

繰 帛如紺色。或曰，深繒。从糸，喿聲。讀若喿。親小切。

緇 帛黑色也。从糸，甾聲。側持切。

纔 帛雀頭色。一曰：微黑色，如紺；纔，淺也。讀若讒。从糸，毚聲。七咸切。

緂 帛騅色也。从糸，剡聲。《詩》曰："毳衣如緂。"臣鉉等曰："今俗别作毯，非是。"土敢切。

綟 帛戾艸染色。从糸，戾聲。郎計切。

紑 白鮮衣皃。从糸，不聲。《詩》曰："素衣其紑。"匹丘切。

緂 白鮮衣皃。从糸，炎聲。謂衣采色鮮也。充三切。

繻 繒采色。从糸，需聲。讀若《易》"繻有衣"。臣鉉等曰："《漢書》傳，符帛也。"相俞切。

縟 繁采色也。从糸，辱聲。而蜀切。

纚 冠織也。从糸，麗聲。所綺切。

紘 冠卷也。从糸，厷聲。户萌切。紭，紘或从弘。

紞 冕冠塞耳者。从糸，冘聲。臣鉉等曰："今俗别作髧，非是。"都感切。

纓 冠系也。从糸，嬰聲。於盈切。

紻 纓卷也。从糸，央聲。於兩切。

緌 系冠纓也。从糸，委聲。儒隹切。

緄 織帶也。从糸，昆聲。古本切。

紳 大帶也。从糸，申聲。失人切。

繟 帶緩也。从糸，單聲。昌善切。

綬 韍維也。从糸，受聲。植酉切。

組 綬屬。其小者以爲冕纓。从糸，且聲。則古切。

緺 綬紫青也。从糸，咼聲。古蛙切。

縌 綬維也。从糸，逆聲。宜戟切。

纂 似組而赤。从糸，算聲。作管切。

紐 系也。一曰：結而可解。从糸，丑聲。女久切。

綸 青絲綬也。从糸，侖聲。古還切。

綎 系綬也。从糸，廷聲。他丁切。

絙 緩也。从糸，亘聲。胡官切。

繐 細疏布也。从糸，惠聲。私鋭切。

䌟 頸連也。从糸，暴省聲。補各切。
紟 衣系也。从糸，今聲。居音切。，籒文从金。
緣 衣純也。从糸，彖聲。以絹切。
纀 裳削幅謂之纀。从糸，僕聲。博木切。
絝 脛衣也。从糸，夸聲。苦故切。
繑 絝紐也。从糸，喬聲。牽搖切。
緥 小兒衣也。从糸，保聲。臣鉉等曰：“今俗作褓，非是。”博抱切。
繜 薉貉中，女子無絝，以帛爲脛空，用絮補核，名曰繜衣，狀如襜褕。从糸，尊聲。子昆切。
紴 絛屬。从糸，皮聲。讀若被。或讀若水波之波。博禾切。
絛 扁緒也。从糸，攸聲。土刀切。
絨 采彰也。一曰：車馬飾。从糸，戉聲。王伐切。
縱 絨屬。从糸，从從省聲。足容切。
紃 圜采也。从糸，川聲。詳遵切。
緟 增益也。从糸，重聲。直容切。
纕 援臂也。从糸，襄聲。汝羊切。
纗 維綱，中繩。从糸，巂聲。讀若畫。或讀若維。户圭切。
綱 維紘繩也。从糸，岡聲。古郎切。，古文綱。
縜 持綱紐也。从糸，員聲。《周禮》曰：“縜寸。”臣鉉等曰：“縜，長寸也。”爲贇切。
綅 絳綫也。从糸，侵省聲。《詩》曰：“貝冑朱綅。”子林切。
縷 綫也。从糸，婁聲。力主切。
綫 縷也。从糸，戔聲。私箭切。，古文綫。
絘 縷一枚也。从糸，穴聲。乎決切。
縫 以鍼紩衣也。从糸，逢聲。符容切。
緁 緶衣也。从糸，疌聲。七接切。，緁或从習。
紩 縫也。从糸，失聲。直質切。
緛 衣戚也。从糸，耎聲。而沇切。

組 補縫也。从糸，旦聲。丈莧切。

繕 補也。从糸，善聲。時戰切。

絬 《論語》曰："絬衣長，短右袂。"从糸，舌聲。私列切。

纍 綴得理也。一曰：大索也。从糸，畾聲。力追切。

縭 以絲介履也。从糸，离聲。力知切。

緱 刀劍緱也。从糸，侯聲。古侯切。

緊 戟衣也。从糸，殹聲。一曰：赤黑色繒。烏雞切。

縿 旌旗之斿也。从糸，參聲。所銜切。

徽 衺幅也。一曰：三糾繩也。从糸，微省聲。許歸切。

絜 扁緒也。一曰：弩罥鉤帶。从糸，折聲。并列切。

紉 繟繩也。从糸，刃聲。女鄰切。

繩 索也。从糸，蠅省聲。食陵切。

綪 紆未縈繩。一曰：急弦之聲。从糸，爭聲。讀若旌。側莖切。

縈 收韏也。从糸，熒省聲。於營切。

絇 纑繩絇也。从糸，句聲。讀若鳩。其俱切。

縋 以繩有所縣也。《春秋傳》曰："夜縋納師。"从糸，追聲。持僞切。

絭 攘臂繩也。从糸，𢍏聲。居願切。

緘 束篋也。从糸，咸聲。古咸切。

縢 緘也。从糸，朕聲。徒登切。

編 次簡也。从糸，扁聲。布玄切。

維 車蓋維也。从糸，隹聲。以追切。

紱 車紱也。从糸，伏聲。平祕切。，紱或从艸。，紱或从革，葡聲。

紅 乘輿馬飾也。从糸，正聲。諸盈切。

綊 紅綊也。从糸，夾聲。胡頰切。

緐 馬髦飾也。从糸，每聲。《春秋傳》曰："可以稱旌緐乎？"附袁切。，緐或从卑。卑，籒文弁。

繮　馬紲也。从糸，畺聲。居良切。

紛　馬尾韜也。从糸，分聲。撫文切。

紂　馬緧也。从糸，肘省聲。除柳切。

緧　馬紂也。从糸，酋聲。七由切。

絆　馬縶也。从糸，半聲。博幔切。

𦈡　絆前兩足也。从糸，須聲。漢令：蠻夷卒有𦈡。相主切。

紖　牛系也。从糸，引聲。讀若矤。直引切。

縼　以長繩繫牛也。从糸，旋聲。辭戀切。

縻　牛轡也。从糸，麻聲。靡爲切。䋈，縻或从多。

紲　系也。从糸，世聲。《春秋傳》曰：“臣負羈紲。”私列切。緤，紲或从枼。

纆　索也。从糸，黑聲。莫北切。

縆　大索也。一曰：急也。从糸，恆聲。古恆切。

繘　綆也。从糸，矞聲。余聿切。，古文从絲。，籀文繘。

綆　汲井綆也。从糸，更聲。古杏切。

絠　彈彄也。从糸，有聲。弋宰切，又古亥切。

繳　生絲縷也。从糸，敫聲。之若切。

繴　繴謂之罿，罿謂之罬，罬謂之罦。捕鳥覆車也。从糸，辟聲。博戹切。

緍　釣魚繁也。从糸，昏聲。吴人解衣相被謂之緍。武巾切。

絮　敝緜也。从糸，如聲。息據切。

絡　絮也。一曰：麻未漚也。从糸，各聲。盧各切。

纊　絮也。从糸，廣聲。《春秋傳》曰：“皆如挾纊。”苦謗切。絖，纊或从光。

紙　絮一苫也。从糸，氏聲。諸氏切。

䋣　治敝絮也。从糸，音聲。芳武切。

絮　絜緼也。一曰：敝絮。从糸，奴聲。《易》曰：“需有衣絮。”女余切。

繫　繫繺也。一曰：惡絮。从糸，毄聲。古詣切。

繺　繫繺也。一曰：維也。从糸，虒聲。郎兮切。

緝　績也。从糸，咠聲。七入切。

絘　績所緝也。从糸，次聲。七四切。

績　緝也。从糸，責聲。則歷切。

纑　布縷也。从糸，盧聲。洛乎切。

紨　布也。一曰：粗紬。从糸，付聲。防無切。

繕　蜀細布也。从糸，彗聲。祥歲切。

絺　細葛也。从糸，希聲。丑脂切。

綌　粗葛也。从糸，谷聲。綺輓切。㠿，綌或从巾。

縐　絺之細也。《詩》曰："蒙彼縐絺。"一曰：蹴也。从糸，芻聲。側救切。

絟　細布也。从糸，全聲。此緣切。

紵　檾屬。細者爲絟，粗者爲紵。从糸，宁聲。直呂切。䊶，紵或从緒省。

緦　十五升布也。一曰：兩麻一絲布也。从糸，思聲。息兹切。𢇁，古文緦，从糸省。

緆　細布也。从糸，易聲。先擊切。𪎊，緆或从麻。

緰　緰貲，布也。从糸，俞聲。度侯切。

縗　服衣。長六寸，博四寸，直心。从糸，衰聲。倉回切。

絰　喪首戴也。从糸，至聲。臣鉉等曰："當从姪省乃得聲。"徒結切。

緶　交枲也。一曰：緁衣也。从糸，便聲。房連切。

屩　履也。一曰：青絲頭履也。讀若阡陌之陌。从糸，户聲。亡百切。

紺　枲履也。从糸，封聲。博蠓切。

緉　履兩枚也。一曰：絞也。从糸，从兩，兩亦聲。力讓切。

絜　麻一耑也。从糸，㓞聲。古屑切。

繆　枲之十絜也。一曰：綢繆。从糸，翏聲。武彪切。

綢 繆也。从糸，周聲。直由切。
緼 紼也。从糸，昷聲。於云切。
紼 亂系也。从糸，弗聲。分勿切。
絣 氐人殊縷布也。从糸，并聲。北萌切。
紕 氐人𦅾也。讀若《禹貢》“玭珠”。从糸，比聲。卑履切。
𦅾 西胡毳布也。从糸，罽聲。居例切。
縊 經也。从糸，益聲。《春秋傳》曰：“夷姜縊。”於賜切。
綏 車中把也。从糸，从妥。徐鍇曰：“禮：升車必正立執綏，所以安也。當从爪，从安省。《說文》無妥字。”息遺切。
彝 宗廟常器也。从糸。糸，綦也。収持米，器中寶也。彑聲。此與爵相似。《周禮》六彝：雞彝、鳥彝、黄彝、虎彝、蟲彝、斝彝，以待祼將之禮。以脂切。、，皆古文彝。
緻 密也。从糸，致聲。直利切。

文二百四十八　重三十一

緗 帛淺黄色也。从糸，相聲。息良切。
緋 帛赤色也。从糸，非聲。甫微切。
緅 帛青赤色也。从糸，取聲。子侯切。
繖 蓋也。从糸，散聲。蘇旱切。
練 布屬。从糸，束聲。所葅切。
縡 事也。从糸，宰聲。子代切。
繾 繾綣，不相離也。从糸，遣聲。去演切。
綣 繾綣也。从糸，卷聲。去阮切。

文九新附

素　部

素 白緻繒也。从糸、𠂹，取其澤也。凡素之屬皆从素。桑故切。
𦃃 素屬。从素，収聲。居玉切。
𦃃 白約，縞也。从素，勺聲。以灼切。

䋴 素屬。从素，率聲。所律切。
繛 緩也。从素，卓聲。昌約切。綽，繛或省。
𦅈 繛也。从素，爰聲。胡玩切。緩，𦅈或省。

文六　重二

絲　部

絲 蠶所吐也。从二糸。凡絲之屬皆从絲。息兹切。
轡 馬轡也。从絲，从叀。與連同意。《詩》曰："六轡如絲。"兵媚切。
𢇍 織絹从糸貫杼也。从絲省，卝聲。古還切。　臣鉉等曰："卝，古磺字。"

文三

率　部

率 捕鳥畢也。象絲罔，上下其竿柄也。凡率之屬皆从率。所律切。

文一

虫　部

虫 一名蝮。博三寸，首大如擘指。象其臥形。物之微細，或行，或毛，或蠃，或介，或鱗，以虫爲象。凡虫之屬皆从虫。許偉切。
蝮 虫也。从虫，复聲。芳目切。
螣 神蛇也。从虫，朕聲。徒登切。
蚦 大蛇。可食。从虫，冄聲。人占切。
螼 螾也。从虫，堇聲。弃忍切。
螾 側行者。从虫，寅聲。余忍切。蚓，螾或从引。
螉 蟲在牛馬皮者。从虫，翁聲。烏紅切。

蜙 蚣蜙也。从虫，從聲。子紅切。

蠁 知聲蟲也。从虫，鄉聲。許兩切。蚼，司馬相如蠁从向。

蛁 蟲也。从虫，召聲。都僚切。

䗃 蟲也。从虫，㕡聲。祖外切。

蛹 繭蟲也。从虫，甬聲。余隴切。

螝 蛹也。从虫，鬼聲。讀若潰。胡罪切。

蛕 腹中長蟲也。从虫，有聲。户恢切。

蟯 腹中短蟲也。从虫，堯聲。如招切。

雖 似蜥蜴而大。从虫，唯聲。息遺切。

虺 虺以注鳴。《詩》曰：“胡爲虺蜥。”从虫，兀聲。臣鉉等曰：“兀非聲，未詳。”許偉切。

蜥 蜥易也。从虫，析聲。先擊切。

蝘 在壁曰蝘蜓，在艸曰蜥易。从虫，匽聲。於殄切。䗺，蝘或从䖵。

蜓 蝘蜓也。从虫，廷聲。一曰：螾蜓。徒典切。

蚖 榮蚖，蛇醫，以注鳴者。从虫，元聲。愚袁切。

蠸 蟲也。一曰：大螫也。讀若蜀都布名。从虫，雚聲。巨員切。

螟 蟲，食穀葉者。吏冥冥犯法即生螟。从虫，从冥，冥亦聲。莫經切。

蟘 蟲，食苗葉者。吏乞貸則生蟘。从虫，从貸，貸亦聲。《詩》曰：“去其螟蟘。”臣鉉等曰：“今俗作蚮，非是。”徒得切。

蟣 蝨子也。一曰：齊謂蛭曰蟣。从虫，幾聲。居狶切。

蛭 蟣也。从虫，至聲。之日切。

蝚 蛭蝚，至掌也。从虫，柔聲。耳由切。

蛣 蛣蚰，蝎也。从虫，吉聲。去吉切。

蚰 蛣蚰也。从虫，出聲。區勿切。

蟫 白魚也。从虫，覃聲。余箴切。

蛵 丁蛵，負勞也。从虫，巠聲。户經切。

蛤 毛蠹也。从虫，臽聲。乎感切。

蟜 蟲也。从虫，喬聲。居夭切。

䖹 毛蟲也。从虫，𢦏聲。千志切。

蛙 蠆也。从虫，圭聲。烏蝸切。

蚔 蛙也。从虫，氏聲。巨支切。

萬 毒蟲也。象形。丑芥切。，蠆或从䖵。

蝤 蝤蠐也。从虫，酋聲。字秋切。

蠐 蠐螬也。从虫，齊聲。徂兮切。

蝎 蝤蠐也。从虫，曷聲。胡葛切。

强 蚚也。从虫，弘聲。徐鍇曰："弘與强聲不相近，秦刻石文从口，疑从籀文省。"巨良切。，籀文强，从䖵，从彊。

蚚 强也。从虫，斤聲。巨衣切。

蜀 葵中蠶也。从虫，上目象蜀頭形，中象其身蜎蜎。《詩》曰："蜎蜎者蜀。"市玉切。

蠲 馬蠲也。从虫、目，益聲。了，象形。《明堂月令》曰："腐艸爲蠲。"古玄切。

螕 齧牛蟲也。从虫，𣬉聲。邊兮切。

蠖 尺蠖，屈申蟲。从虫，蒦聲。烏郭切。

蝝 復陶也。劉歆説：蝝，蚍蜉子。董仲舒説：蝗子也。从虫，彖聲。與專切。

螻 螻蛄也。从虫，婁聲。一曰：蟄，天螻。洛侯切。

蛄 螻蛄也。从虫，古聲。古乎切。

蠪 丁螘也。从虫，龍聲。盧紅切。

蛾 羅也。从虫，我聲。臣鉉等案："《爾雅》：蛾羅，蠶蛾也。䖵部已有蝨，或作蟄，此重出。"五何切。

螘 蚍蜉也。从虫，豈聲。魚綺切。

蚳 螘子也。从虫，氏聲。《周禮》有蚳醢。讀若祁。直尼切。，籀文蚳，从䖵。，古文蚳，从辰、土。

蠜 自蠜也。从虫，樊聲。附袁切。

䘃 悉䘃也。从虫，帥聲。臣鉉等曰：“今俗作蟀，非是。”所律切。

蝒 馬蜩也。从虫，面聲。武延切。

蟷 蟷蠰，不過也。从虫，當聲。都郎切。

蠰 蟷蠰也。从虫，襄聲。汝羊切。

蜋 堂蜋也。从虫，良聲。一名蚚父。魯當切。

蛸 蟲蛸，堂蜋子。从虫，肖聲。相邀切。

蛢 蟠蟥，以翼鳴者。从虫，并聲。薄經切。

蟠 蟠蟥也。从虫，矞聲。余律切。

蟥 蟠蟥也。从虫，黃聲。乎光切。

䗐 蛅䗐，强芈也。从虫，施聲。式支切。

蛅 蛅斯，墨也。从虫，占聲。職廉切。

蜆 縊女也。从虫，見聲。胡典切。

蜰 盧蜰也。从虫，肥聲。符非切。

蝍 渠蝍。一曰：天社。从虫，卻聲。其虐切。

蠣 蠣蠃，蒲盧，細要土蠭也。天地之性，細要純雄，無子。《詩》曰：“螟蠕有子，蠣蠃負之。”从虫，鬲聲。古火切。蜾，蠣或从果。

蠃 蜾蠃也。从虫，𣎆聲。一曰：虒蝓。郎果切。

蠕 螟蠕，桑蟲也。从虫，霝聲。郎丁切。

蛺 蛺蜨也。从虫，夾聲。兼叶切。

蜨 蛺蜨也。从虫，疌聲。臣鉉等曰：“今俗作蝶，非是。”徒叶切。

蚩 蟲也。从虫，㞢聲。赤之切。

螌 螌蝥，毒蟲也。从虫，般聲。布還切。

蝥 螌蝥也。从虫，敄聲。臣鉉等曰：“今俗作蟊，非是。蟊即蠿蟊，蜘蛛之別名也。”莫交切。

蟠 鼠婦也。从虫，番聲。附袁切。

蛜 蛜威，委黍。委黍，鼠婦也。从虫，伊省聲。於脂切。

蜙 蜙蝑，以股鳴者。从虫，松聲。息恭切。，蜙或省。臣鉉等曰："今俗作古紅切，以爲蜈蚣，蟲名。"

蝑 蜙蝑也。从虫，胥聲。相居切。

蟅 蟲也。从虫，庶聲。之夜切。

蝗 螽也。从虫，皇聲。乎光切。

蜩 蟬也。从虫，周聲。《詩》曰："五月鳴蜩。"徒聊切。，蜩或从舟。

蟬 以旁鳴者。从虫，單聲。市連切。

蜺 寒蜩也。从虫，兒聲。五雞切。

螇 螇鹿，蛁蟟也。从虫，奚聲。胡雞切。

蚗 蛥蚗，蛁蟟也。从虫，夬聲。於悦切。

蛥 蛥蚗，蟬屬。讀若周天子赧。从虫，丏聲。武延切。

蛚 蜻蛚也。从虫，列聲。良薛切。

蜻 蜻蛚也。从虫，青聲。子盈切。

蛉 蜻蛉也。从虫，令聲。一名桑根。郎丁切。

蠓 蠛蠓也。从虫，蒙聲。莫孔切。

蟉 蟲蟉也。一曰：蜉游。朝生莫死者。从虫，寮聲。离灼切。

蜹 秦晉謂之蜹，楚謂之蚊。从虫，芮聲。而鋭切。

蠨 蠨蛸，長股者。从虫，肅聲。穌彫切。

蛸 蟲也。从虫，省聲。息正切。

蛶 商何也。从虫，寽聲。力輟切。

蜡 蠅胆也。《周禮》：蜡氏掌除骴。从虫，昔聲。鉏駕切。

蝡 動也。从虫，耎聲。而沇切。

蚑 行也。从虫，支聲。巨支切。

蠉 蟲行也。从虫，睘聲。香沇切。

蚩 蟲曳行也。从虫，中聲。讀若騁。丑善切。

螸 螽醜螸，垂腴也。从虫，欲聲。余足切。

蝙 蠅醜蝙，搖翼也。从虫，扇聲。式戰切。

蜕 蛇蟬所解皮也。从虫，捝省。輸芮切。

蝁 螫也。从虫，若省聲。呼各切。

螫 蟲行毒也。从虫，赦聲。施隻切。

蝁 䖸也。从虫，亞聲。烏各切。

蛘 搔蛘也。从虫，羊聲。余兩切。

蝕 敗創也。从虫、人、食，食亦聲。乘力切。

蛟 龍之屬也。池魚滿三千六百，蛟來爲之長，能率魚飛。置笱水中，即蛟去。从虫，交聲。古肴切。

螭 若龍而黄，北方謂之地螻。从虫，离聲。或云：無角曰螭。丑知切。

虯 龍子有角者。从虫，丩聲。渠幽切。

蜦 蛇屬，黑色，潛于神淵，能興風雨。从虫，侖聲。讀若戾艸。力屯切。蜧，蜦或从戾。

蠊 海蟲也，長寸而白，可食。从虫，兼聲。讀若嗛。力鹽切。

蜃 雉入海，化爲蜃。从虫，辰聲。時忍切。

蛤 蜃屬。有三，皆生於海。千歲化爲盒，秦謂之牡厲。又云：百歲燕所化。魁盒，一名復累，老服翼所化。从虫，合聲。古沓切。

蠯 階也。脩爲蠯，圜爲蠇。从虫、庳。臣鉉等曰：“今俗作䗬，或作蠯，非是。”蒲猛切。

蝸 蝸蠃也。从虫，咼聲。亡華切。

蚌 蜃屬。从虫，丰聲。步項切。

蠇 蚌屬。似蠊，微大，出海中，今民食之。从虫，萬聲。讀若賴。力制切。

蝓 虒蝓也。从虫，俞聲。羊朱切。

蜎 蜎也。从虫，肙聲。在沇切。

蟺 夗蟺也。从虫，亶聲。常演切。

蠋 蚴蟉也。从虫，幽聲。於虯切。

蟉 蝴蟉也。从虫，翏聲。力幽切。

蟄 藏也。从虫，執聲。直立切。

蚨 青蚨，水蟲，可還錢。从虫，夫聲。房無切。

蜩 蜩鼀，詹諸，以脰鳴者。从虫，匊聲。居六切。

蝦 蝦蟆也。从虫，叚聲。乎加切。

蟆 蝦蟆也。从虫，莫聲。莫遐切。

蠵 大鼀也。以胃鳴者。从虫，巂聲。户圭切。，司馬相如説：蠵从夐。

蝷 蝷離也。从虫，漸省聲。慈染切。

蟹 有二敖八足，旁行，非蛇鮮之穴，無所庇。从虫，解聲。胡買切。，蟹或从魚。

蛫 蟹也。从虫，危聲。過委切。

蜮 短狐也。似鼈，三足，以气射害人。从虫，或聲。于逼切。，蜮又从國。臣鉉等曰："今俗作古獲切，以爲蝦蟆之别名。"

蚸 似蜥易，長一丈，水潛，吞人即浮，出日南。从虫，屰聲。吾各切。

蛧 蛧蜽，山川之精物也。淮南王説：蛧蜽，狀如三歲小兒，赤黑色，赤目，長耳，美髮。从虫，网聲。《國語》曰："木石之怪，夔、蛧蜽。"文兩切。

蜽 蛧蜽也。从虫，兩聲。臣鉉等曰："今俗别作魍魎，非是。"良獎切。

蝯 善援，禺屬。从虫，爰聲。臣鉉等曰："今俗别作猨，非是。"雨元切。

蠗 禺屬。从虫，翟聲。直角切。

蜼 如母猴，卬鼻，長尾。从虫，隹聲。余季切。

蚼 北方有蚼犬，食人。从虫，句聲。古厚切。

蛩 蛩蛩，獸也。一曰：秦謂蟬蜕曰蛩。从虫，巩聲。渠容切。

蟨 鼠也。一曰：西方有獸，前足短，與蛩蛩、巨虚比，其名謂之蟨。从虫，厥聲。居月切。

蝙 蝙蝠也。从虫，扁聲。布玄切。

蝠 蝙蝠，服翼也。从虫，畐聲。方六切。

蠻 南蠻。蛇穜。从虫，䜌聲。莫還切。

閩 東南越。蛇穜。从虫，門聲。武巾切。

虹 螮蝀也，狀似蟲。从虫，工聲。《明堂月令》曰：“虹始見。”户工切。𧈝，籀文虹，从申。申，電也。

螮 螮蝀，虹也。从虫，帶聲。都計切。

蝀 螮蝀也。从虫，東聲。多貢切。

蠥 衣服、歌謠、艸木之怪，謂之祥；禽獸、蟲蝗之怪，謂之蠥。从虫，辥聲。魚列切。

文一百五十三　重十五

蜑 南方夷也。从虫，延聲。徒旱切。

蟪 蟪蛄，蟬也。从虫，惠聲。曰械切。

蠛 蠛蠓，細蟲也。从虫，蔑聲。亡結切。

虴 虴蜢，艸上蟲也。从虫，乇聲。陟格切。

蜢 虴蜢也。从虫，孟聲。莫杏切。

蟋 蟋蟀也。从虫，悉聲。息七切。

螳 螳蜋也。从虫，堂聲。徒郎切。

文七新附

説文解字弟十三　上

說文解字第十三下

漢太尉祭酒　許慎 記
宋右散騎常侍　徐鉉等 校定

蚰　部

蚰 蟲之總名也。从二虫。凡蚰之屬皆从蚰。讀若昆。古魂切。
蠶 任絲也。从蚰，朁聲。昨含切。
䖸 蠶化飛蟲。从蚰，我聲。五何切。，或从虫。
⿱叉䖵 齧人跳蟲。从蚰，叉聲。叉，古爪字。子皓切。，⿱叉䖵或从虫。
蝨 齧人蟲。从蚰，卂聲。所櫛切。
螽 蝗也。从蚰，夂聲。夂，古文終字。職戎切。，螽或从虫、眾聲。
⿸展䖵 蟲也。从蚰，展省聲。知衍切。
蠽 小蟬蜩也。从蚰，截聲。子列切。
蠿 蠿蟊，作罔蛛蟊也。从蚰，𢇍聲。𢇍，古絶字。側八切。
蟊 蠿蟊也。从蚰，矛聲。莫交切。
⿱寍䖵 蟲也。从蚰，寍聲。奴丁切。
蠤 ⿱齊䖵蠤也。从蚰，曹聲。財牢切。
⿱𡴎䖵 螻蛄也。从蚰，𡴎聲。胡葛切。
⿱卑䖵 ⿱卑䖵蛸也。从蚰，卑聲。匹標切。，⿱卑䖵或从虫。
蠭 飛蟲螫人者。从蚰，逢聲。敷容切。，古文省。
蠠 蠭甘飴也。一曰：螟子。从蚰，鼏聲。彌必切。，蠠或从宓。
⿱巨䖵 ⿱巨䖵⿰虫京也。从蚰，巨聲。强魚切。
蟁 齧人飛蟲。从蚰，民聲。無分切。，蟁或从昏，以昏時出也。
，俗蟁从虫，从文。
蝱 齧人飛蟲。从蚰，亡聲。武庚切。

蠹　木中蟲。从䖵，槖聲。當故切。，蠹或从木，象蟲在木中形。譚長説。

蠡　蟲齧木中也。从䖵，彖聲。盧啓切。，古文。

蝨　多足蟲也。从䖵，求聲。巨鳩切。，蝨或从虫。

蠹　蚍蠹也。从䖵，橐聲。縛牟切。，蠹或从虫，从孚。

蠽　蟲食也。从䖵，雋聲。子兖切。

蠢　蟲動也。从䖵，萅聲。尺尹切。，古文蠢，从𢦏。《周書》曰："我有截于西。"

文二十五　重十三

蟲　部

蟲　有足謂之蟲，無足謂之豸。从三虫。凡蟲之屬皆从蟲。直弓切。

蝨　蟲食艸根者。从蟲，象其形。吏抵冒取民財則生。徐鍇曰："唯此一字象蟲形，不从矛，書者多誤。"莫浮切。，蟊或从敄。臣鉉等按："虫部已有，莫交切，作盤蝥蟲。此重出。"，古文蟊，从虫，从牟。

蠶　蚍蜉，大螘也。从蟲，妣聲。房脂切。，蠶或从虫，比聲。

蠠　䖟也。从蟲，冂聲。武巾切。

蠹　臭蟲，負蠜也。从蟲，非聲。房未切。，蠹或从虫。

蠱　腹中蟲也。《春秋傳》曰："皿蟲爲蠱。""晦淫之所生也。"梟桀死之鬼亦爲蠱。从蟲，从皿。皿，物之用也。公户切。

文六　重四

風　部

風　八風也。東方曰明庶風，東南曰清明風，南方曰景風，西南曰涼風，西方曰閶闔風，西北曰不周風，北方曰廣莫風，東北曰融風。風動蟲生，故蟲八日而化。从虫，凡聲。凡風之屬皆从風。方戎切。，古文風。

飆 北風謂之飆。从風，涼省聲。吕張切。

颫 小風也。从風，术聲。翾聿切。

飊 扶搖風也。从風，猋聲。甫遙切。，飊或从包。

飄 回風也。从風，票聲。撫招切。

颯 翔風也。从風，立聲。穌合切。

飂 高風也。从風，翏聲。力求切。

颮 疾風也。从風，从忽，忽亦聲。呼骨切。

颵 大風也。从風，胃聲。王勿切。

颶 大風也。从風，日聲。于筆切。

颺 風所飛揚也。从風，昜聲。與章切。

颲 風雨暴疾也。从風，利聲。讀若栗。力質切。

颲 烈風也。从風，列聲。讀若列。良薛切。

文十三　重二

颸 涼風也。从風，思聲。息兹切。

颼 颼飂也。从風，叜聲。所鳩切。

颭 風吹浪動也。从風，占聲。隻冉切。

文三新附

它　　部

它 虫也。从虫而長，象冤曲垂尾形。上古艸居患它，故相問無它乎。凡它之屬皆从它。託何切。，它或从虫。臣鉉等曰："今俗作食遮切。"

文一　重一

龜　　部

龜 舊也。外骨内肉者也。从它，龜頭與它頭同。天地之性，廣肩無雄，龜鼈之類，以它爲雄。象足、甲、尾之形。凡龜之屬皆从龜。居追切。，古文龜。

䶁 龜名。从龜，夂聲。夂，古文終字。徒冬切。

䶂 龜甲邊也。从龜，冄聲。天子巨䶂尺有二寸，諸侯尺，大夫八寸，士六寸。汝閻切。

文三　重一

黽　部

黽 鼃黽也。从它，象形。黽頭與它頭同。臣鉉等曰："象其腹也。"凡黽之屬皆从黽。莫杏切。，籀文黽。

鼈 甲蟲也。从黽，敝聲。并列切。

黿 大鼈也。从黽，元聲。愚袁切。

鼃 蝦蟇也。从黽，圭聲。烏媧切。

鼀 圥鼀，詹諸也。其鳴詹諸，其皮鼀鼀，其行圥圥。从黽，从圥，圥亦聲。七宿切。，鼀或从酋。

䵹 䵹䵹，詹諸也。《詩》曰："得此䵹䵹。"言其行䵹䵹。从黽，爾聲。式支切。

鼉 水蟲。似蜥易，長大。从黽，單聲。徒何切。

鼷 水蟲也。薉貉之民食之。从黽，奚聲。胡雞切。

䶃 鼷屬。頭有兩角，出遼東。从黽，句聲。其俱切。

蠅 營營青蠅。蟲之大腹者。从黽，从虫。余陵切。

鼅 鼅鼄，鼄也。从黽，䶌省聲。陟离切。，或从虫。

鼄 鼅鼄也。从黽，朱聲。陟輸切。，鼄或从虫。

鼂 匽鼂也。讀若朝。楊雄説：匽鼂，蟲名。杜林以爲朝旦，非是。从黽，从旦。臣鉉等曰："今俗作晁。"直遙切。，篆文从皀。

文十三　重五

鼇 海大鼈也。从黽，敖聲。五牢切。

文一新附

卵　部

卵　凡物無乳者卵生。象形。凡卵之屬皆从卵。盧管切。

毈　卵不孚也。从卵，段聲。徒玩切。

文二

二　部

二　地之數也。从偶一。凡二之屬皆从二。而至切。弍，古文。

亟　敏疾也。从人，从口，从又，从二。二，天地也。徐鍇曰："承天之時，因地之利，口謀之，手執之，時不可失，疾也。"紀力切，又去吏切。

恒　常也。从心，从舟，在二之間上下。心以舟施，恆也。胡登切。𠄨，古文恆，从月。《詩》曰："如月之恆。"

亘　求亘也。从二，从回。回，古文回，象亘回形，上下，所求物也。徐鍇曰："回風回轉，所以宣陰陽也。"須緣切。

竺　厚也。从二，竹聲。冬毒切。

凡　最括也。从二。二，偶也。从乃。乃，古文及。浮芝切。

文六　重二

土　部

土　地之吐生物者也。二象地之下、地之中，物出形也。凡土之屬皆从土。它魯切。

地　元气初分，輕清陽爲天，重濁陰爲地，萬物所陳列也。从土，也聲。徒内切。墬，籀文地，从隊。

坤　地也。《易》之卦也。从土，从申。土位在申。苦昆切。

垓　兼垓八極地也。《國語》曰："天子居九垓之田。"从土，亥聲。古哀切。

墺　四方土可居也。从土，奥聲。於六切。𡋩，古文墺。

堣　堣夷，在冀州陽谷。立春日，日值之而出。从土，禺聲。《尚書》曰：“宅堣夷。”噳俱切。

坶　朝歌南七十里地。《周書》：“武王與紂戰于坶野。”从土，母聲。莫六切。

坡　阪也。从土，皮聲。滂禾切。

坪　地平也。从土、平，平亦聲。皮命切。

均　平徧也。从土，从匀，匀亦聲。居匀切。

壤　柔土也。从土，襄聲。如兩切。

塙　堅不可拔也。从土，高聲。苦角切。

墽　磽也。从土，敫聲。口交切。

壚　剛土也。从土，盧聲。洛乎切。

垟　赤剛土也。从土，鮮省聲。息營切。

埴　黏土也。从土，直聲。常職切。

坴　土塊坴坴也。从土，圥聲。讀若逐。一曰：坴梁。力竹切。

墪　土也。洛陽有大墪里。从土，軍聲。户昆切。

墣　塊也。从土，菐聲。匹角切。圤，墣或从卜。

凷　墣也。从土，一屈象形。苦對切。塊，凷或从鬼。

堛　凷也。从土，畐聲。芳逼切。

堫　穜也。一曰：内其中也。从土，㚇聲。子紅切。

塍　稻中畦也。从土，朕聲。食陵切。

坺　治也。一曰：臿土謂之坺。《詩》曰：“武王載坺。”一曰：塵皃。从土，犮聲。蒲撥切。

坄　陶竈窻也。从土，役省聲。營隻切。

基　牆始也。从土，其聲。居之切。

垣　牆也。从土，亘聲。雨元切。𩫷，籀文垣，从𩫖。

圪　牆高也。《詩》曰：“崇墉圪圪。”从土，气聲。魚迄切。

堵　垣也。五版爲一堵。从土，者聲。當古切。𩫨，籀文从𩫖。

壁　垣也。从土，辟聲。比激切。

墽 周垣也。从土，尞聲。力沼切。

堨 壁間隙也。从土，曷聲。讀若謁。魚列切。

埒 卑垣也。从土，寽聲。力輟切。

堪 地突也。从土，甚聲。口含切。

堀 突也。《詩》曰：“蜉蝣堀閲。”从土，屈省聲。苦骨切。

堂 殿也。从土，尚聲。徒郎切。，古文堂。，籀文堂，从高省。

垜 堂塾也。从土，朵聲。丁果切。

坫 屏也。从土，占聲。都念切。

壠 涂也。从土，浝聲。臣鉉等案：水部已有，此重出。力歱切。

垷 涂也。从土，見聲。胡典切。

墐 涂也。从土，堇聲。渠吝切。

塈 仰涂也。从土，既聲。其冀切。

堊 白涂也。从土，亞聲。烏各切。

墀 涂地也。从土，犀聲。禮：天子赤墀。直泥切。

墼 瓴適也。一曰：未燒也。从土，毄聲。古歷切。

坋 埽除也。从土，弁聲。讀若糞。方問切。

埽 棄也。从土，从帚。穌老切。

在 存也。从土，才聲。昨代切。

坐 止也。从土，从留省。土，所止也，此與留同意。徂臥切。，古文坐。

坁 箸也。从土，氏聲。諸氏切。

填 塞也。从土，真聲。陟鄰切，今待年切。

坦 安也。从土，旦聲。他但切。

坒 地相次比也。衛大夫貞子名坒。从土，比聲。毗至切。

堤 滯也。从土，是聲。丁禮切。

壎 樂器也。以土爲之，六孔。从土，熏聲。況袁切。

封 爵諸侯之土也。从㞢，从土，从寸，守其制度也。公侯百里，伯七十里，子男五十里。徐鍇曰：“各之其土也。會意。”府容切。，古文封省。，籀文从丰。

壐 王者印也，所以主土。从土，爾聲。斯氏切。，籀文从玉。

墨 書墨也。从土，从黑，黑亦聲。莫北切。

垸 以桼和灰而髤也。从土，完聲。一曰：補垸。胡玩切。

型 鑄器之法也。从土，刑聲。户經切。

埻 射臬也。从土，𦎫聲。讀若準。之允切。

塒 雞棲垣爲塒。从土，時聲。市之切。

城 以盛民也。从土，从成，成亦聲。氏征切。，籀文城，从𩫏。

墉 城垣也。从土，庸聲。余封切。，古文墉。

堞 城上女垣也。从土，葉聲。徒叶切。

坎 陷也。从土，欠聲。苦感切。

墊 下也。《春秋傳》曰："墊隘。"从土，執聲。都念切。

坻 小渚也。《詩》曰："宛在水中坻。"从土，氐聲。直尼切。，坻或从水、从夊。，坻或从水，从耆。

㙎 下入也。从土，㬎聲。敕立切。

垎 水乾也。一曰：堅也。从土，各聲。胡格切。

垐 以土增大道上。从土，次聲。疾資切。，古文垐，从土，即。《虞書》曰："龍，朕堲讒説殄行。"堲，疾惡也。

增 益也。从土，曾聲。作滕切。

埤 增也。从土，卑聲。符支切。

坿 益也。从土，付聲。符遇切。

塞 隔也。从土，从𡨄。先代切。

圣 汝潁之閒謂致力於地曰圣。从土，从又。讀若兔窟。苦骨切。

垍 堅土也。从土，自聲。讀若泉。其冀切。

埱 气出土也。一曰：始也。从土，叔聲。昌六切。

埵 堅土也。从土，垂聲。讀若朵。丁果切。

埐 地也。从土，㑴聲。子林切。

埾 土積也。从土，从聚省。才句切。

⿰土𠷎 保也，高土也。从土，𠷎聲。讀若毒。都皓切。

培 培敦。土田山川也。从土，咅聲。薄回切。

埩 治也。从土，爭聲。疾郢切。

墇 擁也。从土，章聲。之亮切。

⿰土則 遏遮也。从土，則聲。初力切。

垠 地垠也。一曰：岸也。从土，艮聲。語斤切。圻，垠或从斤。

墠 野土也。从土，單聲。常衍切。

垑 恃也。从土，多聲。尺氏切。

壘 軍壁也。从土，畾聲。力委切。

垝 毁垣也。从土，危聲。《詩》曰："乘彼垝垣。"過委切。陒，垝或从𨸏。

圮 毁也。《虞書》曰："方命圮族。"从土，己聲。符鄙切。𢴍，圮或从手、从非，配省聲。

垔 塞也。《尚書》曰："鯀垔洪水。"从土，西聲。於真切。⿱西土，古文垔。

塹 阬也。一曰：大也。从土，斬聲。七豔切。

埂 秦謂阬爲埂。从土，更聲。讀若井汲綆。古杏切。

壙 塹穴也。一曰：大也。从土，廣聲。苦謗切。

塏 高燥也。从土，豈聲。苦亥切。

毁 缺也。从土，毇省聲。許委切。⿰⿱𦥑壬殳，古文毁，从壬。

壓 壞也。一曰：塞補。从土，厭聲。烏狎切。

壞 敗也。从土，褱聲。下怪切。⿰米土，古文壞省。⿰褱攴，籒文壞。臣鉉等按："支部有敹，此重出。"

坷 坎坷也。梁國寧陵有坷亭。从土，可聲。康我切。

⿰土虖 ⿰土㡿也。从土，虖聲。呼訝切。⿰𨸏虖，⿰土虖或从𨸏。

⿰土㡿 裂也。《詩》曰："不⿰土㡿不疈。"从土，㡿聲。丑格切。

坱 塵埃也。从土，央聲。於亮切。

塺 塵也。从土，麻聲。亡果切。

塿 塺土也。从土，婁聲。洛侯切。

坋 塵也。从土，分聲。一曰：大防也。房吻切。

⿱非土 塵也。从土，非聲。房未切。

埃 塵也。从土，矣聲。烏開切。

⿱殹土 塵埃也。从土，殹聲。烏雞切。

垽 澱也。从土，沂聲。魚僅切。

垢 濁也。从土，后聲。古厚切。

⿰土壹 天陰塵也。《詩》曰："⿰土壹⿰土壹其陰。"从土，壹聲。於計切。

坏 丘再成者也。一曰：瓦未燒。从土，不聲。芳桮切。

垤 螘封也。《詩》曰："鸛鳴于垤。"从土，至聲。徒結切。

坥 益州部謂螾場曰坥。从土，且聲。七余切。

埍 徒隸所居也。一曰：女牢。一曰：亭部。从土，肙聲。古泫切。

⿱叡土 因突出也。从土，叡聲。胡八切。

瘞 幽薶也。从土，㾜聲。於罽切。

堋 喪葬下土也。从土，朋聲。《春秋傳》曰："朝而堋。"《禮》謂之封，《周官》謂之窆。《虞書》曰："堋淫于家。"方鄧切。

垗 畔也。爲四時界，祭其中。《周禮》曰："垗五帝於四郊。"从土，兆聲。治小切。

塋 墓也。从土，熒省聲。余傾切。

墓 丘也。从土，莫聲。莫故切。

墳 墓也。从土，賁聲。符分切。

壟 丘壠也。从土，龍聲。力踵切。

壇 祭場也。从土，亶聲。徒干切。

場 祭神道也。一曰：田不耕。一曰：治穀田也。从土，昜聲。直良切。

圭 瑞玉也，上圜下方。公執桓圭，九寸。侯執信圭，伯執躬圭，皆七寸。子執穀璧，男執蒲璧，皆五寸。以封諸侯。从重土。楚爵有執圭。古畦切。珪，古文圭，从玉。

圯 東楚謂橋爲圯。从土，巳聲。與之切。
垂 遠邊也。从土，𠂹聲。是爲切。
堀 兔堀也。从土，屈聲。苦骨切。

文一百三十一　重二十六

塗 泥也。从土，涂聲。同都切。
塓 塗也。从土，冥聲。莫狄切。
埏 八方之地也。从土，延聲。以然切。
場 疆也。从土，昜聲。羊益切。
境 疆也。从土，竟聲。經典通用竟。居領切。
塾 門側堂也。从土，孰聲。殊六切。
墾 耕也。从土，豤聲。康很切。
塘 隄也。从土，唐聲。徒郎切。
坳 地不平也。从土，幼聲。於交切。
壒 塵也。从土，蓋聲。於蓋切。
墜 陊也。从土，隊聲。古通用碒。直類切。
塔 西域浮屠也。从土，荅聲。土盍切。
坊 邑里之名。从土，方聲。古通用堃。府良切。

文十三新附

垚　部

垚 土高也。从三土。凡垚之屬皆从垚。吾聊切。
堯 高也。从垚在兀上，高遠也。吾聊切。㚇，古文堯。

文二　重一

堇　部

堇 黏土也。从土，从黄省。凡堇之屬皆从堇。巨斤切。[illegible]、[illegible]，皆古文堇。
艱 土難治也。从堇，艮聲。古閑切。囏，籒文艱，从喜。

文二　重三

里　部

里　居也。从田，从土。凡里之屬皆从里。良止切。

釐　家福也。从里，𠩺聲。里之切。

野　郊外也。从里，予聲。羊者切。，古文野，从里省，从林。

文三　重一

田　部

田　陳也。樹穀曰田，象四口；十，阡陌之制也。凡田之屬皆从田。待年切。

町　田踐處曰町。从田，丁聲。他頂切。

畮　城下田也。一曰：畮，郤也。从田，耎聲。而緣切。

疇　耕治之田也。从田，象耕屈之形。直由切。，疇或省。

畱　燒種也。漢律曰："畱田茠艸。"从田，翏聲。力求切。

畬　三歲治田也。《易》曰："不菑畬田。"从田，余聲。以諸切。

畩　和田也。从田，柔聲。耳由切。

畸　殘田也。从田，奇聲。居宜切。

𤰝　殘田也。《詩》曰："天方薦𤰝。"从田，差聲。昨何切。

畮　六尺爲步，步百爲畮。从田，每聲。莫厚切。，畮或从田、十、久。臣鉉等曰："十，四方也。久聲。"

甸　天子五百里地。从田，包省。堂練切。

畿　天子千里地。以遠近言之，則言畿也。从田，幾省聲。巨衣切。

畦　田五十畝曰畦。从田，圭聲。户圭切。

畹　田三十畝也。从田，宛聲。於阮切。

畔　田界也。从田，半聲。薄半切。

界　境也。从田，介聲。古拜切。

畹　境也。一曰，陌也。趙魏謂陌爲畹。从田，亢聲。古郎切。
畷　兩陌閒道也，廣六尺。从田，叕聲。陟劣切。
畛　井田閒陌也。从田，㐱聲。之忍切。
畤　天地五帝所基址，祭地。从田，寺聲。右扶風有五畤。好畤、鄜畤，皆黄帝時祭，或曰：秦文公立也。周市切。
略　經略土地也。从田，各聲。烏約切。
當　田相值也。从田，尚聲。都郎切。
畯　農夫也。从田，夋聲。子峻切。
甿　田民也。从田，亡聲。武庚切。
疄　轢田也。从田，粦聲。良刃切。
留　止也。从田，丣聲。力求切。
畜　田畜也。《淮南子》曰："玄田爲畜。"丑六切。，《魯郊禮》：畜从田，从兹。兹，益也。
疃　禽獸所踐處也。《詩》曰："町疃鹿場。"从田，童聲。土短切。
暘　不生也。从田，昜聲。臣鉉等曰："借爲通暘之暘。今俗别作暢，非是。"丑亮切。

文二十九　重三

畕　　部

畕　比田也。从二田。凡畕之屬皆从畕。居良切。
畺　界也。从畕，三，其界畫也。居良切。，畺或从彊、土。

文二　重一

黄　　部

黄　地之色也。从田，从炗，炗亦聲。炗，古文光。凡黄之屬皆从黄。乎光切。，古文黄。
䵦　赤黄也。一曰：輕易人䵦姁也。从黄，夾聲。許兼切。
黗　黄黑色也。从黄，耑聲。他耑切。

䵋 青黄色也。从黄，有聲。呼辠切。

黇 白黄色也。从黄，占聲。他兼切。

䵷 鮮明黄也。从黄，圭聲。户圭切。

文六　重一

男　部

男 丈夫也。从田，从力。言男用力於田也。凡男之屬皆从男。那含切。

舅 母之兄弟爲舅，妻之父爲外舅。从男，臼聲。其久切。

甥 謂我舅者，吾謂之甥也。从男，生聲。所更切。

文三

力　部

力 筋也。象人筋之形。治功曰力，能圉大災。凡力之屬皆从力。林直切。

勳 能成王功也。从力，熏聲。許云切。，古文勳，从員。

功 以勞定國也。从力，从工，工亦聲。古紅切。

助 左也。从力，且聲。牀倨切。

勴 助也。从力，从非，慮聲。良倨切。

勑 勞也。从力，來聲。洛代切。

劼 慎也。从力，吉聲。《周書》曰："汝劼毖殷獻臣。"巨乙切。

務 趣也。从力，敄聲。亡遇切。

勥 迫也。从力，强聲。巨良切。，古文，从彊。

勱 勉力也。《周書》曰："用勱相我邦家。"讀若萬，从力，萬聲。莫話切。

勶 㢸也。从力，厥聲。瞿月切。

勍 彊也。《春秋傳》曰："勍敵之人。"从力，京聲。渠京切。

勁 彊也。从力，巠聲。吉正切。

勉 彊也。从力，免聲。亡辨切。
劭 勉也。从力，召聲。讀若舜樂《韶》。寔照切。
勖 勉也。《周書》曰：“勖哉夫子。”从力，冒聲。許玉切。
勸 勉也。从力，雚聲。去願切。
勝 任也。从力，朕聲。識蒸切。
勶 發也。从力，从徹，徹亦聲。臣鉉等曰：“今俗作撤，非是。”丑列切。
勠 并力也。从力，翏聲。力竹切。
勨 繇緩也。从力，象聲。余兩切。
動 作也。从力，重聲。徒總切。，古文動，从辵。
勴 推也。从力，畾聲。盧對切。
劣 弱也。从力，少聲。力輟切。
勞 劇也。从力，熒省。熒，火燒冂，用力者勞。魯刀切。，古文勞，从悉。
勮 務也。从力，豦聲。其據切。
勀 尤極也。从力，克聲。苦得切。
勩 勞也。《詩》曰：“莫知我勩。”从力，貰聲。余制切。
勦 勞也。《春秋傳》曰：“安用勦民。”从力，巢聲。小子切，又楚交切。
券 勞也。从力，卷省聲。臣鉉等曰：“今俗作倦，義同。”渠卷切。
勤 勞也。从力，堇聲。巨巾切。
加 語相增加也。从力，从口。古牙切。
勢 健也。从力，敖聲。讀若豪。五牢切。
勇 气也。从力，甬聲。余隴切。，勇或从戈、用。，古文勇，从心。
勃 排也。从力，孛聲。蒲没切。
勡 劫也。从力，票聲。匹眇切。
劫 人欲去，以力脅止曰劫。或曰：以力止去曰劫。居怯切。
飭 致堅也。从人，从力，食聲。讀若敕。恥力切。

劾 法有辠也。从力，亥聲。胡概切。

募 廣求也。从力，莫聲。莫故切。

文四十　重六

劬 勞也。从力，句聲。其俱切。

勢 盛力權也。从力，埶聲。經典通用埶。舒制切。

勘 校也。从力，甚聲。苦紺切。

辦 致力也。从力，辡聲。蒲莧切。

文四新附

劦　部

劦 同力也。从三力。《山海經》曰："惟號之山，其風若劦。"凡劦之屬皆从劦。胡頰切。

恊 同心之和。从劦，从心。胡頰切。

勰 同思之和。从劦，从思。胡頰切。

協 衆之同和也。从劦，从十。臣鉉等曰："十，衆也。"胡頰切。旪，古文協，从曰、十。叶，或从口。

文一　重五

説文解字第十三　下

説文解字第十四上

漢太尉祭酒　許慎 記
宋右散騎常侍　徐鉉等 校定

五十一部　六百三文　重七十四　凡八千七百一十七字
文十八新附

金　部

金 五色金也。黄爲之長。久薶不生衣，百鍊不輕，从革不違。西方之行。生於土，从土；左右注，象金在土中形；今聲。凡金之屬皆从金。居音切。金，古文金。

銀 白金也。从金，艮聲。語巾切。

鐐 白金也。从金，尞聲。洛蕭切。

鋈 白金也。从金，𣵀省聲。烏酷切。

鉛 青金也。从金，㕣聲。與專切。

錫 銀鉛之閒也。从金，易聲。先擊切。

鈏 錫也。从金，引聲。羊晉切。

銅 赤金也。从金，同聲。徒紅切。

鏈 銅屬。从金，連聲。力延切。

鐵 黑金也。从金，𢧜聲。天結切。䥫，鐵或省。銕，古文鐵，从夷。

鍇 九江謂鐵曰鍇。从金，皆聲。苦駭切。

鋚 鐵也。一曰：轡首銅。从金，攸聲。以周切。

鏤 剛鐵，可以刻鏤。从金，婁聲。《夏書》曰："梁州貢鏤。"一曰：鏤，釜也。盧候切。

鐼 鐵屬。从金，賁聲。讀若熏。火運切。

銑 金之澤者。一曰：小鑿。一曰：鐘兩角謂之銑。从金，先聲。穌典切。

鋻 剛也。从金，臤聲。古甸切。

鏐 金屬。一曰：剥也。从金，黎聲。郎兮切。

録 金色也。从金，录聲。力玉切。

鑄 銷金也。从金，壽聲。之戍切。

銷 鑠金也。从金，肖聲。相邀切。

鑠 銷金也。从金，樂聲。書藥切。

錬 冶金也。从金，柬聲。郎甸切。

釘 錬鉼黄金。从金，丁聲。當經切。

錮 鑄塞也。从金，固聲。古慕切。

鑲 作型中腸也。从金，襄聲。汝羊切。

鎔 冶器法也。从金，容聲。余封切。

鋏 可以持冶器鑄鎔者。从金，夾聲。讀若漁人莢魚之莢。一曰：若挾持。古叶切。

鍛 小冶也。从金，段聲。丁貫切。

鋌 銅鐵樸也。从金，廷聲。徒鼎切。

鐃 鐵文也。从金，曉聲。呼鳥切。

鏡 景也。从金，竟聲。居慶切。

鉹 曲鉹也。从金，多聲。一曰：鬵鼎。讀若摿。一曰：《詩》云："侈兮哆兮。"尺氏切。

鈃 似鍾而頸長。从金，开聲。户經切。

鍾 酒器也。从金，重聲。職容切。

鑑 大盆也。一曰：監諸，可以取明水於月。从金，監聲。革懺切。

鐈 似鼎而長足。从金，喬聲。巨嬌切。

鐆 陽鐆也。从金，隊聲。徐醉切。

鋞 温器也。圜直上。从金，巠聲。户經切。

鑴 瓽也。从金，巂聲。户圭切。

鑊 鐫也。从金，蒦聲。胡郭切。
鍑 釜大口者。从金，复聲。方副切。
鍪 鍑屬。从金，敄聲。莫浮切。
錪 朝鮮謂釜曰錪。从金，典聲。他典切。
銼 鍑也。从金，坐聲。昨禾切。
鏞 銼鏞也。从金，羸聲。魯戈切。
鈃 器也。从金，幵聲。户經切。
鎬 温器也。从金，高聲。武王所都，在長安西上林苑中，字亦如此。乎老切。
鑣 温器也。一曰：金器。从金，麃聲。於刀切。
銚 温器也。一曰：田器。从金，兆聲。以招切。
鋀 酒器也。从金，𧯦象器形。大口切。𧯦，𧯦或省金。
鐎 鐎斗也。从金，焦聲。即消切。
鋗 小盆也。从金，肙聲。火玄切。
鏏 鼎也。从金，彗聲。讀若彗。于歲切。
鍵 鉉也。一曰：車轄。从金，建聲。渠偃切。
鉉 舉鼎也。《易》謂之鉉，《禮》謂之鼏。从金，玄聲。胡犬切。
鋊 可以句鼎耳及鑪炭。从金，谷聲。一曰：銅屑。讀若浴。余足切。
鎣 器也。从金，熒省聲。讀若銑。烏定切。
鑯 鐵器也。一曰：鐫也。从金，韱聲。臣鉉等曰："今俗作尖，非是。"子廉切。
錠 鐙也。从金，定聲。丁定切。
鐙 錠也。从金，登聲。臣鉉等曰："錠中置燭，故謂之鐙。今俗别作燈，非是。"都滕切。
鏶 鍱也。从金，集聲。奏入切。⿰金咠，鏶或从咠。
鍱 鏶也。从金，枼聲。齊謂之鍱。與涉切。
鏟 鏶也。一曰：平鐵。从金，産聲。初限切。

鑪 方鑪也。从金，盧聲。臣鉉等曰："今俗别作爐，非是。"洛胡切。

鏇 圜鑪也。从金，旋聲。辭戀切。

鐎 器也。从金，虒聲。杜兮切。

鏀 煎膠器也。从金，虜聲。郎古切。

釦 金飾器口。从金，从口，口亦聲。苦厚切。

錯 金涂也。从金，昔聲。倉各切。

鉏 鉏鋤也。从金，御聲。魚舉切。鋙，鋤或从吾。

錡 鉏鋤也。从金，奇聲。江淮之閒謂釜曰錡。魚綺切。

鍤 郭衣鍼也。从金，臿聲。楚洽切。

銶 綦鍼也。从金，朮聲。食聿切。

鍼 所以縫也。从金，咸聲。臣鉉等曰："今俗作針，非是。"職深切。

鈹 大鍼也。一曰：劍如刀裝者。从金，皮聲。敷羈切。

鎩 鈹有鐔也。从金，殺聲。所拜切。

鈕 印鼻也。从金，丑聲。女久切。⿰王丑，古文鈕，从玉。

銎 斤釜穿也。从金，巩聲。曲恭切。

鈭 鈭錍，釜也。从金，此聲。即移切。

錍 鈭錍也。从金，卑聲。府移切。

鏨 小鑿也。从金，从斬，斬亦聲。藏濫切。

鐫 穿木鐫也。从金，雋聲。一曰：琢石也。讀若瀸。子全切。

鑿 穿木也。从金，糳省聲。在各切。

銛 鍤屬。从金，舌聲。讀若棪。桑欽讀若鐮。息廉切。

鈂 臿屬。从金，冘聲。直深切。

鈽 臿屬。从金，危聲。一曰：瑩鐵也。讀若跛行。過委切。

鐅 河内謂臿頭金也。从金，敝聲。芳滅切。

錢 銚也。古田器。从金，戔聲。《詩》曰："庤乃錢鎛。"即淺切，又昨先切。

钁 大鉏也。从金，矍聲。居縛切。

鈐 鈐鏞，大犁也。一曰：類枏。从金，今聲。巨淹切。

鏅 鈐鏅也。从金，隋聲。徒果切。

鏺 兩刃，木柄，可以刈艸。从金，發聲。讀若撥。普活切。

鉵 相屬。从金，蟲省聲。讀若同。徒冬切。

鉏 立薅所用也。从金，且聲。士魚切。

䥯 相屬。从金，罷聲。讀若媯。彼爲切。

鎌 鍥也。从金，兼聲。力鹽切。

鍥 鎌也。从金，契聲。苦結切。

鉊 大鐵也。从金，召聲。鎌謂之鉊，張徹説。止搖切。

銍 穫禾短鎌也。从金，至聲。陟栗切。

鎮 博壓也。从金，真聲。陟刃切。

鉆 鐵銸也。从金，占聲。一曰：膏車鐵鉆。敕淹切。

銸 鉆也。从金，耴聲。陟葉切。

鉗 以鐵有所劫束也。从金，甘聲。巨淹切。

釱 鐵鉗也。从金，大聲。特計切。

鋸 槍唐也。从金，居聲。居御切。

鐕 可以綴著物者。从金，朁聲。則參切。

錐 鋭也。从金，隹聲。藏追切。

鑱 鋭也。从金，毚聲。士銜切。

鋭 芒也。从金，兑聲。以芮切。[illegible]，籒文鋭，从厂、剡。

鏝 鐵杇也。从金，曼聲。母官切。槾，鏝或从木。臣鉉等案："木部已有，此重出。"

鑽 所以穿也。从金，贊聲。借官切。

鑢 錯銅鐵也。从金，慮聲。良據切。

銓 衡也。从金，全聲。此緣切。

銖 權十分黍之重也。从金，朱聲。市朱切。

鋝 十銖二十五分之十三也。从金，寽聲。《周禮》曰："重三鋝。"北方以二十兩爲鋝。力輟切。

鍰 鋝也。从金，爰聲。《罰書》曰：列百鍰。户關切。

錙 六銖也。从金，甾聲。側持切。

錘 八銖也。从金，垂聲。直垂切。

鈞 三十斤也。从金，匀聲。居匀切。，古文鈞；从旬。

鈀 兵車也。一曰：鐵也。《司馬法》："晨夜内鈀車。"从金，巴聲。伯加切。

鐲 鉦也。从金，蜀聲。軍法：司馬執鐲。直角切。

鈴 令丁也。从金，从令，令亦聲。郎丁切。

鉦 鐃也。似鈴，柄中，上下通。从金，正聲。諸盈切。

鐃 小鉦也。軍法：卒長執鐃。从金，堯聲。女交切。

鐸 大鈴也。軍法：五人爲伍，五伍爲兩，兩司馬執鐸。从金，睪聲。徒洛切。

鑮 大鐘，淳于之屬，所以應鐘磬也。堵以二，金樂則鼓鑮應之。从金，薄聲。匹各切。

鏞 大鐘謂之鏞。从金，庸聲。余封切。

鐘 樂鐘也。秋分之音，物穜成。从金，童聲。古者垂作鐘。職茸切。銿，鐘或从甬。

鈁 方鐘也。从金，方聲。府良切。

鎛 鎛鱗也，鐘上横木上金華也。一曰：田器。从金，尃聲。《詩》曰："庤乃錢鎛。"補各切。

鍠 鐘聲也。从金，皇聲。《詩》曰："鐘鼓鍠鍠。"乎光切。

鎗 鐘聲也。从金，倉聲。楚庚切。

鍯 鎗鍯也。一曰：大鑿，平木者。从金，悤聲。倉紅切。

錚 金聲也。从金，爭聲。側莖切。

鏜 鐘鼓之聲。从金，堂聲。《詩》曰："擊鼓其鏜。"上郎切。

鏗 金聲也。从金，輕聲。讀若《春秋傳》曰"蹙而乘它車"。苦定切。

鐔 劍鼻也。从金，覃聲。徐鍇曰："劍鼻，人握處之下也。"徐林切。

鏌 鏌釾也。从金，莫聲。慕各切。

釾 鏌釾也。从金，牙聲。以遮切。

鏢 刀削末銅也。从金，票聲。撫招切。

鈒 鋋也。从金，及聲。穌合切。

鋋 小矛也。从金，延聲。市連切。

鈗 侍臣所執兵也。从金，允聲。《周書》曰：“一人冕，執鈗。”讀若允。余準切。

鉈 短矛也。从金，它聲。食遮切。

鏦 矛也。从金，從聲。七恭切。 臣鉉等曰：“今音楚江切。”䤬，鏦或从彖。

錟 長矛也。从金，炎聲。讀若老聃。徒甘切。

鏠 兵耑也。从金，逢聲。敷容切。

錞 矛戟柲下銅，鐏也。从金，𦎫聲。《詩》曰：“厹矛沃錞。”徒對切。

鐏 柲下銅也。从金，尊聲。徂寸切。

鏐 弩眉也。一曰：黄金之美者。从金，翏聲。力幽切。

鍭 矢。金鏃翦羽谓之鍭。从金，矦聲。乎鉤切。

鏑 矢鏠也。从金，啻聲。都歷切。

鎧 甲也。从金，豈聲。苦亥切。

釬 臂鎧也。从金，干聲。侯旰切。

錏 錏鍜，頸鎧也。从金，亞聲。烏牙切。

鍜 錏鍜也。从金，叚聲。乎加切。

鐧 車軸鐵也。从金，閒聲。古莧切。

釭 車轂中鐵也。从金，工聲。古雙切。

銴 車樘結也。一曰：銅生五色也。从金，折聲。讀若誓。時制切。

鉞 乘輿馬頭上防釳。插以翟尾、鐵翮、象角。所以防網羅釳去之。从金，气聲。許訖切。

鑾 人君乘車，四馬鑣，八鑾鈴，象鸞鳥聲，和則敬也。从金，从鸞省。洛官切。

鉞 車鑾聲也。从金，戉聲。《詩》曰："鑾聲鉞鉞。"臣鉉等曰："今俗作鐬，以鉞作斧戉之戉，非是。"呼會切。

鐊 馬頭飾也。从金，陽聲。《詩》曰："鉤膺鏤鐊。"一曰：鍱，車輪鐵。臣鉉等曰："今經典作錫。"與章切。

銜 馬勒口中。从金，从行。銜，行馬者也。户監切。

鑣 馬銜也。从金，麃聲。補嬌切。⿰角麃，鑣或从角。

鉣 組帶鐵也。从金，劫省聲。讀若劫。居怯切。

鈇 莝斫刀也。从金，夫聲。甫無切。

釣 鉤魚也。从金，勺聲。多嘯切。

銴 羊箠，耑有鐵。从金，執聲。讀若至。脂利切。

鋃 鋃鐺，瑣也。从金，良聲。魯當切。

鐺 鋃鐺也。从金，當聲。都郎切。

鋂 大瑣也。一環貫二者。从金，每聲。《詩》曰："盧重鋂。"莫桮切。

鍡 鍡鑸，不平也。从金，畏聲。烏賄切。

鑸 鍡鑸也。从金，壘聲。洛猥切。

鎎 怒戰也。从金，氣聲。《春秋傳》曰："諸侯敵王所鎎。"許既切。

鋪 箸門鋪首也。从金，甫聲。普胡切。

鐉 所以鉤門户樞也。一曰：治門户器也。从金，巽聲。此緣切。

鈔 叉取也。从金，少聲。臣鉉等曰："今俗別作抄。"楚交切。

錔 以金有所冒也。从金，沓聲。他荅切。

銽 斷也。从金，𠯑聲。古活切。

鉻 鬄也。从金，各聲。盧各切。

⿰金亶 伐擊也。从金，亶聲。旨善切。

鏃 利也。从金，族聲。作木切。

鈌 刺也。从金，夬聲。於決切。

鏉 利也。从金，欶聲。所右切。

鎦 殺也。徐鍇曰："《説文》無劉字，偏旁有之，此字又史傳所不見，疑此即劉字也。从金从丣，刀字屈曲，傳寫誤作田爾。"力求切。

鍲 業也。賈人占鍲。从金，昏聲。武巾切。

鉅 大剛也。从金，巨聲。其吕切。

鎕 鎕銻，火齊。从金，唐聲。徒郎切。

銻 鎕銻也。从金，弟聲。杜兮切。

鈋 吪圜也。从金，化聲。五禾切。

鐜 下垂也。一曰：千斤椎。从金，敦聲。都回切。

鍒 鐵之耎也。从金，从柔，柔亦聲。耳由切。

錭 鈍也。从金，周聲。徒刀切。

鈍 錭也。从金，屯聲。徒困切。

鈰 利也。从金，𠂔聲。讀若齊。徂奚切。

錗 側意。从金，委聲。女恚切。

文一百九十七　重十三

鑺 兵器也。从金，瞿聲。其俱切。

銘 記也。从金，名聲。莫經切。

鎖 鐵鎖、門鍵也。从金，貨聲。穌果切。

鈿 金華也。从金，田聲。待年切。

釧 臂環也。从金，川聲。尺絹切。

釵 笄屬。从金，叉聲。本只作叉，此字後人所加。楚佳切。

釽 裂也。从金，爪。普擊切。

文七新附

幵　部

幵 平也。象二干對構，上平也。凡幵之屬皆从幵。徐鉉曰："幵但象物平，無音義也。"古賢切。

文一

勺　部

勺　挹取也。象形，中有實，與包同意。凡勺之屬皆从勺。之若切。

与　賜予也。一勺爲与。此与與同。余吕切。

文二

几　部

几　踞几也。象形。《周禮》五几：玉几，雕几，彤几，髼几，素几。凡几之屬皆从几。居履切。

凭　依几也。从几，从任。《周書》："凭玉几。"讀若馮。臣鉉等曰："人之依馮，几所勝載，故从任。"皮冰切。

凥　處也。从尸得几而止。《孝經》曰："仲尼凥。"凥，謂閒居如此。九魚切。

処　止也。得几而止。从几，从夂。昌與切。處，処或从虍聲。

文四　重二

且　部

且　薦也。从几，足有二横，一，其下地也。凡且之屬皆从且。子余切，又千也切。

俎　禮俎也。从半肉在且上。側吕切。

䣝　且往也。从且，豦聲。昨誤切。

文三

斤　部

斤　斫木也。象形。凡斤之屬皆从斤。舉欣切。

斧　斫也。从斤，父聲。方矩切。

斨　方銎斧也。从斤，爿聲。《詩》曰："又缺我斨。"七羊切。

斫　擊也。从斤，石聲。之若切。
斪　斫也。从斤，句聲。其俱切。
斸　斫也。从斤，屬聲。陟玉切。
斲　斫也。从斤、㽙。臣鉉等曰："㽙，器也，斤以斲之。"竹角切。，斲或从畫，从丮。
釿　劑斷也。从斤、金。宜引切。
所　伐木聲也。从斤，户聲。《詩》曰："伐木所所。"疏舉切。
斯　析也。从斤，其聲。《詩》曰："斧以斯之。"息移切。
斮　斬也。从斤，昔聲。側略切。
斷　截也。从斤，从㡭。㡭，古文絶。徒玩切。，古文斷，从㠯。㠯，古文叀字。《周書》曰："㓃㓃猗無他技。"，亦古文。
[illegible]　柯擊也。从斤，良聲。來可切。
新　取木也。从斤，新聲。息鄰切。
斦　二斤也。从二斤。語斤切。

文十五　重三

斗　部

斗　十升也。象形，有柄。凡斗之屬皆从斗。當口切。
斛　十斗也。从斗，角聲。胡谷切。
斝　玉爵也。夏曰琖，殷曰斝，周曰爵。从吅，从斗，冂象形。與爵同意。或説斝受六升。古雅切。
料　量也。从斗，米在其中。讀若遼。洛蕭切。
斞　量也。从斗，臾聲。《周禮》曰："桼三斞。"以主切。
斡　蠡柄也。从斗，倝聲。楊雄、杜林説，皆以爲軺車輪斡。烏括切。
魁　羹斗也。从斗，鬼聲。苦回切。
斠　平斗斛也。从斗，冓聲。古岳切。
斟　勺也。从斗，甚聲。職深切。

斜 杼也。从斗，余聲。讀若荼。似嗟切。

䕞 挹也。从斗，奭聲。舉朱切。

料 量物分半也。从斗，从半，半亦聲。博幔切。

斛 量溢也。从斗，旁聲。普郎切。

䜌 杼滿也。从斗，䜌聲。俱願切。

斣 相易物，俱等爲斣。从斗，蜀聲。易六切。

斛 斛旁有斛。从斗，庣聲。一曰：突也。一曰：利也。《尔疋》曰："斛謂之疀。"古田器也。臣鉉等曰："《説文》無庣字，疑厂象形，兆聲。今俗别作鍫，非是。"土雕切。

升 十龠也。从斗，亦象形。識蒸切。

文十七

矛　部

矛 酋矛也。建於兵車，長二丈。象形。凡矛之屬皆从矛。莫浮切。，古文矛，从戈。

矠 矛屬。从矛，良聲。魯當切。

䂏 矛屬。从矛，害聲。苦蓋切。

矠 矛屬。从矛，昔聲。讀若笮。士革切。

矜 矛柄也。从矛，今聲。居陵切，又巨巾切。

矛丑 刺也。从矛，丑聲。女久切。

文六　重一

車　部

車 輿輪之總名。夏后時奚仲所造。象形。凡車之屬皆从車。尺遮切。，籀文車。

軒 曲輈藩車。从車，干聲。虚言切。

輜 軿車前，衣車後也。从車，甾聲。側持切。

軿 輜車也。从車，并聲。薄丁切。

轀 臥車也。从車，𥁕聲。烏魂切。
輬 臥車也。从車，京聲。吕張切。
軺 小車也。从車，召聲。以招切。
輕 輕車也。从車，巠聲。去盈切。
輶 輕車也。从車，酋聲。《詩》曰：“輶車鑾鑣。”以周切。
輣 兵車也。从車，朋聲。薄庚切。
軘 兵車也。从車，屯聲。徒魂切。
幢 陷敶車也。从車，童聲。尺容切。
轈 兵高車加巢以望敵也。从車，巢聲。《春秋傳》曰：“楚子登轈車。”鉏交切。
輿 車輿也。从車，舁聲。以諸切。
輯 車和輯也。从車，咠聲。秦入切。
輓 衣車蓋也。从車，曼聲。莫半切。
軓 車軾前也。从車，凡聲。《周禮》曰：“立當前軓。”音範。
軾 車前也。从車，式聲。賞職切。
輅 車軨前横木也。从車，各聲。臣鉉等曰：“各非聲，當从路省。”洛故切。
較 車騎上曲銅也。从車，爻聲。古岳切。
軬 車耳反出也。从車、反，反亦聲。府遠切。
轛 車横軨也。从車，對聲。《周禮》曰：“參分軹圍，去一以爲轛圍。”追萃切。
輢 車旁也。从車，奇聲。於綺切。
輒 車兩輢也。从車，耴聲。陟葉切。
軕 車約軕也。从車，川聲。《周禮》曰：“孤乘夏軕。”一曰：下棺車曰軕。敕倫切。
轖 車籍交錯也。从車，嗇聲。所力切。
軨 車轖閒横木。从車，令聲。郎丁切。䡼，軨或从霝，司馬相如説。

輑　軺車前横木也。从車，君聲。讀若帬。又讀若褌。牛尹切。

軫　車後横木也。从車，㐱聲。之忍切。

轐　車伏兔也。从車，菐聲。《周禮》曰：“加軫與轐焉。”博木切。

轗　車伏兔下革也。从車，㥈聲。㥈，古昏字。讀若閔。眉殞切。

軸　持輪也。从車，由聲。徐鍇曰：“當从胄省。”直六切。

輹　車軸縛也。从車，复聲。《易》曰：“輿脱輹。”芳六切。

軔　礙車也。从車，刃聲。而振切。

輮　車軔也。从車，柔聲。人九切。

䡳　車輮規也。一曰：一輪車。从車，熒省聲。讀若煢。渠營切。

轂　輻所湊也。从車，𣪊聲。古禄切。

輥　轂齊等皃。从車，昆聲。《周禮》曰：“望其轂，欲其輥。”古本切。

軝　長轂之軝也，以朱約之。从車，氏聲。《詩》曰：“約軝錯衡。”渠支切。𩊚，軝或从革。

軹　車輪小穿也。从車，只聲。諸氏切。

軎　車軸耑也。从車，象形。杜林説。徐鍇曰：“指事。”于濊切。轊，軎或从彗。

輻　輪轑也。从車，畐聲。方六切。

轑　蓋弓也。一曰：輻也。从車，尞聲。盧皓切。

軑　車輨也。从車，大聲。特計切。

輨　轂端沓也。从車，官聲。古滿切。

轅　輈也。从車，袁聲。雨元切。

輈　轅也。从車，舟聲。張流切。[illegible]，籀文輈。

𨏤　直轅車轒也。从車，具聲。居玉切。

軏　車轅耑持衡者。从車，元聲。魚厥切。

軛　轅前也。从車，戹聲。於革切。

輝　軛軥也。从車，軍聲。乎昆切。

軥　軛下曲者。从車，句聲。古候切。

轙　車衡載轡者。从車，義聲。魚綺切。钀，轙或从金，从獻。

軜　驂馬内轡繫軾前者。从車，内聲。《詩》曰：“洪以觼軜。”奴荅切。

衛　車搖也。从車，从行。一曰：衍省聲。古絢切。

䡕　軺車後登也。从車，丞聲。讀若《易》抍馬之抍。署陵切。

載　乘也。从車，𢦏聲。作代切。

軍　圜圍也。四千人爲軍。从車，从包省。軍，兵車也。舉云切。

軷　出將有事於道，必先告其神，立壇四通，樹茅以依神，爲軷。既祭軷，轢於牲而行，爲範軷。《詩》曰：“取羝以軷。”从車，犮聲。蒲撥切。

範　範軷也。从車，笵省聲。讀與犯同。音犯。

䡾　載高皃。从車，𤠔省聲。五葛切。

轄　車聲也。从車，害聲。一曰：轄，鍵也。胡八切。

轉　運也。从車，專聲。知戀切。

輸　委輸也。从車，俞聲。式朱切。

輖　重也。从車，周聲。職流切。

輩　若軍發車，百兩爲一輩。从車，非聲。補妹切。

軋　輾也。从車，乙聲。烏轄切。

輾　轢也。从車，𡰥聲。尼展切。

轢　車所踐也。从車，樂聲。郎擊切。

軌　車徹也。从車，九聲。居洧切。

蹤　車迹也。从車，從省聲。臣鉉等曰：“今俗別作蹤，非是。”即容切。

軼　車相出也。从車，失聲。夷質切。

轒　車轒鈏也。从車，真聲。讀若《論語》“鏗尔，舍瑟而作”。又讀若掔。苦閑切。

䡅　抵也。从車，埶聲。陟利切。

軭　車戾也。从車，匡聲。巨王切。

輟　車小缺復合者。从車，叕聲。臣鉉等按：“网部輟與罬同，此重出。”

陟劣切。

軫 礙也。从車，多聲。康禮切。

轚 車轄相擊也。从車，从毄，毄亦聲。《周禮》曰："舟輿擊互者。"古歷切。

𨏔 治車軸也。从車，算聲。所眷切。

軻 接軸車也。从車，可聲。康我切。

䡮 車堅也。从車，殸聲。口莖切。

軵 反推車，令有所付也。从車，从付。讀若胥。而隴切。

輪 有輻曰輪，無輻曰輇。从車，侖聲。力屯切。

輇 蕃車下庳輪也。一曰：無輻也。从車，全聲。讀若饌。市緣切。

輗 大車轅耑持衡者。从車，兒聲。五雞切。𨍏，輗或从宜。棿，輗或从木。

軧 大車後也。从車，氐聲。丁禮切。

轃 大車簀也。从車，秦聲。讀若臻。側詵切。

轒 淮陽名車穹隆轒。从車，賁聲。符分切。

輓 大車後壓也。从車，宛聲。於云切。

輂 大車駕馬也。从車，共聲。居玉切。

䡨 連車也。一曰：卻車抵堂爲䡨。从車，差省聲。讀若遟。士皆切。

輦 輓車也。从車，从㚘在車前引之。力展切。

輓 引之也。从車，免聲。無遠切。

軖 紡車也。一曰：一輪車。从車，䞣聲。讀若狂。巨王切。

轘 車裂人也。从車，睘聲。《春秋傳》曰："轘諸栗門。"臣鉉等曰："睘，渠營切，非聲，當从還省。"胡慣切。

斬 截也。从車，从斤。斬法車裂也。側減切。

輀 喪車也。从車，而聲。如之切。

輔 人頰車也。从車，甫聲。扶雨切。

轟 羣車聲也。从三車。呼宏切。

文九十九　重八

 輾　車名。从車，孱聲。士限切。

 轔　車聲。从車，粦聲。力珍切。

 轍　車迹也。从車，徹省聲。本通用徹，後人所加。直列切。

文三新附

𠂤　部

 𠂤　小𨸏也。象形。凡𠂤之屬皆从𠂤。臣鉉等曰："今俗作堆。"都回切。

 㠯　危高也。从𠂤，屮聲。讀若臬。魚列切。

 官　吏事君也。从宀，从𠂤。𠂤猶衆也，此與師同意。古丸切。

文三

説文解字弟十四　上

説文解字第十四下

漢太尉祭酒　許慎 記

宋右散騎常侍　徐鉉等 校定

𠂤　部

𠂤　大陸，山無石者。象形。凡𠂤之屬皆从𠂤。房九切。，古文。

陵　大𠂤也。从𠂤，夌聲。力膺切。

䲨　大𠂤也。从𠂤，鯀聲。胡本切。

阞　地理也。从𠂤，力聲。盧則切。

陰　闇也。水之南、山之北也。从𠂤，侌聲。於今切。

陽　高，明也。从𠂤，昜聲。與章切。

陸　高平地。从𠂤，从坴，坴亦聲。力竹切。，籀文陸。

阿　大陵也。一曰：曲𠂤也。从𠂤，可聲。烏何切。

陂　阪也。一曰：沱也。从𠂤，皮聲。彼爲切。

阪　坡者曰阪。一曰：澤障。一曰：山脅也。从𠂤，反聲。府遠切。

陬　阪隅也。从𠂤，取聲。子侯切。

隅　陬也。从𠂤，禺聲。噳俱切。

險　阻，難也。从𠂤，僉聲。虚檢切。

限　阻也。一曰：門榍。从𠂤，艮聲。乎簡切。

阻　險也。从𠂤，且聲。側吕切。

陮　陮隗，高也。从𠂤，隹聲。都辠切。

隗　陮隗也。从𠂤，鬼聲。五辠切。

阭　高也。一曰：石也。从𠂤，允聲。余準切。

𨻰　磊也。从𠂤，厽聲。洛猥切。

陗　陵也。从𠂤，肖聲。七笑切。

陖　陗高也。从𠂤，夋聲。私閏切。

隥 仰也。从𨸏，登聲。都鄧切。

陋 阨陜也。从𨸏，㔷聲。盧候切。

陜 隘也。从𨸏，夾聲。臣鉉等曰："今俗从山，非是。"侯夾切。

陟 登也。从𨸏，从步。竹力切。，古文陟。

陷 高下也。一曰：陊也。从𨸏，从臽，臽亦聲。户猎切。

隰 阪下溼也。从𨸏，㬎聲。似入切。

隔 敧也。从𨸏，區聲。臣鉉等曰："今俗作崎嶇，非是。"豈俱切。

隤 下隊也。从𨸏，貴聲。杜回切。

隊 從高隊也。从𨸏，㒸聲。徒對切。

降 下也。从𨸏，夅聲。古巷切。

隕 從高下也。从𨸏，員聲。《易》曰："有隕自天。"于敏切。

隉 危也。从𨸏，从毁省。徐巡以爲：隉，凶也。賈侍中説：隉，法度也。班固説：不安也。《周書》曰："邦之阢隉。"讀若虹蜺之蜺。五結切。

阤 小崩也。从𨸏，也聲。丈尔切。

隓 敗城𨸏曰隓。从𨸏，𡋣聲。臣鉉等曰："《説文》無𡋣字，蓋二左也。衆力左之，故从二左。今俗作隳，非是。"許規切。，篆文。

𨼏 仄也。从𨸏，从頃，頃亦聲。去營切。

陊 落也。从𨸏，多聲。臣鉉等曰："今俗作墮，非是。"徒果切。

阬 門也。从𨸏，亢聲。客庚切。 臣鉉等曰："今俗作坑，非是。"

𨽍 通溝也。从𨸏，𧶠聲。讀若瀆。徒谷切。，古文𨽍，从谷。

防 隄也。从𨸏，方聲。符方切。，防或从土。

隄 唐也。从𨸏，是聲。都兮切。

阯 基也。从𨸏，止聲。諸市切。，阯或从土。

陘 山絶坎也。从𨸏，巠聲。户經切。

附 附婁，小土山也。从𨸏，付聲。《春秋傳》曰："附婁無松柏。"符又切。

阺 秦謂陵阪曰阺。从𨸏，氏聲。丁禮切。

阢 石山戴土也。从𨸏，从兀，兀亦聲。五忽切。

隒 崖也。从𨸏，兼聲。讀若儼。魚檢切。

阸 塞也。从𨸏，戹聲。於革切。

隔 障也。从𨸏，鬲聲。古覈切。

障 隔也。从𨸏，章聲。之亮切。

隱 蔽也。从𨸏，㥯聲。於謹切。

隩 水隈，崖也。从𨸏，奥聲。烏到切。

隈 水曲，隩也。从𨸏，畏聲。烏恢切。

𨺅 𨺅商，小塊也。从𨸏，从臾。臣鉉等曰：“臾，古文蕢字。”去衍切。

解 水衡官谷也。从𨸏，解聲。一曰：小谿。胡買切。

隴 天水大阪也。从𨸏，龍聲。力鍾切。

陈 酒泉天依阪也。从𨸏，衣聲。於希切。

陜 弘農陜也。古虢國，王季之子所封也。从𨸏，夾聲。失冉切。

膴 弘農陜東陬也。从𨸏，無聲。武扶切。

䧏 河東安邑陬也。从𨸏，卷聲。居遠切。

陭 上黨陭氏阪也。从𨸏，奇聲。於离切。

隃 北陵西隃，鴈門是也。从𨸏，俞聲。傷遇切。

阮 代郡五阮關也。从𨸏，元聲。虞遠切。

陪 大𨸏也。一曰：右扶風郿有陪𨸏。从𨸏，告聲。苦泆切。

䧞 丘名。从𨸏，武聲。方遇切。

隕 丘名。从𨸏，貞聲。陟盈切。

阷 丘名。从𨸏，丁聲。讀若丁。當經切。

隓 鄭地阪。从𨸏，爲聲。《春秋傳》曰：“將會鄭伯于隓。”許爲切。

陼 如渚者陼丘。水中高者也。从𨸏，者聲。當古切。

陳 宛丘，舜後嬀滿之所封。从𨸏，从木，申聲。臣鉉等曰：“陳者，大昊之虚，畫八卦之所，木德之始，故从木。”直珍切。，古文陳。

陶 再成丘也，在濟陰。从𨸏，匋聲。《夏書》曰：“東至于陶丘。”陶丘有堯城，堯嘗所居，故堯號陶唐氏。徒刀切。

陧 耕以臿浚出下壚土也。一曰：耕休田也。从𨸏，从土，召聲。之少切。

阽 壁危也。从𨸏，占聲。余廉切。

除 殿陛也。从𨸏，余聲。直魚切。

階 陛也。从𨸏，皆聲。古諧切。

阼 主階也。从𨸏，乍聲。昨誤切。

陛 升高階也。从𨸏，坒聲。旁禮切。

陔 階次也。从𨸏，亥聲。古哀切。

際 壁會也。从𨸏，祭聲。子例切。

隙 壁際孔也。从𨸏，从𡭴，𡭴亦聲。綺戟切。

陪 重土也。一曰：滿也。从𨸏，咅聲。薄回切。

隊 道邊庳垣也。从𨸏，彖聲。徒玩切。

陾 築牆聲也。从𨸏，耎聲。《詩》云：“捄之陾陾。”如乘切。

陴 城上女牆俾倪也。从𨸏，卑聲。符支切。，籀文陴，从𩫖。

隍 城池也。有水曰池，無水曰隍。从𨸏，皇聲。《易》曰：“城復于隍。”乎光切。

阹 依山谷爲牛馬圈也。从𨸏，去聲。去魚切。

陲 危也。从𨸏，垂聲。是爲切。

隝 小障也。一曰：庳城也。从𨸏，烏聲。安古切。

院 堅也。从𨸏，完聲。臣鉉等按：“宀部已有，此重出。”王眷切。

陯 山𨸏陷也。从𨸏，侖聲。盧昆切。

陙 水𨸏也。从𨸏，辰聲。食倫切。

陵 水𨸏也。从𨸏，戔聲。慈衍切。

文九十二　重九

阠 陵名。从𨸏，卂聲。所臻切。

阡 路東西爲陌，南北爲阡。从𨸏，千聲。倉先切。

文二新附

𨺅　部

𨺅 兩𨸏之閒也。从二𨸏。凡𨺅之屬皆从𨺅。房九切。

⿰𨺅夬 𨸏突也。从𨺅，決省聲。於決切。

⿰𨺅𦍌 陋也。从𨺅，𦍌聲。𦍌，籒文嗌字。烏懈切。隘，籒文⿰𨺅𦍌，从𨸏、益。

⿰𨺅⿺遂火 塞上亭守㷭火者。从𨺅，从火，遂聲。徐醉切。⿰𨸏⿺㒸火，篆文省。

文四　重二

厽　部

厽 絫坺土爲牆壁。象形。凡厽之屬皆从厽。力軌切。

絫 增也。从厽，从糸。絫，十黍之重也。力軌切。

垒 絫墼也。从厽，从土。力軌切。

文三

四　部

四 陰數也。象四分之形。凡四之屬皆从四。息利切。𠃢，古文四。亖，籒文四。

文一　重二

宁　部

宁 辨積物也。象形。凡宁之屬皆从宁。直吕切。

⿰甾宁 幡也。所以載盛米。从宁，从甾。甾，缶也。陟吕切。

文二

叕　部

叕 綴聯也。象形。凡叕之屬皆从叕。陟劣切。

綴 合箸也。从叕，从糸。陟衛切。

文二

亞　　部

亞 醜也。象人局背之形。賈侍中說，以爲次弟也。凡亞之屬皆从亞。衣駕切。

𦉥 闕。衣駕切。

文二

五　　部

五 五行也。从二，陰陽在天地閒交午也。凡五之屬皆从五。臣鉉等曰："二，天地也。"疑古切。乂，古文五省。

文一　重一

六　　部

六 易之數，陰變於六，正於八。从入，从八。凡六之屬皆从六。力竹切。

文一

七　　部

七 陽之正也。从一，微陰从中衺出也。凡七之屬皆从七。親吉切。

文一

九　　部

九 陽之變也。象其屈曲究盡之形。凡九之屬皆从九。舉有切。

馗 九達道也。似龜背，故謂之馗。馗，高也。从九，从首。渠追切。逵，馗或从辵，从坴。

文二　重一

内　　部

内　獸足蹂地也。象形，九聲。《尔疋》曰：狐、貍、貛、貉醜，其足蹞，其迹厹。凡厹之屬皆从厹。人九切。，篆文从足，柔聲。

禽　走獸總名。从厹，象形，今聲。禽、离、兕頭相似。巨今切。

离　山神，獸也。从禽頭，从厹，从屮。歐陽喬説：离，猛獸也。臣鉉等曰："義無所取，疑象形。"吕支切。

萬　蟲也。从厹，象形。無販切。

禹　蟲也。从厹，象形。王矩切。，古文禹。

禺　周成王時，州靡國獻禺。人身，反踵，自笑，笑即上脣掩其目，食人。北方謂之土螻。《尔疋》云："禺禺，如人，被髮。一名梟陽。"从厹，象形。符未切。

禼　蟲也。从厹，象形。讀與偰同。私列切。，古文禼。

文七　重三

嘼　　部

嘼　犍也。象耳、頭、足厹地之形。古文嘼，下从厹。凡嘼之屬皆从嘼。許救切。

獸　守備者。从嘼，从犬。舒救切。

文二

甲　　部

甲　東方之孟，陽气萌動。从木戴孚甲之象。一曰：人頭宜爲甲，甲象人頭。凡甲之屬皆从甲。古狎切。，古文甲，始於十，見於千，成於木之象。

文一　重一

乙　部

乙 象春艸木冤曲而出，陰气尚彊，其出乙乙也。與丨同意。乙承甲，象人頸。凡乙之屬皆从乙。於筆切。

乾 上出也。从乙，乙，物之達也；倝聲。渠焉切，又古寒切。，籒文乾。

亂 治也。从乙，乙，治之也；从𤔔。郎段切。

尤 異也。从乙，又聲。徐鍇曰：“乙欲出而見閡，見閡則顯其尤異也。”羽求切。

文四　重一

丙　部

丙 位南方。萬物成，炳然。陰气初起，陽气將虧。从一、入、冂。一者，陽也。丙承乙，象人肩。凡丙之屬皆从丙。徐鍇曰：“陽功成，入於冂。冂，門也，天地陰陽之門也。”兵永切。

文一

丁　部

丁 夏時萬物皆丁實。象形。丁承丙，象人心。凡丁之屬皆从丁。當經切。

文一

戊　部

戊 中宫也。象六甲五龍相拘絞也。戊承丁，象人脅。凡戊之屬皆从戊。莫候切。

成 就也。从戊，丁聲。氏征切。，古文成，从午。徐鍇曰：“戊，中宫，成於中也。”

文二　重一

己　部

己 中宮也。象萬物辟藏詘形也。己承戊，象人腹。凡己之屬皆从己。居擬切。𢀳，古文己。

㔸 謹身有所承也。从己、丞。讀若《詩》云："赤舄己己。"居隱切。

曩 長踞也。从己，其聲。讀若杞。暨己切。

文三　重一

巴　部

巴 蟲也。或曰：食象蛇。象形。凡巴之屬皆从巴。徐鍇曰："一，所吞也。指事。"伯加切。

𢒈 㧖擊也。从巴、帚。闕。博下切。

文二

庚　部

庚 位西方，象秋時萬物庚庚有實也。庚承己，象人齎。凡庚之屬皆从庚。古行切。

文一

辛　部

辛 秋時萬物成而孰；金剛；味辛，辛痛即泣出。从一，从辛。辛，辠也。辛承庚，象人股。凡辛之屬皆从辛。息鄰切。

辠 犯法也。从辛，从自。言辠人蹙鼻苦辛之憂。秦以辠似皇字，改爲罪。臣鉉等曰："自，古者以爲鼻字，故从自。"徂賄切。

辜 辠也。从辛，古聲。古乎切。𣦾，古文辜，从死。

辥 辠也。从辛，𡴆聲。私列切。

辤 不受也。从辛，从受。受辛宜辤之。似茲切。，籀文辤，从台。

辭 訟也。从𤔔，𤔔猶理辜也。𤔔，理也。似茲切。，籀文辭，从司。

文六　重三

辡　　部

辡 辠人相與訟也。从二辛。凡辡之屬皆从辡。方免切。

辯 治也。从言在辡之間。符蹇切。

文二

壬　　部

壬 位北方也。陰極陽生，故《易》曰："龍戰于野。"戰者，接也。象人裹妊之形。承亥壬以子，生之敘也。與巫同意。壬承辛，象人脛。脛，任體也。凡壬之屬皆从壬。如林切。

文一

癸　　部

癸 冬時，水土平，可揆度也。象水從四方流入地中之形。癸承壬，象人足。凡癸之屬皆从癸。居誄切。，籀文从癶，从矢。

文一　重一

子　　部

子 十一月，陽气動，萬物滋，人以爲偁。象形。凡子之屬皆从子。李陽冰曰："子在襁緥中，足併也。"即里切。，古文子，从巛，象髮也。，籀文子，囟有髮，臂脛在几上也。

孕 裹子也。从子，从几。徐鍇曰："取象於裹妊也。"以證切。

㝃 生子免身也。从子，从免。徐鍇曰："《說文》無免字，疑此字从𡕢省，以免身之義通用爲解免之免，晚冕之類皆當从㝃省。"芳萬切。　臣鉉等曰：

"今俗作亡辯切。"

字 乳也。从子在宀下，子亦聲。疾置切。

𣪘 乳也。从子，𣪊聲。一曰：𣪘瞀也。古候切。

孿 一乳兩子也。从子，䜌聲。生患切。

孺 乳子也。一曰：輸也。輸尚小也。从子，需聲。而遇切。

季 少偁也。从子，从稚省，稚亦聲。居悸切。

孟 長也。从子，皿聲。莫更切。，古文孟。

孽 庶子也。从子，辥聲。魚列切。

孳 汲汲生也。从子，兹聲。子之切。，籀文孳，从絲。

孤 無父也。从子，瓜聲。古乎切。

存 恤問也。从子，才聲。徂尊切。

孨 放也。从子，爻聲。古肴切。

疑 惑也。从子、止、匕，矢聲。徐鍇曰："止，不通也；𠀁，古矢字，反匕之；幼子多惑也。"語其切。

文十五　重四

了　部

了 尦也。从子無臂，象形。凡了之屬皆从了。盧鳥切。

孑 無右臂也。从了，乚象形。居桀切。

孓 無左臂也。从了，亅象形。居月切。

文三

孨　部

孨 謹也。从三子。凡孨之屬皆从孨。讀若翦。旨兖切。

孱 迮也。一曰：呻吟也。从孨在尸下。臣鉉等曰："尸者，屋也。"七連切。

孴 盛皃。从孨，从曰。讀若薿薿。一曰：若存。魚紀切。，籀文孴，从二子。一曰：㚷即奇字𡥉。

文三　重一

𠫓　部

𠫓 不順忽出也。从到子。《易》曰："突如其來如。"不孝子突出，不容於内也。凡𠫓之屬皆从𠫓。他骨切。，或从到古文子，即《易》突字。

育 養子使作善也。从𠫓，肉聲。《虞書》曰："教育子。"徐鍇曰："𠫓，不順子也。不順子亦教之，況順者乎？"余六切。，育或从每。

疏 通也。从㐬，从疋，疋亦聲。所菹切。

文三　重二

丑　部

丑 紐也。十二月，萬物動，用事。象手之形。時加丑，亦舉手時也。凡丑之屬皆从丑。敕九切。

肚 食肉也。从丑，从肉。女久切。

羞 進獻也。从羊，羊，所進也；从丑，丑亦聲。息流切。

文三

寅　部

寅 髕也。正月，陽气動，去黄泉，欲上出，陰尚彊。象宀不達，髕寅於下也。凡寅之屬皆从寅。徐鍇曰："髕，斥之意。人陽气鋭而出，上閡於宀。臼，所以擯之也。"弋真切。，古文寅。

文一　重一

卯　部

卯 冒也。二月，萬物冒地而出。象開門之形。故二月爲天門。凡卯之屬皆从卯。莫飽切。，古文卯。

文一　重一

辰　部

辰　震也。三月，陽气動，靁電振，民農時也。物皆生，从乙、匕，象芒達；厂聲也。辰，房星，天時也。从二，二，古文上字。凡辰之屬皆从辰。徐鍇曰："匕音化。乙，艸木萌初出曲卷也。"臣鉉等曰："三月，陽气成，艸木生，上徹於土，故从匕。厂非聲，疑亦象物之出。"植鄰切。，古文辰。

辱　恥也。从寸在辰下。失耕時，於封畺上戮之也。辰者，農之時也。故房星爲辰，田候也。而蜀切。

文二　重一

巳　部

巳　巳也。四月，陽气巳出，陰气巳藏，萬物見，成文章，故巳爲蛇。象形。凡巳之屬皆从巳。詳里切。

㠯　用也。从反巳。賈侍中說：巳，意巳實也，象形。羊止切。

文二

午　部

午　啎也。五月，陰气午逆陽，冒地而出。此予矢同意。凡午之屬皆从午。疑古切。

啎　逆也。从午，吾聲。五故切。

文二

未　部

未　味也。六月，滋味也。五行，木老於未。象木重枝葉也。凡未之屬皆从未。無沸切。

文一

申　部

申　神也。七月，陰气成，體自申束。从臼，自持也。吏臣餔時聽事，申旦政也。凡申之屬皆从申。失人切。，古文申。，籒文申。

轉　擊小鼓，引樂聲也。从申，柬聲。羊晉切。

臾　束縛捽抴爲臾。从申，从乙。臣鉉等曰："乙，屈也。"羊朱切。

曳　臾曳也。从申，丿聲。余制切。

文四　重二

酉　部

酉　就也。八月，黍成可爲酎酒。象古文酉之形。凡酉之屬皆从酉。與久切。，古文酉，从卯。卯爲春門，萬物已出；酉爲秋門，萬物已入。一，閉門象也。

酒　就也。所以就人性之善惡。从水，从酉，酉亦聲。一曰：造也。吉凶所造也。古者儀狄作酒醪，禹嘗之而美，遂疏儀狄。杜康作秫酒。子酉切。

醭　𪏭生衣也。从酉，冡聲。莫紅切。

醰　孰𪏭也。从酉，甚聲。余箴切。

釀　醞也。作酒曰釀。从酉，襄聲。女亮切。

醞　釀也。从酉，昷聲。於問切。

畚　酒疾孰也。从酉，弁聲。芳萬切。

酴　酒母也。从酉，余聲。讀若廬。同都切。

釃　下酒也。一曰：醇也。从酉，麗聲。所綺切。

䣭　醽酒也。从酉，肙聲。古玄切。

醽　䣭也。从酉，鬲聲。郎擊切。

醴　酒一宿孰也。从酉，豊聲。盧啓切。

醪　汁滓酒也。从酉，翏聲。魯刀切。
醇　不澆酒也。从酉，𦎫聲。常倫切。
醹　厚酒也。从酉，需聲。《詩》曰：“酒醴惟醹。”而主切。
酎　三重醇酒也。从酉，从時省。《明堂月令》曰：“孟秋，天子飲酎。”除柳切。
醠　濁酒也。从酉，盎聲。烏浪切。
醲　厚酒也。从酉，農聲。女容切。
醋　酒也。从酉，茸聲。而容切。
酤　一宿酒也。一曰：買酒也。从酉，古聲。古乎切。
醬　酒也。从酉，𩠹省。陟离切。
醓　泛齊，行酒也。从酉，監聲。盧瞰切。
醰　酒味淫也。从酉，𪏰省聲。讀若《春秋傳》曰“美而豔”。古禫切。
酷　酒厚味也。从酉，告聲。苦浹切。
醰　酒味苦也。从酉，覃聲。徒紺切。
䣬　酒色也。从酉，市聲。普活切。
配　酒色也。从酉，己聲。臣鉉等曰：“己非聲，當从妃省。”滂佩切。
酏　酒色也。从酉，弋聲。與職切。
醆　爵也。一曰：酒濁而微清也。从酉，戔聲。阻限切。
酌　盛酒行觴也。从酉，勺聲。之若切。
醮　冠娶禮；祭。从酉，焦聲。子肖切。𥛺，醮或从示。
醑　歃酒也。从酉，朁聲。子朕切。
酳　少少飲也。从酉，匀聲。余刃切。
醻　主人進客也。从酉，𠷎聲。市流切。𨡴，醻或从州。
醋　客酌主人也。从酉，昔聲。在各切。臣鉉等曰：“今俗作倉故切。”
醓　飲酒俱盡也。从酉，盡聲。迷必切。
釂　飲酒盡也。从酉，嚼省聲。子肖切。
酣　酒樂也。从酉，从甘，甘亦聲。胡甘切。

酖 樂酒也。从酉，冘聲。丁含切。

醧 私宴歓也。从酉，區聲。依倨切。

醵 會歓酒也。从酉，豦聲。其虐切。，醵或从巨。

酺 王德布，大歓酒也。从酉，甫聲。薄乎切。

醅 醉飽也。从酉，咅聲。匹回切。

醉 卒也。卒其度量，不至於亂也。一曰：潰也。从酉，从卒。將遂切。

醺 醉也。从酉，熏聲。《詩》曰："公尸來燕醺醺。"許云切。

醟 酗也。从酉，熒省聲。爲命切。

酗 醉醟也。从酉，句聲。香遇切。

酲 病酒也。一曰：醉而覺也。从酉，呈聲。直貞切。

醫 治病工也。殹，惡姿也；醫之性然。得酒而使。从酉。王育説。一曰：殹，病聲。酒所以治病也。《周禮》有醫酒。古者巫彭初作醫。於其切。

茜 禮祭，束茅，加于祼圭，而灌鬯酒，是爲茜。象神歆之也。一曰：茜，榼上塞也。从酉，从艸。《春秋傳》曰："尔貢包茅不入，王祭不供，無以茜酒。"所六切。

醨 薄酒也。从酉，离聲。讀若離。吕支切。

醶 酢也。从酉，韱聲。初減切。

酸 酢也。从酉，夋聲。關東謂酢曰酸。素官切。，籀文酸，从畯。

截 酢漿也。从酉，𢦏聲。徒奈切。

醶 酢漿也。从酉，僉聲。臣鉉等曰："今俗作釅，非是。"魚窆切。

酢 醶也。从酉，乍聲。倉故切。臣鉉等曰："今俗作在各切。"

酏 黍酒也。从酉，也聲。一曰：甜也。賈侍中説：酏爲鬻清。移尔切。

醬 醢也。从肉，从酉，酒以和醬也；爿聲。即亮切。，古文。，籀文。

醢 肉醬也。从酉、𥁓。臣鉉等曰："𥁓，甌器也，所以盛醢。"呼改切。，籒文。

䤈 䤈醶，榆醬也。从酉，敄聲。莫候切。

醶 䤈醶也。从酉，俞聲。田候切。

酹 餟祭也。从酉，寽聲。郎外切。

醳 擣榆醬也。从酉，畢聲。蒲計切。

醑 醬也。从酉，矞聲。居律切。

醇 雜味也。从酉，京聲。力讓切。

䤆 闕。慈冉切。

䣸 闕。而琰切。

文六十七　重八

酪 乳漿也。从酉，各聲。盧各切。

醐 醍醐，酪之精者也。从酉，胡聲。户吴切。

酩 酩酊，醉也。从酉，名聲。莫迥切。

酊 酩酊也。从酉，丁聲。都挺切。

醒 醉解也。从酉，星聲。按酲字注云：一曰：醉而覺也，則古酲亦音醒也。桑經切。

醍 清酒也。从酉，是聲。它禮切。

文六新附

酋　　部

酋 繹酒也。从酉，水半見於上。《禮》有大酋，掌酒官也。凡酋之屬皆从酋。字秋切。

尊 酒器也。从酋，廾以奉之。《周禮》六尊：犧尊、象尊、著尊、壺尊、太尊、山尊，以待祭祀賓客之禮。祖昆切。，尊或从寸。臣鉉等曰："今俗以尊作尊卑之尊，别作罇，非是。"

文二　重一

戌　　部

 戌 滅也。九月，陽气微，萬物畢成，陽下入地也。五行，土生於戊，盛於戌。从戊含一。凡戌之屬皆从戌。辛聿切。

文一

亥　　部

 亥 荄也。十月，微陽起，接盛陰。从二，二，古文上字。一人男，一人女也。从乙，象褱子咳咳之形。《春秋傳》曰：“亥有二首六身。”凡亥之屬皆从亥。胡改切。，古文亥，爲豕，與豕同。亥而生子，復從一起。

文一　重一

説文解字弟十四　下

説文解字第十五上

古者庖犧氏之王天下也，仰則觀象於天，俯則觀法於地，視鳥獸之文與地之宜，近取諸身，遠取諸物，於是始作《易》八卦，以垂憲象。及神農氏結繩爲治而統其事，庶業其繁，飾僞萌生。黄帝之史倉頡見鳥獸蹏迒之迹，知分理之可相别異也，初造書契。百工以乂，萬品以察，蓋取諸夬。“夬，揚于王庭。”言文者宣教明化於王者朝廷，君子所以施祿及下，居德則忌也。倉頡之初作書，蓋依類象形，故謂之文；其後形聲相益，即謂之字。字者，言孳乳而浸多也。著於竹帛謂之書。書者，如也。以迄五帝三王之世，改易殊體，封于泰山者七十有二代，靡有同焉。

周禮，八歲入小學，保氏教國子，先以六書。一曰指事。指事者，視而可識，察而可見，上下是也。二曰象形。象形者，畫成其物，隨體詰詘，日月是也。三曰形聲。形聲者，以事爲名，取譬相成，江河是也。四曰會意。會意者，比類合誼，以見指撝，武信是也。五曰轉注。轉注者，建類一首，同意相受，考老是也。六曰假借。假借者，本無其字，依聲託事，令長是也。

及宣王太史籀，箸《大篆》十五篇，與古文或異。至孔子書《六經》、左丘明述《春秋傳》，皆以古文，厥意可得而説。其後諸侯力政，不統於王。惡禮樂之害己，而皆去其典籍。分爲七國，田疇異晦，車涂異軌，律令異法，衣冠異制，言語異聲，文字異形。

秦始皇帝初兼天下，丞相李斯乃奏同之，罷其不與秦文合者。斯作《倉頡篇》、中車府令趙高作《爰歷篇》、太史令胡毋敬作《博學篇》，皆取《史籀》大篆，或頗省改，所謂小篆者也。是時秦燒滅經書，滌除舊典，大發隸卒，興役戍，官獄職務繁。初有隸書，以趣約易，而古文由此絶矣。徐鍇曰：“王僧虔云：秦獄吏程邈善大篆，得辠繫雲陽獄，增絶大篆，去其繁複。始皇善之，出爲御史，名其書曰隸書。班固云：謂施之於徒隸也。即今之隸書，而無點畫俯仰之勢。”

自爾秦書有八體：一曰大篆，二曰小篆，三曰刻符，四曰蟲書，徐鍇曰：“案《漢書》注，蟲書即鳥書，以書幡信，首象鳥形，即下云鳥蟲是也。”五曰摹印，蕭子良以刻符、摹印合爲一體，徐鍇以爲符者，竹而中剖之，字形半分，理應別爲一體。摹印屈曲填密，則秦璽文也，子良誤合之。六曰署書，蕭子良云：“署書，漢高六年蕭何所定，以題蒼龍、白虎二闕。”羊欣云：“何覃思累月，然後題之。”七日殳書，徐鍇曰：“書於殳也。殳體八觚，隨其勢而書之。”八曰隸書。

漢興有艸書。徐鍇曰：“案書傳多云張芝作艸，又云齊相杜探作，據《説文》則張芝之前已有矣。”蕭子良云：“藁書者，董仲舒欲言災異，藁艸未上，即爲藁書。藁者，艸之初也。《史記》上官奪屈原藁艸。今云漢興有艸，知所言藁艸是創艸，非艸書也。”《尉律》：徐鍇曰：“《尉律》，漢律篇名。”學僮十七已上，始試。諷籀書九千字，乃得爲吏。又以八體試之，郡移太史并課，最者以爲尚書史。書或不正，輒舉劾之。今雖有《尉律》，不課，小學不修，莫達其説久矣。

孝宣時，召通《倉頡》讀者，張敞從受之。涼州刺史杜業、沛人爰禮、講學大夫秦近，亦能言之。孝平時，徵禮等百餘人，令説文字未央廷中，以禮爲小學元士。黄門侍郎楊雄，采以作《訓纂篇》。凡《倉頡》已下十四篇，凡五千三百四十字。羣書所載，略存之矣。

及亡新居攝，使大司空甄豐等，校文書之部，自以爲應制作，頗改定古文。時有六書：一曰古文，孔子壁中書也；二曰奇字，即古文而異者也；三曰篆書，即小篆，秦始皇帝使下杜人程邈所作也；徐鍇曰：“李斯雖改《史篇》爲秦篆，而程邈復同作也。”四曰佐書，即秦隸書；五曰繆篆，所以摹印也；六曰鳥蟲書，所以書幡信也。壁中書者，魯恭王壞孔子宅，而得《禮記》、《尚書》、《春秋》、《論語》、《孝經》。又北平侯張倉獻《春秋左氏傳》。郡國亦往往於山川得鼎彝，其銘即前代之古文，皆自相似。雖叵復見遠流，其詳可得略説也。

而世人大共非訾，以爲好奇者也，故詭更正文，鄉壁虛造不可知之書，變亂常行，以燿於世。諸生競説字解經誼，稱秦之隸書爲倉頡時書，云父子相傳，何得改易。乃猥曰：馬頭人爲長；人持十爲斗；虫者，屈中也。廷尉説律，至以字斷法：苛人受錢，苛之字，止句也。若此者甚衆，皆不合孔氏古文，謬於《史籀》。俗儒鄙夫，翫其所習，蔽所希聞，不見通學，未嘗覩字例之條。怪舊埶而善野言，以其所知爲祕妙，究洞聖人之微恉。又見《倉頡篇》中“幼子承詔”，因號“古帝之所作也，其辭有神僊之術焉”。其迷誤不諭，豈不悖哉！

《書》曰：“予欲觀古人之象。”言必遵修舊文而不穿鑿。孔子曰：“吾猶及史之闕文，今亡也夫。”蓋非其不知而不問，人用己私，是非無正。巧説衺辭，使天下學者疑。蓋文字者，經藝之本，王政之始，前人所以垂後，後人所以識古。故曰：本立而道生，知天下之至嘖而不可亂也。

今叙篆文，合以古籀，博采通人，至于小大，信而有證。稽譔其説，將以理羣類，解謬誤，曉學者，達神恉。徐鍇曰：“恉即意旨字，旨者美也，多通用。”分别部居，不相雜廁。徐鍇曰：“分部相從，自許始也。”萬物咸覩，靡不兼載。厥誼不昭，爰明以諭。其偁《易》，孟氏；《書》，孔氏；《詩》，毛氏；《禮》；《周官》；《春秋》，左氏；《論語》；《孝經》：皆古文也。其於所不知，蓋闕如也。

説文解字第一

一 部一。	丄 部二。	示 部三。	三 部四。
王 部五。	玉 部六。	玨 部七。	气 部八。
士 部九。	丨 部十。	屮 部十一。	艸 部十二。
蓐 部十三。	茻 部十四。		

説文解字第二

小 部十五。　八 部十六。　釆 部十七。　半 部十八。
牛 部十九。　犛 部二十。　告 部二十一。　口 部二十二。
凵 部二十三。　吅 部二十四。　哭 部二十五。　走 部二十六。
止 部二十七。　癶 部二十八。　步 部二十九。　此 部三十。
正 部三十一。　是 部三十二。　辵 部三十三。　彳 部三十四。
廴 部三十五。　㢟 部三十六。　行 部三十七。　齒 部三十八。
牙 部三十九。　足 部四十。　疋 部四十一。　品 部四十二。
龠 部四十三。　冊 部四十四。

説文解字第三

㗊 部四十五。　舌 部四十六。　干 部四十七。　𧮫 部四十八。
只 部四十九。　㕯 部五十。　句 部五十一。　丩 部五十二。
古 部五十三。　十 部五十四。　卅 部五十五。　言 部五十六。
誩 部五十七。　音 部五十八。　䇂 部五十九。　丵 部六十。
菐 部六十一。　𠬞 部六十二。　𠬜 部六十三。　共 部六十四。
異 部六十五。　舁 部六十六。　𦥑 部六十七。　晨 部六十八。
爨 部六十九。　革 部七十。　鬲 部七十一　䰜 部七十二。
爪 部七十三。　丮 部七十四。　鬥 部七十五。　又 部七十六。
𠂇 部七十七。　史 部七十八。　支 部七十九。　聿 部八十。

聿部八十一。畫部八十二。隶部八十三。臤部八十四。

臣部八十五。殳部八十六。殺部八十七。𠘧部八十八。

寸部八十九。皮部九十。㼱部九十一。攴部九十二。

教部九十三。卜部九十四。用部九十五。爻部九十六。

㸚部九十七。

説文解字弟四

夏部九十八。目部九十九。䀠部一百。眉部一百一。

盾部一百二。自部一百三。白部一百四。鼻部一百五。

皕部一百六。習部一百七。羽部一百八。隹部一百九。

奞部一百十。萑部一百十一。𦫳部一百十二。苜部一百十三。

羊部一百十四。羴部一百十五。瞿部一百十六。雔部一百十七。

雥部一百十八。鳥部一百十九。烏部一百二十。𠦒部一百二十一。

冓部一百二十二。幺部一百二十三。𢆶部一百二十四。叀部一百二十五。

玄部一百二十六。予部一百二十七。放部一百二十八。𠬪部一百二十九。

歺部一百三十。死部一百三十一。冎部一百三十二。骨部一百三十三。

肉部一百三十四。筋部一百三十五。刀部一百三十六。刃部一百三十七。

刃部一百三十八。

㓞部一百三十九。

丰部一百四十。

耒部一百四十一。

角部一百四十二。

説文解字弟五

竹部一百四十三。

箕部一百四十四。

丌部一百四十五。

左部一百四十六。

工部一百四十七。

㠭部一百四十八。

巫部一百四十九。

甘部一百五十。

曰部一百五十一。

乃部一百五十二。

丂部一百五十三。

可部一百五十四。

兮部一百五十五。

号部一百五十六。

亏部一百五十七。

旨部一百五十八。

喜部一百五十九。

壴部一百六十。

鼓部一百六十一。

豈部一百六十二。

豆部一百六十三。

豊部一百六十四。

豐部一百六十五。

䖒部一百六十六。

虍部一百六十七。

虎部一百六十八。

虤部一百六十九。

皿部一百七十。

凵部一百七十一。

去部一百七十二。

血部一百七十三。

丶部一百七十四。

丹部一百七十五。

青部一百七十六。

井部一百七十七。

皀部一百七十八。

鬯部一百七十九。

食部一百八十。

亼部一百八十一。

會部一百八十二。

倉部一百八十三。 入部一百八十四。 缶部一百八十五。 矢部一百八十六。

高部一百八十七。 冂部一百八十八。 𩫏部一百八十九。 京部一百九十。

亯部一百九十一。 㫗部一百九十二。 畗部一百九十三。 㐭部一百九十四。

嗇部一百九十五。 來部一百九十六。 麥部一百九十七。 夊部一百九十八。

舛部一百九十九。 舜部二百。 韋部二百一。 弟部二百二。

夂部二百三。 久部二百四。 桀部二百五。

說文解字第六

木部二百六。 東部二百七。 林部二百八。 才部二百九。

叒部二百十。 之部二百十一。 帀部二百十二。 出部二百十三。

𣎵部二百十四。 生部二百十五。 乇部二百十六。 𠂹部二百十七。

𠌶部二百十八。 華部二百十九。 禾部二百二十。 稽部二百二十一。

巢部二百二十二。 桼部二百二十三。 束部二百二十四。 㯻部二百二十五。

囗部二百二十六。 員部二百二十七。 貝部二百二十八。 邑部二百二十九。

𨛜部二百三十。

説文解字弟七

日 部二百三十一。

旦 部二百三十二。

倝 部二百三十三。

㫃 部二百三十四。

冥 部二百三十五。

晶 部二百三十六。

月 部二百三十七。

有 部二百三十八。

朙 部二百三十九。

囧 部二百四十。

夕 部二百四十一。

多 部二百四十二。

毌 部二百四十三。

𢎘 部二百四十四。

𣐺 部二百四十五。

𠧪 部二百四十六。

齊 部二百四十七。

朿 部二百四十八。

片 部二百四十九。

鼎 部二百五十。

克 部二百五十一。

彔 部二百五十二。

禾 部二百五十三。

秝 部二百五十四。

黍 部二百五十五。

香 部二百五十六。

米 部二百五十七。

毇 部二百五十八。

臼 部二百五十九。

凶 部二百六十。

朩 部二百六十一。

𣏟 部二百六十二。

麻 部二百六十三。

尗 部二百六十四。

耑 部二百六十五。

韭 部二百六十六。

瓜 部二百六十七。

瓠 部二百六十八。

宀 部二百六十九。

宮 部二百七十。

呂 部二百七十一。

穴 部二百七十二。

㝱 部二百七十三。

疒 部二百七十四。

冖 部二百七十五。

𠔼 部二百七十六。

冃 部二百七十七。

㒳 部二百七十八。

网部二百七十九。　襾部二百八十。　巾部二百八十一。　巿部二百八十二。

帛部二百八十三。　白部二百八十四。　㡀部二百八十五。　黹部二百八十六。

説文解字弟八

人部二百八十七。　匕部二百八十八。　匕部二百八十九。　从部二百九十。

比部二百九十一。　北部二百九十二。　丘部二百九十三。　㐺部二百九十四。

𡈼部二百九十五。　重部二百九十六。　臥部二百九十七。　身部二百九十八。

㐆部二百九十九。　衣部三百。　裘部三百一。　老部三百二。

毛部三百三。　毳部三百四。　尸部三百五。　尺部三百六。

尾部三百七。　履部三百八。　舟部三百九。　方部三百十。

儿部三百十一。　兄部三百十二。　兂部三百十三。　皃部三百十四。

𠑹部三百十五。　先部三百十六。　秃部三百十七。　見部三百十八。

覞部三百十九。　欠部三百二十。　㱃部三百二十一。　次部三百二十二。

旡部三百二十三。

説文解字弟九

頁部三百二十四。
𦣻部三百二十五。
面部三百二十六。
丏部三百二十七。
首部三百二十八。
𥄉部三百二十九。
須部三百三十。
彡部三百三十一。
彣部三百三十二。
文部三百三十三。
髟部三百三十四。
后部三百三十五。
司部三百三十六。
卮部三百三十七。
卩部三百三十八。
印部三百三十九。
色部三百四十。
𠨍部三百四十一。
辟部三百四十二。
勹部三百四十三。
包部三百四十四。
茍部三百四十五。
鬼部三百四十六。
甶部三百四十七。
厶部三百四十八。
嵬部三百四十九。
山部三百五十。
屾部三百五十一。
屵部三百五十二。
广部三百五十三。
厂部三百五十四。
丸部三百五十五。
危部三百五十六。
石部三百五十七。
長部三百五十八。
勿部三百五十九。
冄部三百六十。
而部三百六十一。
豕部三百六十二。
㣇部三百六十三。
彑部三百六十四。
豚部三百六十五。
豸部三百六十六。
𤉡部三百六十七。
易部三百六十八。
象部三百六十九。

說文解字第十

馬部三百七十。
廌部三百七十一。
鹿部三百七十二。
麤部三百七十三。
㲋部三百七十四。
兔部三百七十五。
萈部三百七十六。
犬部三百七十七。
㹜部三百七十八。
鼠部三百七十九。
能部三百八十。
熊部三百八十一。
火部三百八十二。
炎部三百八十三。
黑部三百八十四。
囪部三百八十五。
焱部三百八十六。
炙部三百八十七。
赤部三百八十八。
大部三百八十九。
亦部三百九十。
夨部三百九十一。
夭部三百九十二。
交部三百九十三。
尢部三百九十四。
壺部三百九十五。
壹部三百九十六。
㚔部三百九十七。
奢部三百九十八。
亢部三百九十九。
夲部四百。
夰部四百一。
亣部四百二。
夫部四百三。
立部四百四。
竝部四百五。
囟部四百六。
思部四百七。
心部四百八。
惢部四百九。

說文解字第十一

水部四百十。
沝部四百十一。
瀕部四百十二。
𡿨部四百十三。

巜 部四百十四。

川 部四百十五。

泉 部四百十六。

灥 部四百十七。

永 部四百十八。

𠂢 部四百十九。

谷 部四百二十。

仌 部四百二十一。

雨 部四百二十二。

雲 部四百二十三。

魚 部四百二十四。

𩺰 部四百二十五。

燕 部四百二十六。

龍 部四百二十七。

飛 部四百二十八。

非 部四百二十九。

卂 部四百三十。

説文解字第十二

乚 部四百三十一。

不 部四百三十二。

至 部四百三十三。

西 部四百三十四。

鹵 部四百三十五。

鹽 部四百三十六。

戶 部四百三十七。

門 部四百三十八。

耳 部四百三十九。

𦣝 部四百四十。

手 部四百四十一。

𠦬 部四百四十二。

女 部四百四十三。

毋 部四百四十四。

民 部四百四十五。

丿 部四百四十六。

厂 部四百四十七。

乁 部四百四十八。

氏 部四百四十九。

氐 部四百五十。

戈 部四百五十一。

戉 部四百五十二。

我 部四百五十三。

亅 部四百五十四。

珡 部四百五十五。

乚 部四百五十六。

亡 部四百五十七。

匸 部四百五十八。

匸部四百五十九。
曲部四百六十。
甾部四百六十一。
瓦部四百六十二。
弓部四百六十三。
弜部四百六十四。
弦部四百六十五。
系部四百六十六。

說文解字第十三

糸部四百六十七。
素部四百六十八。
絲部四百六十九。
率部四百七十。
虫部四百七十一。
䖵部四百七十二。
蟲部四百七十三。
風部四百七十四。
它部四百七十五。
龜部四百七十六。
黽部四百七十七。
卵部四百七十八。
二部四百七十九。
土部四百八十。
垚部四百八十一。
堇部四百八十二。
里部四百八十三。
田部四百八十四。
畕部四百八十五。
黃部四百八十六。
男部四百八十七。
力部四百八十八。
劦部四百八十九。

說文解字第十四

金部四百九十。
幵部四百九十一。
勺部四百九十二。
几部四百九十三。
且部四百九十四。
斤部四百九十五。
斗部四百九十六。
矛部四百九十七。
車部四百九十八。
𠂤部四百九十九。
𨸏部五百。
𨺅部五百一。

厽部五百二。	四部五百三。	宁部五百四。	叕部五百五。
亞部五百六。	五部五百七。	六部五百八。	七部五百九。
九部五百十。	禸部五百十一。	嘼部五百十二。	甲部五百十三。
乙部五百十四。	丙部五百十五。	丁部五百十六。	戊部五百十七。
己部五百十八。	巴部五百十九。	庚部五百二十。	辛部五百二十一。
辡部五百二十二。	壬部五百二十三。	癸部五百二十四。	子部五百二十五。
了部五百二十六。	孨部五百二十七。	𠫓部五百二十八。	丑部五百二十九。
寅部五百三十。	卯部五百三十一。	辰部五百三十二。	巳部五百三十三。
午部五百三十四。	未部五百三十五。	申部五百三十六。	酉部五百三十七。
酋部五百三十八。	戌部五百三十九。	亥部五百四十。	

説文解字弟十五下

敘曰：此十四篇，五百四十部，九千三百五十三文，重一千一百六十三，解説凡十三萬三千四百四十一字。其建首也，立一爲耑。方以類聚，物以羣分。同牽條屬，共理相貫。雜而不越，據形系聯。引而申之，以究萬原。畢終於亥，知化窮冥。于時大漢，聖德熙明。承天稽唐，敷崇殷中。遐邇被澤，渥衍沛滂。廣業甄微，學士知方。探嘖索隱，厥誼可傳。粵在永元，困頓之年，徐鍇曰："漢和帝永元十二年，歲在庚子也。"孟陬之月，朔日甲申。

曾曾小子，祖自炎神。縉雲相黄，共承高辛。太岳佐夏，吕叔作藩。俾侯于許，世祚遺靈。自彼徂召，宅此汝瀕。竊卬景行，敢涉聖門。其弘如何，節彼南山。欲罷不能，既竭愚才。惜通之味，聞疑載疑。演贊其志，次列微辭。知此者稀，儻昭所尤。庶有達者，理而董之。

召陵萬歲里公乘、艸莽臣沖，稽首再拜，上書皇帝陛下。臣伏見陛下，神明盛德，承遵聖業，上考度於天，下流化於民。先天而天不違，後天而奉天時。萬國咸寧，神人以和。猶復深惟《五經》之妙，皆爲漢制。博采幽遠，窮理盡性，以至於命。先帝詔侍中騎都尉賈逵，修理舊文。殊藝異術，王教一耑，苟有可以加於國者，靡不悉集。《易》曰："窮神知化，德之盛也。"

《書》曰："人之有能有爲，使羞其行,而國其昌。"臣父故太尉南閣祭酒慎，本從逵受古學。蓋聖人不空作，皆有依據。今《五經》之道，昭炳光明。而文字者，其本所由生。自《周禮》、漢律，皆當學六書，貫通其意。恐巧説衺辭使學者疑。慎博問通人，考之於逵，作《説文解字》。六藝羣書之詁，皆訓其意。而天地鬼神、山川艸木、鳥獸蚰蟲、雜物奇怪、王制禮儀、世間人事，莫不畢載。凡十五卷十三萬三千四百四十一字。

慎前以詔書校東觀，教小黄門孟生、李喜等，以文字未定，未奏上。今慎已病，遣臣齎詣闕。慎又學《孝經》孔氏古文説。文古（今按：據鈕樹玉説，應作“古文”）《孝經》者，孝昭帝時，魯國三老所獻，建武時，給事中議郎衛宏所校，皆口傳，官無其説，謹撰具一篇并上。臣沖誠惶誠恐，頓首頓首，死辠死辠，臣稽首再拜，以聞皇帝陛下。建光元年九月己亥朔二十日戊午上。徐鍇曰：“建光元年，漢安帝之十五年，歲在辛酉。”

召上書者汝南許沖，詣左掖門會。令并齎所上書。十月十九日，中黄門饒喜，吕詔書賜召陵公乘許沖布四十匹。即日受詔朱雀掖門。敕勿謝。

銀青光禄大夫守右散騎常侍上柱國東海縣開國子食邑五百户臣徐鉉、奉直郎守祕書省著作郎直史館臣句中正、翰林書學臣葛湍、臣王惟恭等，奉詔校定許慎《説文》十四篇，并《序目》一篇，凡萬六百餘字。聖人之旨，蓋云備矣。稽夫八卦既畫，萬象既分，則文字爲之大輅，載籍爲之六轡。先王教化，所以行於百代。及物之功，與造化均，不可忽也。雖復五帝之後，改易殊體，六國之世，文字異形，然猶存篆籀之迹，不失形類之本。

及暴秦苛政，散隸聿興，便於末俗，人競師法。古文既絶，譌僞日滋。至漢宣帝時，始命諸儒修倉頡之法，亦不能復故。光武時，馬援上疏論文字之譌謬，其言詳矣。及和帝時，申命賈逵修理舊文，於是許慎采史籀、李斯、楊雄之書，博訪通人，考之於逵，作《説文解字》。至安帝十五年，始奏上之。而隸書行之已久，習之益工，加以行草八分，紛然間出，返以篆籀爲奇怪之迹，不復經心。至於六籍舊文，相承傳寫，多求便俗，漸失本原。《爾雅》所載艸木魚鳥之名，肆意增益，不可觀矣。諸儒傳釋，亦非精究小學之徒，莫能矯正。唐大曆中，李陽冰篆迹殊絶，獨冠古今。自云："斯翁之後，直至小生。"此言爲不妄矣。於是刊定《説文》，修正筆法，學者師慕，篆籒中興。然頗排斥許氏，自爲臆説。夫以師心之見，破先儒之祖述，豈聖人之意乎？今之爲字學者，亦多從陽冰之新義，所謂貴耳賤目也。

自唐末喪亂，經籍道息。皇宋膺運，二聖繼明。人文國典，粲然光被。興崇學校，登進羣才。以爲文字者，六藝之本，固當率由古法。乃詔取許慎《説文解字》，精加詳校，垂憲百代。臣等愚陋，敢竭所聞。蓋篆書堙替，爲日已久。凡傳寫《説文》者，皆非其人，故錯亂遺脱，不可盡究。今以集書正副本及羣臣家藏者，備加詳考。有許慎注義序例中所載而諸部不見者，審知漏落，悉從補録。復有經典相承傳寫及時俗要用，而《説文》不載者，承詔皆附益之，以廣篆籒之路。亦皆形聲相從，不違六書之義者。其間《説文》具有正體而時俗譌變者，則具於注中。其有義理乖舛違戾六書者，並序列於後。俾夫學者，無或致疑。大抵此書務援古以正今，不徇今而違古。若乃高文大册，則宜以篆籒著之金石。至於常行簡牘，則艸隸足矣。又許慎注解，詞簡義奥，不可周知。陽冰之後，諸儒箋述有可取者，亦從附益。猶有未盡，則臣等粗爲訓釋，以成一家之書。

《説文》之時，未有反切。後人附益，互有異同。孫愐《唐韻》，行之已久。今並以孫愐音切爲定，庶夫學者有所適從。食時而成，既異《淮南》之敏；縣金於市，曾非吕氏之精。塵瀆聖明，若臨冰谷。謹上。

新修字義

左文一十九，《説文》闕載，注義及序例偏旁有之，今竝録並諸部：

詔 志 件 借 魋 綦 剔 䰍 醆 趄

顦 璵 瘮 檆 緻 笑 迓 睆 峯

左文二十八，俗書譌謬，不合六書之體：

𡚁　字書所無，不知所从，無以下筆。《易》云："定天下之𡚁𡚁。"當作娓。

个　亦不見義，無以下筆。明堂左右个者，明堂旁室也，當作介。

暮　本作莫。日在茻中也。

熟　本作孰。享芽，以手進之。

捧　本作奉。从廾，从手，丰聲。經典皆如此。

邀　本作敫。从出，从放。

徘徊　本作裴回。寬衣也。取其裴回之狀。

迴　本作回。象回轉之形。

腰　本只作要。《説文》象形。借爲玄要之要。後人加肉。

嗚　本只作烏。烏，盱呼也。以其名自呼，故曰烏呼。後人加口。

慾　《説文》欲字注云："貪欲也。"此後人加心。

揀　本只作柬。《説文》从束、八，八，柬之也。後人加手。

俸　本只作奉。古爲之奉禄。後人加人。

自暮已下一十二字，後人妄加偏傍，失六書之義。

鞦韆　案，詞人高無際作《鞦韆賦·序》云："漢武帝後庭之戲也。"本云千秋，祝壽之詞也，語譌轉爲秋千。後人不本其意，乃造此字。非皮革所爲，非車馬之用，不合从革。

影　案，影者，光景之類也。合通用景。非毛髮藻飾之事，不當从彡。

斌　本作彬或份，文質備也。从文配武，過爲鄙淺。復有从斌从貝者，音頵。亦於義無取。

悦　經典只作説。

藝　本只作埶。後人加艸、云。義無所取。

著　　本作箸。《説文》陟慮切，注云："飯攲也。"借爲住箸之箸。後人从艸。

墅　　經典只用野。野亦音常句切。

蓑　　蓑字本作蘇禾切，从衣，象形。借爲衰朽之衰。

賾　　《周易疏義》云："深也。"案，此亦假借之字，當通用嘖。

黌　　學堂也。从學省，黄聲。《説文》無學部。

黈　　充耳也。从纊省，主聲。《説文》無纊部。

矗　　直皃。經史所無。《説文》無直部。此三字皆無部類可附。

麌　　《説文》噳字注云："麌鹿羣口相聚也。"《詩》"麀鹿麌麌"，當用噳字。

池　　池沼之池當用沱。沱，江之别流也。

篆文筆迹相承小異：

　　本作。本从二，从古文及，左旁不當引筆下垂。蓋前作筆勢如此，後代因而不改。

　　《説文》不从人，直作。

　　左旁亲从辛从木，《説文》不省。此二字李斯刻石文如此，後人因之。

　　从辛，从口。中畫不當上曲，亦李斯刻石如此，上曲則字形茂美，人皆效之。

　　《説文》作，象三屬之形。李斯筆迹小變，不言爲異。

　　《説文》作，亦李斯小變其勢。李陽冰乃云从開口形，亦爲臆説。

　　《説文》从中而垂下，㫃，相出入也，从入。此字从中下垂，當只作，蓋相承多一畫。

　如六切。《説文》本作肉，後人相承作，與月字相類。

　《説文》作，止史籀筆迹小異，非别體。

　此本蕃廡之廡，李斯借爲有無之無。後人尚其簡便，故皆从之。有無字本从亡，李陽冰乃云不當加亡。且蕃廡字从大从卌，數之積也。从林，亦蕃多之義。若不加亡，何以得爲有無之無。

　或作，亦止於筆迹小異。

　《説文》作，李斯筆迹小異。

銀青光禄大夫守右散騎常侍上柱國東海縣開國子食邑五百户臣徐鉉等，伏奉聖旨校定許慎《説文解字》一部。伏以振發人文，興崇古通。考遺编於魯壁，緝蠹簡於羽陵。載穆皇風，允符昌運。伏惟應運統天，睿文英武，大聖至明廣孝皇帝陛下，凝神繫表，降鑒機先。聖靡不通，思無不及。以爲經籍既正，憲章具明。非文字無以見聖人之心，非篆籀無以究文字之義。眷兹譌俗，深惻皇慈。爰命討論，以垂程式。將懲宿弊，宜屬通儒。臣等寔媿謏聞，猥承乏使，徒窮懵學，豈副宸謨？塵瀆冕旒，冰炭交集。其書十五卷，以編袠繁重，每卷各分上下，共三十卷。謹詣東上閤門進上，謹進。

雍熙三年十一月　日翰林書學臣王惟恭、臣葛湍等狀進，奉直郎守祕書省著作郎直史館臣句中正，銀青光禄大夫守右散騎常侍上柱國東海縣開國子食邑五百户臣徐鉉。

中書門下牒徐鉉等新校定《説文解字》。牒奉敕：許慎《説文》，起於東漢。歷代傳寫，譌謬實多。六書之蹤，無所取法。若不重加刊正，漸恐失其原流。爰命儒學之臣，共詳篆籀之跡。右散騎常侍徐鉉等，深明舊史，多識前言。果能商搉是非，補正闕漏。書成上奏，克副朕心。宜遣雕鐫，用廣流布。自我朝之垂範，俾永世以作程。其書宜付史館，仍令國子監雕爲印版，依九經書例，許人納紙墨價錢收贖。兼委徐鉉等點檢書寫雕造，無令差錯，致誤後人。牒至準敕，故牒。

雍熙三年十一月　　日牒。給事中參知政事辛仲甫、給事中參知政事吕蒙正、中書侍郎兼工部尚書平章事李昉。

《説文》校字記

標目

𠬝在𠕌前，誤倒。　畐誤作百。又皕，彼力切。誤作百，博陌切。　豊，盧啟切。盧誤虘。　乖，古懷切。懷誤侇。

弟一上

玉部琫，佩刀上飾。上誤下。

丨部中，内也。内誤而。

弟一下

艸部藎，从艸。从誤公。　蓩，从艸，敄聲。敄誤務。

蒔，時吏切。吏誤更。

弟二上

牛部犓，从牛、芻，芻亦聲。脱一“芻”字。又測愚切。測誤側。

口部嚨，盧紅切。盧誤虚。　舌，讀若櫱。脱“若”字。

吅部㗊，一曰：窒㗊。窒誤窒。

走部趥，从走，叡聲。叡誤叡。

止部疌，从又。从誤以。

弟二下

辵部達，引《詩》曰：“挑兮達兮。”脱一“兮”字。　逭，逃也。逃誤兆。　𨕫，古文邇。誤作𨗴。

彳部循，詳遵切。詳誤許。

足部蹞，博蓋切。博誤掠。

第三上

谷部𧮫，象形。脱“形”字。

第三下

𩰲部䰯，重文，或从美、鬻省。誤作。鬻省誤鬲省。又，小篆，从羔，从美。誤作。

第四上

目部眮，徒弄切。徒誤徙。　瞀，莫候切。候誤侯。　睼，他計切。他誤也。　看，睎也。也誤之。

鼻部鼻，父二切。父誤入。

羽部翰，从羽，倝聲。倝誤幹。　翭，羽初生皃。生誤三。

隹部雊，古候切。候誤侯。

羊部䍧，烏閑切。烏誤鳥。

鳥部鳳，鸛顙鴛思。顙誤鵵。

第四下

予部予，余吕切。吕誤臣。

𠬪部𠬪，讀若《詩》“摽有梅”。摽誤標。

𣦼部，从𣦼，从目，从谷省。誤作。

筋部笏，重文腱，或从肉、建。脱肉字。

角部觶，鄉飲酒角也。鄉誤饗。

第五上

竹部篗，重文䈅，或从角，从閒。角誤竹。　箑，重文篓，或从妾。妾誤女。　笒，一曰：笒，籯也。脱“一”字。

第五下

矢部矣，語已詞也。已誤以。

𠂤部厚，重文垕，从后、土。土誤士。

第六上

木部榦，从木，倝聲。倝誤榦。　枱，耒耑也。耒誤黍。

柲，兵媚切。兵誤丘。

第六下

之部㞷下徐鍇曰：“妄生謂非所宜生。”妄誤反。

𥝌部𥡴，从𥝌，从支，只聲。脱“支”字。

口部囷，去倫切。去誤南。

邑部𨝅，从邑，蔽省聲。蔽誤敲。

第七上

禾部稙，引《詩》曰：“稙稚尗麥。”稙誤種。　穊，几利切。脱“几”字。　稷，𪗉也。𪗉誤齋。　秳，舂粟不漬也。粟誤㮚。　穅，从禾，从米，庚聲。誤作糠。　稭，古黠切。黠誤點。　秋，从禾，𪚼省聲。𪚼誤龜。

米部粱，从米，梁省聲。梁誤粱。

第七下

宀部𡧗，从宀，久聲。久誤人。

疒部瘞，从疒，𡋯聲。𡋯誤𦈢。

第八上

人部佼，下巧切。巧誤功。　僷，与涉切。涉誤步。　何下臣鉉等曰："今俗别作擔荷。"擔誤檐。　傆，魚怨切。怨誤福。優，一曰：倡也。脱"一"字。　傳，直戀切。戀誤蠻。　御，其虐切。虐誤虚。

匕部㱙，引《詩》曰："㱙彼織女。"㱙誤歧。

㐺部袤，重文褎，籀文袤，从楙。袤誤表。　褎下臣鉉等曰："今俗作抱。"抱誤袍。

弟八下

兂部兜，从皃省，皃象人頭也。皃誤見。

見部䙝，力玉切。力玉誤王問。

欠部歠，从欠，鰥聲。鰥誤穌。

弟九上

頁部顱，頊顱，首骨也。頊誤項。　願，大頭也。大頭誤八頑。　顑，从頁，咸聲。咸誤感。

彡部修，息流切。息誤鳥。

鬼部魃，从鬼，犮聲。犮誤友。　魃，引《韓詩傳》曰："鄭交甫逢二女，魃服。"女誤久。

厶部羑，从厶，从羑。厶誤多。

弟九下

山部屺，引《詩》曰："陟彼屺兮。"兮誤弓。

屵部崖，从屵，圭聲。屵誤户。

广部廬，从广，虜聲。虜誤膚。　庖，薄交切。薄誤簿。

厂部厝，七互切。互誤玄。　产，秦謂之桷。秦誤泰。

石部磬，象縣虡之形。虡誤虍。　砓，《周禮》有砓蔟氏。有上衍曰字，蔟誤簇。

豕部豜，三歲豕，肩相及者。及誤反。

第十上

馬部騿，从馬，𠦝聲。𠦝誤幹。　騚，从馬，鞠聲。鞠誤鞫。

犬部玃，母猴也。猴誤候。　穀，食母猴。猴亦誤候。

鼠部鼲，皮可爲裘。裘誤裏。

火部閔，从火，𠕁省聲。𠕁誤門。　熬，重文𪎊，熬，或从麥。熬誤敖。　煣，人久切。久誤又。　威，引《詩》曰：“褒似威之。”威誤滅。　熨，从火，㸒聲。㸒誤熨。　新附字燦，从火，粲聲。脱“火”字。

黑部黠，胡八切。胡誤切。　黬，羔裘之縫。裘誤文。

第十下

夲部圉，从夲，从囗。囗誤曰。

心部息，从自，自亦聲。亦誤下。　恬，甛省聲。甛誤宗。　忯，巨支切。支誤文。　悥，从心，㝒聲。㝒誤悥。

惄，从心，叔聲。从誤以。　㦘，从心，葡聲。葡誤葡。

第十一上

水部灌，水出廬江雩婁。廬誤盧。　涇，从水，巠聲。巠誤圭。　澐，江水大波謂之澐。澐誤薄。　淜，皮冰切。皮誤成。　没，莫勃切。莫誤黄。　氿，側出泉也。側誤例。　染下裴光遠云：“梔茜之屬”，梔誤枕。　萍，从水、苹。苹誤草。　新附字瀣，䪥省聲。䪥誤瀣。　瀦，从水，豬聲。豬誤瀦。

第十一下

仌部冰，重文凝，俗冰，从疑。冰誤水。

雨部霅，丈甲切。丈誤文。

魚部鮥，从魚，各聲。各誤名。　鮐，徒哀切。徒誤徙。

第十二上

至部𡐨，讀若摯。摯誤𦅸。

門部閉，所以歫門也。以誤从。　閲，弋雪切。雪誤垂。

𦣝部𦣞，重文𡰥，古文𦣞，从户。𦣞誤𡰥。

手部捦，从手，金聲。金誤今。　𢪏，从手，丹聲。丹誤井。拓，之石切。之誤从。　擂，重文擂，擂或从秀。擂誤籀。　搴，引《楚詞》曰："朝搴批之木蘭。"木誤术。　探，他含切。含誤合。

第十二下

女部嬴，从女，羸省聲。羸誤嬴。　敃，引《商書》曰："無有作敃。"敃誤妞。　嫢，引《楚詞》曰："女嫢之嬋媛。"嬋誤蟬。婴，从女，夗聲。夗誤妃。　孅，鋭細也。鋭誤兑。　娋，小小侵也。也誤他。　娶，婞娶也。婞誤陰。　姅，引漢律曰："見姅變，不得侍祠。"不誤又。　嫋下臣鉉等曰："當从𡿺省。"𡿺誤㴱。

戈部戛，从戈，从百。百誤首。又古黠切。黠誤點。　戕，殺也。殺誤投。

亡部望，从亡，朢省聲。朢誤望。

甾部𠫓，重文𤮊，籀文𠫓。𠫓誤盧。

瓦部甗，从瓦，鬳聲。从下衍"反"字。　瓴，瓮似瓶也。瓮誤兊。

第十三上

糸部緒，口皆切。口誤曰。　紙，都兮切。都誤節。　絓，一曰：以囊絮練也。曰誤口。　纇，从糸，頪聲。頪誤類。　緁，讀若捷。捷誤撻。　纆，从糸，壐聲。壐誤壐。　綮，一曰：微幟，信也。幟誤幟。　緐，重文𦃃，緐或从𣁁。緐誤繁。

虫部蠣，蠣嬴。又引《詩》曰："蠣嬴負之。"蠣竝誤蝸。

蠵，以胃鳴者。以誤从。　蠏，从虫，解聲。从誤以。

第十三下

二部二，从偶一。脱“一”字。

黄部黊，一曰：輕易人黊姁也。人誤入。

第十四上

金部鑪，洛胡切。胡誤故。　鋭，重文劂，籀文鋭，从厂、剡。鋭誤説。　鎛，一曰：田器。田誤曰。　錞，矛戟柲下銅鐏也。戟誤戰。　鐗，从金，閒聲。脱“金”字。　新附字鈿，待季切。季誤季。

斗部斝，从吅，从斗，冂象形。冂誤曰。　斡，从斗，倝聲。倝誤斡。　㪺，引《周禮》曰：“桼三㪺。”桼誤求。　斟，勺也。勺誤匀。

車部軝，重文軧，軝或从革。軝誤軧。　衛，一曰衍省聲。脱“一”字。　轉，从車，專聲。車誤甫。

第十四下

𨸏部隫，讀若瀆。脱“瀆”字。

五部五下臣鉉等曰：“二，天地也。”誤疊“天”字。

辛部辛，从一，从辛。辛，辠也。辛　竝誤辛。

子部子，人以爲偁。人誤入。　㝅，从子，𣪊聲。𣪊誤㝅。

第十五上

自敘漢興有艸書下，徐鍇曰：“案書傳多云張芝作艸。”芝誤竝。又“今云漢興有艸。”興誤典。　“秦始皇帝使下杜人程邈所作也。”邈誤之。

只，部四十九，㕯，部五十，誤倒。　皕，部一百六，皕，誤百。

新刻《説文》跋

昌治重刊《説文》，以陽湖孫氏所刊北宋本爲底本，然孫氏欲傳古本，故悉依舊式。今欲尋求簡便，改爲一篆一行，不能復拘舊式。每卷以徐氏銜名與許氏並列，不復題奉敕之字。徐氏新附字降一字寫之，以見區别。孫刻篆文及解説之字小有譌誤，蓋北宋本如此。孫氏傳刻古本固當仍而不改，今則參校各本，凡譌誤之顯然者，皆已更正，别爲校字記，附於卷末，昭其慎也。其在疑似之間者，則不敢輕改也。同治十二年閏六月，番禺陳昌治謹識。

部首檢字表

【八 畫】

【九 畫】

筆畫檢字表

【四　畫】

【五　畫】

【六　畫】

六畫

【七 畫】

七畫

八畫

八畫

十畫

十畫

【十一畫】

十一畫

十一畫

十一畫

【十二畫】

十二畫

十二畫

十二畫

十三畫

十三畫

十三畫

【十四畫】

十四畫

十四畫

十四畫

【十五畫】

十五畫

十五畫

【十六畫】

十六畫

十六畫

【十七畫】

十七畫

十七畫

十八畫

【十九畫】

十九畫

【二十畫】

【二十一畫】

【二十二畫】

【二十三畫】

二十三畫

音序檢字表

E

F

F

G

G

H

J

K

L

Q

R

S

S

T

X

Z

《国学典藏》丛书已出书目

周易［明］来知德 集注
诗经［宋］朱熹 集传
尚书 曾运乾 注
周礼［清］方苞 集注
仪礼［汉］郑玄 注［清］张尔岐 句读
礼记［元］陈澔 注
论语·大学·中庸［宋］朱熹 集注
孟子［宋］朱熹 集注
左传［战国］左丘明 著［晋］杜预 注
孝经［唐］李隆基 注［宋］邢昺 疏
尔雅［晋］郭璞 注
说文解字［汉］许慎 撰
战国策［汉］刘向 辑录
［宋］鲍彪 注［元］吴师道 校注
国语［战国］左丘明 著
［三国吴］韦昭 注
史记菁华录［汉］司马迁 著
［清］姚苎田 节评
徐霞客游记［明］徐弘祖 著
孔子家语［三国魏］王肃 注
（日）太宰纯 增注
荀子［战国］荀况 著［唐］杨倞 注
近思录［宋］朱熹 吕祖谦 编
［宋］叶采［清］茅星来 等注
传习录［明］王阳明 撰
（日）佐藤一斋 注评
老子［汉］河上公 注［汉］严遵 指归
［三国魏］王弼 注
庄子［清］王先谦 集解
列子［晋］张湛 注［唐］卢重玄 解
［唐］殷敬顺［宋］陈景元 释文

孙子［春秋］孙武 著［汉］曹操 等注
墨子［清］毕沅 校注
韩非子［清］王先慎 集解
吕氏春秋［汉］高诱 注［清］毕沅 校
管子［唐］房玄龄 注［明］刘绩 补注
淮南子［汉］刘安 著［汉］许慎 注
金刚经［后秦］鸠摩罗什 译 丁福保 笺注
楞伽经［南朝宋］求那跋陀罗 译
［宋］释正受 集注
坛经［唐］惠能 著 丁福保 笺注
世说新语［南朝宋］刘义庆 著
［南朝梁］刘孝标 注
山海经［晋］郭璞 注［清］郝懿行 笺疏
颜氏家训［北齐］颜之推 著
［清］赵曦明 注［清］卢文弨 补注
三字经·百家姓·千字文
［宋］王应麟等 著
龙文鞭影［明］萧良有等 编撰
幼学故事琼林［明］程登吉 原编
［清］邹圣脉 增补
梦溪笔谈［宋］沈括 著
容斋随笔［宋］洪迈 著
困学纪闻［宋］王应麟 著
［清］阎若璩 等注
楚辞［汉］刘向 辑
［汉］王逸 注［宋］洪兴祖 补注
曹植集［三国魏］曹植 著
［清］朱绪曾 考异［清］丁晏 铨评
陶渊明全集［晋］陶渊明 著
［清］陶澍 集注
王维诗集［唐］王维 著［清］赵殿成 笺注

杜甫诗集［唐］杜甫 著
［清］钱谦益 笺注
李贺诗集［唐］李贺 著 ［清］王琦等 评注
李商隐诗集［唐］李商隐 著
［清］朱鹤龄 笺注
杜牧诗集［唐］杜牧 著［清］冯集梧 注
李煜词集（附李璟词集、冯延巳词集）
［南唐］李煜 著
柳永词集［宋］柳永 著
晏殊词集·晏幾道词集
［宋］晏殊 晏幾道 著
苏轼词集［宋］苏轼 著［宋］傅幹 注
黄庭坚词集·秦观词集
［宋］黄庭坚 著［宋］秦观 著
李清照诗词集［宋］李清照 著
辛弃疾词集［宋］辛弃疾 著
纳兰性德词集［清］纳兰性德 著
六朝文絜［清］许梿 评选
［清］黎经诰 笺注
古文辞类纂［清］姚鼐 纂集
玉台新咏［南朝陈］徐陵 编
［清］吴兆宜 注［清］程琰 删补
古诗源 ［清］沈德潜 选评
乐府诗集［宋］郭茂倩 编撰
千家诗 ［宋］谢枋得 编
［清］王相 注［清］黎恂 注
花间集 ［后蜀］赵崇祚 集
［明］汤显祖 评
绝妙好词［宋］周密 选辑；
［清］项絪 笺；［清］查为仁 厉鹗 笺
词综［清］朱彝尊 汪森 编
花庵词选［宋］黄昇 选编
阳春白雪［元］杨朝英 选编
唐宋八大家文钞［清］张伯行 选编
宋诗精华录［清］陈衍 评选
古文观止［清］吴楚材 吴调侯 选注
唐诗三百首［清］蘅塘退士 编选
［清］陈婉俊 补注
宋词三百首［清］朱祖谋 编选
文心雕龙［南朝梁］刘勰 著
［清］黄叔琳 注 纪昀 评
李详 补注 刘咸炘 阐说
诗品［南朝梁］锺嵘 著
古直 笺 许文雨 讲疏
人间词话·王国维词集 王国维 著
西厢记［元］王实甫 著
［清］金圣叹 评点
牡丹亭［明］汤显祖 著
［清］陈同 谈则 钱宜 合评
长生殿［清］洪昇 著［清］吴人 评点
桃花扇［清］孔尚任 著
［清］云亭山人 评点

部分将出书目
（敬请关注）

公羊传	三国志	心经	白居易诗集
穀梁传	水经注	文选	唐诗别裁集
史记	史通	古诗笺	明诗别裁集
汉书	日知录	李白全集	清诗别裁集
后汉书	文史通义	孟浩然诗集	博物志